浙江省普通高校"十三五"新形态教材

"新商科"电子商务系列教材

跨境电子商务实践
（第 2 版）

杨雪雁　主编

电子工业出版社·

Publishing House of Electronics Industry

北京·BEIJING

内 容 简 介

全书站在帮助中国企业产品走出国门、打开国际市场的视角，以 B2C 出口跨境电商为主线，在介绍不同平台的跨境电商实践的基础上，从选品、市场调研、入驻、运营、物流、支付等多个环节展开，总结跨境电商实践环节的共性和原理，达到实践与理论的融合，结构严谨且系统。教材配套资源有中国大学MOOC 平台上运行的在线开放课程，以及书中二维码展现的实践操作和延伸知识，内容丰富。本教材适合学习跨境电商和进行跨境电商实践的大学生使用，也适合计划从事跨境电商的创业者、运营人员使用。

图书在版编目（CIP）数据

跨境电子商务实践 / 杨雪雁主编. -- 2 版.

北京 ： 电子工业出版社, 2024. 8. -- ISBN 978-7-121
-48404-9

Ⅰ. F713.36

中国国家版本馆 CIP 数据核字第 202447Z6D2 号

责任编辑：贺志洪　　　　　　特约编辑：田学清
印　　刷：天津嘉恒印务有限公司
装　　订：天津嘉恒印务有限公司
出版发行：电子工业出版社
　　　　　北京市海淀区万寿路 173 信箱　　　　邮编 100036
开　　本：787×1092　　1/16　　印张：18.25　　字数：502 千字
版　　次：2018 年 12 月第 1 版
　　　　　2024 年 8 月第 2 版
印　　次：2024 年 8 月第 1 次印刷
定　　价：59.00 元

前　　言

党的二十大报告指出要"推动货物贸易优化升级，创新服务贸易发展机制，发展数字贸易，加快建设贸易强国。"作为贸易新业态的跨境电商在这几年处于复杂环境之中。2020年的疫情，影响了全球物流的成本和时效，改变了全球消费者的心理及行为，对全球跨境电商格局带来了深远的影响，让跨境电商卖家面临更多的不确定性。然即便在复杂的疫情环境下，跨境电商依旧快速增长。2020年中国跨境出口B2C电商在北美市场的成交额同比增速可超过35%，可达4573亿元。艾瑞预计2022年中国跨境出口B2C电商的市场规模可达7479亿元。中国跨境出口B2C电商还增长在东南亚地区，仅以浙江省2020年上半年为例，对东盟的出口增长17.9%，其中对韩国出口电商增长24.4%。

2022年之后跨境电商又出现了新模式，跨境电商平台开始更多涉足交易环节中。比如2022年Temu提出、速卖通、SHEIN、Tiktok Shop、Lazada跟进的全托管模式，以及2024年由速卖通提出的半管托模式。尽管不同平台的全托管或者半托管内涵不同，这些模式的提出，说明跨境电商平台基于流量支持下，开始涉足运营、仓储、配送、售后等系列功能。然而作为跨境电商卖家而言，还是有必要深入了解跨境电商的运营和全流程功能，而不是仅仅作为平台的供货商。市场的增长也对跨境电商卖家提出更高的要求，如开发多平台渠道甚至独立站，在运营方面从原先粗放式铺货模式转为精细化的选品管理等。中国企业不断提升自身品质，中国制造业的自有品牌和综合素质不断提高。

近几年，市场上跨境电商方面学习教材越来越多，有些侧重理论，有些偏重实践。但作为一门实践性很强的课程，偏重理论的教材在高校中的教学效果并不十分理想；而偏重实践的教材则大都以某个跨境电商平台为案例。

本书拟帮助中国产品出海拓展国际市场，弘扬了中国民族文化。在课程思政设计上，所有章节围绕创新创业主题，从国际视野、国家自信和人格素养展开，从九维度切入每章的知识点中。教材以跨境电商运营、管理、实践的逻辑线设计，从跨境电商的发展趋势入手，介绍跨境电商的选品原理、市调方法、规则和法律、算法与运营、物流和支付等，理论与实践联系紧密。以B2C跨境出口电商为主，兼顾B2B跨境出口电商和跨境进口电商。课程体系的设计思路来源于跨境电商实战基础上的系统总结，以及在深度和广度上的知识延伸，达到系统性和科学性，将调研方法、产品组合原理、营销学知识、知识产权规则等知识融入跨境电商实践中，保证课程内容不脱离社会实际需求，引导学生在认知基础上的理论归纳和总结，寻找共性规律和知识，以利于学习者的举一反三，知行合一。全书逻辑严谨、结构清晰、内容丰富、深度合适在校大学生学习。

本教材是浙江省立项并出版的十三五新形态规划教材。主编还开发了《跨境电子商务》在线开放课程，内含视频、测验、作业等立体化教学资源。教材中还有二维码方式展现实践操作和延伸知识，内容丰富。作为新形态教材，本书还配备300分钟左右的视频。这些视频主要包含三部分：一是各跨境电商平台的自身简介和宣传资料，二是本书编著者结合课程内容制作的理论知识微视频，三是本书编著者结合教材的实践指导视频。

本书面向对象是计划从事跨境电商行业的创业者、运营人员，以及在校选修跨境电商的本科学生和专科学生。

本课程建议理论教学为 32 学时左右，配备 16～32 学时的实践课程，以提高学生的实践能力。下表是按照章节分的理论与实践教学学时的建议。

章节	理论学时	实践学时	章节	理论学时	实践学时
第 1 章 初识	2		第 6 章 营销	4	2～4
第 2 章 平台	2	2～4	第 7 章 物流	4	2～4
第 3 章 入驻	4	2～4	第 8 章 支付	4	2～4
第 4 章 选品	4	2～4	第 9 章 B2B	2	2～4
第 5 章 运营	4	2～4	第 10 章 进口	2	

本书由浙江农林大学的杨雪雁副教授主编，浙江农林大学蔡细平为副主编。撰写过程中得到许多人的帮助和支持；课程微课视频制作人员包括厦门大学彭丽芳教授、浙江农林大学孙艳老师、王志强老师、岑丽娟老师等。此外特别感谢 wish、速卖通、亚马逊公司相关人员，原阿里巴巴区域代理的赵浩帆，谷歌 Adwords 体验中心的李姿和李晓幸女士，博导前程公司段建、秦刚强和王玉峰，临安商务局的吕小青主任，浙江师范大学的邹益民老师，浙江特殊教育学院的刘记老师、李昱廷、杨祖成、毛乾明、许少武、王柳芝、魏诗圆、刘颖芳、袁士鹏等同学，感谢他们提供其经营的跨境电商平台账号，帮助录制了部分视频，以及对文稿的校对工作。本书编著过程中，参阅了大量专家、学者的有关著作，引用了其中的有关概念及一些案例，也借鉴了一些公司网站信息和相关网络报道，这些已尽可能在参考文献中列出，但引用不足之处，恐有遗漏，敬请谅解！在此也对相关人士表示衷心的感谢！

由于作者的学识水平和实践知识所限，书中内容难免优不当之处，恳请广大读者批评指正。

编者

2024.6.30

Contents
目 录

第一章
认识跨境电商

【章节导论】本章主要探讨跨境电商的内涵、特征与意义，以及跨境电商的模式与分类，同时通过分析跨境电商的发展趋势，介绍支撑跨境电商快速发展的国内和国际宏观环境。通过学习本章，可以初步了解跨境电商的内涵和模式，并对中国跨境电商的发展前景和发展背景有清晰的认识，掌握跨境电商与国内电商的区别，可以支持实践人员组建合适的团队。

第一节 跨境电商的内涵与意义

1. 跨境电商的内涵

跨境电商（全称为跨境电子商务，以下简称跨境电商）是指分属于不同国家的交易主体通过电子商务手段或平台将传统进出口贸易中的展示、洽谈和成交等环节电子化，以达成交易，实现支付结算，并通过跨境物流及异地仓储送达商品、完成交易的一种国际商业活动。

跨境电商与传统国际贸易相比，有五大新特征，分别是多边化、小批量、高频度、透明化、数字化。

① 多边化：跨境电商交易的便捷性，可以让交易主体从双边向多边演进，呈网状结构。

② 小批量：即便是 B2B（Business-to-Business，指电子商务中企业对企业的交易方式）跨境电商，与传统国际贸易相比，其单笔订单也逐渐趋向小批量。

③ 高频度：与传统国际贸易相比，跨境电商的交易频率更高、更频繁。

④ 透明化：跨境电商提高了贸易信息的透明度，降低了信息不对称造成的贸易风险。

⑤ 数字化：产品以数字化和信息化方式呈现，交易环节和过程也可全程数字化。

表 1-1 所示为跨境电商与传统国际贸易的区别。

表 1-1 跨境电商与传统国际贸易的区别

	传统国际贸易	跨境电商
交流方式	面对面、直接接触	通过互联网平台间接接触
运作模式	基于商务合同的运作模式	需借助互联网电子商务平台
订单类型	大批量、少批次、周期长	小批量、多批次、订单分散、周期相对较短
价格利润	价格高、利润率相对较低	价格实惠、利润率高
产品类目	产品类目少、更新速度慢	产品类目多、更新速度快
规模速度	规模大但受地域限制、增速缓慢	面向全球市场、规模大、增长速度快

续表

	传统国际贸易	跨境电商
交易环节	复杂，涉及的中间商众多	简单，涉及的中间商较少
支付结算	正常贸易支付	需借助第三方支付工具
运输物流	空运、海运完成，物流因素影响不明显	以第三方物流企业、航空小包为主，物流因素影响明显
通关结汇	享受正常通关、结汇和退税政策	通关缓慢或有一定限制
争端处理	健全的争端处理机制	争端处理不畅，效率低

2. 跨境电商的意义

无论是对个人、企业，还是对国家，跨境电商都有着重要意义。

① 跨境电商满足了中国居民消费升级的需求。随着中国经济的快速发展，中国居民的消费也在不断升级，跨境电商为中国居民的消费提供了更便捷的渠道，让中国居民更清楚地了解国际知名品牌。中国庞大的消费市场不仅对各国的经济发展做出了贡献，也带动了当地居民的就业。

【案例】据彭博社曾报道，阿里巴巴集团控股有限公司董事长马云与美国前总统特朗普进行了一场"Great Meeting"，在纽约市的特朗普大楼里，双方进行了时长约40分钟的会面交流。两人讨论"通过帮助美国小企业向中国出口商品的计划进而为美国创造100万个新工作岗位"，阿里巴巴在其推特上发布推文，称"希望通过帮助美国小企业和农场主同中国3亿中产阶级做生意为美国创造就业机会"，而在往后一年多的时间里，中美贸易争端不断升级。2018年4月9日，马云在博鳌亚洲论坛上与国际货币基金组织时任总裁拉加德对话时表示："如果中美保持良好的经贸关系，为美国提供100万个就业岗位完全没有问题，甚至可以提供1000万个岗位。但若美国继续一意孤行，那么我曾经许下的'为美国创造百万就业'的承诺随时作废！"

② 跨境电商加快了中国企业的海外拓展步伐。中小企业借助跨境电商重组其外贸供应链，减少了中间交易环节，节省了大量中间成本，在价格上具有主导地位，从而改善中小生产商的产业链地位；同时借助跨境电商直接与海外消费者接触，拓宽了海外营销渠道，推广中国企业的品牌。表1-2所示为传统OEM/ODM模式与跨境电商模式的区别。

表1-2　传统OEM/ODM模式与跨境电商模式的区别

传统OEM/ODM模式	跨境电商模式
利润极低，依赖出口退税补贴	可以提高300%～400%的利润率
严重依赖某几个中间商	拥有大量的直接消费客户
无品牌	拥有自主品牌
对市场和消费者不了解	直接把握市场变化和消费者需求
生产难以形成计划	可以进行市场预测，制订生产计划
账期长，至少90天	最多30天回款周期

【延伸阅读】假设一个工厂批发价格是FOB（Free On Board，船上交货价），如果以3倍加价率作为数据演算的基础，那么FOB是整个零售价的1/3，约33%。也就是说，假设海外零售价为100元，那么FOB约为33元。而在100元的价格组成中，其中一部分是运营费用，大约占45%，主要包括15%的渠道成本、8%的海运费、2%的关税、10%的门道和物流、3%退换货的退款、3%的广告费、2%的仓储费、2%的其他杂费；另一部分就是22%的外贸中间环节利润。

假如工厂采用跨境电商模式直接将产品卖给消费者，或者减少一半的中间环节，那么工厂可以掌握55%的价格主导权，或者至少44%（33%+11%）的价格主导权。

③跨境电商可以促进国内产业结构升级，平衡国际收支，维护经济稳定。跨境电商不仅在国内创造了大量就业机会、创业机会，也促进了国内企业的产业升级。无论是国外品牌不断入驻中国的压力，还是中国企业进军海外市场面对消费需求变化的动力，都刺激着国内企业的差异化发展和创新发展，最终促进产业升级。中国2001年加入WTO（World Trade Organization，世界贸易组织）以来，长期处于贸易顺差，跨境电商零售进口的发展有助于缓解这一压力，平衡我国国际收支严重失衡的现状。

【延伸阅读】从艾瑞咨询看2019年中国与东南亚部分国家制造业工资对比，可知中国外贸产业转型升级有两种表现：一是出口主体向品牌企业演变；二是产品结构转型升级，个性化、品牌化、高科技产品的比重上升，跨境电商成为推动国内制造业转型升级及国产品牌出海的新渠道。根据微笑曲线理论，产业附加价值比较高的区域集中在价值链的两端，即研发设计与营销销售。因此，中国外贸产业的转型升级是一个必然趋势。从微笑曲线看中国外贸产业升级的必然趋势，如图1-1所示。

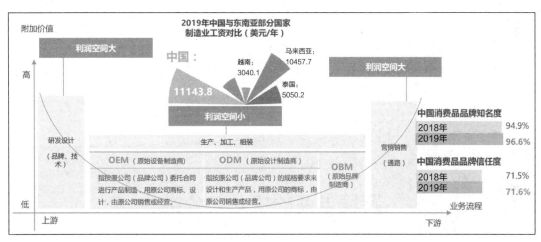

图1-1 从微笑曲线看中国外贸产业升级的必然趋势

3. 跨境电商的流程

在传统贸易中，产品从生产商到国外消费者手中将经历诸多中间环节，如图1-2所示。

图1-2 传统贸易流程

当跨境电商出口时，首先国内的生产商、制造商、运营商在自营平台或第三方跨境电商平台上展示自己的产品，然后国外的企业或消费者在线选购商品并下单，完成支付后，进入订单履约。通过境内物流、境外物流投递，经过出口国和进口国的海关通关商检，最后商品被送至消费者或企业手中。也可以借助第三方综合服务平台代办物流、通关商检等环节，将商品送至消费者手中。

跨境电商流程与传统贸易流程的主要区别是中间环节的减少，即便是有国内网商和国外网商两个中间商的跨境电商交易，也比传统的外贸交易少了两个中间环节，如图1-3所示。

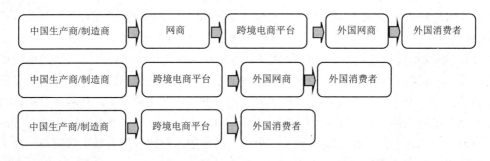

图 1-3　跨境电商流程

【案例】DEKO（电动工具品牌）初创于 2013 年，DEKO 的品牌定位是五金电动工具的开发、设计、生产。在入驻全球速卖通（以下简称速卖通）之前，DEKO 一直默默无闻地扮演着 OEM（Original Equipment Manufacturer，原始设备制造商）代工的小角色。在传统贸易模式下，厂家接触不到终端消费者，对终端消费者的真正需求无从了解，只能被客户"牵着鼻子走"，2015 年受出口贸易增速放缓等因素的影响，一个月只卖出两三个集装箱。因严峻的外贸形势所迫，业内的工厂不惜在配料上压缩成本，打价格战，只为在报价上降低几毛钱并赢得订单，工厂的生存日益艰难。在入驻速卖通后，DEKO 开始转型成为消费品牌，并在 2016 年上半年入选"中国好卖家银牌卖家"，短短 3 个月的时间内，DEKO 的月平均销售额从 2000 美元增至 10 万美元，DEKO 也成为行业内成长速度最快的卖家之一。

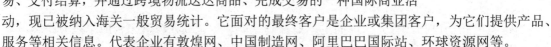

第二节　跨境电商的模式与分类

1. 跨境电商的模式

按照不同的标准划分，跨境电商可分为不同的模式。

（1）按照交易主体划分

跨境电商可以按照交易主体的不同，分为 3 种基本模式。

跨境电商带来的变革

B2B 跨境电商：是指分属不同关境的企业之间通过电商平台达成交易、支付结算，并通过跨境物流送达商品、完成交易的一种国际商业活动，现已被纳入海关一般贸易统计。它面对的最终客户是企业或集团客户，为它们提供产品、服务等相关信息。代表企业有敦煌网、中国制造网、阿里巴巴国际站、环球资源网等。

B2C（Business-to-Customer，指电子商务中企业对消费者的交易方式）跨境电商：是指分属不同关境的企业直接面向最终消费者在线销售产品或服务，通过电商平台达成交易、支付结算，并通过跨境物流送达商品、完成交易的一种国际商业活动。它面对的最终客户是个人消费者，以网上零售的方式将产品售卖给个人消费者。代表企业有第三方平台速卖通、亚马逊、Wish、Etsy、Shopee、Lazada 等，也有自营平台环球易购、兰亭集势、SHEIN、AUKEY、赛维网络、Deal Extreme、Banggood 等。

C2C（Customer-to-Customer，指电子商务中消费者与消费者的交易方式）跨境电商：是指分属不同关境的个人卖方对个人买方在线销售产品或服务，由个人卖家在跨境电商平台发布产品和服务，售卖产品信息、价格等内容，最终通过电商平台达成交易、支付结算，并通过跨境物流送达商品、完成交易的一种国际商业活动。它面对的最终客户是个人消费者，个人卖家也是个人卖方。代表企业有 eBay、洋码头、淘宝全球购等。

（2）按照关境划分

跨境出口电商：中国企业借助跨境电商平台与关境外的企业或消费者实现交易，通过关境把产品销售出去。比如中国企业通过速卖通把产品卖给海外各国的消费者，敦煌网则把产品卖给海外各国的小微企业，而阿里巴巴国际站则借助跨境电商平台找到国外的各类企业进行交易。

跨境进口电商：企业或者海淘客借助跨境电商平台将国外的产品引入国内。比如考拉海购邀请国外品牌入驻平台，将海外知名产品卖给中国消费者；洋码头借助海外买手用视频直播的方式将产品介绍给国内买家；小红书则通过社区模式帮助海外个人消费者向国内海淘客分享海外购物经验和产品。

2．跨境电商的分类

跨境电商要基于电商平台进行交易，国内、国外的跨境电商平台有很多，大都不外乎以下分类。

（1）以服务类型为分类标准

按照跨境电商平台提供的服务来衡量，可以将跨境电商平台分为两大类。

信息服务平台：主要为境内、境外会员商户提供网络营销服务，传递供应商、采购商等商家的产品或服务信息，促成双方完成交易。代表企业有环球资源网、中国制造网等。

在线交易平台：它可以提供企业、产品、服务等多方面的信息，还可以让消费者通过平台在线上完成搜索、咨询、对比、下单、支付、物流、评价等全购物链环节。在线交易平台模式正逐渐成为跨境电商的主流模式。代表企业有敦煌网、阿里巴巴国际站、速卖通等。

（2）以运营主体为分类标准

按照跨境电商平台由谁进行运营来衡量，可以分为三大类平台。

第三方开放平台：平台型电商通过在线上搭建商城，并整合物流、支付、运营等服务资源，吸引商家入驻，为其提供跨境电商交易服务。同时，平台以收取商家佣金和增值服务佣金作为主要盈利模式。代表企业有速卖通、敦煌网、环球资源网、阿里巴巴国际站等。

自营型平台：自营型电商通过在线上搭建平台，整合供应商资源先通过较低的进价采购商品，然后以较高的售价出售商品，自营型平台主要以商品差价作为盈利模式。代表企业有兰亭集势、米兰网、大龙网、SHEIN、AUKEY、赛维网络等。

跨境服务商平台：服务提供商能够提供一站式电子商务解决方案，并能帮助跨境电商企业建立定制的个性化电子商务平台，盈利模式是赚取企业支付的服务费用。代表企业有四海商舟、锐意企创、Shopify 等。

（3）以交易主体类型为分类标准

按照跨境电商平台上的交易主体类型来划分，可以分为 B2B 跨境电商平台、B2C 跨境电商平台、C2C 跨境电商平台。

【思考】国内和国外有许多跨境电商平台，比如中国制造网、阿里巴巴国际站、环球资源网、速卖通、敦煌网、兰亭集势、亚马逊、eBay、Wish、Yahoo 等，请仔细思考这些平台模式的精确定位，你还可以找到更多的跨境电商平台吗？

3．跨境电商的创新模式

自 2018 年以来，跨境电商快速发展，新冠疫情使得国际环境更为复杂，不断有新的跨境电商模式出现。

从中国海关代码来看，跨境电商可按照以下代码通关：0110 一般贸易、9610 集货模式直邮电商、9710 跨境电商 B2B 直接出口、9810 跨境电商 B2B 海外仓、1210 保税电商、0139 旅游购物电商（已被废止）、1039 市场采购贸易方式等。

市场采购贸易方式是 2013 年中华人民共和国商务部在义乌等地试点以来的一种创新跨境电商模式，是指在经过认定的市场集聚区采购商品，由符合条件的经营者办理出口通关手续的贸易方式。市场采购海关监管方式代码为"1039"，简称"市场采购"。自 2020 年 9 月 16 日公布第五批市场采购贸易方式试点以来，全国市场采购贸易方式试点总数达到 31 家，覆盖东、中、西部 15 个省（区）。开展试点的目的是推动传统商品市场转型升级，带动更多中小微企业参与对外贸易。市场采购贸易方式试点在业务流程、监管方式、信息化建设等方面先行先试，量身定制支持政策，实现了增值税免征不退、简化申报等政策突破，逐步形成了一套较为适应市场发展的管理模式，有效激发了市场主体活力，提升了贸易便利化水平，带动了地方开放型经济的发展。市场采购贸易方式试点如表 1-3 所示。

表 1-3　市场采购贸易方式试点

批次	试点市场
第一批	浙江义乌
第二批	江苏海门叠石桥国际家纺城、浙江海宁皮革城
第三批	江苏省常熟服装城、广东省广州花都皮革皮具市场、山东省临沂商城工程物资市场、湖北省武汉汉口北国际商品交易中心、河北省白沟箱包市场
第四批	温州（鹿城）轻工产品交易中心、泉州石狮服装城、湖南高桥大市场、亚洲国际家具材料交易中心（位于佛山）、中山市利和灯博中心、成都国际商贸城
第五批	辽宁西柳服装城、浙江绍兴柯桥中国轻纺城、浙江台州路桥日用品及塑料制品交易中心、浙江湖州（织里）童装及日用消费品交易管理中心、安徽蚌埠中恒商贸城、福建晋江国际鞋纺城、山东青岛即墨国际商贸城、山东烟台三站批发交易市场、河南中国（许昌）国际发制品交易市场、湖北宜昌三峡物流园、广东汕头市宝奥国际玩具城、广东东莞市大朗毛织贸易中心、云南昆明俊发·新螺蛳湾国际商贸城、深圳华南国际工业原料城、内蒙古满洲里满购中心（边贸商品市场）、广西凭祥出口商品采购中心（边贸商品市场）、云南瑞丽国际商品交易市场（边贸商品市场）

第三节　跨境电商的发展与趋势

1．中国跨境电商的发展阶段

中国跨境电商的发展经历了 3 个阶段（见图 1-4）。

萌芽期（1999—2007 年）：随着互联网在中国的发展，开始出现帮助中小企业外贸出口的 B2B 平台，如阿里巴巴国际站、中国制造网，以及垂直型 B2B 外贸电商平台中国化工网等。处于萌芽期的跨境电商平台主要为中小企

跨境电商的模式与分类

业提供商品信息展示、交易撮合等基础服务，有的智库将这一阶段称为跨境 1.0 阶段。但在这一阶段，跨境电商平台上主要是企业信息及产品展示，不涉及在线交易、在线支付等交易环节。这一阶段大部分跨境电商平台的盈利模式是收取会员费，比如年服务费。

发展期（2008—2013 年）：随着跨境支付、物流等服务水平的提高，一些面向海外个人消费者的中国跨境电商零售出口业务（B2C/C2C）蓬勃发展起来，如兰亭集势、速卖通等，中国大量中小企业、中小网商开始参与国际贸易，所以这一阶段被称为跨境电商 2.0 阶段。处于发展期的跨境电商平台开始摆脱纯信息黄页展示的行为，将线下交易、支付、物流等流程进行电子化，逐步实现在线交易。在这一阶段，第三方平台实现了营收的多元化，实行后向收费模式，将"会员收费"改为以收取"交易佣金"为主，即按成交效果来收取百分点佣金。同时，通过平台上的营销推广服务、支付服务、物流服务等获得增值收益。

爆发期（2014 年至今）：2014 年被很多业内人士称为跨境进口电商元年，因为在这一年中传统零售商、海内外电商巨头、创业公司、物流服务商、供应链分销商纷纷入局跨境电商。从投资、融资层面来看，2015 年跨境电商单个项目平均最低融资额高达 5650 万元，主要分布在广东、浙江、北京、上海，分别达到了 28%、15%、14%、13%，融资额总和占全国融资额的七成，其中北京的平均最低融资额最高，达到 2.8 亿元。而从政策层面来看，中华人民共和国海关总署（以下简称海关总署）2018 年出台了《关于跨境贸易电子商务进出境货物、物品有关监管事宜的公告》和《关于增列海关监管方式代码的公告》，承认了"跨境电子商务"模式。多种利好因素使跨境电商在中国快速发展，一大批跨境电商零售进口平台和企业诞生，如天猫国际、网易考拉、聚美优品、洋码头、小红书等。这一阶段被称为跨境电商 3.0 阶段，其主要特点是全产业链服务在线化，用户群体由草根创业向工厂、外贸公司转变，且具有很强的生产设计管理能力。平台销售产品由网商、二手货源向一手货源好产品转变，同时平台的服务也不断延伸，如阿里巴巴一达通将通关、退税等环节全部在线外包。

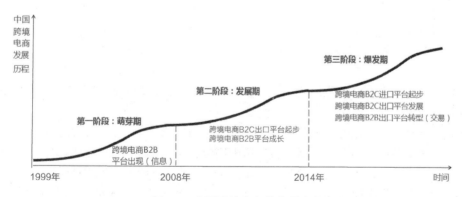

图 1-4　中国跨境电商的发展阶段

2. 跨境电商交易规模总量持续增长

WTO 发布的一份报告显示，2020 年全球货物贸易总额下降了 5.3%，但全球 B2C 跨境电商贸易总额不降反升，预计将从 2019 年的 7800 亿美元上升到 2026 年的 4.8 万亿美元，复合增长率高达 27%。CCG（Center for China and Globalization，全球化智库）报告显示，2021 年中国是全球最大的 B2C 跨境电商交易市场之一，占全球交易的 26%，美国、英国、德国、日本则分别排在第二名至第五名。

自 2014 年以来，中国跨境电商飞速发展，跨境电商已经成为中国外贸增长的重要动力，成为创新驱动发展的重要引擎。中国海关数据显示，2014 年中国跨境电商交易规模为 4.2 万亿元，增长率为 35.48%，占进出口贸易总额的 15.89%（也有统计口径显示占比为 14.8%）。而中国电子商务研究中心显示，2016 年中国跨境电商交易规模为 6.7 万亿元，同比增长 24%，其中，出口跨境电商交易规模为 5.5 万亿元，占比 82.1%，进口跨境电商交易规模为 1.2 万亿元，占比 17.9%；2017 年中国跨境电商交易规模为 8.06 万亿元，同比增长 20.3%，其中出口占比达到 78.2%，进口占比为 21.8%；2018 年中国跨境电商交易规模达 9 万亿元，同比增长 11.6%，出口占比达到 78.9%，进口占比为 21.1%；2019 年中国跨境电商交易规模达 10.5 万亿元，同比增长 16.66%，出口占比达到 76.5%，进口占比为 23.5%；而 2020 年中国跨境电商交易规模达 12.5 万亿元，同比增长 19.04%。

另外，网经社数据显示，中国跨境电商的行业渗透率和增长率也在持续增长，如图 1-5 所示。

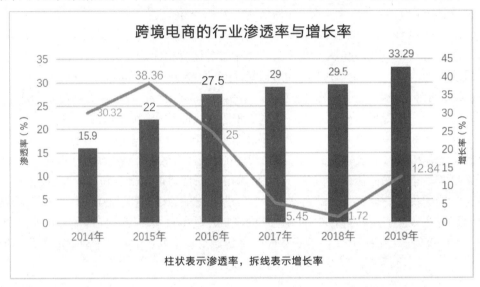

图 1-5　中国跨境电商的行业渗透率和增长率

3．跨境电商多样化、多元化、移动化趋势

早期跨境电商借助中国制造大国的优势，以销售物美价廉的产品及 OEM 代工为主，近几年，许多企业开始考虑走品牌化运营之路，把品牌引向海外市场，通过品牌来提升自身在跨境电商中的价值。

多样化主要体现在产品品类和销售市场方面，随着跨境电商的海外市场从巴西、德国、英国、俄罗斯、北美地区，向西欧国家、拉丁美洲国家、中东欧国家、中东国家、中亚国家、非洲国家等新兴市场开拓，产品品类也随着不同国家的消费者的需求更加个性化。同时物流解决方案呈现多样化趋势，在原有的物流通道基础上，通过建立或依托海外仓储提升商品配送和退换货体验，增强目的地市场本地化竞争优势。

多元化表现在跨境电商经营主体上，呈现多元化趋势。拟涉足线上业务的传统外贸企业、国内电子商务企业、传统制造企业、新创业的中小微企业等，都纷纷投入人力、物力来开拓跨境电商市场；各类第三方服务商不断出现，涉及营销、通关商检、物流、支付等环节的跨境电商企业及服务企业不断被整合进产业链，产业生态更为完善，各环节协同发展，跨境电商市场逐渐趋于成熟。

随着智能手机在全球不断普及，移动化成为跨境电商发展的重要趋势。交易方式更加碎片化，不但有 Wish 等专注于移动端的电商交易平台，而且其他跨境电商平台的移动端应用发展十分迅速，如速卖通在许多国家的装机量均处于当地 App 装机量的第一位。移动科技正在引领多屏幕、全渠道"指尖"购物新体验。

4．跨境电商的自建站需求增长

跨境电商交易可以在第三方平台进行，也可以在自建网站进行，第三方平台是早期跨境电商商家的优先选择，由于第三方平台同质化竞争激烈、营销方式受限、数据资源不能自主等，所以成熟的出海商家开始自建网站进行交易，而这也与海外消费者的交易习惯相符合，国内90%的用户习惯使用第三方平台，而国外52%的用户习惯使用自建网站。自2020年以来，因为国际形势错综复杂，第三方平台的交易规则快速改变，跨境电商卖家对自建站（或独立站）的需求有所增加，所以涌现了许多中国本土SaaS建站服务商。海外营销推广也因此有所改变，从基于第三方平台的推广，逐渐向以独立站为核心的海外推广发展。

【案例】2021年6月16日，星徽股份发布公告称，旗下泽宝技术的RAVPower、Taotronics、VAVA 3个品牌涉及的部分店铺于2021年6月16日被亚马逊要求暂停销售。2021年7月6日，天泽信息发布公告指出，旗下控股子公司有棵树因涉嫌违反亚马逊平台规则，已于2021年新增被封或冻结站点数约340个。2021年8月4日，华鼎股份发布公告称，公司的全资子公司通拓科技多个品牌涉及的54个店铺被亚马逊要求暂停销售，4143万元的资金被冻结。

从2021年5月以来，中国多家跨境电商在亚马逊的店铺陆续被封，资金和货物同时被冻结。深圳跨境电子商务协会估计，2021年5月以来在亚马逊平台上被封店的中国卖家超过了5万家，全国各地累计被封的活跃账号达9万多个。两次封店主要针对两类平台违规行为：一是针对操作评论，比如在商品中放礼品卡，或通过社交媒体采用现金索评的行为；二是针对关联账号的行为。

亚马逊封店潮引起了诸多跨境电商企业的反思，特别是如何在尊重平台规则的基础上，利用规则去谋求发展，比如多平台布局和拓展独立站。

跨境电商的发展

第四节　跨境电商的宏观环境

1．跨境电商国内政策利好

（1）国家与各部门纷纷出台跨境电商政策

2013年8月21日，中华人民共和国商务部、海关总署等八部委出台《关于实施支持跨境电商零售出口有关政策的意见》，为发展跨境电商指明了方向，对外贸转型升级具有重要而深远的意义。此后，中华人民共和国国务院（以下简称国务院）和各部委纷纷出台针对跨境电商行业的配套政策措施。

2013—2021年，国务院发布了多个跨境电商政策文件，如表1-4所示。

表1-4　国务院出台的与跨境电商相关的政策

时间	主题	国务院出台跨境电商相关政策	文件号
2013年9月	部门协同	《关于实施支持跨境电子商务零售出口有关政策意见的通知》	国办发〔2013〕89号

续表

时间	主题	国务院出台跨境电商相关政策名称	文件号
2014 年 5 月	基础设施	《国务院办公厅关于支持外贸稳定增长的若干意见》	国办发〔2014〕19 号
2015 年 3 月	跨境试点	《国务院关于同意设立中国（杭州）跨境电子商务综合试验区的批复》	国函〔2015〕44 号
2015 年 6 月	基础设施	《国务院办公厅关于促进跨境电子商务健康快速发展的指导意见》	国办发〔2015〕46 号
2016 年 1 月	跨境试点	《国务院关于同意在天津等12个城市设立跨境电子商务综合试验区的批复》	国函〔2016〕17 号
2017 年 11 月	进口税率	《国务院关税税则委员会关于调整部分消费品进口关税的通知》	税委会〔2017〕25 号
2018 年 8 月	跨境试点	《国务院关于同意在北京等22个城市设立跨境电子商务综合试验区的批复》	国函〔2018〕93 号
2019 年 12 月	跨境试点	《国务院关于同意在石家庄等24个城市设立跨境电子商务综合试验区的批复》	国函〔2019〕137 号
2020 年 5 月	跨境试点	《国务院关于同意在雄安新区等46个城市和地区设立跨境电子商务综合试验区的批复》	国函〔2020〕47 号
2021 年 5 月	进口试点	《国务院关于同意在河南省开展跨境电子商务零售进口药品试点的批复》	国函〔2021〕51 号

海关总署作为跨境电商监管链条的关键环节，在跨境电商政策制定方面有着较高的权力。近年来，海关总署出台多项举措来保证跨境电商快速发展，如对跨境电子商务监管实行全年365 天无休息日，货到海关监管场所 24 小时内办结海关手续，跨境电子商务监管业务联动工作作业机制、应急预案和全年无休日跨境电子商务通关总体工作方案等，如表 1-5 所示。

表 1-5　海关总署出台的与跨境电商相关的政策

时间	主题	海关总署出台跨境电商相关政策	文件号
2014 年 7 月	跨境监管	《关于跨境贸易电子商务进出境货物、物品有关监管事宜的公告》（根据海关总署公告 2016 年第 26 号废止》）	总署公告〔2014〕56 号
2014 年 8 月	监管方式	《关于增列海关监管方式代码的公告》	总署公告〔2014〕57 号
2015 年 9 月	网购保税	《关于加强跨境电子商务网购保税进口监管工作的函》	海关总署加贸函〔2015〕58 号
2016 年 11 月	跨境监管	《关于跨境电子商务零售进出口商品有关监管事宜的公告》	海关总署〔2016〕26 号
2016 年 10 月	信息化	《关于跨境电子商务进口统一版信息化系统企业接入事宜公告》	海关总署〔2016〕57 号
2016 年 12 月	监管方式	《关于增列海关监管方式代码的公告》	海关总署〔2016〕75 号
2017 年 11 月	监管场所	《中华人民共和国海关监管区管理暂行办法》	署令〔2017〕232 号
2018 年 4 月	跨境支付	《关于规范跨境电子商务支付企业登记管理》	海关总署〔2018〕27 号
2019 年 1 月	企业注册	《关于跨境电子商务企业海关注册登记管理有关事宜的公告》	海关总署〔2018〕219 号
2019 年 12 月	贸易方式	《关于修订市场采购贸易监管办法及其监管方式有关事宜的公告》	海关总署〔2019〕221 号
2020 年 3 月	出口退货	《关于全面推广跨境电子商务出口商品退货监管措施有关事宜的公告》	海关总署〔2020〕44 号
2020 年 3 月	进口退货	《关于跨境电子商务零售进口商品退货有关监管事宜的公告》	海关总署〔2020〕45 号
2020 年 8 月	B2B 监管	《关于扩大跨境电子商务企业对企业出口监管试点范围的公告》	海关总署〔2020〕92 号
2021 年 7 月	监管试点	《关于在全国海关复制推广跨境电子商务企业对企业出口监管试点的公告》	海关总署〔2021〕47 号

跨境电商涉及国家多个部门的业务范畴，涉及的国家相关部门包括中华人民共和国国家发展和改革委员会、中华人民共和国财政部、中华人民共和国工业和信息化部、中华人民共和国商务部、国家税务总局、中华人民共和国交通运输部、中华人民共和国国家工商行政管理总局、中华人民共和国国家邮政局、国家外汇管理局、中国人民银行、中国银行业监督管理委员会、中共中央网络安全和信息化委员会办公室、国家林业局濒危物种进出口管理办公室、国家密码管理局等部门。各部门从自身角度出发，出台相关政策措施，支持跨境电商行业的发展，如表1-6所示。

表1-6 中华人民共和国商务部等各部门出台跨境电商相关政策

时间	主题	商务部等各部门出台跨境电商相关政策	文件号
2013年2月	外汇支付	《支付机构跨境电子商务外汇支付业务试点指导意见》	汇综发〔2013〕5号
2015年1月	网购限额	《关于开展支付机构跨境外汇支付业务试点的通知》	汇发〔2015〕7号
2015年5月	负面清单	《关于进一步发挥检验检疫职能作用促进跨境电子商务发展的意见》	国发〔2015〕24号
2016年3月	跨境限额	《关于跨境电子商务零售进口税收政策的通知》	财关税〔2016〕18号
2016年4月	商品清单	《关于公布跨境电子商务零售进口商品清单的公告》	财关税〔2016〕18号
2016年4月	商品清单	《关于公布跨境电子商务零售进口商品清单（第二批）的公告》	财关税〔2016〕47号
2017年11月	经验推广	《商务部等14部门关于复制推广跨境电子商务综合试验区探索形成的成熟经验做法的函》	商贸函〔2017〕840号
2018年9月	贸易方式	《关于加快推进市场采购贸易方式试点工作的函》	商贸函〔2018〕631号
2019年4月	外汇支付	《国家外汇管理局关于印发〈支付机构外汇业务管理办法〉的通知》	汇发〔2019〕13号
2020年5月	外汇支付	《国家外汇管理局关于支持贸易新业态发展的通知》	汇发〔2020〕11号
2021年3月	进口监管	《关于扩大跨境电商零售进口试点、严格落实监管要求的通知》	商财发〔2021〕39号
2021年4月	跨境合作区	《关于围绕构建新发展格局做好边境经济合作区、跨境经济合作区工作的通知》	商办资函〔2021〕163号
2021年7月	负面清单	《海南自由贸易港跨境服务贸易特别管理措施（负面清单）》	商务部令〔2021〕3号

（2）逐步推行跨境电商试点城市与综合试验区

由海关总署牵头的跨境电商试点城市自2012年12月启动以来，已经拓展至20多个城市。这些城市依托电子口岸建设机制和平台优势，实现跨境电商企业与口岸管理相关部门的业务协同、数据共享；一些重要的运营平台包括重庆的"e点即成"、上海的"跨境通"、宁波的"跨境购"、杭州的"一步达"、郑州的"E贸易"等。

综合试验区是试点城市的升级版，地位高于试点城市。时任国务院总理李克强亲自敲定了首个杭州综合试验区——中国（杭州）跨境电子商务综合试验区（以下简称杭州综试区）。首个杭州综试区摸索出以"单一窗口"为核心的"六大体系、两大平台"模式。"单一窗口+综合园区"齐发力，加速通关流程。线上单一窗口是指海关、检验检疫、外汇管理、国税、工商、物流、金融等部门的数据申报、处理、进度提示集中在同一平台。实现"一次申报、一次查验、一次放行"；线下"综合园区"是指"一区多园"模式，比如杭州综试区建成了上城园区、余杭园区等13个跨境电商园区，总面积达323万平方米，入驻企业2188家。构筑"信息共享+金融服务+智能物流+电商信用+统计监测+风险防控"六大配套体系，该体系打通各监管主体，实现了服务、评价、监管的全面电子化。杭州综试区共出台86条制度创新清单、55项创新政策，积累了宝贵经验。

不同试点城市和综合试验区都出台了一系列政策支持并鼓励跨境电商的发展。比如根据《杭州市人民政府办公厅关于做好 2015 年跨境电子商务推进工作的通知》，杭州市鼓励跨境电子商务主体和平台建设（每家资金不超过 500 万元），鼓励跨境电子商务人才引进培养（高校不超过 100 万元的资金扶持、高端跨境电子商务人才优先享受"杭州市人才新政 27 条"），鼓励跨境电子商务园区建设（优先保证用地指标），鼓励跨境电子商务物流仓储企业、配套和专线建设（不超过 200 万元的资金扶持），鼓励跨境电子商务融资体系建设等。杭州市临安区出台政策支持工具、节能灯等扶持行业，对这些行业的阿里巴巴国际站会员企业达到一定交易金额的给予 1.8～3.6 万元的年费补贴。历年国务院批复的跨境电子商务综合试验区，如表 1-7 所示。

表 1-7　历年国务院批复的跨境电子商务综合试验区

时间	历年国务院批复的跨境电子商务综合试验区
2015 年 3 月	杭州市
2016 年 1 月	天津市、上海市、重庆市、合肥市、郑州市、广州市、成都市、大连市、宁波市、青岛市、深圳市、苏州市
2018 年 8 月	北京市、呼和浩特市、沈阳市、长春市、哈尔滨市、南京市、南昌市、武汉市、长沙市、南宁市、海口市、贵阳市、昆明市、西安市、兰州市、厦门市、唐山市、无锡市、威海市、珠海市、东莞市、义乌市
2019 年 12 月	石家庄市、太原市、赤峰市、抚顺市、珲春市、绥芬河市、徐州市、南通市、温州市、绍兴市、芜湖市、福州市、泉州市、赣州市、济南市、烟台市、洛阳市、黄石市、岳阳市、汕头市、佛山市、泸州市、海东市、银川市
2020 年 5 月	雄安新区、大同市、满洲里市、营口市、盘锦市、吉林市、黑河市、常州市、连云港市、淮安市、盐城市、宿迁市、湖州市、嘉兴市、衢州市、台州市、丽水市、安庆市、漳州市、莆田市、龙岩市、九江市、东营市、潍坊市、临沂市、南阳市、宜昌市、湘潭市、郴州市、梅州市、惠州市、中山市、江门市、湛江市、茂名市、肇庆市、崇左市、三亚市、德阳市、绵阳市、遵义市、德宏傣族景颇族自治州、延安市、天水市、西宁市、乌鲁木齐市

除了综合试验区，我国还建立了跨境电子商务自由贸易区和跨境电子商务自由贸易港。2013 年 9 月，我国建立了首个自由贸易试验区，即上海自由贸易试验区。此后陆续发展为 17 个自由贸易试验区，包括广东、天津、福建、辽宁、浙江、河南、湖北、重庆、四川、陕西、海南、山东、江苏、广西、河北、云南、黑龙江自由贸易试验区。在这些自由贸易试验区范围内，往往包含一个或者多个具有保税功能的海关特殊监管区。

2. "一带一路"倡议与跨境电商的发展相辅相成

《"十三五"国家信息化规划》首次提出网上丝绸之路建设优先行动，作为我国未来 5 年的优先战略重点行动。网上丝绸之路，是由中国与"一带一路"沿线各国加强网络互联、信息互通所形成的多领域、多层次的基于"互联网+"的信息经济带。

中国"一带一路"倡议将打破传统贸易壁垒，有效促进沿线国家发展共赢，给中小企业带来大量贸易机会。这一倡议有助于通过建设"网上丝绸之路"，推动沿线国家跨境电子商务领域的深入发展。同时，跨境电商企业之间的合作可以更好地实现"一带一路"沿线国家贸易畅通，更好地惠及当地民众。阿里巴巴集团于 2016 年提出建立世界电子贸易平台的倡议，这一倡议被写进了二十国集团领导人第十一次峰会公报。

"一带一路"倡议还促进了中国与其他国家在跨境电商方面达成合作协议，比如 2016 年 6 月中国与东盟七国签署《中国—东盟跨境电商平台运营与管理机制备忘录》，2016 年 11 月中国与智利签署《中华人民共和国商务部和智利外交部关于电子商务领域合作的谅解备忘录》等。

而跨境电商企业之间的合作，也增强了中国与"一带一路"国家的连接强度。

阿里研究院提出用 ECI 指数（E-Commerce Connectivity Index，跨境电商连接指数）来量化反映中国与"一带一路"沿线国家在跨境电商贸易方面的连接紧密程度。出口指数越高，表示该国购买"中国制造"的商品越多；进口指数越高，表示中国消费者购买该国的商品越多。"一带一路"沿线国家 ECI 指数 TOP20，如图 1-6 所示。

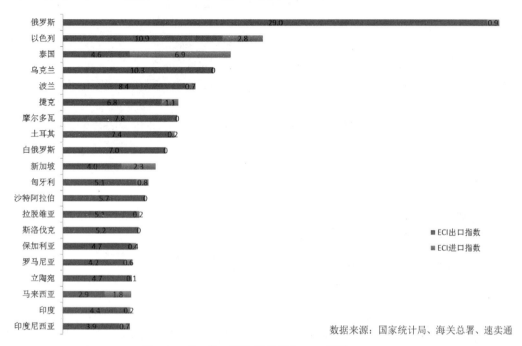

数据来源：国家统计局、海关总署、速卖通

图 1-6 "一带一路"沿线国家 ECI 指数 TOP20

复习思考题

跨境电商的发展环境

一、简答题

1．简述跨境电商与传统国际贸易的区别。

2．简述跨境电商多样化、多元化和移动化的表现。

二、实训题

1．搜索国内外知名的跨境电商平台，并按照交易主体对这些平台进行分类。

2．搜索近 5 年跨境电商行业的融资实例，以表格方式呈现。

3．搜索并比较阿里巴巴旗下的速卖通和淘宝之间的异同。（提示：从不同维度比较，可从经营主体、模式、服务对象、服务内容、语言、交易支持、购买习惯、规则等方面入手）

三、论述题

1．举例论述跨境电商的意义。

2．论述中国跨境电商快速发展的环境基础。

第二章
跨境电商平台

【章节导论】跨境电商的发展离不开网络交易平台，本章针对跨境电商 B2B 平台、B2C 平台、移动端平台介绍了国内企业使用比较多的几个典型跨境电商交易平台。虽然跨境电商交易平台是跨境电商产业链的重要一环，但是跨境电商平台的发展仍需要其他主体和环节，所以本章还特别介绍了跨境电商通关服务平台、跨境电商公共服务平台、跨境电商综合服务平台。通过学习本章，可以全面了解出口跨境电商产业链，了解与跨境电商相关的各个主体，帮助跨境电商实践者构建最佳的社会关系网络。

第一节　跨境电商 B2B 平台

跨境 B2B 电商模式在中国跨境电商的发展中一直处于主体地位。20 世纪 90 年代末，环球资源网、中国制造网、阿里巴巴国际站的成立开启了中国中小企业依托互联网技术进行在线信息推广的时代，其商业模式是基于互联网平台展示中小企业的信息及商品信息，同时海外买家可以寻找、搜索卖家并发布采购信息，最终为跨国贸易双方提供商机和订单，盈利模式主要是广告推广费、展会收入、会员费等。

2004 年，敦煌网正式上线，实现了小额跨境电商的在线交易，其商业模式在当时外贸产业界是一大创新，敦煌网于 2006 年、2008 年、2010 年、2014 年获得了以 KPCB 凯鹏华盈中国投资为首的从 A 轮到 D 轮的投资。兰亭集势于 2013 年在美国纽约交易所上市，外贸人对于电子商务的接受程度开始普遍认同。

于 2001 年成立的面向中小企业提供外贸综合服务的深圳市一达通企业服务公司，其商业模式主要是通过互联网平台为中小企业提供金融、通关、物流、退税、外汇等一站式的进出口环节服务。外贸综合服务平台的出现，让跨境 B2B 进入全产业链一站式服务阶段。

1. 阿里巴巴国际站

（1）发展历史

阿里巴巴国际站于 1999 年正式上线阿里巴巴 B2B 平台，它既是阿里巴巴集团最早创立的业务之一，也是阿里巴巴集团的旗舰业务。目前，阿里巴巴国际站是全球领先的跨境 B2B 平台，服务全世界数千万的采购商和供应商，专注服务全球中小企业。阿里巴巴国际站拥有来自 200 多个国家和地区的约 4000 万个海外注册买家，覆盖 40 多个行业，为数千万年轻人及中小企业提供了平等的贸易平台。它提供的一站式通关、退税、物流等服务，让外贸企业在出口流通环节变得更加便利和顺畅。

阿里巴巴国际站大事记详见附件1。

（2）服务内容和服务对象

阿里巴巴国际站帮助中小企业拓展国际贸易的出口营销推广服务，它基于全球领先的企业间的电子商务网站——阿里巴巴国际站贸易平台，通过向海外买家展示、推广供应商的企业和产品，进而获得贸易商机和订单，提供一站式的店铺装修、产品展示、营销推广、生意洽谈及店铺管理等全系列线上服务和工具，帮助企业降低成本并高效率地开拓外贸市场。

阿里巴巴国际站的服务种类有免费会员（中国内地免费会员无卖家功能，国际免费会员既能采购商品也能发布供应信息）、全球供应商会员（国际付费卖家会员既能采购商品也能发布产品，并且能进入后台管理）和中国供应商会员（中国内地、中国香港、中国澳门和中国台湾地区的收费会员，可依托国际站寻找海外买家）。

（3）平台创新点

① 阿里巴巴国际站在海外的知名度高，其访问流量大，在 Alexa 的全球商务类网站综合排名中为第四；在全球商贸及进出口网站两项排名中均为第一。阿里巴巴国际站注册企业会员230 万人，覆盖 200 多个国家和地区、34 个进出口行业。阿里巴巴国际站于国际电子商务发展的早期成立，经历了网络经济的泡沫期和寒冬期，2003 年它因非典型肺炎疫情的影响增强了在海外采购商中的影响力，其后阿里巴巴 B2B 主营业务在中国香港上市，阿里巴巴集团在美国纽约交易所挂牌上市，近几年借助"一带一路"倡议不断提高其知名度。经过 20 多年的发展，阿里巴巴国际站的海外知名度已经远远高于其他平台的知名度，同时阿里巴巴国际站也是阿里巴巴集团的重要支柱平台。

② 功能完善，服务系统化。阿里巴巴国际站的功能已经较为完善，从帮助会员找买家、供应商、合作伙伴，实现在线销售和采购，到提供最新的宏观行业发展信息和微观交易数据信息，帮助企业寻找有用的商业资讯，并推出各类工具，比如千牛平台帮助企业便捷管理和操作，各类功能不断完善。在服务方面，阿里巴巴国际站专门建立培训部门为企业进行培训，甚至手把手教企业操作，会员培训系统非常成熟，销售服务十分细致。

③ 大数据优势明显，智能应用将实现。借助阿里云、达摩院等，大数据将为阿里巴巴国际站的会员带来更客观、翔实的行业动态，实现更精准的营销模式。阿里巴巴平台还研发了外贸机器人——AliRobot，这是中国第一款阿里巴巴国际站自动化营销多功能软件，通过类似机器人的软件来实现高质量产品智能海量发布，使多个关键词全方位覆盖，产品定时批量更新，这款软件还具有关键词排名一键查询等功能，可以大幅度提高产品的曝光率。

2. 中国制造网

（1）发展历史

中国制造网创建于 1998 年，由焦点科技股份有限公司开发并运营，是国际上有一定影响力的电子商务平台。网站旨在利用互联网为国内中小制造企业构建渠道，借助中国制造网的品牌优势和推广力量向全球采购商推荐产品。

跨境电商平台——
阿里巴巴国际站

中国制造网分内贸站和外贸站。内贸站主要为国内买卖双方提供信息管理、展示、搜索、对比、询价等全流程服务，同时提供第三方认证、广告推广等高级服务。帮助供应商在互联网上展示企业形象和产品信息，帮助采购商精准、快速地找到诚信供应商。外贸站共有 11 种语言版本，目前提供 27 个类目、3600 个子类目的产品信息，为中国供应商和海外采购商搭建了沟通平台，将可靠产品和可信任的中国制造企业推向全球市场，帮助买卖双方实现高效交易。

中国制造网大事记详见附件 2。

（2）服务内容和服务对象

中国制造网通过构建商业信息数据库，商情板发布供求信息，第三方机构认证等，帮助众多供应商和采购商建立联系，并提供商业机会。它的服务对象包括采购商、中国供应商、海外供应商，盈利收入主要来自会员费、产品展台现场视频、增值服务费。

中国制造网的会员可以在平台上通过输入关键词、产品目录和商情板等，查找产品，联系供应商，发布供求商情。供应商可以通过横幅等广告形式推广产品。

（3）平台特点

① 制造行业纵深发展的垂直 B2B 网站。中国制造网主要针对生产加工制造类行业，在建材等多个工业品类目方面纵深发展，帮助企业实现工业品的精细化采购。从效果来看，尽管询盘数量不如其他知名 B2B 跨境电商平台的询盘数量，但其询盘的质量比较高，达成交易的概率更高。

② 更精细的会员服务。中国制造网比较重视用户利益，为会员提供更多、更精细化的服务，比如为帮助会员提高贸易能力，中国制造网不仅为供应商提供信息，还提供培训、沙龙、出版杂志等一系列会员服务；近几年，中国制造网在美国建立了销售团队和仓储基地，直接介入海外交易环节。

3．敦煌网

（1）发展历史

敦煌网于 2004 年成立，2005 年正式上线运营，其定位是中小微企业的 B2B 海外电子商务网站，是中国国内首个实现在线交易的跨境电商 B2B 平台。与其他 B2B 网站收取会员费的盈利模式不同，敦煌网实行佣金制，可免注册费，只在买卖双方交易成功后收取费用。根据 PayPal 交易平台的数据可知，2011 年敦煌网的在线外贸交易额在亚太地区排名第一，在全球排名第六，其交易规模达到 100 亿元。

截至 2020 年 12 月 31 日，敦煌网累计拥有 230 多万家注册供应商，年均在线产品数量超过 2500 万件，累计注册买家超过 3640 万家，覆盖全球 223 个国家和地区，拥有 100 多条物流线路、10 多个海外仓和 71 个币种支付能力，在北美地区、拉美地区、欧洲地区等设有全球业务办事机构。敦煌网实现了物流、资金流和信息流三大环节的平台整合，是中华人民共和国商务部重点推荐的中国对外贸易第三方电子商务平台，中华人民共和国工业和信息化部电子商务机构管理认证中心已经将其列为示范推广单位。

敦煌网大事记详见附件 3。

（2）服务内容和服务对象

针对国际贸易订单小批量、多样化的发展趋势，敦煌网侧重于帮助国内中小微企业开展小批量的 B2B 跨境交易。

结合中小微企业在国际贸易、物流、资金等诸多环节的不足，敦煌网提供货源、海外营销、在线支付和集国际物流、保险、金融、培训于一体的供应链整合服务体系。比如在货源组织方面，2013 年开始在义乌、东莞、宁波等货源地打造全球网货中心，集合了货源地的商务及商品信息，大大提高了交易达成概率；在物流支持方面，推出了综合物流平台——

DHLink，与全球四大物流公司签约，覆盖超过 190 个国家和地区，在长江三角洲地区、珠江三角洲地区、西南地区建立国内仓库，于 2015 年开始建立海外仓并推出"海外直发业务"，帮助平台上的商家获得物流渠道、物流价格等方面的优势；在金融方面，为帮助中小微企业周转资金，不出现货款压滞的情况，敦煌网与中国建设银行、中国招商银行、中国民生银行等合作，推出一系列金融产品，如 e 贷通、e 单通、e 保通等，甚至包括不需要担保的信用贷款和 P2P 平台敦煌专属贷款。

（3）平台特点

① 致力于解决中小微企业做跨境电商业务的痛点。中小微企业做跨境电商业务的主要痛点是国际贸易经验不足、货源问题、资金问题和物流问题。近几年，敦煌网的业务布局围绕这些痛点展开，以平台交易为核心，开展外贸交易一体化服务（如 DHport 跨境服务云平台从信保到海关、检验检疫、税务、外汇等提供一站式专业服务）；整合支付、物流、金融等供应链服务。

② 盈利模式创新。与阿里巴巴国际站收取卖家会员费的方式不同，敦煌网采取买卖双方免费注册的方式，按照成交金额的 3%～10% 不等的浮动佣金制向买方单向收取费用，实现了"按交易提成"的做法，另外，在供应链金融和仓储物流方面也会收取服务佣金。

③ 借助"一带一路"倡议快速布局全球市场。近几年，敦煌网在"一带一路"沿线国家和重点商贸区域进行了战略布局。比如敦煌网与秘鲁、西班牙等国建立战略合作协议，在东欧地区建立数字贸易中心等，这不仅帮助平台实现了品牌的海外推广，还解决了跨境电商中的诸多落地问题。

第二节　跨境电商 B2C 平台

1. 速卖通

（1）发展历史

2009 年 9 月，阿里巴巴注册资本 10990 万美元上线速卖通平台，8 个月后速卖通正式在海外开业。阿里巴巴计划斥巨资对速卖通进行海外推广，在海外借助各类媒体，如电视、报纸、杂志、欧美主流网站等对速卖通进行宣传和推广；在 Google 投入了数十万个热卖产品关键词，去精确锁定海外卖家；先后并购 Vendio 和 Auctiva 两家美国知名电子商务公司，为其引入优质海外买家资源。速卖通于 2015 年要求企业入驻和品牌商品上线，于 2017 年引入品牌封闭管理机制，逐步实现将"中国质造"推向海外市场的目标。目前，AliExpress App 海外装机量超过 3 亿次，入围全球应用 TOP10 榜单。

速卖通大事记详见附件 4。

（2）服务内容和服务对象

速卖通秉承了阿里巴巴服务中小企业的一贯宗旨，将国内中小企业的产品和服务推向海外市场，如英国、美国、加拿大、俄罗斯、巴西、西班牙、印度尼西亚等都是速卖通的主要销售地区。海外市场的直接消费者、终端批发零售商等都是速卖通的主要客户。相比于阿里巴巴国际站，速卖通的订单更加个性化、小批量，更容易让中国的中小企业直接接触海外消费者，成为网络零售商，而非中间商。

随着速卖通的全球知名度不断提升，速卖通逐渐成为国际性 B2C 平台，一些海外卖家也纷纷在平台注册、开店并实现销售。经过 8 年的快速发展，速卖通已趋于成熟，其服务对象覆盖全球 230 个国家和地区，主要交易市场为俄罗斯、美国、西班牙、法国等，支持世界 18 种语言站点，海外成交买家数量突破 1 亿人。

（3）平台特点

① 后台操作便捷。与其他平台相比，速卖通后台操作承袭了阿里系简单、便捷的特点，无论卖家是否具有外贸经验，是否精通外国文字，平台都可以帮助卖家快速上架商品、处理买卖信息、获得订单、管理运营等。

② 海外知名度不断提升。速卖通的目标是全球市场，美国、俄罗斯等国家的买家多、流量大、市场容量大，这有利于中国的中小企业开拓海外市场。

③ 平台商品种类齐全。目前，在速卖通销售品类中位列前五的是服装及配饰、手机及通信工具、美妆及健康、计算机网络、珠宝及手表，与阿里系其他平台一样，速卖通作为一个水平型的 B2C 跨境电商平台，在不违反政策和各国法律的前提下，其产品和服务覆盖 3C、服装、家居、饰品等 30 个一级行业类目，应有尽有。此外，对于海外卖家来说，中国强大的制造能力让平台的商品具有较强的价格优势。

④ 国际支付宝保障支付安全。速卖通拥有强大的网站诚信安全体系保障购物的安全性，避免买卖双方的交易损失，国际支付宝也保障了买卖双方的支付安全。

2. 亚马逊

（1）发展历史

1994 年，从金融服务公司 D.E.Shaw 辞职的杰夫·贝佐斯决定创立一家网上书店，1995 年 7 月亚马逊网站正式上线，开创了新型的图书销售模式，1997 年 5 月 15 日亚马逊公司股票上市。

与当时许多以吸引"眼球"为目标的网站不同，亚马逊在长达 5 年的时间里几乎没有盈利，营业收入大都被投入网站的技术升级和物流配送体系的建设，一度引起股东的抱怨。而正是这种稳健并务实的发展思路，使得亚马逊在 21 世纪的互联网泡沫期中幸存，并成为互联网零售业的巨头。2001 年的第四季度，亚马逊首次实现了盈利，当季营收超过 10 亿美元，净利约 500 万美元。

成立之初，亚马逊的定位是成为"地球上最大的书店"。便捷的购书模式和持续的折扣营销，使亚马逊快速超越了线下图书巨头 Barnes&Noble 和 Borders 等，尽管 Barnes&Noble 在 1997 年开展了线上图书销售业务，但是此时亚马逊已经确立了最大书店的地位，并将目光放到了图书以外的其他领域。

1997 年以后，借助已经较为成熟的销售平台和物流配送网络，亚马逊开始提供更为丰富的商品选择，目标是成为"最大的综合网络零售商"。亚马逊最先扩展的类目是音乐产品，1998 年亚马逊的音乐商店正式上线，仅一个季度的销售额就已经超过了 CDNow。

2001 年以后，亚马逊开始不断开放自己的网络平台，推广第三方开放平台，逐渐从一个网络零售商转变为网络服务提供商。2002 年，亚马逊推出 AWS（Amazon Web Services，亚马逊 Web 服务）。2005 年，亚马逊推出 Prime 服务。2007 年，亚马逊推出 FBA（Fulfillment by Amazon，亚马逊配送服务）。2010 年，亚马逊推出 KDP 的前身 DTP（Digital Text Platform，自助数字出版平台）。

亚马逊网站的主域名为 Amazon.com，它 2008 年全年的访客数量至少达到 6.15 亿次，是当年沃尔玛超市门店顾客数量的两倍。2015 年，亚马逊美国站的日均访问量达到 3310 万次，总访问量达到 9.25 亿次。截至 2018 年 4 月,Amazon Prime 会员用户数超过 1 亿人。而 2020 年发生的新冠疫情,更是让 Amazon Prime Video 全球用户数达到 2 亿人。

除了主域名,亚马逊还在世界上多个国家建立了本地化的网站,比如 Amazon.co.jp(日本)、Amazon.fr(法国)、Amazon.co.uk(英国)、Amazon.ca(加拿大),在商品、定价等方面也存在差异。

亚马逊大事记详见附件 5。

(2)服务内容和服务对象

在成为网络服务提供商之后,亚马逊平台上的商品涵盖了图书、音像制品、软件、消费电子产品、家用电器、厨具、食品、玩具、母婴用品、化妆品、日化用品、运动用具、服装鞋帽、首饰等类目,因此,亚马逊的服务对象也扩展为全球各地入驻亚马逊平台的各个卖家和专业卖家。

中国做跨境电商的商家,可以选择在亚马逊北美站、亚马逊欧洲站、亚马逊日本站其中之一或者多个站点开展电商业务。

(3)平台特点

① 消费者至上的平台管理思想。亚马逊一贯坚持以消费者为中心的原则,并在很多细节上落实这一原则。比如 Prime 会员服务制度,2005 年,亚马逊在全球首创 Prime 会员服务,为消费者提供美国境内全年无限次免运费两日达服务,提供亚马逊专属服务和折扣优惠。2016 年,亚马逊启动 Prime Now,为 Prime 会员提供两小时免费速达和一小时送达服务,为实现这一目标,亚马逊建立了 Prime 专属货运机队,为 Prime 会员提供极速配送体验。此外,在平台规则方面,亚马逊非常重视保护消费者的权益,如 A-to-Z 机制。

② 智能仓储物流运营体系。亚马逊是最早将智能机器人应用到物流运营体系中的电商企业。2012 年,亚马逊通过收购 Kiva System 公司,将 Kiva 智能机器人应用到仓储物流领域,改变了传统的"人找货"模式,变为"货找人"模式,人机协作实现更快速地拣货。

此外,亚马逊也是最早将无人机技术应用到物流配送领域的企业。于 2013 年推出的亚马逊 Prime Air 无人机,30 分钟可将一件重 5 磅的快递送到客户家中,全程无人化。目前,亚马逊已经构建起全球化智能运营网络,通过全球 140 多个运营中心,跨国配送到全球 185 个国家和地区,这是目前为止全球覆盖范围最广的电商自建运营网络之一。而在此基础上,亚马逊向平台第三方卖家推出了 FBA。

③ 技术为王的 AWS。亚马逊的总裁贝佐斯是一名技术狂热爱好者,从早期图书销售网站中的各项技术应用(如图书推荐技术等)到后来的 AWS 网络服务,亚马逊为用户提供基于其自有后端技术平台的几乎所有类型的业务。这些技术服务包括亚马逊弹性计算云、亚马逊简单存储服务、亚马逊简单数据库、亚马逊简单队列服务、亚马逊灵活支付服务、亚马逊土耳其机器人及 Amazon CloudFront。亚马逊的云计算技术也因此在全球处于领先地位。

3. eBay

(1)发展历史

eBay 成立于 1995 年 9 月,创建者 Omidyar 为了帮助女友和全美国的 Pez 糖果盒爱好者交流,便开发了一家拍卖网站,没想到网站很受收集 Pez 糖果盒、芭比娃娃等物品爱好者的欢迎。比如平台第一单交易买家就是一位"专门收集坏掉的激光指示器"的玩家。1997 年 9

跨境电商平台亚马逊

月,公司正式更名为 eBay。1997 年,具有哈佛 MBA 学位的并先后在宝洁和迪斯尼担任过副总裁的梅格·惠特曼出任 eBay 总裁。作为一家发展比较早的 C2C 第三方平台,买卖双方的信任问题一直是一个困扰，因此 eBay 在 2002 年收购了已在纳斯达克上市的 PayPal，PayPal 成为平台的第三方支付工具，解决了买卖双方的信任危机。2015 年 1 月，eBay 独立访问量达 1.22 亿次，在全网位列第 11 位。2016 年，eBay 的商业平台在全球范围内促成了数十亿笔交易，其交易总额达到 840 亿美元。截至 2018 年，eBay 在全球拥有 1.71 亿位活跃买家。2019 年 7 月，eBay 提出"管理式配送服务"（Managed Delivery）。2020 年，eBay 在上海宣布面向所有卖家推出"eBay fulfillment by Orange Connex"服务计划，向卖家提供端到端、"一站式"的仓配物流服务。

eBay 大事记详见附件 6。

（2）服务内容和服务对象

eBay 是一个全球性网站，其目标是成为全球性在线交易平台。eBay 的市场范围涉及全球四大区域（欧洲、美洲、亚洲、太平洋地区）的经济较发达国家。

eBay 让入驻会员通过拍卖和一口价的方式销售产品，拍卖有特点的产品、库存少的产品、无法判断准确价值的产品，但拍卖方是非职业卖家；或者通过一口价销售有大量库存的产品、有丰富 SKU（Stock Keeping Unit，存货单位）的产品、需要长时间在线销售的产品、卖家希望有固定可控的利润的产品。

（3）平台特点

① 成熟的二手拍卖交易平台。eBay 采用的运作模式是通过为买卖双方搭建拍卖平台并提供平台，方便个人或商家在平台开店铺，每笔拍卖收取刊登费（费用从 0.25～800 美元不等），向每笔已成交的拍卖再收取一笔成交费（费用为成交价的 7%～13%），从而为买卖双方提供一个成熟的二手货交易平台。

② 平台交易产品的独特性。在 eBay 平台上，只要物品不违反法律或者不在 eBay 的禁止贩售清单之内，就可以在 eBay 上刊登、贩售，每天都有数以百万的家具、收藏品、计算机、车辆等在 eBay 上被刊登、贩售、卖出。有些物品稀有且珍贵，有些物品虽然是布满灰尘、毫不起眼的小玩意，却可能是某些网民的独特收藏。正如 eBay 创办时的初衷，很多网民在 eBay 上找到了在其他网站上难以找到的物品。

③ 通过数据和社交媒体引流支持平台卖家。eBay 会根据卖家注册的类目，把越来越多的相关数据通过邮件等方式发布给卖家们。这些数据包括价格指导、进货指导，以及更多对库存的洞察（如对正确产品、价格和时机的需求信号）；此外，eBay 还会通过把流量导向优秀评级卖家来提高用户的参与度和满意度，让这些卖家的销售额继续以正常的速度增长。

eBay 还与 Facebook 进行了合作，主要是为了提高流量的增长速度。eBay 在 Facebook 的移动电商平台上提供"每日交易"商品，作为回报，eBay 可以从 Facebook 平台上获得更大的用户基础。

④ 强大支付工具 PayPal 支持。PayPal 是目前全球使用最为广泛的网上交易工具之一。它可以很便捷地进行外贸收款、提现与交易跟踪。PayPal 可快捷支付并接收包括美元、加元、欧元、英镑、澳元和日元等 25 种国际主要流通货币。

4．Wish——移动端电商平台

（1）发展历程

Wish 是一家高科技独角兽公司，创始人是出生于欧洲的 Peter Szulczewski 和来自广州的 Danny Zhang（张晟），他们曾一起在加拿大滑铁卢大学求学。

Peter 曾在 ATI、英伟达、微软和谷歌实习并工作过，主要研究机器自主学习算法，带领团队参与了 Google Adwords/AdSense 等经典产品的设计。大学期间 Danny Zhang 在 Alcan 实习过,担任软件优化工程师,毕业之后去了雅虎、Lime Wire 和 AT&T,在计算机科学领域拥有 9 项专利。2011 年,他们一起联合创立了 ContextLogic(Wish 的母公司)。

目前,Wish 有 90% 的卖家来自中国,是北美地区和欧洲地区最大的移动电商平台之一。它使用优化算法大规模获取数据,并快速了解如何为每位客户提供最相关的产品,用推送的方式让用户在移动端便捷购物,同时享受购物的乐趣,还被评为"硅谷最佳创新平台"和"欧美最受欢迎的购物类 App"。现在 Wish 的日活跃用户达到 60 万~80 万人。

Wish 的品牌口号为"shopping made fun",并且它使用的优化算法能够迅速掌握为所有客户提供相关度最高的产品的方法,能够获取大规模的信息数据,使用户享受手机端的方便、快捷,同时能感受到购物的乐趣。相较于其他的跨境电商平台,例如亚马逊、eBay、速卖通等,Wish 平台的精准度更高,更专注于产品的展示与个性化推荐,会与用户有更多互动,使用户在购物过程中获得更多娱乐感,无障碍地连接了用户和产品内容,从而增强了用户黏性。

Wish 更加精准地为用户推荐需要的产品,比起传统电商行业的销售模式,它所呈现给用户的产品更趋向于用户个人需要的,更加贴合用户的喜好,使每位用户在网站上接收的商品信息都是适合自己的,并且随着用户的喜好变化和需求变化改变其内容。移动端能够大大缩短购买决策的时间,激发更多的消费增量。

Wish 的交互界面与大多数跨境电商平台的交互界面有所不同,它使用了与 Pinterest 等图片社交网站的瀑布流的方式来推送商户的产品,其独特的购物模式使企业能够精确地找到用户群体。

根据 Apptopia 数据,2018 年 Wish App 的下载量位居全球购物类 App 首位,安装次数达 1.97 亿次。IPO(Initial Public Offering,首次公开募股)前,Wish 已经完成了 8 轮融资,其最后一轮融资在 2019 年 3 月融资 1.6 亿美元。2019 年 12 月 16 日,Wish 母公司 ContextLogic 正式在纳斯达克上市,首日收盘,公司市值为 117.58 亿美元。而根据公司财报,Wish 在 2020 年全年的每月活跃用户同比增长 19%,超过 1.07 亿人,全年核心市场(通过向每笔交易收取佣金的收入)收入同比增长 66%;2021 年第一季度,其收入同比增长近 70%。

Wish 大事记详见附件 7。

(2)服务内容和服务对象

Wish 为商户提供免费的手机端销售平台,根据用户在社交媒体上的浏览轨迹分析用户的喜好,实现千人千面的个性化推送,为全球消费者提供来自世界各地的优质产品。

Wish 的消费者遍布世界各国,主要以美国、加拿大、澳大利亚、欧洲等国家和地区为主,有超过 70% 的消费者来自欧美国家,其中约 44.5% 的消费者来自美国,43.2% 的消费者来自欧洲,以 16~30 岁的群体为主。其中销售额排名靠前的国家有法国、德国、英国、意大利和瑞典。而 Wish 所搭载的销售平台主要是手机端 App,它在各大软件下载商城中的下载量在其所属类目中排名靠前;在超过 8 个国家的购物类目中排名第一,在 80 多个国家排名前五。Wish 注册用户超过 3 亿人,并且拥有高于 1000 万人的日活跃用户数。

目前,Wish 平台提供了 4 个垂直类目的 App,分别为母婴产品(Mama)、3C 电子产品(Geek)、家居产品(Home)和美妆产品(Cute)。根据 Wish 买家浏览方式来推测,Wish 平台受欢迎类目的特点是:产品种类丰富、使用更换频率高、有话题性等,所以不难理解为什么时尚类目是平台的主要类目。新近卖家在选择类目时可考虑即将被拓展的类目,从而避免激烈竞争，为自己赢取更多的机会。选品时卖家需要注意的是，Wish 的技术判断在同一个页面或同一个推送中不出现重复或相似度高的产品，在选择产品时要尽量考虑到差异化。

从 2016 年开始，Wish 平台的政策开始逐步完善，更加注重产品的知识产权，并且对买家的权益高度重视。Wish 的商户逐渐开始走自主品牌化、规范化的道路，用户和平台对卖家的要求也越来越高。

（3）平台创新点

① 以推荐为主的电商平台。与其他电商平台需要消费者主动去搜索产品不同，Wish 先使用优化算法大规模获取数据，为用户行为标记大量标签，再通过与平台产品标签匹配，为用户提供个性化的产品推荐。对于重要的技术，ContextLogic 通过机器学习和自然语言处理技术处理信息，从而提高广告与内容页的相关性，这一点类似谷歌 AdSense，只不过 AdSense 只应用于谷歌广告联盟领域，而 ContextLogic 则希望将技术应用到谷歌之外，比如 Facebook 的用户主页、Twitter 的微博内容等，因此智能算法技术是 Wish 爆发式增长的基础。

② 唯一专注于移动端的跨境电商平台。尽管目前许多跨境电商平台都开始关注并重视移动端，比如目前速卖通移动端的流量已经超过 PC 端的流量，但 Wish 是唯一一家全球知名的仅做移动端的跨境电商平台。目前 Wish 平台 98% 的流量和 95% 的订单来自移动端，移动端的特殊性使得 Wish 平台的产品发布、产品介绍的重点与其他平台有很大不同，而 Wish 平台在用户互动、增强用户黏性等方面花费了大量心思，比如增加更多娱乐感，用瀑布流的方式为用户展示精美图片等。

③ 平台盈利模式不同。Wish 不收取平台费，平台商家也不需要交纳保证金、押金，更不用交推广费，因此 Wish 的主要收入是每次交易的佣金，目前佣金是交易额的 15%（即产品和运费的总和的 15%）。不收平台费、按交易额收取佣金的策略，对吸引商家和用户增长具有非常大的帮助，有效消除了商家对推荐算法的不信任，因为平台和商家的利益绑定在一起了。不过，随着 Wish 平台上产品数量的大幅增加，2016 年其产品数量达到 6600 万件，每天销售 130 万单，销售额为 700 万美元；2017 年其产品数量达到 8000 万件，店铺达到 10 万家。Wish 开始推出诚信店铺服务、付费买流量，同时划分 14 个动态性行业，从而更好地提高买卖双方的匹配度。

5. 其他跨境电商平台

除了以上几个主流跨境电商平台，自 2019 年以来，两个专注于东南亚市场的跨境电商平台也快速发展起来。

跨境电商平台 Wish

（1）东南亚新兴平台

Lazada 是东南亚地区最大的网上购物商城之一。它每日的网络流量达到了 400 万以上，其顾客来自马来西亚、新加坡、泰国、菲律宾、印度尼西亚、越南等国家。它不仅提供了包括货到付款在内的多种付款方式，还提供了全面顾客服务和免费退货服务，产品种类涵盖消费者电子产品、家庭用品和时装，让卖家可以接触东南亚地区的约 5.5 亿名消费者。

Shopee 是东南亚上市互联网集团 Sea 旗下的电商平台，于 2015 年在新加坡成立并设立总部。2017 年，Shopee 的 GMV（Gross Merchandise Volume，网站成交金额）达 41 亿美元，同比增长 258%，区域内 App 下载量名列前茅；2020 年，Shopee 的 GMV 达到了 354 亿美元，同比又增长了 101.1%，全年有 28 亿个订单。目前，其员工遍布东南亚地区和中国，约 7000 多人，是该地区发展迅猛的电商平台。

（2）本土化跨境电商 B2C 平台

跨境电商卖家可以充分利用好各国家和地区的本土网站。

① 印度的 Flipkart。Flipkart 是由亚马逊的两名前员工于 2007 年创建的，是印度最大的电子商务零售商之一。沃尔玛巨资入股 Flipkart 后，Flipkart 在印度迅速与亚马逊拉开了距离，现在 Flipkart 在印度占据 35% 的市场份额，亚马逊占据 27% 的市场份额。

② 美国的 Walmart（沃尔玛）。沃尔玛公司是一家美国的跨国零售企业，是世界上最大的零售商之一。沃尔玛的主要销量来自线下超市，但在电商的冲击下沃尔玛开始了线上与线下相结合的模式，特别是在新冠疫情发生后，其线上业务开始快速增长。

③ 俄罗斯的 Yandex.Market。Yandex.Market 是俄罗斯本土最大的电商平台之一，相当于中国的阿里巴巴。Yandex.Market（比价网站）拥有超过 5000 万个产品和 14000 家店铺，每月不重复访问者超过 1300 万人。

④ 美国的 Newegg（新蛋网）。新蛋公司是一家在线零售商，其产品包括计算机硬件和消费电子产品。

⑤ 美国的 Sears（西尔斯）。西尔斯是美国第三大批量商家零售商，在互联网零售商 500 强中排名第八。聚集超过 10000 家卖家和 1.1 亿多个产品。它提供自营、大卖家和广告联盟多种营销模式，其品类包括电子产品、家居用品、户外生活、工具、健身、玩具等，比较流行的品类是草坪和园艺。

此外，还有新西兰的 Trade Me、阿根廷的 Mercado Libre、日本的 Rakuten、日本的 Yahoo! Shopping、英国的 TESCO、韩国的 Coupang 和 Gmarket、法国的 La Redoute、巴西的 MercadoLivre、非洲的 Jumia 和 Konga、德国的 OTTO、中东版的亚马逊电商网站、俄罗斯的 Ozon 等。

第三节　跨境电商服务平台

跨境电商交易平台是跨境电商产业链的重要一环，而跨境电商通关服务平台、跨境电商公共服务平台、跨境电商综合服务平台更是跨境电商产业链的重要环节。它们分别由海关、政府和企业来建设，在整个进出口流程中把控着不同的环节，承担着不同的职能。

1. 跨境电商通关服务平台——海关总揽

跨境电商通关服务平台是为外贸企业出口通关提供便利服务的系统平台，是海关总署为应对当前外贸订单碎片化、小包裹、小订单急剧增多的趋势而建立的统一跨境电商通关服务平台。全国首个统一版海关总署跨境电商通关服务平台已于 2014 年 7 月在广东东莞正式上线运营，旨在统一报关流程，该平台上传的数据可直接对接海关总署内部系统，节省报关时间，提高通关效率。

平台监管部门是海关总署和地方海关；服务对象是传统中小型外贸企业、跨境进出口电商企业；在跨境电商通关服务平台上，对货物通关采用"三单对比"的方式进行监管，"三单"是指电商企业提供的报关单、支付企业提供的支付清单、物流企业提供的物流运单。"三单"数据确认无误后即可放行。

2. 跨境电商公共服务平台——政府、企业面对面

跨境电商公共服务平台是由政府投资兴建的，其含义具有双向性，一方面，它为各地政府的职能部门之间搭建公共信息平台；另一方面，它又服务于大众（主要是指外贸企业）。

跨境电商公共服务平台是由各地政府自行建设的，并无全国统一版本。它涉及国检（检验检疫）、国税（纳税退税）、外管局（支付结汇）、商委或外经贸委（企业备案、数据统计）等政府职能部门及银行结汇等，需要企业一一对接。而跨境电商行业多碎片化订单，若每笔订单都重复与职能部门对接，将成为极其繁重的工作。政府职能部门之间需要一个公共区域共享企业上传的数据，并进行数据采集、交换对比、监管等工作。

跨境电商公共服务平台监管部门包括国检局、国税局、外管局、外经贸局、商委、经信委等政府职能部门。作为政府建设的平台，其作用除了沟通政府职能部门，一些地方平台还能直接对接海关的通关服务平台，典型代表是杭州跨境电商综合试验区的"单一窗口"。

（1）"单一窗口"的建设历程

- 2012 年 8 月，杭州正式获批成为国家跨境贸易电子商务服务首批 5 个试点城市之一，开通下城、下沙等园区跨境电子商务进出口通关服务平台，实现一般出口、直邮进口、保税进口。
- 2014 年 4 月，杭州市委、市政府提出了建设中国（杭州）跨境电子商务综合试验区的重大战略设想，启动规划"六体系两平台"的综合试验区体系。
- 2015 年 3 月，国务院正式发文批复同意设立中国（杭州）跨境电子商务综合试验区。
- 2015 年 6 月，综合试验区的"单一窗口"上线测试。
- 2015 年 12 月，浙江省政府在杭州市各类市场主体推行"单一窗口"，第一阶段为在综合试验区"单一窗口"平台登记备案的在杭州市注册的各类市场主体；第二阶段逐步拓展到在综合试验区"单一窗口"平台登记备案的杭州市外注册的各类市场主体。
- 2016 年 1 月召开的国务院常务会议决定，将先行试点的中国（杭州）跨境电子商务综合试验区初步探索出的相关政策体系和管理制度，向更大范围推广。
- 2016 年 12 月 31 日，中华人民共和国海关总署国家口岸管理办公室牵头组织建设的"中国国际贸易单一窗口"统一门户网站正式上线运行。
- 2017 年 2 月 10 日，中华人民共和国海关总署国家口岸管理办公室组织召开《国际贸易"单一窗口"标准版总体设计方案》专家评审会。
- 2017 年 11 月 9 日至 10 日，中华人民共和国海关总署国家口岸管理办公室在苏州举办"单一窗口"全国培训班。
- 2018 年 10 月 30 日，海关总署和中国国际贸易促进委员会发布会称，中国国际贸易促进委员会原产地证书申领功能将于 11 月 1 日在我国国际贸易"单一窗口"正式上线运行，实现企业申领全流程电子化、无纸化。
- 截至 2018 年年底，国际贸易"单一窗口"标准版实现了与 25 家部委的系统对接和共享，累计注册用户已达 220 多万家，日申报业务量 500 余万票。国际贸易"单一窗口"已建设 12 大基本服务功能，开发应用系统 60 个，对外提供服务 495 项，覆盖全国所有口岸和特殊监管区、自由贸易试验区、跨境电商综合试验区。
- 2019 年 5 月 23 日，通过国际贸易"单一窗口"，中国台湾地区的一家公司在高雄直接打印出一份带有上海海关电子印章和笔迹签名的 ECFA 原产地证书。这是全国首份在关境外自助打印的出口原产地证书。
- 2020 年，海关总署会同国家税务总局在全国推广应用"单一窗口"出口退税功能，实现

出口退税一站式快速便捷办理，累计退税额 76 亿元，惠及 4000 余家外贸和生产企业。

• 2021 年 6 月 18 日，中新（新加坡）海关"单一窗口"联合工作组第五次会议正式召开。

"单一窗口"是一个汇集海关、国检、外管、国税等部门职能，使跨境电商企业可以得到一站式服务的信息化平台。它实行"一点接入"原则，为开展跨境电子商务的电商企业、支付企业、物流企业等各类型企业提供统一的申报入口，通过一个入口来提交标准化的信息和单证，就可以满足跨境电商进出口相关监管部门的所有业务需求，做到"一次申报、一次查验、一次放行"。

"单一窗口"有政务服务和综合服务两大功能。具体的有进出口 B2C 业务申报、跨境 B2B 出口备案、跨境 B2B 进出口申报管理、退税申报管理。

进出口 B2C 业务申报：提供全程无纸化的订单管理、运单管理/清单管理、通关认证管理/报关申请单管理等功能。跨境 B2B 出口备案和跨境 B2B 进出口申报管理：承担备案和数据申报等政务服务功能，为开展跨境电商业务的企业或个人提供基本信息备案、商品信息备案和免税备案等在线服务。退税申报管理：通过与浙江省国税系统的对接，电商企业可在"线上综合服务平台"进行出口退税的申报。

（2）综合试验区六大体系

综合试验区的主要任务是建立以信息为基础、以信用为核心、以技术为支撑的跨境电子商务新型监管服务模式，实现跨境电子商务自由化、便利化、规范化发展。其实现路径为：掌握信息数据→交易真实背景→电商信用体系→简化监管流程→优化综合服务，即通过构建信息共享体系、金融服务体系、智能物流体系、电商信用体系、统计监测体系和风险防控体系，以及线上"单一窗口"平台和线下"综合园区"平台等"六体系两平台"，实现跨境电子商务信息流、资金流、货物流"三流合一"，建立以真实交易为基础的电商信用体系，对企业或商品实施分类分级监管，简化、优化监管流程，并依托大数据的分析和运用，提供金融、物流等供应链综合服务，如图 2-1 所示。

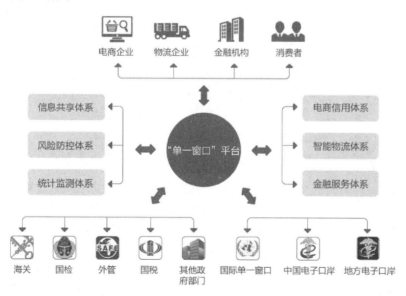

图 2-1　综合试验区六大体系

信息共享体系：统一信息标准规范、统一信息备案认证、统一信息管理服务，打通"关""税""汇""检""商""物""融"之间的信息壁垒。金融服务体系：通过创新金融业务、开展个人贸易外汇管理改革、鼓励跨境电商活动使用人民币计价结算、鼓励第三方支付机构经过银行为中小电商集中办理结汇业务等措施，为跨境电商注入金融活力。智能物流体系：利用云计算、物联网、大数据等技术，实现物流供应链的全程可验、可测、可控。电商信用体系：建立包括跨境电子商务信用数据库和信用评价、信用监管、信用负面清单系统的"一库三系统"，实现对电商信用的"分类监管、部门共享、有序公开"。统计监测体系：建立"中国（杭州）跨境电子商务数据监测制度"，建立跨境电子商务统计标准，发布"跨境电子商务指数"。风险防控体系：运用大数据分析，通过"三流合一"建立以真实交易为背景的诚信体系；通过"负面清单"对企业进行分类管理服务。

3. 跨境电商综合保税区平台（海关特殊监管平台）

跨境电商综合试验区是统一的公共信息平台，同时提供企业入驻园区服务。杭州跨境电商综合试验区还有下设的下城跨贸园、下沙跨贸园、空港跨贸园、临安跨贸园等园区。下城跨贸园于2013年7月8日开园，主要做直邮业务，优势是高效通关通检，首创"一次申报、一次查验、一次放行"模式。下沙跨贸园于2014年5月7日开园，以网购保税进口模式为主，以进口直邮为辅，优势是它是杭州唯一的海关特殊监管区。空港跨贸园于2015年2月9日开园，是保税物流中心，以进口保税业务为主，具有机场口岸优势和仓储物流优势。临安跨贸园于2015年8月11日开园，以B2B贸易出口为主，在节能灯、电线电缆、装饰纸和化工产品行业具有优势。政府对于入驻这些园区的企业的人才招聘、培训、仓储、金融、孵化等进行扶持。综合试验区企业的入驻与服务流程，如图2-2所示。

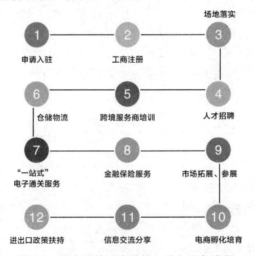

图2-2　综合试验区企业的入驻与服务流程

除了综合试验区，还有一些保税区由政府支持建设，允许企业入驻，使跨境进出口电商企业享受政策支持，更方便海关监管，因此跨境电商综合保税区被称为海关特殊监管场所。比如国内有保税港区、保税物流园区、保税物流中心、跨境工业园区、出口加工区、保税区、进口保税仓和出口监管仓，在国外设立自由贸易港或自由贸易区。

保税区也称保税仓库区，级别低于综合保税。它是一国海关设置的或经海关批准注册、受海关监督和管理的可以较长时间存储商品的区域，是经国务院批准设立的、海关实施特殊监管的经济区域。保税区具有"保税仓储、出口加工、转口贸易"三大功能。保税区具有进出口加工、国际贸易、保税仓储商品展示等功能，享有"免证、免税、保税"政策，实行"境内关外"运作方式，是中国对外开放程度最高、运作机制最便捷、政策最优惠的经济区域之一。保税区能便利转口贸易，增加有关费用的收入。运入保税区的货物可以进行储存、改装、分类、混合、展览，以及加工制造，但必须处于海关监管范围内。外国商品存入保税区，不必缴纳进口关税，尚可自由进出，只需要缴纳存储费和少量费用；如果要进入关境，则需缴纳关税。各国的保税区都有不同的时间规定，逾期货物未办理有关手续，海关有权对其进行拍卖，拍卖后扣除有关费用，余款退回货主。

保税区主要集中在青岛、烟台、成都、宁波、西安、武汉、舟山、南通、大连、贵阳、新疆、赤峰、太原、苏州、海口、西永、天津、深圳福田、上海外高桥、深圳沙头角、深圳盐田、广西凭祥、河南孟州等地区。

保税港区是经国务院批准，在国家对外开放的口岸港区和与之相连的特定区域内设立的，是具有口岸、物流、加工等功能的海关特殊监管区域。保税港区叠加了保税区和出口加工区税收和外汇政策，在区位、功能和政策上的优势更明显，同时也是为了适应跨国公司运作和现代物流发展的新兴监管区域。保税港区是目前港口与陆地区域相融合的保税物流层次最高、政策最优惠、功能最齐全、区位优势最明显的监管区域之一，是真正意义上的境内关外，是在形式上接近自由贸易港的政策模式。

第一个保税港区是2005年的上海洋山保税港区，依次又有天津东疆保税港区、大连大窑湾保税港区、海南杨浦保税港区、浙江宁波梅山保税港区等。

综合保税区是设立在内陆地区具有保税港区功能的海关特殊监管区域，实行封闭管理，是目前我国开放层次最高、政策最优惠、功能最齐全的海关特殊监管区域之一，是国家开放金融、贸易、投资、服务、运输等领域的试验区和先行区。其功能和税收、外汇政策按照《国务院关于设立洋山保税港区的批复》的有关规定执行。即国外货物入区保税，货物出区进入国内销售按货物进口的有关规定办理报关手续，并按货物实际状态征税；国内货物入区视同出口，实行退税；保税区内企业之间的货物交易不征增值税和消费税。该区以国际中转、国际采购、国际配送、国际转口贸易和保税加工等功能为主，以商品服务交易、投资融资保险等功能为辅，以法律政务、进出口展示等服务功能为配套，具备生产要素聚散、重要物资中转等功能。综合保税区集保税区、出口加工区、保税物流园区、港口于一体，可以发展国际中转、配送、采购、转口贸易和出口加工等业务，它整合了海关特殊监管区域的所有功能和政策。各类海关特殊监管区域的功能，如图2-3所示。

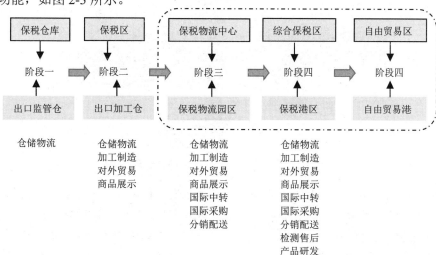

图2-3 各类海关特殊监管区域的功能

根据海关总署网站数据，截至 2021 年 12 月底，全国有 168 家综合保税区，分布于全国 31 个省（区、市）。

2015 年 9 月，国务院办公厅印发了《加快海关特殊监管区域整合优化方案》，按照要求，逐步将现有出口加工区、保税物流园区、跨境工业区、保税港区及符合条件的保税区整合为综合保税区。新设立的海关特殊监管区域统一命名为综合保税区。逐步统一海关特殊监管区域信息化管理系统，统一监管模式。

4. 外贸综合服务平台——阿里巴巴一达通

跨境贸易的链条很长，涉及的操作环节很多，对于中小外贸企业和个人卖家来说，工作量极其繁重。"综合"的含义囊括了金融、通关、物流、退税、外汇等代理服务，外贸综合服务平台的出现可以一站式解决遇到的这部分外贸问题，是真正服务基层的平台。

外贸综合服务平台一般由企业投资建设，平台的功能更齐全，解决问题的能力更强，服务更有保障，可以避免不必要的风险。以"为中小外贸企业和个人卖家提供一站式服务"为基础，衍生出一个新兴的代理服务行业。以阿里巴巴一达通、运去哪、小满科技、易单网、融易通、易链通、广新达等为代表，这类企业或者平台的定位主要是服务跨境贸易中的单一环节或全程环节，为跨境电商的降本增效提供基础性保障。

阿里巴巴一达通是专门为中小微企业提供专业且低成本的通关、外汇、退税及配套的物流和金融服务的外贸综合服务平台，既是中国外贸服务创新模式的代表，也是全中国服务企业最多、地域最广的外贸综合服务平台之一。

阿里巴巴一达通创新 N+1+N 模式，左边的"N"代表国内中小微企业，右边的"N"代表海外商家，中间的"1"是指阿里巴巴一达通作为两者之间的服务环节所提供的一站式服务，比如商检、税务、海关、法律、外管等政府性服务，以及银行、保险、运输等商业性服务。

阿里巴巴一达通提供出口代理服务，其流程如图 2-4 所示。

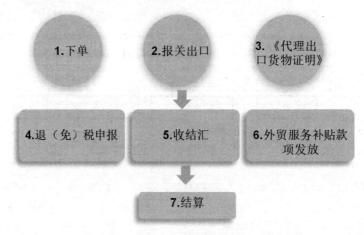

图 2-4 阿里巴巴一达通出口代理服务流程

阿里巴巴一达通还提供金融服务业务，比如流水贷、信融保、赊销保、锁汇保。

流水贷面向使用阿里巴巴一达通出口基础服务的客户，是以出口额度积累授信额度的无抵押、免担保、纯信用贷款服务，它根据以客户贸易数据累积成的企业信用提供相应的贷款。

信融保是阿里巴巴一达通针对信用证交易中出口企业面临的主要问题，推出的综合金融服务。服务涵盖信用证基础业务、信用证融资不买断、信用证买断三大服务模块，可按需灵活选择。任何涉及信用证交易的客户均可适用。

　　赊销保是指在供应商与海外买家进行外贸赊销业务合作时，阿里巴巴一达通向其客户提供的海外买家资信调查、代买保险和贸易融资等一揽子金融服务。

　　锁汇保是指与银行签订锁汇协议，约定将来办理结汇或售汇的外汇币种、金额、汇率及交割日期，到约定交割日当天，根据协议约定的汇率向银行办理结汇或售汇。换句话说，就是锁定汇价在前、实际交割在后的结售汇业务。

跨境电商服务平台

复习思考题

一、简答题

1. 简述阿里巴巴旗下跨境电商交易平台的类型和发展历史。
2. 简述亚马逊交易平台的发展历史和特点。

二、实训题

1. 搜索国内外知名的跨境电商交易平台，以图表的形式整理其发展历史和特点。
2. 访问杭州跨境电商综合试验区的"单一窗口"和国际口岸的统一门户网站，了解"单一窗口"的功能。
3. 假设你要做 B2C 跨境电商，在只能选择一个平台的情况下，你会选择哪个平台呢？请说出理由。

三、拓展题

1. 至少比较 3 个 B2B 跨境电商交易平台之间的异同，建议从发展历史、平台特点、目标市场、优势、劣势等维度进行比较。
2. 自新冠疫情发生之后，各个平台都出台了一些针对中小企业的扶持政策和补助政策，请说说你知道哪些。

第三章
跨境电商平台注册与规则

【章节导论】本章将介绍几个典型的跨境电商平台：速卖通、亚马逊、Wish 的商家注册和认证流程，以及这些平台的入驻要求，并结合认证流程讲解相关理论，同时介绍跨境电商涉及的法律法规，特别是知识产权规则。学习本章，可以使我们了解跨境电商平台注册所需要的资料和基本信息，同时有利于我们独立完成某一平台的注册申请。

第一节　速卖通的商家注册和认证

1. 速卖通的商家入驻要求

从 2011 年开始速卖通上的一些卖家会发现，最初速卖通对于入驻开店的卖家几乎没有门槛和要求，只要卖家拥有一个实名认证的支付宝账号，就可以在速卖通进行开店注册，并且速卖通对销售商品的要求也很少。这种宽松的政策带来了积极影响和消极影响。积极影响是吸引了大量卖家涌入速卖通，特别是那些没有雄厚资金、没有自有品牌和授权品牌的个人卖家，因此速卖通也一度被定为跨境电商 C2C 平台；消极影响是速卖通上的商品良莠不齐，出现了许多问题，在国际上也产生了一些不良影响。

2015 年 12 月 7 日，速卖通最新入驻门槛规定，要求从 2016 年 4 月初开始，所有商家必须以企业身份入驻速卖通，不再允许个体商家入驻；而现在，企业身份的商家入驻速卖通必须有品牌，这意味着商家入驻有双重标准：企业身份和品牌。速卖通后台发表声明，要求没有添加商标的商品、产品自行下架。2016 年 8 月 17 日，速卖通进行了全平台、大面积仿品抽查，大批卖家的店铺被关闭，其中不乏每天商品销量达到 300 单的店铺，有约 30%的个人卖家被强制清退，速卖通的定位也从 C2C 模式转为 B2C 模式。

因此，目前商家入驻速卖通的要求主要有以下 3 个。

一是企业身份。所有商家必须以企业身份（不包含个体工商户）入驻速卖通，不再允许个人商家入驻；规定要求个体工商户或公司开店，必须拥有一个企业支付宝账号，通过企业支付宝账号在速卖通完成企业认证。

二是商品的品牌要求。所有速卖通的大型活动，只允许有品牌的商家参与，平台主推在中国甚至在全世界有品牌的商家。对于有品牌的商家，速卖通将会进行政策倾斜：消费者在搜索品牌关键词的时候会有店铺直达通道，所有流量中优先推荐并帮助保护品牌知识产权、维护品牌内容等，非品牌商品不再允许发布（极个别行业除外）。规定要求卖家须拥有或代理一个品牌经营，根据品牌资质，可选择经营品牌官方店、专卖店或专营店。

三是技术服务年费门槛。与以往免费入驻不同，速卖通发布了招商准入新制度，推出了年费制度和年费返还措施，全面提升商家入驻门槛。对所有的商家进行月度考核，考核内容包括交易表现、产品质量、商家服务等，考核不合格的商家会被清退。规定要求卖家须缴纳技术服务年费，各经营大类技术服务年费不同，经营到自然年年底，拥有良好服务质量并不断壮大经营规模的优质店铺将有机会获得年费返还奖励。

【案例】从中国制造到中国质造。制造业是中国经济的主体，虽然我国实施强国战略，但长期以来中国在世界上的形象都是"制造大国""品牌弱国"，"Made in China"在很多时候变成"低质便宜货"的代名词。速卖通的总经理沈涤凡认为，因为汇率、劳动力、环境优势都不再具备，所以中国外贸过去低质量、低价格的道路走不下去了。而在当今的国际市场，3C、运动、安防等诸多领域，中国已经出现能够与国外厂商竞争的品牌了。速卖通从 2016 年开始提出新的平台口号：中国质造，拟借助电商平台将中国高质量的品牌推向全世界。

2. 速卖通的注册流程

目前，速卖通平台有 3 种类型的店铺，注册时不同类型的店铺要提供不同的资料。

一是官方店，它是商家以自有品牌或者权利人独占授权（商标为 R 标）入驻开设的店铺，因此商家需要提交自有品牌或者独占授权证明（见附件 1），完成企业认证。单店铺可申请品牌数量仅一个，同一品牌（商标）平台允许的店铺数量仅一个。

二是专卖店，是指商家以自有品牌（商标为 R 标或者 TM 状态均可）或者持有他人品牌授权文件而开设的店铺，因此品牌授权文件是这一类店铺的基本材料要求，卖家需要完成企业认证。单店铺可申请品牌数量仅一个，同一品牌（商标）平台允许的店铺数量可多个。

三是专营店，是指经营一个或以上他人或自有品牌（商标为 R 标或者 TM 状态均可）的店铺。它需要完成企业认证，单店铺可申请品牌数量为多个，同一品牌（商标）平台允许的店铺数量可多个。

速卖通的注册流程，如图 3-1 所示。

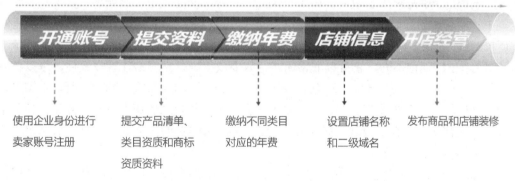

图 3-1　速卖通的注册流程

账号注册：先设置用户名，注意，应事先准备一个国际通用的邮箱。卖家提交用户名后，平台会发送一份邮件来指导用户完成注册。淘宝用户可以通过业务激活的方式在速卖通进行注册，账号须完成企业支付宝认证。

产品清单：卖家需要先在系统中上传 10 款即将售卖的产品供平台审核。

类目资质：在招商准入系统里提交想要经营的类目和店铺类型的相关类目材料，等待平台审核通过。不同类型的店铺，提交的材料不同。

此外，每个大类中可能都有一些子类目，需要额外提供资料，如服装服饰类，若经营羽绒服/羽绒背心、真皮皮衣、真皮草等类目，需要额外提供品牌下第三方权威机构出具的带 CNAS 和 CMA 标志的检测报告，而对于检测报告中的内容也有要求，如真皮/皮草类，要求检测报告中含有对甲醛含量、可分解芳香胺染料、标识标志、外观质量、材质鉴定等的检测，同时检测报告的有效期必须是最近一年内。

技术服务年费：每个速卖通账号只准选取一个经营范围，并在该经营范围内经营一个或多个经营大类。"特殊类（Special Category）"不单独实施招商准入，只要卖家获准加入任一经营大类，即可获得"特殊类"商品发布权限。不同经营大类的技术服务年费有所不同，大部分为1万元/年，最高达到10万元/年，如织发及发套相关，但目前这一类目暂停商家入驻，也有一些类目是仅允许平台邀请入驻的，如"情趣用品"大类。平台会事先收取技术服务年费，如果店铺满足平台的考核指标，就会根据店铺的年销售额进行 50%或 100%的返还。考核指标主要有两个：一是"类目 90 天 DSR 商品描述平均分"（若类目 90 天商品描述 1 分和 2 分总评价数 <3 笔，则不考核该指标）；二是"类目 90 天货不对版纠纷率"（若类目 90 天货不对版纠纷率分子<5 笔，则不考核该指标）。如果店铺的这两个指标不能达到平台要求，不仅不能返还技术服务年费，还可能会因为考核不达标而被关闭对应类目的经营权限。

店铺名称：对于卖家而言，店铺名称不仅仅是一个名字，更是一种形象，它不仅可以让买家快速了解卖家销售的产品，还可以让买家看出卖家的文化内涵。店铺名称应该具有这样几个特点：一是具有独特性，以利于识别与辨认，独特性是要求名字不多见，具有独创性，从而让买家能够将店铺与其他的区分出来，以免店铺做强以后丢失流量，甚至给他人带去流量。二是要简略明了，具有可传播性，这就要求店铺的名称朗朗上口，难发音的字最好不用，从而便于买家记忆，下次继续光顾，此外，最好能从名字上清晰地知道卖家的产品服务或文化，名字传达的店铺信息能够让有采购欲的买家一看到名字，就觉得自己找对了地方，会点击进来。三是具有创新性，新鲜感、潮流感，能赶上时代的步伐。

二级域名：二级域名是相对于主域名而言的，是在主域名中分出来的域名。比如 www.aliexpress.com 是一个主域名，那么 myshop.aliexpre.com 就是二级域名。卖家在二级域名的设置中，能有所创意的是 myshop 这个位置的字母和数字组合方式。使用二级域名更有利于自身店铺的推广，因为二级域名 URL（Uniform Resource Locator，统一资源定位器）地址与长长的子页面 URL 地址不同，它可以非常简略，只要取得好，就容易让客户记住，可以在网络推广中作为一个独立网站被推广，可以有自己的收录、快照、PR 值和反链等，所以卖家可以利用二级域名进行搜索营销推广。不过，如果主域名受到惩罚，二级域名就会被连带；如果主域名的服务被终止了，那么二级域名同样会被终止；同时 Alxe 的排名默认的是主域名，一般计算网站流量排名，都会计算在主域名上。

按照 2016 年的《速卖通二级域名申请及使用规范》，速卖通允许符合条件的卖家使用带有其自有品牌关键字、商号（关键词为卖家的自有商标或公司商号，也就是说对这一关键词具有合法权益）等标识的二级域名。二级域名的所有权归速卖通所有，速卖通有权根据第三方的投诉、速卖通自用、公序良俗或其他原因收回二级域名。通过"二级域名自助申请系统"进行二级域名的申请，一个店铺只能申请一个二级域名，在浏览器 URL 地址栏中输入申请成功的二级域名后，将自动指向卖家的店铺，此外，构成二级域名的字符数应当大于等于 4，小于等于 32。构成二级域名的字符只能包含"英文字母（a～z）""阿拉伯数字（0～9）""-"，并且"-"不能出现在二级域名的首部或尾部；一般二级域名都是卖家所持有合法权益（自有商标或合法商号）的名称或其对应的汉语拼音。

店铺名称和店铺二级域名，都可以在卖家后台管理界面的店铺资产处进行设置和申请。

速卖通入驻流程

3．速卖通卖家后台管理功能介绍

（1）卖家首页

① 导航栏：卖家后台所有频道、功能的入口。

② 快速入口：常用的功能入口。

③ 服务等级：显示店铺订单数据和成长指数，体现店铺整体的经营状况。

④ 违规扣分：记录店铺违规扣分行为，扣满48分店铺将被关闭。

⑤ 新手必知：推荐给新手卖家学习的板块，有经验分享和在线课程。

⑥ 店铺动态中心：动态交易情况、运营情况、违规情况、资源情况等。

⑦ 新手入门必读：基础运营知识。

⑧ 最新公告：规则调整会在此处公布。

（2）产品管理页

① 产品信息：产品相关的运营，发布产品、管理产品等。

② 人工翻译平台：人工翻译服务，可以在此提交翻译需求，会有第三方翻译公司提供有偿服务。

③ 淘宝产品代销：淘代销功能。

④ 货源中心：链接进入1688平台。

⑤ 诊断中心：诊断是否重复铺货、类目放错、属性错选、标题堆砌、标题类目不符、运费不符等。

⑥ 模板管理：包括产品信息模块、运费模板、服务模板、尺码模板。

⑦ 订单通知：设置订单通知渠道，以便可以第一时间跟进。

⑧ 产品状态：草稿箱、审核中、审核不通、已经下架和正在销售的产品。

（3）交易管理页

① 交易核心区域：订单的详细情况，包括今日新订单、等待发货、买家申请取消、有纠纷的订单、等待卖家验款、等待留评、等待放款、未读留言；等待买家付款、等待买家确认收货。这块区域是卖家每天必关注的区域。

② 管理订单：和订单相关的操作。可以在这里导出订单信息，也可以导出Excel格式的文件，以便于统计。

③ 物流服务：如果需要线上发货，可以在这里进行操作。

④ 资金账户管理：和资金相关的操作。在这里可以查询放款订单的信息、资金进出记录，可以向蚂蚁微贷申请贷款。

⑤ 交易评价：订单评价的管理。

（4）消息管理页

① 买家消息：包括站内信和订单留言。国外大部分买家喜欢通过站内信与卖家沟通，包括售前咨询、讨价还价及售后问题等。订单留言包括买家对订单的特别要求等，卖家要留意观察。

② 消息搜索：通过搜索功能和筛选功能可以快速找到具体信息。

③ 在消息管理页可以对站内信和订单留言做标示，方便查找。

（5）店铺管理页

① 店铺表现情况：左侧是店铺表现的具体数据、每月总体数据考核、不良订单分布详情。

数据更新时间："当月服务等级"下月 3 日前更新；"下月等级预估"每日更新。

② 店铺管理：店铺的装修和贸易通设置。

（6）账号管理页

① 旺旺账号。

② 管理子账号：在此可以设置运营、客服等不同岗位。

（7）营销管理页

① 营销活动：在此可以报名参加平台活动、设置店铺活动，设置活动规则和营销分组。

② 客户管理：客户管理与营销。

③ 联盟营销：设置联盟营销佣金，确定营销主推产品等。

④ 速卖通直通车：直通车概况和推广管理。

（8）数据纵横页

① 经营分析：了解商铺概况，进行商品装修和商品分析。

② 商机发现：查看行业情报、热搜词、飙升词和零少结果，或点击"选品专家"链接。

（9）手机管理页

扫描卖家后台二维码，可以在手机上管理速卖通，速卖通手机端主要有订单看板、回询盘、数据纵横、平台信息等。

速卖通卖家后台管理功能　　　　　　　　　　　　数据纵横功能模块

4. 速卖通店铺装修

在电商时代，视觉营销已经变得十分重要，速卖通也增加了更加开放式的功能板块。店铺基础模块包含店招、图片轮播、商品推荐、收藏店铺、联系信息、自定义内容等，第三方模块包含新品上市、优惠券、全屏轮播、广告墙、分类导航、限时导购、页脚、自定义模块等。

（1）旺铺装修基础操作

进入店铺中心，单击"店铺装修及管理"，单击"进入装修"，登录后台装修页面，可以设计色调设定、店招板块、图片轮播板块、商品推荐板块、自定义内容区、语言栏板块、主区自定义内容区、侧边栏自定义内容区。

（2）旺铺装修进阶操作

在旺铺装修过程中，可以选择第三方模板，设置全屏海报，制作广告标签，设置分类导航，设置商品展示模块。

（3）视觉规范化

视觉规范化可以提升店铺的档次，主要包括图片品质的规范化、图片命名的规范化、Logo和团队名称的使用规范化等。在图片中可以加入一些统一制作的"Buy Now"行动按钮，而在图片制作过程中，产品摆放的位置一般是黄金分割线的位置。

5. 速卖通平台的规则

速卖通平台的规则大体上有以下 3 种。

（1）商品发布规则

在发布商品时，要注意不能发布违禁商品，不能有搜索作弊的行为。速卖通禁止发布任何含有禁限售商品的信息,对于任何违反规则的行为,平台将依据规则给予处罚,如表 3-1 所示。

表 3-1 速卖通禁限售处罚规则

处罚依据	行为类型	积分处罚	其他处罚	备注
《禁限售规则》	发布禁限售商品	严重违规:48 分/次(关闭账号)	退回或删除违规信息	规则新增的 30 天内拦截的信息,只退回或删除,不积分
		一般违规:0.5~6分/次(1 天内累计不超过12 分)	若核查到订单中涉及禁限售商品,速卖通将关闭订单,如买家已付款,无论物流状况均全额退款给买家,卖家承担全部责任	

速卖通规定了一系列禁限售商品,在发布商品时一定不能涉及这些产品。此外,在发布商品时还要注意其他一些违规行为,比如类目错放、属性错选、标题堆砌、黑五类商品错放等。发生这些违规行为,也会被平台给予不同程度的处罚,轻者搜索排名靠后,严重者会被冻结账户或关闭账户,如表 3-2 所示。

表 3-2 速卖通违规行为处罚规则

违规行为类型	处罚方式
类目错放	1. 违规商品给予搜索排名靠后或下架删除的处罚。
属性错选	2. 系统核查到搜索作弊商品将在产品管理—商品诊断中展示,请卖家关注并整改。同时在商品诊断统计中展示的 6 类违规行为(类目错放、属性错选、重复铺货、运费不符、标题类目不符、标题堆砌)纳入商品信息质量违规积分体系,根据违规商品数系统自动进行每日扣分。
标题堆砌	
黑五类商品错放	违规商品数在 [1,50) 之间,不扣分。
重复铺货	违规商品数在 [50,500) 之间,0.2 分/天。
广告商品	违规商品数在 500 及以上,0.5 分/天。
描述不符	3. 在系统自动扣分基础上,根据卖家搜索作弊行为的严重程度对整体店铺给予搜索排名靠后或屏蔽的处罚;同时情节特别严重的,平台将依据严重扰乱市场秩序规则保留扣分冻结或直接关闭的处罚。
计量单位作弊	
商品超低价	
商品超高价	注:对于更换商品的违规行为,平台将增加清除该违规商品所有销量记录的处罚
运费不符	
更换商品	
SKU 作弊	
标题类目不符	

- 类目错放:是指商品实际类别与发布商品所选择的类目不一致。这类错误可能导致网站前台商品展示在错误的类目下。比如手机壳正确的类目应该是:电话和通信(Phones & Telecommunications)>手机配件和零件(Mobile Phone Accessories & Parts)>手机包/手机壳(Mobile Phone Bags & Cases),却将其错放到化妆包 "Cosmetic Bags & Cases" 中。
- 属性错选:是指卖家在发布商品时,选择的属性与商品的实际属性不一致的情形。这类错误可能导致网站前台商品展示错误的属性。比如商品的领型非 "V 领",但是卖家在发布商品时选择了这个属性,就导致买家在选择 "V 领" 进行导航时出现了相关商品。
- 标题堆砌:是指在商品标题描述中出现关键词使用多次的行为。比如"stock lace wig remy full lace wig straight wigs human lace wigs",这里的 "lace" "wig" 就是多次重复和堆砌。标题的描述应该是完整、通顺的一句话,比如 "capless extra long synthetic golden

blondewith light blonde curly hair wig"，从假发的长度、材质、颜色、形状等来描述，最后用"hair wig"表达商品的核心关键词。

- 标题类目不符：是指在商品类目或者标题中部分关键词与实际销售产品不相符。比如实际商品属性词应该是"wedding dress"，但是标题中却是"flower girl dress"。

- 黑五类商品错放：黑五类商品是指针对特定客户的特殊订单链接及补运费、补差价、补退款、赠品等专拍链接。这5类商品在平台上的正确发布类目为"Special Category"，卖家在发布这5类商品时，需将其放到"Special Category"这一特定类目中，这样方便买家快速购买到所需商品，以便顺利达成交易。

- 重复铺货：平台上不同商品之间须在标题、价格、图片、属性、详细描述等字段上有明显差异，如果其中有字段或图片雷同，将被平台视为重复铺货。有些商品被设置为不同的打包方式，此时发布数量不得超过3个，超出部分的商品则被视为重复铺货。

- 描述不符：是指标题、图片、属性、详细描述等信息之间明显不符。比如卖家在设置运费时以小包方式进行运费计算，降低商品的整个成本价格，但在详细描述中又写明"达到一定的数量"，这存在欺骗买家的可能，同时增加了卖家发货后的风险；或者实际销售商品在属性描述中有误、商品主图与详细描述图片不符、标题最小起订量与设置的最小起订量不符、标题打包方式与实际设置打包方式不符、滥用品牌词描述现象（如卖家在眼镜类目通过X品牌的商标资质申请及审核，在Brand Name填了X品牌，实际上却在商品标题、商品图片中发布未经速卖通许可的Y品牌；或者未通过任何品牌的商标资质申请，实际上却滥用未经平台许可的品牌的商品标题、商品图片等）。

- 计量单位作弊：是指在发布商品时，将计量单位设置成与商品常规销售方式明显不符的单位；或将标题、描述里的包装物也作为销售数量计算，并将产品价格平摊到包装物上，误导买家的行为。比如卖家展示出售120 pieces of shoes，依据常理鞋子不按单只出售，买家认为收到的是120 pairs of shoes，但卖家发出的仅是60 pairs of shoes。

- 商品超低价：是指卖家以较大的偏离正常销售价格的低价发布商品，在默认和价格排序时，吸引买家注意，骗取曝光；或者通过虚假设置打包的方式，来降低商品单价。比如卖家将7英寸平板电脑的起订量设置为8000个，每个商品的售价为0.01美元，但实际销售价格是1Lot 80美元，即$80.00×1 + $0.00 =US $80.00。也有一些卖家店铺发布大量服饰类商品，其价格明显低于市场价格，部分商品已经产生大量订单，但卖家可能未发货或实际未发货；或者卖家店铺中存在大量非正常折扣力度商品，折扣后价格明显低于市场价格。

- 商品超高价：是指卖家以较大的偏离正常销售价格的高价发布商品，在默认和价格排序时，吸引买家注意，骗取曝光。

- 运费不符：是指卖家在标题及运费模板等处设置的运费低于实际收取的运费的行为。比如一件婚纱的正常销售价格是159.47美元，但卖家将商品价格设置成0.01美元，运费设置成159.46美元；或者标题中标注了免运费（Free Shipping），而实际产品并不提供针对任何一个国家免运费或只提供部分国家免运费的服务；或者产品商业快递免运费，但产品总售价低于快递最低标准收费。

- SKU作弊：是指卖家通过刻意规避商品SKU设置规则，滥用商品属性（如套餐、配件等）设置过低或者不真实的价格，使商品排序靠前（如价格排序）的行为；或者在同一个商品的属性选择区放置不同商品的行为。这种滥用表现在将不同的商品放在一个链接里出售（如触摸笔和手机壳）；或者将正常商品和不支持出售（或非正常）的商品放在同一个链接里出售；或者将常规商品和商品配件（如手表和表盒）放在一个链接里出售；或者将不同属性的商品捆绑成不同套餐或捆绑其他配件放在一个链接里出售；或者在手机整机类目中，以排序靠前为目的的自定义买家极少购买的套餐，如裸机、不带任何附件（包含且不限于）等套餐。

- 更换商品：是指通过对原有商品的标题、价格、图片、类目、详情等信息的修改来发布其他商品（含产品的更新换代，新产品应选择重新发布），这容易对买家的购买行为造成误导。若修改只涉及对原有产品信息的补充、更正，不涉及产品更换，则不视为"更换产品"的行为。比如卖家销售的是手机，其价格为 36～42 美元，"销售历史记录"中显示的信息为 30 transaction（3525 piece），很明显这不是手机的销售记录。

（2）知识产权规则

海外买家对知识产权非常在意，因此卖家要重视知识产权的保护，同时不能侵犯他人的知识产权。近几年，阿里巴巴不断加大对知识产权的管理和对侵犯知识产权行为的惩罚。若卖家发布、销售涉嫌侵犯第三方知识产权的商品，则有可能被知识产权所有人或买家投诉，平台也会随机对商品（包含下架商品）信息进行抽查，若涉嫌侵权，则信息会被退回或删除，主要涉及以下行为。

- 产品标题、描述或店铺名称使用，或者模仿知名品牌名称或衍生词。
- 产品图片中含有知名品牌名称或衍生词、Logo 及相似 Logo，使用图片处理工具遮盖全部或部分 Logo。
- 模仿知名品牌代表性图案、底纹或款式。
- 产品链接被知识产权所有人或拥有合法权利人授权第三方代理机构投诉，未能提供有效、合理的证明。
- 音像制品，中国大陆会员须提供由相关政府部门发放的音像制品经营许可证。
- 原设备厂商软件、学术软件等，须提供相关政府部门发放的有效销售许可证明。
- 其他侵犯第三方知识产权的信息。

在速卖通平台发布任何品牌的产品信息，都需要先将相关授权许可证明发送至邮箱 sellerproducts@aliexpress.com，并注明公司名称和 Member ID，待证明文件被速卖通验证后方可正常发布。

（3）交易类规则

在交易过程中，速卖通主要有 3 项规则需要遵守。

- 成交不卖：是指买家对订单付款后，卖家逾期未按订单发货，或买家取消订单并选择卖家原因导致付款未发货。主要包括两种情况：一是买家对订单付款后，卖家未在其设置的发货期内发货导致订单关闭；二是买家对订单付款后，在卖家发货前申请取消订单，同时选择卖家原因。
- 虚假发货：是指在规定的发货期内，卖家填写的货运单号无效或虽然有效但与订单交易明显无关，误导买家或速卖通平台的行为。比如，为了规避成交不卖的处罚，填写无效货运单号或明显与订单交易无关的货运单号等。

速卖通平台规则

- 信用及销量炒作：是指通过非正常交易手段提高商品销量及信用的

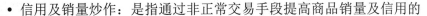

行为，虽然借此可以获得更高的曝光量，但是会造成不正当竞争，同时对海外买家选购产生误导，严重扰乱市场秩序。速卖通对于此类行为零容忍，对于情节严重的将直接给予关闭账号的处罚。

第二节　亚马逊平台的商家注册和认证

1. 亚马逊平台的商家入驻

与速卖通初期允许个人卖家入驻平台不同，亚马逊一直以来均要求入驻平台的商家具有企业资质，也就是必须是在中华人民共和国（中国香港、中国澳门、中国台湾地区除外）注册的企业，且需要具备销售相应商品的资质（个体工商户不能入驻亚马逊商城）。

（1）2017 年亚马逊全球开店入驻条件

① 法人实体营业执照扫描件或复印件。（中国香港公司则需要公司注册证明书和商业登记条例）

- 中国大陆境内、香港特别行政区、中国台湾地区注册的有限公司法人。
- 不接受个体工商户。
- 不接受澳门特别行政区法人。
- 复印件应该清晰可读，营业执照不能过期，且执照上的名称应与亚马逊账户名称一致。

② 身份证正反两面的扫描件。（应清晰可读）

- 身份证明文件必须为以下语言之一：中文、英语、法语、德语、意大利语、日语、葡萄牙语或西班牙语。或提供护照或公证翻译成其中一种语言的身份证明文件。
- 身份证上的姓名应与注册的亚马逊账户上的名称一致。

③ 公司账单或者法人个人账单。（入驻美国站点不作强制要求，欧洲站点或日本站点暂不需要）

说明：（卖家可选择上传或放置空白文档）

- 必须为正规公用事业单位出具的近 90 天内任一水、电、煤气、宽带、电话、手机的账单或发票。
- 开具机构须为自来水公司、煤气公司、电力公司、电信分公司、税务机关等，须真实有效。
- 银行账户对账单上的地址和公司名称，应与注册的亚马逊账户上的一致。
- 不接受任何由物业公司或私人房东开具的账单、发票、收据。
- 不接受任何银行的信用卡账单。

④ 一张 VISA 信用卡

- 可使用中国境内银行签发的 VISA 双币信用卡（能扣美元），亚马逊日本站除了可以使用 VISA 也可以使用 JCB 卡（能扣日元）。
- 亚马逊美国站和亚马逊日本站可以使用持卡人为他人的信用卡。
- 亚马逊欧洲站的信用卡持卡人必须为公司法人、受益人或者由公司承债的商务信用卡。

⑤ 一个海外收款账号。

• 海外银行借记账号。（美国、英国、德国、奥地利、法国任何一国的当地银行账号）

• 香港银行账号。（非中国境内银行属性）

• 第三方收款机构签发的跨境收款账号。（如 Payoneer 卡）

个人银行账户或者公司银行账户都可以。

亚马逊美国站和亚马逊日本站可以使用他人的账号或借记卡。

亚马逊欧洲站如使用个人账户，则收款账号必须为法人/受益人的借记卡或银行账号。

⑥ 具备 ISO9001 质量标准认证。

不论是哪种类型的卖家，都需要具备国际资质专业检测公司审核颁发的有效 ISO9001 质量标准认证。生产厂商需提交 ISO9001 质量管理体系认证，贸易服务商需提交所售产品工厂的 ISO9001 质量管理体系认证。

⑦ 为了防跟卖，最好注册商标。亚马逊北美站使用美标，亚马逊欧洲站使用欧标，还可以根据目的国注册英标、法标、德标等，以起到双重保护作用。（注：注册美标 1～2 个工作日可以拿到回执，但回执不能用于平台备案，6～8 个月才可以下载证书）

（2）亚马逊欧洲站的 KYC 审核资质

① 工商注册信息，即公司营业执照扫描件（清晰彩色扫描）。中国大陆的公司提供营业执照，中国香港的公司提供公司注册证明书和商业登记条例。

② 首要联系人和受益人的身份证件：需要上传相关人员的护照扫描件；如果没有护照，可以提供身份证（正反面）和户口本本人页的扫描件。

③ 公司费用账单：需要提供以下任意一张账单：水费、电费、燃气费的账单，固定电话账单，手机话费账单，网络费用账单，银行对账单，税务账单，保险及社保账单等。一般情况下，此项中国大陆的公司不做要求，在中国香港或中国台湾地区注册的公司必须提供。

账单要求：开具日期在 90 天以内，公司名称需要与之前录入卖家平台的公司法定名称相符，要求账单地址、营业执照地址和实际运营地址相符。账单必须由公共事业单位出具。如果公司账单在房东名下，需要有正规房屋租赁合同来证明关系。

④ 首要联系人和受益人的日常费用账单：提供任意一张账单，包括水费、电费、燃气费的账单，固定电话账单，手机话费账单，网络费用账单，个人信用卡账单，税务账单，保险及社保账单等。账单须由正规公共事业单位出具。如果个人账单在配偶名下需要同时提交结婚证。如果账单在房东名下，需要有正规公司出具的房屋租赁合同来证明关系。

账单要求：开具日期在 90 天以内，地址需要与之前录入卖家平台的首要联系人或受益人的居住地址相符。如果无法提供账单，可以提供该个人的暂住证或者临时居住证。

⑤ 对公银行账户对账单：提供一张公司在任意一家银行开户的对公银行账户对账单。账单要包含清晰的银行 Logo 或名称，必须有公司名称和银行账号。公司名称须与之前录入卖家平台中的公司名称保持一致。账单可以无日期，如果包含日期，需要在 12 个月内。如需保密，可自行遮蔽流水往来记录。对公账户的银行开户许可证，如开户日期在 12 个月以内，也可接受。不接受电子账单，必须为纸质账单扫描件。

⑥ 收款人的境外银行账户：建议使用公司对公账户或者受益人个人账户，比如法人的 Payoneer 收款账户。

• 受益人信息：受益人必须是公司所有人或管理者，即直接或间接拥有公司 25% 及以上股份，或对业务发展有决定权，或以其他形式对公司行使管理权的自然人或者公司。人数必须与实际情况相符，其信息将会被验证。

- 授权书：可能要求上传一份由公司法人出具，授权首要联系人代表公司开设和实际运营的卖家账户，并遵循用户协议及其他条款。（授权书模板见附件4）
- 公司章程：可能需要在审核过程中提供包含受益人及其股权分配信息的公司章程以便审核。

2．亚马逊账号关联

在正式入驻亚马逊平台，注册为第三方卖家之前，必须先厘清账号关联问题，否则会为后期运营带来极大的麻烦。一旦账号信息被注销或者关闭，就不能再次注册新的账号。

据中国电子商务研究中心消息，2021年5月开始，至少有5万个中国商家的亚马逊账号被封，经济损失超过1000亿元。据亚马逊平台解释，封店的原因之一就是账号关联问题。

账号关联指的是每个卖家只能有一个账号。亚马逊注重买家购物体验，为防止卖家重复铺货销售相同的产品，亚马逊的规则就偏向于相同的产品只能在平台上出现一次。当然同一个商品详情可能会有多个卖家，也就是跟卖。

（1）账号关联的危害

一旦两个账号被认为是关联的，且关联账号中的其中一个出现问题，就会影响与之相关联的账号。

同站点关联：同站点（同为亚马逊美国站或亚马逊欧洲站）的账号，当亚马逊发现卖家产品交叉销售同样产品时（产品相似度为80%～90%），会要求卖家强制删除其中的一个账户及所有的listing，如果不删除，就有可能两个账户被全部关闭。关联没有提醒，没有邮件通知，没有客服联系，而且是不可逆的，有时亚马逊也会发出警告通知，如图3-2所示。

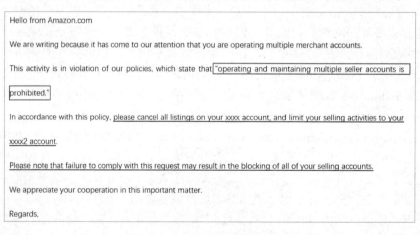

图3-2　亚马逊发出的警告通知

"operating and maintaining multiple seller accounts is prohibited."

亚马逊会要求卖家"please cancel all listings on your ××××account, and limit your selling activities to your ××××2 account.""Please note that failure to comply with this request may result in the blocking of all of your selling accounts."

不同站点关联：如果卖家在不同站点分别注册了账号，销售相似产品，此时其中一个账号出现了问题，另一个账号也出现问题的情况不多，因为亚马逊本来就支持卖家到各个站点开店，把产品销售到各个区域。如果一个站点涉及诈骗、违法等特别严重的行为，另一个账号会被影响。

（2）账号关联的因素

被亚马逊程序算法判定为账号关联的因素很多，比如电脑、网线、网卡、路由器、cookies、账户信息（公司法人等资料）、店铺产品信息（产品相似度80%以上），甚至是业务员的操作习惯，如编辑习惯、图片处理习惯等，这些因素可以分为硬件因素和软件因素。

（3）防账号关联的关键

① 一个账号最好只在固定的一台计算机上登录，链接的路由器和"猫"要干净，网络环境只用于这个账号的操作，账户邮箱也只在这台计算机上登录。

② 尽量避免使用二手笔记本电脑，禁用原有的网卡或无线电话网卡。

③ 多套手续，多台计算机，可以用远程页面操作。

④ 如果必须使用原来的计算机操作，网线不用换（因为外网一般都是动态IP）；路由器网卡要换掉（或者使用USB无线上网卡）；硬盘要格式化（要改变硬盘的分区结构，与原来的不一样）；浏览器要全部清空并重装。

⑤ 购买VPS以防IP等关联：每个账号买一个VPS，可以是阿里云、微软、腾讯云、AWS亚马逊云。

⑥ 多账号操作：多人在不同地点用不同方法操作，不同账号用不同的浏览器，标题写法不同。

⑦ 产品一九定律：比如3个账号中10个产品，只有一个是一样的才行，其他的必须不同；或者可以给授权，A为B账号和C账号授权，但是编写SKU要不同。

⑧ 不同收款账号：无论是银行卡还是虚拟卡，都不可以一对多使用。

账号关联与防范

3．亚马逊北美站点注册流程

（1）账户预审信息提交

先设置亚马逊销售账户。若需要号码验证，可以选择用手机或SMS（短信）进行号码验证；同时设置计费方式和存款方式（这一步设置成功后，系统会从注册人的信用卡账户上扣除1美元）。信用卡使用可以支付美元的双币信用卡、VISA、Mastercard均可，同时要注意以下几点。

- 确认默认地址信息是否与信用卡账单地址相同，使用英文或者拼音填写地址。
- 信用卡持卡人与账户注册人无须为同一人，公司账户也可以使用个人信用卡。
- 系统会尝试对信用卡进行预授权，以验证信用卡尚有信用额度，持卡人会收到预授权提醒。
- 在注册完成和账户运营过程中，可随时更换信用卡信息。
- 信用卡用于账户结算，若卖家账户结余不足以抵扣相关款项，则系统会从信用卡中扣除每月月费或其他销售费用。
- 如果卖家收到通知，告知账户中注册的信用卡信息无效，请检查账单地址是否与信用卡对账单中的账单地址完全相同；或者与开户银行核实，确认信用卡是否过期，是否有充足的信用额度，且对被拒金额的网上扣款无任何限制。

验证完信用卡后，将进行税务信息调查，检查并确认Part I部分有关账户受益人的信息是否准确，接着进行电子签名，退出调查后，结束审核。完成上述步骤后，账户注册完成，卖家可以进入卖家平台上传商品了。

（2）账号注册前的审核

之前提交的仅需要预审的账户信息，不意味着卖家可以在亚马逊平台进行销售。因为亚马逊平台需要知道销售品类，对于有些品类，平台并未开放给第三方卖家，而对于已经开放的品类，不同的品类有很多不同的资料提交要求，所以需要经过一系列审核才可真正获得账号注册权限及平台销售权限。

初审：提交产品信息，一般提交 500 个 SKU 的产品信息，同时提交独立的产品 B2C 网站（该网站可以不真正进行电子交易，但需要证明品牌和产品），等待上线经理审核。

复审：复审由亚马逊的美国团队和英国团队完成。复审通过之后，客户经理会向卖家邮箱发送注册邀请链接（有效时间为 24 小时）。

账户注册：通过链接进入账户并进行详细的账户注册，包含提交公司和个人的相关证明、产品品牌的各类相关证明、不同品类要求的各类资质证明等。同时将提交审核的产品信息上传到亚马逊后台，等待上线经理审核。

上线审核：上线经理对卖家上传的产品资料做最后审核，审核通过之后，才会开放销售权限。审核不符合要求，会被要求修改，一般有 3 次修改机会。

上线销售：通过上线审核之后，上线经理会帮助卖家开启销售权限，账号即可正常销售。整个审核过程全部完成。

（3）亚马逊欧洲站点的特殊要求——VAT 与 KYC

① VAT。

欧洲站点的电商平台交易需要缴纳 VAT（Value Added Tax，增值税），因此需要在页面设置的地方绑定纳税信息，在账户右上角"account information –tax information"。

VAT 是欧盟的一种税制，即购物时要另加税，是根据商品的价格征收的。如英国法规规定，英国公司年营业额在 7.5 万英镑以上或者公司需要进口货物的，必须注册 VAT；此时必须提供英国货物存放地址作为 VAT 地址，必须有英国商业账户，缴纳销售增值税。

$$销售增值税=销售价格×增值税费率$$
$$进口增值税=（申报价值+头程费用+关税）×20\%$$

缴纳 VAT 有 4 个要素：纳税义务人、提供产品或提供劳务、取得应税收入、交易发生在欧盟境内。

每个国家有一个 VAT 临界额需要缴纳，如果交易是从欧盟仓库或海外仓或 FBA 发货，则可能需要缴纳 VAT；如果是香港邮政小包发货，则不需要缴纳 VAT。

② KYC 审核。

同样在欧洲站点，还需要进行 KYC（Know Your Customer，了解你的客户）审核，它是由欧洲金融监督委员会进行的审核，主要是为了防止洗钱或支持恐怖分子。KYC 审核需要提交下列材料。

- 公司营业执照扫描件（清晰彩色）。
- 受益人身份信息。
- 个人费用账单。
- 公司对公银行对账单。
- 授权函。
- 公司日常费用账单。

KYC 审核的流程：填写卖家后台信息—提交资料—审核通过。若资料不符合要求，则需要等待一个月之后，重新提交资料。

KYC 信息填写注意事项如下。

- 全部为汉语拼音。
- 真实填写受益人。
- 居住地址要与信用卡账单上的地址或者水费、电费、煤气费账单上的地址一致。
- 地址准确，精确至门牌号。

- 每个输入框不得超过 50 个字符。
- 如果注册过程中填错了，提交证明文件是可以修改的。
- 亚马逊欧洲站共分为 5 个站点，分别是英国、德国、法国、意大利、西班牙。建议将 5 个站点的存款方式一并全部添加，以免日后添加时重新进入 KYC 审核流程。
- 确保输入有效的国际信用卡信息。同时请确保此信用卡外币账户已开通且额度可用。

亚马逊入驻流程

亚马逊卖家中心功能

第三节　Wish 平台的商家注册和认证

1. Wish 平台的商家入驻

步骤 1：开始注册。打开"merchant.wish.com"，单击"免费使用"按钮，或直接打开"merchant.wish.com/signup"进行注册。

步骤 2：用英文或者拼音填写信息，包括账户信息、商户信息、办公地址。账户信息的邮箱地址最好选择国际通行的邮箱，注册成功以后不得修改。店铺平台和店铺 URL 需提供一个现有店铺的地址（国内外主流平台，如天猫、淘宝、京东、亚马逊、eBay 等，优先填写亚马逊、速卖通、eBay、1688 国际等跨境电商平台。）。库存地点根据实际情况如实填写，这涉及店铺的合理发货时间。比如，选择的是海外仓，Wish 对发货的时效性会有更高的要求。收入分成默认为 15%（即交易成功后，Wish 收取交易金额 15% 的佣金，直接从打款金额中扣除），不得更改。办公地址最好用在地图上可以找到的小区地址或者办公地址。

步骤 3：确认邮箱地址。查收确认邮件，如果没有，到垃圾邮件中查找也可以回到 Wish 注册页面，选择"重新发送电子邮件"。

步骤 4：确认手机号码。单击"发送代码"按钮。将手机上接收的 5 位代码输入对话框，单击"提交"按钮，进入下一步，完成 Wish 的两步验证。Wish 建议不要多人共享相同登录信息，因为两步验证的验证码只会发送至账号的注册手机号码。

步骤 5：开始完成开店所需的所有步骤。单击"Next"按钮即可进入店铺设置。

步骤 6：填写店铺信息。在店铺类型中，如选择个人，须上传身份证或护照扫描件，并填写姓名（必须与身份证上的姓名一致）和身份证号码；如选择公司，则填写公司去年的交易总额（最好在 20 万美元以上）、公司名称、营业执照注册号、法人代表姓名和法人代表身份证号码，并上传公司营业执照、税务登记证和法人代表身份证或护照扫描件。填写完成后，单击"保存"按钮，在跳转对话框中，单击"Confirm"（确认）按钮，进入下一步。

步骤 7：添加一款产品。

步骤 8：付款设置。从供应商列表中选择一种付款方式，根据用户选择的付款方式，在交易完成后，Wish 会在每月扣除手续费后将账款打入用户的账户。建议选择易联支付，用户只需提供一个中国大陆的银行账号即可收款，无须另外注册，手续费为 1%。输入完成并核对无误后，单击"更新支付信息"按钮，单击"Next"按钮，进入下一步。

步骤 9：等待审核。在店铺获得批准前，商品将显示为"售罄"。注册时，填写完整、准确的信息并上传真实有效的资料的商户会在 5 个工作日内被审核完。

至此，所有的开店步骤已完成，用户可以进入 Wish 后台，但还不能上传产品。Wish 需要 5 个工作日左右对店铺进行审核，用户审核通过后，Wish 会为每个店铺分配一名客户经理，客户经理会发送一封邮件收集卖家信息。

2．Wish 认证照片

随着 Wish 商户的不断涌入，Wish 注册的要求也不断提高，以前只需要填写姓名和身份证号码，后来要求提交身份证的正面拍照图片，现在要求提供手持报纸（并且是当日的报纸）。

很多卖家在认证照片环节不过关，因此要注意以下几点。

- 确保认证照片在不放大的情况下很清晰，因为 Wish 注册用户很多，所以审核人员一般不会在审核时放大照片。
- 照片缩放到 25%时身份证信息清晰、时间清晰方可。
- 让身份证更靠近手机或照相机的摄像头。
- 背景最好是办公环境。
- 手持当天报纸。
- 头部完整并能看到胳膊肘和手。

3．Wish 多账号关联

与亚马逊一样，Wish 也不允许一个卖家注册多个账户，如被发现，就会被认为是多账号关联。账户关联的后果也与亚马逊相同，一旦其中一个账号有问题，其他关联的账号就会被处罚甚至关闭。而判定的标准与亚马逊的标准大致相同，在硬件和软件方面有许多因素。

现在，速卖通要求一张身份证注册一个账号，因此要注意账号关联问题。

Wish 入驻流程

Wish 商户后台功能

第四节　其他跨境电商平台入驻

其他平台的详细注册过程不再介绍，下面简单说一下另外几个跨境电商平台的不同之处。

1．eBay 注册并刊登产品

（1）注册

先在 eBay 首页点击"注册"按钮，填写姓名、邮箱、密码。建议选择大型电子邮件服务商作为注册邮箱，确保可以收到来自 eBay 的邮件，单击"提交"按钮后完成注册，如图 3-3 所示。

图 3-3　eBay 注册页面

在 eBay 首页找到"Sell"入口，选择"中国"后，会被链接到中国香港平台填写注册表单，注意要填写真实的地址信息。

（2）认证

① 信用卡认证 eBay 账户。选择"透过信用卡确认身份"，填好信用卡信息，并单击"继续"按钮。进入信用卡合约页面，确认条款并单击"授权信用卡"按钮，完成认证。

② 手机短信认证 eBay 账户。选择"透过中国手机短信确认身份"，每个手机号码仅支持一个账户认证。输入手机号码，可以选择用输入的手机号码作为联络号码，并单击"传送手机短信给我"按钮，收到确认码后，输入正确的确认码，完成认证。

（3）刊登产品

选择要刊登的站点，以 eBay 美国站为例。输入要买的产品，选择一个合适的分类，如果清单中没有想要的类目，则可以单击"Browse categories"选择合适的分类，如图 3-4 所示。

图 3-4　eBay 产品分类选择

在产品刊登页面详细填写产品信息、属性、图片、标题、物流等。

选择销售方式，如果是拍卖方式，则选择"Auction"，写上起始价；如果是一口价方式，则选择"Fixed price"，完成产品的刊登，如图 3-5 所示。

（4）绑定 PayPal

注册 eBay 账户后需要绑定 PayPal 账户，买家下单后，卖家可以在 PayPal 里查看收到的款项。此外，PayPal 支持多种货币支付，是跨境电商交易的理想支付工具。

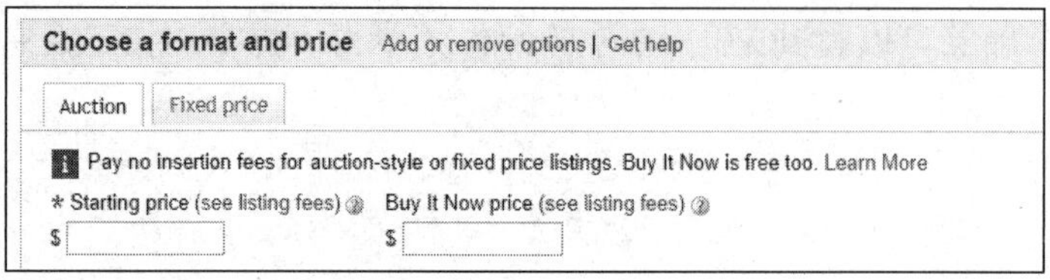

图 3-5　eBay 价格类型填写

2．eBay 平台的收费

eBay 上销售产品的费用主要有三大块：刊登费（月租费）、成交费、PayPal 费用。

（1）月租费

eBay 会员有 4 种形式：一是无店铺的 C 会员；二是基础店铺；三是高级店铺；四是超级店铺。不同等级的店铺，月租费不同，且可以享受数额不等的免费产品刊登数目。

（2）刊登费

不同的店铺等级，每月享受的免费刊登数目不同，比如表 3-3 中显示的是 eBay 英国站的免费刊登数目（免费刊登数目一般仅用于一口价成交模式而非拍卖形式），基础店铺每月可以免费刊登产品 200 件，超出部分则要按照一件 0.30 英镑来收费。

表 3-3　eBay 刊登费

店铺等级	店铺费用	每月免费刊登数目	超额的 List 刊登费用/List		
		一口价	一口价	拍卖	
				起卖价 X≤0.99	起卖价 X>0.99
无	0	0	£0.30	£0.10	£0.30
基础店铺	£19.99	200	£0.10	£0.05	£0.15
高级店铺	£59.99	1200	£0.05	£0.05	£0.15
超级店铺	£249.99	不限数量	£0	£0.05	£0.15

（3）成交费

按照不同的品类收取不同级别的物品成交费，如表 3-4 所示，计算机等收取 4%的费用，摩托配件等收取 8%的费用。

表 3-4　eBay 成交费计算费率（封顶 250 美元）

类目	费率
计算机/平板电脑和网络、视频游戏机	4%
乐器、齿轮硬币和纸币	7%
电机零件和配件	8%
服装、手机配件……	9%

（4）PayPal 费用

PayPal 注册是完全免费的，但在发生交易时它会按照交易类型收取相关费用，并且费用会根据居住的国家和地区而有所不同，详细的收费标准可在 PayPal 网站上查询。

3．东南亚地区的 Lazada

Lazada 于 2012 年在新加坡成立，它仅用 3 年时间便成为东南亚地区最大的电商平台之一，目前它的年经营额已达 10 亿美元，日均访问量约 400 万人次，入驻商家超过 1.5 万家。在东南亚地区 Lazada 一枝独秀，2015 年仅 3 月份的营业额就达到 13 亿美元，同比增长 350%。2016 年，它被阿里巴巴集团收购，并开设了 6 个站点（马来西亚、新加坡、泰国、菲律宾、印度尼西亚、越南），在以后两年内进行了规则整顿，2019 年 4 月平台开放招商入口。自新冠疫情发生后，东南亚地区这 6 个国家的跨境电商快速发展，成为中国商家的新目标市场。

在 Lazada 开店铺，一张企业营业执照、一份身份证复印件就可以了，需要提交的资料如下。

① 登记表格（公司名称、申请人名字为中文和英文，地址为英文）。

② New MP Seller Account Information 表格。

③ 申请公司的营业执照，申请人或法人身份证复印件。

④ 与注册公司名称一致的 Payoneer 企业账户。

⑤ 提交一项登记表，通过审核后，Lazada 平台会发送网签协议、注册 Link 到卖家申请时提交的邮箱，Seller 可下载两项表格，填写好之后，将它们发送至 Lazada 平台。

4. 敦煌网允许个人卖家进驻

目前，敦煌网已经实现了 170 多万家国内供应商在线，具有 770 万种商品，遍布全球 222 个国家和地区及 1500 万买家在线购买的规模。每小时有 10 万买家实时在线采购，每 1.6 秒产生一张订单。

敦煌网卖家账户分为个人卖家（仅限中国大陆）和企业卖家。个人卖家的账户持有人为该注册人本人，企业卖家的账户持有人为该注册公司。与前面几个平台不同的是，敦煌网允许使用同一营业执照注册的企业注册不超过 10 个卖家账户从事跨品类经营。

申请跨品类经营的卖家须满足以下所有资质要求。

- 企业资质的商户。
- 注册资金 50 万元以上。
- 近 3 个月商户评级连续被评为优秀商户或顶级商户。
- 拥有跨品类相应一级类目自有注册品牌或品牌授权经营许可。

为了激励广大商户进行大额批发交易，充分体现平台的批发优势，并兼顾零售，降低商户运营成本，更好地服务全球客户，敦煌网实行"阶梯佣金"政策。

此外，敦煌网还执行商户评级制度，对卖家近 90 天的服务能力进行商户等级评定。考核的指标包括基本指标和服务能力指标，根据卖家不同的服务水平将卖家划分为顶级商户、优秀商户、标准商户和低于标准商户，不同等级的卖家享受不同的平台资源。商户服务考核于每月末评定一次，次月 5 日公布评定结果。

新兴平台入驻与规则

第五节　跨境电商法律法规

跨境电商涉及环节多，涉及主体多，且国外的法律法规与国内的完全不同，特别是知识产权等方面，因此，卖家在做跨境电商之前要先对跨境电商法律法规有一定的了解，以免踩入雷区。

1. 跨境电商法律法规类型

① 跨境电商贸易、商务、运输相关法律法规。这一类主要是针对跨境电商活动中的跨境贸易属性，解决涉及贸易的基础问题，尤其适用于 B2B 类跨境电商。

- 一是规范对外贸易主体、贸易规范、贸易监管的一般性法律。
- 二是贸易合同方面的法律。
- 三是知识产权方面的法律和规范。跨境电商活动中交易的商品需要遵守知识产权有关规范。
- 四是跨境运输方面的法律法规。
- 五是产品质量、消费者权益方面的法律和其他规定。

② 跨境电商监管相关法律法规。此类主要针对跨境电商过程中的通关、商检、外汇、税务等问题，这对多种跨境电商交易和服务具有约束作用。

- 一是通关方面的法律法规。
- 二是商检方面的法律法规。
- 三是外汇管理的有关规定。
- 四是税收方面的法律法规。

③ 电子商务相关法律法规。其重点是电子商务本身一般性的法律问题，主要是电子信息技术带来的新空间、新模式。

- 一是电子商务登记、准入、认定相关法律制度。
- 二是电子商务合同、签名、认证相关法律制度。
- 三是电子商务支付相关法律制度。
- 四是知识产权、安全隐私、消费者权益保护类相关法律制度。

2. 知识产权规则

知识产权是指"权利人对其所创作的智力劳动成果所享有的专有权利"。各种智力创造比如发明、文学作品和艺术作品，以及在商业中使用的标志、名称、图像、外观设计，都被认为是某个人或组织拥有的知识产权。

知识产权主要包括专利权、著作权（版权）、商标权，如图3-6所示。

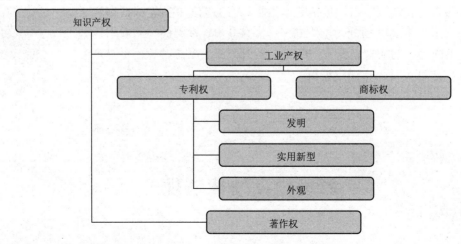

图 3-6　知识产权的分类

（1）专利权

专利权是指政府有关部门向发明人授予的在一定期限内生产、销售或以其他方式使用发明的排他权利。专利分为发明、实用新型和外观设计 3 类。

- 专利权人对其发明创造享有独占性的制造、使用，以及销售、进口的权利。也就是说，其他任何单位或个人未经专利权人许可不得进行为生产经营目的而制造、使用、销售和进口其专利产品，使用其专利方法；或者未经专利权人许可，为生产经营目的而制造、使用、销售和进口依照其方法直接获得的产品。否则，就是侵犯专利权。
- 一个国家依照其本国专利法授予的专利权，仅在该国法律管辖的范围内有效，对其他国家没有任何约束力，外国对其专利权不承担保护的义务。如果一项发明创造只在我国取得专利权，那么专利权人只在我国享有专有权或独占权。如果有人在其他国家和地区生产、使用或销售该发明创造，则不属于侵权行为。
- 专利权人对其发明创造所拥有的专有权只在法律规定的时间内有效，期限届满后，专利权人对其发明创造就不再享有制造、使用、销售和进口的专有权。这样，原来受法律保护的发明创造就成了社会的公共财富，任何单位或个人都可以无偿地使用。

专利侵权行为

专利侵权行为，也称侵犯专利权的行为，是指在专利权的有效期限内，任何他人在未经专利权人许可，也没有其他法定事由的情况下，擅自以营利为目的实施专利的行为。专利侵权行为主要有以下几种类型。

- 制造专利产品的行为。
- 故意使用发明或实用新型专利产品的行为。
- 许诺销售、销售专利产品的行为。
- 使用专利方法及使用、许诺销售、销售依照专利方法直接获得产品的行为。
- 进口专利产品或进口依照专利方法直接得到产品的行为。
- 假冒他人专利的行为。
- 冒充专利的行为。

（2）商标权

商标权是指商标使用人依法对所使用的商标享有的专用权利。它包括商标注册人对其注册商标的排他使用权、收益权、处分权、续展权和禁止他人侵害的权利。商标权是一种无形资产，具有经济价值，可以用于抵债，即依法转让。商标可以转让，转让注册商标时转让人和受让人应当签订转让协议，并共同向国家知识产权局商标局提出申请。

商标权的特点

专有性：是指一个商标一般只能归一家企业、事业单位或个人在指定商品上注册并归其所有，而不能同时为多个单位或个人所享有，即独占性或垄断性。除权利人同意或法律规定外，权利人以外的任何人不得享有或使用该项权利。这表明权利人独占或垄断的专有权利受严格保护，不受他人侵犯。只有通过"强制许可""征用"等法律程序，才能变更权利人的专有权。

地域性：是指经一国（或地区）商标注册机关核准注册的商标，其所有人的专有权被限定在该国（或地区）领域内，其他国家对该商标权没有保护义务。换言之，一个国家的商标所有人如果希望其商标权在其他国家也能获得保护，就应该到希望获得保护的国家去注册，因此亚马逊要求拥有自主品牌的企业在美国或者欧洲地区进行品牌注册。

时效性：是指商标经商标注册机关核准之后，在正常使用的情况下，可以在某一法定时间内受到法律保护，这一时间被称为注册商标的有效期。有效期届满后，如果商标所有人希望继续使用注册商标并使之得到法律保护，则需要按照法定程序进行注册续展。

（3）著作权

著作权，又被称为版权。《中华人民共和国著作权法》第十条规定，著作权包括著作人身权和著作财产权。

著作人身权包括发表权，即决定作品是否公布于众的权利；署名权，即表明作者身份，在作品上署名的权利；修改权，即修改或者授权他人修改作品的权利；保护作品完整权，即保护作品不受歪曲、篡改的权利。著作财产权是作者对其作品的自行使用和被他人使用而享有的以物质利益为内容的权利。

- **著作权的取得**是指著作权人取得了著作权法的保护。各国法律对著作权的取得条件有不同要求，主要分为自动取得和注册取得两大类。
- **自动取得**是指著作权自作品创作完成时自动产生，不需要履行任何批准或登记手续。世界上大多数国家采取这种自动取得制度，我国也采取这种制度。
- **注册取得**是指以登记注册为取得著作权的条件，作品只有登记注册或批准后才能产生著作权，而不是自动产生。少数国家采取这种制度。

3．跨境电商侵权的表现

现在的网络环境中存在诸多侵权表现，比如一些商家打着品牌授权的幌子公然销售假冒伪劣产品；有些网站擅自使用其他网站的 Logo、图片、视频、原创内容等，或者模仿其他网站模板、采用相似域名等行为，对消费者造成了严重误导，甚至存在网络诈骗行为，如恶意钓鱼或者欺诈网站通过低价、广告等形式来诱导消费者进行消费。

（1）跨境电商欺诈的表现

跨境电商中的诈骗罪是以非法占有为目的，通过网络信息系统虚构事实或者隐瞒真相，骗取数额较大的财物的行为。在法律形式上，电子商务中的诈骗罪跨越了现行刑法中规定的普通诈骗罪和特别诈骗罪，但在实际生活中，它仅仅是这些犯罪的表现形式。

① 双方欺诈：一方主体以非法占有为目的，通过虚构事实或者隐瞒真相的方法，骗取对方的信任，进而使对方支付货款或者发出货物，而不履行或者不完全履行义务，以骗取对方财物的行为。比如，A 使用伪造的虚假身份注册成为某电商平台的卖家，在平台上以明显低于市场价格的标价出售产品，买家 B 向 A 询价且经过沟通后双方达成交易协定，B 在付款后发现再也联系不上 A（即在交易付款后未收到货物或者货品严重不符合约定）。

虚假发货：涉及交易的买家在付款之后，供应商提供了虚假发货凭证，供应商收到投诉后，投诉方没有收到货物或者提供的物流单号无追踪信息。

② 三方欺诈：涉及电子商务双方之间和第三方，被称为"三角电子商务诈骗"。比如，A 利用网络信息传输过程中的不安全性，窃听、截取买家 B 发送给外贸电商 C 的询价信息，并冒充 C 的名义与 B 进行交易来实施诈骗。这个欺诈案例有两个主要特点：一是截取信息，二是冒充交易。

③ 侵犯知识产权：跨境电商卖家最容易犯的错误之一。比如图片盗用、外观设计专利侵犯等。

（2）如何避免贸易投诉和欺诈的发生

① 做好账号管理。

防止邮箱被盗，骗子盗取邮箱的惯用手段如下。

- 发布钓鱼链接。
- 进入客户邮箱获取双方邮件信息，或修改邮箱后台设置，设置自动转发功能。
- 监控买卖双方的交易过程。
- 等待至付款阶段屏蔽双方正常往来，仿冒与买家或者卖家相近的邮箱，诱导付款或者发货。
- 款项到手后，逃之夭夭。

小心账号转让的陷阱，骗子惯用的手段如下。

- 准备阶段：论坛发布求购信息，或直接电话联系供应商（骗子直接收购账号）。
- 行骗阶段：骗子从供应商熟人、朋友、同学处下手，通过熟人向客户求租账号。
- 行骗阶段：发布高危产品，如苹果手机、自行车等，并以超低价诱骗买家上当。
- 收网阶段：买家付款，骗子逃之夭夭。

② 提高警惕，识别骗子买家。

- 行骗准备阶段：在此阶段，通常买家会以大单诱惑。
- 行骗手段：通常是支付预付款或提供造假水单。拒付尾款、要折扣或提取货物，与海关勾结提货。
- 行骗结果：提取货物，停止沟通。

③ 签订合同时应注意以下几点。

- 避免过度承诺。国外客户比较重视合同条款，因此在签订合同时，应该尽可能地为自己留一点空间，避免为了留住客户过度承诺，最终导致客户投诉。
- 避免欺瞒买家。当无法按照合同交货时，部分卖家会想出各种借口欺瞒买家，其实这时候如果能够将实话告知，更能得到买家的理解。
- 避免不理睬。当双方出现纠纷时，部分客户会采取冷处理，即不理睬买家的诉求或者较敷衍地回复买家，友好沟通通常可以减少买家投诉。

④ 发货之后应注意以下几点。

- 关注物流运输情况。发货后可能因为物流原因导致货物灭失的，应及时联系物流公司赔偿，并将实情告知买家，给出赔偿方案，避免卖家自己受损，也更能得到买家的理解。
- 及时协助客户收取货物。货物到达买家所在国家后，可能会因为海关导致货物被退回或者配送不成功，应及时提醒客户货物已经到目的地。
- 保留发货凭证。发货后尽量完整保存发货凭证及产品信息（如产品照片、发货批次的产品质检报告），保证在产生纠纷时能有证明无责的材料。

复习思考题

一、简答题

1. 什么是账号关联？账号关联与哪些因素有关？

2．简述知识产权的内涵及其在电商领域的表现形式。

二、实训题

1．独立完成某一平台的注册申请。

2．选择任一跨境电商平台，列出需要准备的各项资料清单。

三、论述题

1．用表格方式，比较亚马逊、Wish、速卖通等平台的入驻门槛。

2．用表格方式，比较亚马逊、Wish、速卖通等平台的入驻流程。

第四章
跨境电商选品分析和市场调研

【章节导论】所谓选品，顾名思义，就是从琳琅满目的供应市场中，选择适合目标市场需求的产品，它是跨境电商的重要环节。选品首先要了解何为"品"，了解产品和商品的区别、单品和品类的含义，学会品类管理；其次要掌握选品理论和技巧，通过大数据分析来指导选品过程；最后还需要学会市场和消费者需求的调研。本章不仅介绍跨境电商平台的站内选品技能和数据分析工具，还介绍站外选品及市场调研方法。通过本章的学习，掌握和熟悉选品规则和数据分析工具，并能开展平台品类调研和行业，能分析竞争者和行业产品，能根据市场对产品进行合理调整；学会对海外市场的调研并形成调研报告，撰写调研报告，发现新的市场机会。

第一节　品类管理

从事跨境电商的企业，一部分是生产制造企业，采用前店后厂形式，通过跨境电商平台销售自己工厂生产的产品；另外一部分是电商运营商，自身并没有生产车间或者作坊，而是从供应市场中挑选产品进行跨境销售，或者根据跨境市场的需求，寻找供应商组织生产进行销售，甚至可以通过市场需求分析与预测，开发新产品，组织生产并进行销售。两类企业都面临品类管理问题。

1. 产品与商品

品，在淘宝平台上被称为商品（Item），而京东上则被理解为产品（Product）。产品和商品之间是否有区别？对这两个概念的深入理解，更有助于选品分析。

（1）产品

狭义上理解是指被生产出的物品，而在供大于求的时代，产品被衍生理解为可以满足人们需求的载体，也就是 20 世纪 90 年代的菲利普·科特勒等学者提出的产品整体概念（人们向市场提供的能满足消费者或用户某种需求的任何有形物品和无形服务），这一概念要求营销人员要考虑到能提供顾客价值的 5 个层次。

① 核心产品——基本功能。核心产品是指向顾客提供的产品的基本效用或利益。反映顾客核心需求的基本效用或利益。

② 有形产品——表现形式。有形产品是指核心产品借以实现的形式，即品质、式样、特征、商标及包装。即使是纯粹的服务，也具有相类似的形式上的特点。

③ 期望产品——产品属性和条件。期望产品是指购买者在购买产品时期望得到的与产品密切相关的一整套属性和条件。如对于旅店的客人，期望的是干净的床、香皂、毛巾、热水、

电话和相对安静的环境等。具有这些产品基本属性并使顾客的期望得以实现时，并不能带来额外的顾客好评，但如果顾客的期望没有实现，他们就会非常不满意。

④ 延伸产品——附加产品。延伸产品是指顾客购买有形产品和期望产品时附带获得的各种利益的总和，包括产品说明书、保证、安装、维修、信贷、送货、技术培训、售后服务等。

⑤ 潜在产品——产品发展。潜在产品是指一个产品最终可能实现的全部附加部分和新增加的功能。潜在产品所给予顾客的就不仅仅是满意，还能使顾客在获得这些新功能的时候，感到喜悦。

（2）商品

从狭义上理解，商品是专门用来交换的有形产品。而从广义上理解，商品除了可以是有形的产品，还可以是无形的服务。比如"金融产品"等，而《中华人民共和国商标法》同样适用于服务等。商品同样有整体概念，如图4-1所示。

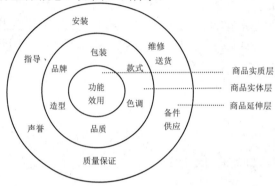

图 4-1　商品整体概念

① 商品实质层，即商品的功能和效用。交换和购买的目的是要获得商品给消费者带来的某种需求的满足，例如购买微波炉是为了满足自己烹饪的需求。

② 商品实体层。商品功能和效用的具体反映形式，包括外观形式和内在质量、促销成分，即品质、包装、品牌、造型、款式、色调等，这些表现形式在很大程度上影响着消费者的购买决策。

③ 商品延伸层，指消费者在购买和使用商品时获得的各种附加利益的总和。如售前的咨询服务，售中的交易条件赊购、提供信贷或各种担保等，以及售后的送货、维修服务等。

产品与商品的区别： 从产品（整体产品）和商品（整体商品）的概念（层次）可以看出两者的重合性很高，两者的区别如下。

① 产品是由卖家设计的，整体产品是以供应方的理解为核心的；而商品是由买卖双方共同设计的，整体商品的改变是以消费者的基本利益为核心的。

② 产品和整体产品概念强调的是产品实现的各类功能，商品和整体商品的概念则强调的是交换或者销售，商品是为交换而产生（或用于交换）的对他人或社会有用的劳动产品。

从以上分析可见，选品中的品，指的是商品。电商平台上交易的不仅仅是能实现诸多功能的产品，更是能满足购买者或者消费者需求的商品，因此在选品时，要去分析这些产品的商品特性。先从消费者或者购买者的角度去分析需求，再针对这些需求设计自身的产品，形成满足消费需求的、用于交换的商品。比如某厂商生产净水机，但不能仅仅卖净水机，而要从消费者的角度分析，净水机的购买者希望喝水喝得健康，因此要体现出能提供健康这一商品特性。

【思考】某商家生产制作蛋糕的原料，那么应该如何挖掘这一产品的商品特性？某合作社销售农家土鸡蛋，这一产品的商品特性又是什么？

2. SKU（单品）与 SPU

SKU（单品）：英文 Stock Keeping Unit（存货单位）的缩写，即库存进出计量的基本单元，可以以件、盒、托盘等为单位。SKU 指的是存货单位，这是大型连锁超市 DC（配送中心）物流管理的一个必要的指标。单品则是近几年电商快速发展起来之后出现的叫法，实质就是 SKU。

SKU 指的是单独的某一种商品，或者是包含特定的自然属性与社会属性的商品种类。这里的种类区分并非沿用传统的商品类目划分方法，而是对其品牌、型号、配置、等级、花色、包装容量、单位、生产日期、保质期、用途、价格、产地等属性与其他商品存在不同时，均可称为一个单品，因此，单品与传统意义上的"品种"的概念是不同的，单品存在的主要目的是区分不同商品的不同属性。比如同样是某品牌的啤酒，单听销售的啤酒和整扎销售的啤酒，可以视为两个单品。

以单品而非品种作为基本单元管理，主要是为商品采购、销售、物流管理、财务管理及 POS 系统与 MIS 系统的开发提供便利。这一处理方法与传统零售门店的 SKU 如出一辙，因此 SKU 的方法也被广泛用于电商平台。

SPU（Standard Product Unit，标准化产品单元）。它是商品信息聚合的最小单元，表示一组易于检索的标准化信息的集合，这一集合可以描述一个产品的基本特性。也就是说，属性值基本特性相同的商品可以被看作一个 SPU，比如 iPhone 6 就是一个 SPU，它与颜色、款式、套餐无关。

SPU 的作用就是为了区分品种，也是为了更好地进行电商平台的后台数据管理，因为如果对电商后台数据按照 SKU 来保存和检索，则会出现庞大的数据，而且不同商家的 SKU 设置不同，就会造成紊乱。因此要实行标准化，如表 4-1 所示。

表 4-1　SKU 编号标准化

SKU 编号	对应的商品型号
1710811	iPhone 8-白色-32GB
1710812	iPhone 8-白色-64GB
1710813	iPhone 8-白色-128GB
1710814	iPhone 8-黑色-32GB
1710815	iPhone 8-黑色-64GB
1710816	iPhone 8-黑色-128GB
……	……

【案例】计算 SKU：比如一部 iPhone 6s 有很多属性，其基本属性或者叫关键属性（也称为 SPU 属性）是毛重 420.00g，产地中国大陆，这两种属性不影响价格和库存，而销售属性（SKU 属性）则有容量 16GB、64GB、128GB 3 种，颜色有银色、白色、玫瑰金 3 种，因此，某卖家的 iPhone 6s 可以生成 3×3=9 个 SKU，而在电商平台中，SPU 只有一个，就是 iPhone 6。

【思考】SKU 是不是越多越好？缺乏品类规划，盲目依赖上线多的 SKU 的做法，最终可能造成商品适销不对路，带来库存的严重积压。因此要对商圈环境进行分析判断，首先根据自己所擅长零售业态的市场定位、顾客的需求情况，判断未来的销售预期，然后根据运营过程情况，计划未来电商的发展状态，最后确定每一个品类 SKU 数量的基数。

3．品类与品类管理

品类（Category）是指消费者认为相关且可相互替代的一组特殊商品或服务。它有很多定义："确定什么产品组成小组和类别，与消费者的感知有关，应基于对消费者需求驱动和购买行为的理解。"——AC 尼尔森调查公司

"品类即商品的分类，一个小分类就代表了一种消费者的需求。"——家乐福

在电商平台上，平台会事先划分好品类结构中的大类目，比如速卖通平台的顶级品类，如图 4-2 所示。

图 4-2　速卖通的顶级品类

而在 Wish 平台上，2016 年划分的顶级品类有钱包手袋、家居、服饰、手表、手机配件、母婴、美妆、鞋子、上衣、内衣、个人爱好、饰品、小工具等。

品类管理（Category Management，CM）是指分销商和供应商合作，将品类视为策略性事业单位来经营的过程，通过创造商品中的消费者价值来创造更佳的经营绩效。品类管理是把所经营的商品分为不同的类别，并把每一类商品作为企业经营战略的基本活动单位进行管理的一系列相关活动。

要做好品类管理，先要了解产品组合理论中的宽度、深度、长度和关联度。宽度是企业生产经营的产品线的多少，深度是产品线中每一产品有多少品种，长度则是企业所有产品线中产品项目的总和，关联度是各产品线在最终用途、生产条件、分销渠道和其他方面相互关联的程度。如宝洁公司生产清洁剂、牙膏、肥皂、纸尿布及纸巾，有 5 条产品线，表明产品组合的宽度为 5，其中牙膏产品线下的产品项目有 3 种，佳洁士牙膏是其中一种，而佳洁士牙膏又有 3 种规格和 2 种配方，因此佳洁士牙膏的深度是 6=3×2，长度则是将 5 条产品线下的所有产品项目的不同规格和配方的产品项目综合，而其最终用途关联度是产品彼此之间的互补性。

因此在品类管理中，首先需要思考的是所经营全部产品的宽度或者产品线，对电商平台而言就是大类或者子类。有些平台，比如速卖通，目前一个账号（店铺）只能经营一个大类的产品，这是因为担心类目杂乱，不利于系统判别店铺的主营产品，从而难以给店铺做准确定位和推广。在大类确定的前提下，要拓展品类的宽度，就需要开发子类目的维度，从而能全面满足用户对该类别产品的不同方面的需求，比如假设一个做"shoes"大类产品的店铺，可以针对目标客户的年龄、性别、鞋子使用场所等不同的维度，进行品类的宽度开发。

在拓宽了品类宽度的同时，不断开拓品类的深度。深度的开拓需要基于对目标市场的细分和深入研究，开发针对每个目标市场的产品，同时做到两点：一是每个子类的产品数量要有规模，品相足够丰富，从颜色、规格、配方等不同的维度，尽可能开发更多的 SKU；二是销售的产品要有梯度，体现在价格、品相、质量等方面，可以尽可能让更多层面的客户在此满足自己的需求。达到以上要求，可能需要进行新产品开发，除了可以开发全新的产品，还可以开发改进型新产品，也就是在原有产品的基础上进行改进，使产品在结构、功能、品质、花色、款式及包装上具有新的特点、产生新的突破。

深度开拓过程中，还要挖掘有品牌的产品进行合作，提高品类口碑和知名度。商家可以考虑使用自己的品牌或者别人的品牌（如特许品牌或中间商品牌）。还可以考虑使用一个品牌或多个品牌，即对全部产品线产品采用同一品牌，还是对不同的产品线产品采用不同品牌等。比

如中国移动将动感地带的目标人群定位为年轻人群。这一目标人群虽然暂时购买力有限，但是未来主力消费的生力军，因此中国移动将动感地带作为与全球通、神州行并行的第三大子品牌，以全球通为利润品牌，神州行为大路品牌，动感地带为狙击和种子品牌。

　　除了宽度、深度，商家还需要不断提升品类之间的关联度，从而可以提高关联销售度和订单交易数。

　　品类管理还需要不断更新变化。营销专家认为任何产品都是有生命周期的，该过程一般经历产品的导入期、成长期、成熟期和衰退期4个阶段，包含了产品从投入市场到最终退出市场的全过程。比如有些企业在前一年打造一个单品爆款SKU，在第二年仍旧以爆款的思维去准备这一SKU单品的备货，结果就会造成库存的大量积压，原因在于这一SKU单品已经进入了成熟甚至衰退期。因此，企业必须在前一产品的成长期和成熟期推出新产品替代老产品，避免企业整体销售的滑坡。

　　可见，从用户需求的角度看，选品是为了满足用户对某种效用的需求；而从产品的角度看，要选出在外观、质量和价格等方面符合目标用户需求的产品。调查市场现状，掌握用户需求是选品的重中之重。

　　数据分析和市场调研是了解和掌握市场动向和用户需求的主要方法。本章将重点介绍这两种方法在选品中的应用。

品类管理

第二节　选品数据分析工具

　　本节依托跨境电商平台和互联网上形成的大数据，借助各种数据分析工具，通过各种指标进行定性、定量分析，为正在或者将要开展跨境电商业务的卖家和企业决策者，提供行业、类目、品类和关键词等各项选择的科学依据。

1. 数据来源与分析工具

　　从数据来源看，选品分析所需的数据分为内部数据和外部数据。内部数据是指企业内部经营过程中产生的数据信息。跨境电商平台后台可生成店铺、行业、平台的各项数据，比如速卖通平台的访客数占比、浏览量占比、成交额占比、成交订单数占比、供需指数等，这些数据可以帮助平台商家更好地进行选品分析。而外部数据是指平台以外的其他公司、市场等产生的数据。如Google Trends、KeywordSpy、Alexa网站等产生的各项数据。

　　因此，分析工具也分站内工具、站外工具，以及整合了诸多功能的第三方工具。

　　（1）站内工具

　　速卖通的站内数据分析工具主要是数据纵横。在数据纵横中，有行业情报、选品专家和店铺分析三大块功能，选取平台的全部数据进行分析以供用户进行行业选择、选品和店铺运营的参考。其中，涉及的主要指标有访客数占比（在统计时间内该行业访客数占上一级行业访客数的比例）、浏览量占比（在统计时间内该行业浏览量占上一级浏览量的比例）、成交额占比（在统计时间内该行业支付成功金额占上一级行业支付成功金额的比例）、成交订单占比（在统计时间内该行业支付成功订单数占上一级行业支付成功订单数的比例）、供需指数（在统计时间内该行业中的商品指数/流量指数，其越小说明竞争越小）等。

亚马逊平台自带一些数据工具，不过与速卖通将数据整合在一个工具中不同，亚马逊的数据工具分散在平台的各个地方，因此更需要对平台有深入的了解，才能利用好这些工具。这些工具包括亚马逊搜索框"Amazon search"、亚马逊热销榜"Amazon best seller"、亚马逊热门新品"Amazon Hot New Releases"、亚马逊波动趋势"Amazon Movers & Shakers"、亚马逊愿望清单"Amazon Most Wished For"、亚马逊礼物榜单"Amazon Gift Ideas"等。

（2）站外工具

站外工具可以分为免费和付费两种。免费的如 Google Trends、Google insight for search、eBay Pluse、Watcheditem、WatchCount 等产品，付费的如 Google Adwords、Jungle Scout 等，AMZ Tracker、BigTracker、米库等。

2. 行业分析

在正式开展跨境电商业务之前，卖家首先需要选择行业，要了解哪些行业在哪些国家和地区最受欢迎，哪些行业在哪些国家和地区又属于蓝海行业等。在行业分析方面，比较全面的数据工具是速卖通的数据纵横，其中的行业情报汇聚和分析了大量的行业数据。又如 2016 年 Wish 的行业分类也很值得参考，因为如果能被 Wish 行业分配，将可能带来较高的回报。而 Google Trends 等工具也可以帮助卖家把握不同类目的全球产品需求趋势。相比而言，亚马逊平台在行业分析方面并没有明显的工具帮助，因为平台更倾向于精准需求把握，一般希望卖家在上新时必须确定两个分类节点，而且是叶节点（不能再细分的节点）。

（1）速卖通：数据纵横——行业情报

在速卖通的分析工具中，其中一项叫"行业情报"。其主要有两大块功能：一是行业概况，二是蓝海行业。在行业概况中，卖家可以查询到不同行业最近 7 天、30 天、90 天的各项数据，如行业流量、交易、供需指数占比、周涨幅、行业趋势及明细数据（明细数据可以下载到本地）；行业国家分布（新增行业成交额国家分布），在蓝海行业中，可以看到基于整个网站数据分析得到的一级蓝海行业（网站整体竞争不大，有市场空间的一级行业），以及细分蓝海行业。

"行业情报"中有如下数据。

- 成交额占比：统计时间段内行业支付成功金额（排风控）占上级行业支付成功金额（排风控）的比例，一级行业占比为该行业占全网的比例。
- 成交订单数占比：统计时间段内行业支付成功订单数（排风控）占上级行业支付成功订单数（排风控）的比例，一级行业占比为该行业占全网的比例。
- 商品售出率：在售商品中商品售出的比例。
- 访客数占比：统计时间段内行业访客数占上级行业访客数的比例，一级行业占比为该行业占全网的比例。
- 浏览量占比：统计时间段内行业浏览量占上级行业浏览量的比例，一级行业占比为该行业占全网的比例。
- 在售商品数：统计时间段内行业中的在售商品总数均值。
- 卖家成交率：统计时间段内行业中的有成交（有支付成功排风控订单）且有上架产品的主卖家数或有上架产品的主卖家数。
- 供需指数：统计时间段内行业中的商品指数/流量指数，该值越大说明竞争越激烈，该值越小说明竞争越小。

【延伸阅读】供需指数：这是一个用于进行行业对比的指标。出自生意社创建的大宗商品供需（BCI, Bulk Commodity Index）指数。BCI 指数是反映制造业经济趋势的定性指数。当 BCI 指数为 0 时，预示达到了供需平衡点；当 BCI 为负值时，预示制造业经济呈收缩状态；当 BCI 为正值时，预示制造业经济呈扩张状态。生意社通过监测国民经济八大行业（能源、化工、钢铁、有色、纺织、橡塑、农副、建材），对最具代表性的 100 种基础原材料月度涨跌进行计算。计算公式：BCI=（涨品种数−跌品种数）/总数。根据公式，BCI 值域为−1 到 1。0<BCI≤1，供小于求；BCI=0，供求平衡；−1≤BCI<0，供大于求。也就是说，其数值越小，供方竞争越激烈。但速卖通数据纵横中的供需指数，则是指统计时间段内行业内的商品指数/流量指数。其反映的是供需之间的平衡关系，指数大于 100%则供大于求，指数小于 100%则供小于求，因此常规上供需指数越小，竞争越小。但是单纯从数据上看还是比较牵强的，如同市盈率的道理一样，供大于求虽然商家比较多，但是同样反映的是市场火爆，可能带来的是需求旺盛，相反供小于求时虽然商家比较少，竞争比较小，但是也可能反映的是市场冷清，所以供需指数只是一个结果的反映，具体的好坏无法判断，还需要进一步挖掘上游数据才能得出结论。

用以上数据可以进行如下分析。

① 行业对比分析。

行业对比指跟相关行业进行数据趋势对比，可以分别从访客数占比、成交额占比、在售商品数占比、浏览量占比、成交订单数占比和供需指数等方面进行对比分析。

② 行业趋势分析——选择子类目。

通过行业趋势分析功能，可以查看该行业最近 7 天、30 天、90 天的流量，以及成交转化和市场规模数据，了解市场行情变化情况。对最近 90 天环比上周数据变化情况，以及最近 7 天趋势数据，选择增长性较快的一级类目，并进行二级甚至三级产品品类的深入分析，比如对一级行业服装下的其他类目进行趋势分析，以确定类目的选择。

③ 各行业在不同国家的分布。

从数据纵横中还可以得到不同行业在不同国家的买家地域分布情况，根据选定行业的访客数和成交额的分布情况，在发布商品及设置运费时，做更多的针对性操作，让目标国家的买家可以更加方便地购买商品，提高商品的转化率。

④ 寻找蓝海行业。

蓝海指的是未知的有待开拓的市场空间。蓝海行业指那些竞争尚不激烈，但又充满买家需求的行业。蓝海行业给卖家充分的空间和时间去发展团队，并且做精、做强，最终立于不败之地。平台也会推荐一些一级蓝海行业。

但一级蓝海行业不等于其下所有细分行业都是蓝海行业，同理，非一级蓝海行业下的一些细分行业，可能也是蓝海行业。因此还可以通过蓝海行业细分，选择符合自身优势的蓝海行业。在选择中，主要看供需指数，对应行业的供需指数越低，说明竞争越小，出单机会越大。

【延伸阅读】一些跨境电商卖家会考虑走蓝海路线，那样产品就会多以自主开发为主。此时，卖家需要多考虑一些因素：商品保密性因素，要在公司内部成员、外部合作伙伴包含生产商和物流商中间建立保密协议；成本因素，因为商品多为自主开发，因此前期投入费用会较大，除了研发成本，生产成本也需要考虑起定量、库存、海外仓等费用；消费者因素，要调研好目标消费者群体集中于哪些层次，在前期产品投入销售前做好调研分析，了解消费者的需求指数，比如功能特性等。

（2）Wish——行业分配

因为 Wish 平台的购买人群年轻化等特性，所以 Wish 平台更适合销售价格合理、附加值较高、具有独特性的产品。在 2016 年以前，Wish 平台卖家并不需要特别注意和选择所售商品的行业问题，因为 Wish 的产品是根据标签进行推荐的，当卖家填写的 10 个商品标签（Wish 适当调整，根据卖家标签和标题赋予）在一定规则下与买家的各种消费行为标签匹配时，很容易完成交易。但随着 Wish 平台上的商品数量越来越多，特别是一些商品上新工具的诞生，导致 Wish 平台的商品爆发式增长，大量重复的标签出现，产品与标签之间、买家和卖家之间的匹配度下降，一些买家也开始通过行业类目筛选商品。为更好地进行产品匹配和推荐，Wish 进行了行业划分。2016 年划分了 14 个顶级品类，顶级品类下还有下级行业，不过行业上下级关系会随时变化，商品所属行业也会变动。

Wish 平台会根据诸多因素对平台可售商品进行行业分配，而得到行业分配的商品可以得到更多流量，因为这些商品可以得到除 "latest" 入口以外的根据类目划分的展现。比如在 2016 年，Wish 平台销售商品达到 6600 万件，每天销售量 130 万单，销售额 700 万美元，而其中分配行业的产品交易额达到月 200 万元/月，每天销售 120 万单，销售额 650 万美元。比如时尚行业是一个汇集行业，分配了行业的商品，占 Wish 全局数据的 3.12%，分配了行业的商品的销量约 116 万单，占 Wish 全局的 92.9%。从全平台来看，被分配了行业的商品的动销率，平均值为 6.9%，占 Wish 全局 0.58%的 12 倍。14 个顶级行业，平均每天有 19%的店铺可以出单，出单率最高的是家居，达到 25%，最低的是内衣为 11%；各行业中，店铺出单最高的是美妆 makeup&beauty 和配件 accessories，平均 8 件/店。

由此可见，Wish 卖家在选品时，行业选择变得比以往重要。不过，Wish 后台管理界面并没有如速卖通一样的数据分析工具供卖家进行数据分析，并选择行业或者商品。卖家可以利用一些第三方的工具，比如超级店长等，得到全平台的各类销售数据。

3．选品分析

总体而言，选品一般从两个方向切入：一是站内选品，二是站外选品。两者都有很多的数据分析工具可以帮助选品，在后面会详细介绍这些工具。选品切勿只根据自己的感觉，要用数据说话。

选品分析数据与步骤

（1）速卖通的数据纵横——选品专家

① 热销与热搜。

根据国家和行业的组合，选择热搜和热销的商品品类；在选择好之后，可以根据竞争度的大小，选择适合的商品，并且根据热卖国家的特点发布对应的商品。

此外，还可以针对选择的热卖品类，查看关联属性的组合，在发布商品时完整填写属性组合，可以优化商品的曝光转化率。除了本身商品的销量，还可以查看买家关联商品的购买习惯，选择竞争度适中的关联商品，进行关联商品推荐，提升店铺客单价。

将以上有效素材排列组合起来，根据热销属性组合功能，得到最终商品，点击圆圈时，还可以得到属性组合的详情，从中选取重要的商品特征。

② 搜索词分析。

速卖通平台的完整热搜词数据库是制作商品标题的利器。标题是系统做排序时对关键词进行匹配的重要内容，专业的标题能提升卖家的可信度。

关键词严重同质化造成关键词竞争度高了，被搜索到的概率反而小了。这时候我们应该更多运用飙升词库提供的数据来优化标题。在飙升词库中应该关注搜索指数飙升幅度、曝光产品数增长幅度、曝光卖家数增幅。

这些数据均可以下载原始数据，制成 Excel 表，进行深入分析，比如数据透析。

③ 速卖通选品的其他方法。

除了数据纵横，速卖通平台的卖家还可以通过一些诀窍来了解目前平台热卖的商品，从而有助于选品。

首先，比如单击首页的"best selling"按钮，可以看到"hot product"（热卖商品）和"weekly bestselling"（每周最热销的商品）。这是根据平台大数据得出的热销商品，或者是平台客服根据数据大力推荐的商品，浏览这些商品将有助于卖家的选品决策。

其次，2017 年以后，速卖通平台无线端流量大增，而平台无线端为更好提升活动流量，给商品带来更多的曝光位，提升用户体验，在 2017 年平台周年大促时，将【无线抢购】及【Super Deals】活动合并升级，推出【Flash Deals】频道。这里都是经过行业客户认可并经过品类审核的商品，值得卖家们去深入研究。

最后，在价格上，还可以通过数据纵横工具，在行业国家分布中找到支付金额的数据情况，从而分析出目标消费国的消费能力，根据客单价进行选品；而在物流方面，速卖通正在建各地的海外仓，但在这些海外仓建成并投入使用之前，速卖通平台最多的订单都是国内直发，因此在选品上要注意体积和重量，选择销售价格高且体积小的商品为最佳。

在选品分析过程中，涉及的指标如下。

- 成交指数：指在所选行业、所选时间范围内，累计成交订单数经过数据处理后得到的对应指数。成交指数不等于成交量，指数越大，成交量越大。
- 购买率排名：指在所选行业、所选时间范围内购买率的排名。
- 竞争指数：指在所选行业、所选时间范围内，产品词对应的竞争指数。指数越大，竞争越激烈。
- 搜索指数：搜索该关键词的次数经过数据处理后得到的对应数据。
- 搜索人气：搜索该关键词的人数经过数据处理后得到的对应数据。
- 搜索指数飙升幅度：所选时间内累计搜索指数同比上一个时间段内累计搜索指数的增长幅度。
- 点击率：搜索该关键词后并点击进入商品页面的次数。
- 成交转化率：关键词带来的成交转化率。
- TOP3 热搜国家：在所选时间段内搜索量比较高的 3 个国家。
- 曝光商品数增长幅度：在所选时间段内每天平均曝光商品数同比上一个时间段内每天曝光商品数的增长幅度。

（2）亚马逊——站内选品

① 亚马逊搜索框——Amazon Search。

搜索框汇聚了精准的搜索词，是买家搜索商品的主要工具，所以作为卖家选品的工具是具有很大的参考意义的。当输入关键词时，搜索框会出现一列热搜长尾词，点击搜索后，在左侧细分类目栏上方可以看到该类商品的总数，从而得到该类商品的市场占比大小，市场占比越大竞争也就越大。同时可以利用搜索框发现热门长尾词，寻找市场机会，或者进入一个类目，层层筛选，哪个排在类目的前面，且 review 数量较少，就是一个很好的选品机会。

② 亚马逊热销榜——Amazon Best Seller。

在热销榜中，可以看到每个品类热销前 100 的 listings，左边是各个不同的商品类目，卖家可以根据自己的商品方向、资源渠道、资金等，通过参考这个热销榜单找到适合的商品进行销售。

③ 亚马逊热门新品——Amazon Hot New Releases。

这是亚马逊基于产品销量得出的热门新品榜单，每小时更新一次。在这个榜单中你会看到一系列在亚马逊上热销或预计会热销的新品。这个榜单的商品上架时间较短，但排名上升速度快，与那些竞争激烈的商品相比，或许更值得卖家快速出手。需要注意的是，分析的时候要结合节日、热点、各种推广等因素的影响。如果说亚马逊热销榜展示的是当下亚马逊上最热门的商品，那么这个榜单则能够让你看到新的、预计会大热的商品。

④ 亚马逊波动趋势——Amazon Movers & Shakers。

这个榜单是亚马逊上各品类 TOP100 商品的受欢迎趋势。其中，各品类 TOP100 商品都有箭头标识，绿色箭头表示商品人气呈上升趋势，红色箭头表示人气呈下降趋势。箭头后面有波动的百分比，让我们能够准确清楚一个利基市场的最新动态。买家们可以通过该榜单了解发现最新的流行趋势和找到潜力商品。这个工具与 Amazon Hot New Releases 有一定的相似性，不同的是，它反映了一天内同类目涨幅最快的商品。

⑤ 亚马逊愿望清单——Amazon Most Wished For。

愿望清单里面有消费者喜欢但因价格而无法立刻买的商品。亚马逊搜集顾客的访问数据形成的榜单，是挑选未来热卖品的重要依据。亚马逊搜集了客户的访问数据，形成了这个榜单。当他们把商品添加入愿望清单，一旦产品降价，他们就会收到来自亚马逊的邮件提醒。这对于卖家来说可能是一个很好的机会，如果你的商品有上榜，又或者你能以更优惠的价格提供此商品，那么稍稍的减价促销都会带来更多的销量，赢得商机。

⑥ 亚马逊礼物榜单——Amazon Gift Ideas。

做礼物商品的卖家千万不要错过这个榜单，这是亚马逊通过买家礼物选购数据得出的榜单，这个榜单里的商品可以提前购买，在指定的时间送货，因此很多客户给朋友或家人选择礼物的时候，都会通过这个榜单来购买。特别是旺季的时候，这些作为礼品的产品销量会大幅度增长。你可以通过这个榜单了解到哪些商品作为礼物会比较受欢迎，哪些礼物可以组合捆绑销售，还可以在节日来临前更有针对性地备货。

⑦ 亚马逊选品的其他方法。

亚马逊与速卖通不同，平台重商品轻店铺，重质量和品牌轻推广营销，因此在亚马逊平台上做跨境电商，选品环节至关重要。

首先，要有合适的卖家定位，并且依据按平台特性选品。亚马逊比较忌讳侵权商品，平台更鼓励卖家专注于一个类目，不做杂货铺；要优先考虑自己熟悉的商品，优先考虑有一手资源的商品；能够满足市场需求的商品。亚马逊的市场主要在欧美，消费人群为 18 岁以上的成年人，他们收入水平较高，因此质量好、价格适中、有商标这样的商品更受其欢迎。

其次，要摸清市场容量和趋势。借助前文提到的平台内的工具来查看市场竞争情况、最新最热产品、24 小时销量最高的商品等。重视各类热门话题商品，如世界杯、新上映电影。注意各国偏爱的主题元素，如意大利人喜欢蓝色，但不送他人护身符，忌讳珍珠；非洲人喜欢艳丽的颜色；欧美人士喜欢对比度很强的商品等。关注季节性商品，比如夏季的户外用品、冬季的圣诞用品等。

再次，要深入分析某行业或某类别。大致确定品类后，借助"Best match"工具，找出 5～10 个想买商品的最精准关键词，去搜索，看前六七页，查看和分析这些商品的销售价格、商品评论、商品是否能够被跟卖（有品牌不能跟卖）、商品是否需要认证等；也可以查看"推荐销售"，了解关联度高的相关商品。

站内选品分析

（3）站外选品

① 谷歌趋势——Google Trends。

Google 搜索工具对于跨境电商卖家而言其实是一个很有用的工具。通过 Google Trends 工具分析品类的周期性特点，通过 KeywordSpy 工具发现品类搜索热度和品类关键词，通过 Google Analytics 工具获得已上架商品的销售信息，分析哪些商品销售好、整体动销率如何等。Google Keyword Tool 是进行 SEO（Search Engine Optimization，搜索引擎优化）搜索结果的利器。如果有资金，还可以试用 Google Adwords 投放关键词广告。

Google Trends 是 Google 推出的一款基于搜索日志分析的应用产品，它通过分析数以十亿计的搜索结果，告诉用户某一搜索关键词在 Google 被搜索的频率和相关统计数据、搜索趋势。从选品角度来说，Google Trends 是我们分析整体类目的需求情况，跟踪产品发展趋势的重要工具，你可以在 Google Trends 上跟踪某个关键词的发展趋势，对比不同关键词的热度，从而对自己的产品和关键词进行优化。

② 谷歌规划师——Google Adwords。

如图 4-3 所示，Google Adwords 提供了 Google 搜索引擎的历史搜索数据，对这些数据进行深度的研究，就可以挖掘到顾客关注的关键词和相关关键词的海外搜索量，找到热卖的品类，为选品提供很好的参考。

图 4-3　Google Adwords 账号管理界面

③ Google insight for search。

Google insight for search 可以查询产品关键字的海外搜索量排序，产品在不同地区、季节的热度分布及趋势。

④ 关键词工具 MerchantWords。

如图 4-4 所示，想要进入陌生的品类或想要开发新的产品，往往难以预判市场需求，因此可以借助关键词工具，搜索关键词的搜索热度，了解市场需求情况。此外，也可以对不同产品进行热度调研，从而选出适合的商品或品类。

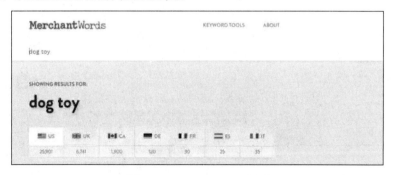

图 4-4　MerchantWords 界面

⑤ eBay Plus。

在 eBay Plus 上可以很方便地查看美国 eBay 35 个大类目下被买家搜索次数最多的前 10 个关键字，同理进入某个大类目下可以查看二级、三级、四级……类目下被买家搜索次数最多的前 10 个关键字，如图 4-5 所示。

⑥ Watcheditem。

利用 Watcheditem 可以方便地查看美国 eBay 各级类目下热卖的商品，如图 4-6 所示。

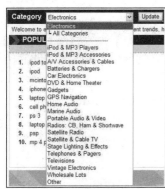

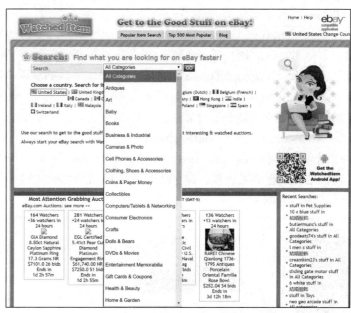

图 4-5　eBay Plus 分类类目　　　　图 4-6　利用 Watcheditem 查看 eBay 分类类目

⑦ WatchCount。

利用 WatchCount 可以查看 eBay 各国站点关注度最高的商品，如图 4-7 所示。

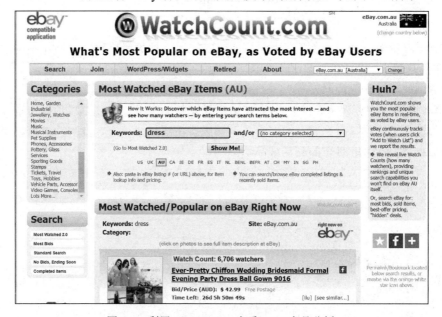

图 4-7　利用 WatchCount 查看 eBay 商品分析

⑧ 第三方选品工具。

还有一些第三方选品工具是免费的，如 Unicorn Smasher（免费的 Chrome 扩展程序，它提供了一个有组织的数据面板，让卖家能够研究想要销售的产品。而且该免费的选品工具会提供亚马逊销售数据，能帮助卖家快速找到有潜在商机的商品）、CamelCamelCamel（可以追踪亚马逊特定产品价格的免费工具，它还能让卖家获取想采购的产品价格更新）。

不过大部分第三方选品工具都需要收取年费，比如 Jungle Scout 是专门针对亚马逊的 FBA 业务开发的第三方选品工具，当然其他平台跨境电商卖家也可以使用这个工具，如图 4-8 所示。比如其中的产品数据库，其汇总了亚马逊的整个产品目录，用户可以根据需求、价格、预计销售、评级、季节性、尺寸等多个条件进行过滤筛选，从而决定出售哪些商品；在商机猎人中会计算所有商机的得分，显示前 10 个卖家的各类信息；产品跟踪器则可以监视竞争对手的活动、定价和库存等。它有网页版和插件版两个版本。

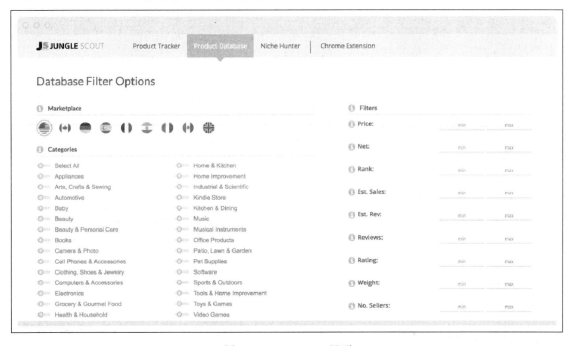

图 4-8　Jungle Scout 界面

这一类的软件工具还有很多，专门针对亚马逊平台的选品工具，还包括 AMZ Tracker、BigTracker 选品酷、国内开发的米库等。此外还有 HelloProfit（可以搜索产品、获取相关销售数据、销售该产品的现有卖家数据，并查看类似的产品）、Sellics（可以研究亚马逊每个品类最畅销的 5000 个产品）、Keyword Tool Dominator（可以在亚马逊上寻找有利可图的长尾关键词）、KeywordInspector（可以让卖家"查找所有亚马逊消费者正在使用的关键词"）、Keyword Tool（可以研究潜在的产品关键词，它提供了搜索量、CPC 费用和竞争方面的相关数据）、AmaSuite（帮助卖家发现能在亚马逊上盈利的产品和关键词。）、Ali Inspector（帮助卖家生成利基关键词，分析热门产品并发现好的 drop shipping 产品）、ASINspector（帮助亚马逊卖家获取实时销售数据、研究畅销产品、预估特定 ASIN 的营收等）、CashCowPro（亚马逊管理工具，允许卖家获取关于产品、竞争对手和关键词的实时销售数据）、ZonGuru（分析关键词和竞争对手的产品）、AMZScout（研究新产品商机，查看商品的季节性销售趋势）、AmazeOwl（让卖家了解卖什么及什么商品配送费用低，什么商品竞争小等）、FBA Wizard（帮助卖家研究 drop shipping、批发和可以创建自有品牌的产品）。

如为亚马逊选品开发的 BigTracker 选品酷（BQool 团队开发）。其主要功能是商品追踪，可以追踪商品，通过各种维度看到过去所有商品数据，这些维度包括商品订单量、销售额、销售排名、购物车价格、卖家数量、评论数等，还可以进行商品调研、新商品查找和市场容量分析，如图 4-9 所示。

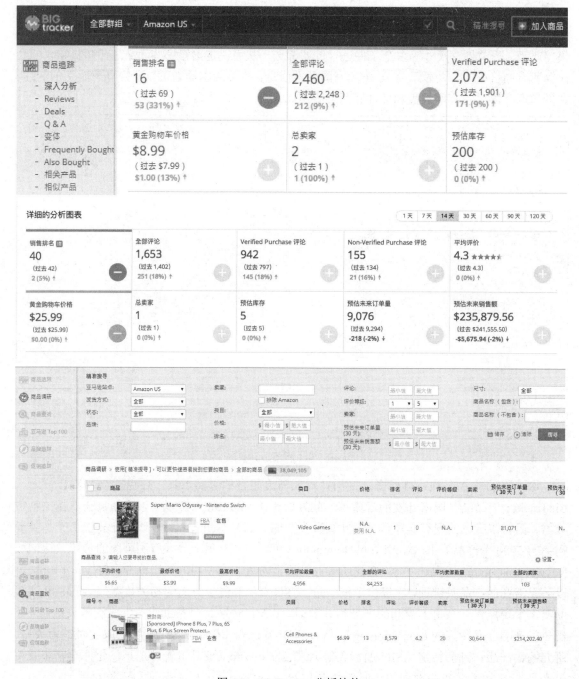

图 4-9　BigTracker 分析软件

⑨ 本土网站。

除了以上站内和站外、免费和付费的工具，要做好选品还要深入了解目标国家的本土文化和本地需求。而获得这些信息的最佳渠道是本土网站，如果目标市场为美国的话，亚马逊、eBay、Wish 都是要首先熟悉的，即便是速卖通卖家也是如此；而如果目标市场是英国，那么 TESCO、亚马逊欧洲站等都是当地人经常使用的电商购物网站，还有德国的 OTTO、法国的 Zalando。

4．爆款选择

无论是在亚马逊、速卖通还是在 Wish 平台，选好爆款都非常重要。因为爆款可以提升销售业绩的增长率，提高同类商品的转化率，提高商品高重复购买率，还可以增强客户对品牌的黏性，吸引更多的粉丝收藏、跟随，提升店铺在平台的排序等。因此卖家不能坐等爆款产生，而应该主动出击，选择好计划打造的爆款产品，从而在价格、服务和推广上有的放矢，成功打造爆款。

要成为爆款，需满足 4 个标准：首先，挑选的产品要有热度，如果产品全部是过季或者长尾的产品，就很难保证店铺销量的稳定持续增长；其次，产品要有差异化，而不是简单地抄袭；再次，产品需要有高购买转化率，有高点击率却属于低转化率的产品不能给店铺带来实际成交量；最后，产品关联性较强，爆款的主要目的是引流，如果爆款与店铺其他产品关联性差，那么就没有意义。依照这 4 个标准，参考后台的数据，来选择某一款或者几款产品作为公司主打的爆款。

在亚马逊平台上，爆款选择还可以参考销售单品的 review 数量和增长情况，近 3 个月的 review 数量增长速度才是判断潜力商品的关键，再与 Sales Rank 结合起来一起看，如果 Sales Rank 和 review 数量都成长较快，基本上可以判断这是一款有潜力又有销量的热卖商品。如果 review 评价普遍低于 4 星，那就说明这样的产品通常有很大的缺陷，即便因为某些原因（如节日、价格等）一时成交量大，这类产品也只能是"匆匆过客"，难以长久经营。而由于亚马逊平台重产品轻店铺的特性，以及其对知识产权和消费者的保护，爆款产品最好有自己的品牌和专利。

而在 Wish 平台上，因为消费者群体的年轻化和追求独特性、独创性，因此爆款一定应该选的是创新产品，最好是面市不到半年的创新产品。可以在 Wish 平台上查找，并有潜力的新品一般是高订单量、少评价或无评价，因为许多评价还没有上。卖家也可以借助一些店铺管理第三方工具，比如国内的超级店长，通过检索"7 日销量 100 件以上"排序，去关注这些产品的店铺，查看这些店铺的产品，来选择甚至开发自己的爆款产品。

并不是卖得越好的就一定是选品中的首选，还需要注意适合度问题。首先是市场适合度。比如，即便 3C 是最热门的红海行业之一，但是在 3C 有很多小的类目，需求量非常大，如果卖家正好是这类产品制造商或者拥有优质货源，那么这就是最适合卖家的产品。其次是货源适合度。要看供应链是否具有足够的能力，是否有自主开发的能力，是否有足够的生产规模能力等。最后是质量适合度。要有质量把控的能力，有品控体系，最好是品牌化的产品，容易宣传推广，有加入门槛、防复制等。

当然，跨境电商选品还需要深入了解目标国家的本土文化、消费习惯等。比如根据目前的数据，从品类上来说，在北美地区，服装、手机、家居、安防类产品更受欢迎；而在南美国家，服装、手机、平板电脑、电子游戏更受欢迎；在中东地区，摄像机、服装、家居、车载用品、平板电脑更受欢迎；在东欧地区，则服装、平板电脑、手机、车载用品、电动工具更受欢迎。所以，专家还需要对海外市场进行深入调研。

第三节　产品定价

1．定价策略与原则

根据不同的市场定位，制定不同的价格策略。企业需要在特定的定价目标指导下，依据对成本、需求及竞争等状况的研究，运用价格决策理论，对产品价格进行计算。具体的定价方法包括成本导向定价法、竞争导向定价法和顾客导向定价法等多种方法。

成本导向定价法：以产品单位成本为基本依据，再加上预期利润来确定价格的定价方法，是中外企业最常用、最基本的定价方法之一。此处的成本除了变动成本，还需要考虑每月分摊的固定成本，如厂房、设备等。

竞争导向定价法：指的是企业通过研究竞争对手的生产条件、服务状况、价格水平等因素，依据自身的竞争实力，参考成本和供求状况来确定商品价格。在这一导向下，企业可以选择随行就市定价法、产品差别定价法、密封投标定价法（主要用于招投标环节）。

顾客导向定价法：根据市场需求状况和消费者对产品的感觉差异来确定价格的方法，又称市场导向定价法。此时一些心理定价方法可以使用：如尾数定价法或整数定价法，如定价为 0.98 元或 0.99 元，使消费者产生一种"价廉"的错觉，相反有的商品不定价为 9.8 元，而定价为 10 元来迎合消费者"便宜无好货，好货不便宜"的心理；声望性定价法，以价格说明其名贵、名优，满足购买者的需求，适应购买者的消费心理；习惯性定价法，某种商品在市场上形成了一种习惯价格，降价易引起消费者对品质的怀疑，涨价则可能受到消费者的抵制。

新产品的定价，特别是有专利保护的新产品的定价，还可以采用撇脂定价法和渗透定价法。在新产品上市之初，将其价格定得较高，短期内可获取丰厚的利润，尽快收回投资，就像从牛奶中撇取所含的奶油一样，取其精华，这被称为撇脂定价法。这种定价方法特别适用于创新产品、市场内没有相似的竞争产品或者替代产品的情况。渗透定价法是指在新产品投放市场时，价格定得尽可能低一些，其目的是获得最高销售量和最大市场占有率。如果新产品没有显著特色，竞争又十分激烈，需求弹性较大时宜采用渗透定价法，这样可以快速打开销路，低价薄利，使竞争者望而却步，从而获得一定的市场优势。

此外，卖家还可以灵活运用折扣定价，如现金折扣、数量折扣、贸易折扣、季节折扣、推广津贴等，许多卖家根据不同顾客、不同时间和场所来调整产品价格，实行差别定价，即对同一产品或劳务定出两种或多种价格，这被称为歧视定价，具体包括对不同的顾客群定不同的价格、对不同的花色及品种式样定不同的价格、对不同的部位定不同的价格、对不同的时间定不同的价格等。

2．跨境电商定价考虑因素

（1）产品结构

美国管理学家、波士顿咨询公司创始人布鲁斯·亨德森于 1970 年提出了波士顿矩阵，主要说明一个企业的产品或者服务的结构问题。

波士顿矩阵认为企业的产品结构的基本因素有两个，即市场引力与企业实力，如图 4-10 所示。市场引力包括整个市场的销售增长率、竞争对手强弱及利润高低等，其中最主要的是反映市场引力的综合指标——销售增长率，这是决定企业产品结构是否合理的外在因素。企业实力包括相对市场占有率、技术、设备、资金利用能力等，其中相对市场占有率是决定企业产品结构的内在要素，它直接显示出企业的竞争实力。销售增长率与相对市场占有率既相互影响，又互为条件：市场引力大，相对市场占有率高，可以显示产品发展的良好前景，企业也具备相应的适应能力，实力较强；如果仅有市场引力，而没有相对的高市场占有率，则说明企业尚无足够实力，该种产品也无法顺利发展。相反，企业实力强，而市场引力小的产品也预示了该产品的市场前景不佳。

通过以上两个因素相互作用，会出现 4 种不同性质的产品类型，形成不同的产品发展前景：①销售增长率和相对市场占有率"双高"的产品群（明星产品）；②销售增长率和相对市场占有率"双低"的产品群（瘦狗产品）；③销售增长率高、市场占有率低的产品群（问题产品）；④销售增长率低、市场占有率高的产品群（金牛产品）。

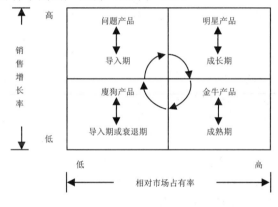

图 4-10　波士顿矩阵

跨境电商卖家可以结合波士顿矩阵，来系统梳理自己店铺的产品结构，从而保证店铺有产品可以提供可持续的现金流量（利润款或金牛产品），有产品可以保证可持续的用户流量（引流款或明星产品）。有的产品有很高的市场引力，也就是整个市场的销售增长率很高，这样的产品可以作为店铺的爆款来处理（当然如果是问题产品，还需要找到问题所在），因此爆款必然产生于明星产品或者问题产品之中。卖家还可以通过相对市场占有率和销售增长率来淘汰瘦狗产品。

基于以上的产品结构调整思想，跨境电商店铺中不同结构类型的产品需要有不同的定价政策，也就是说引流款、利润款、爆款等不同产品的产品定价和折扣力度是不同的。

① 引流款是为了引流存在，一般在店铺中出单占总订单的半数以上。引流款产品大致要占到总数量的 20%；要达到引流效果，引流款需要有较高的折扣力度，一般为 20%～40%。因此引流款的利润空间比较少，不过也要保证有 10%～20% 的利润，否则加上损耗等因素，不仅不能盈利，反而还会亏本。

② 利润款是指出了单能获取满意的利润，这类产品不需要拼价格，客单价一般；产品数量占到总数量的 70%～80%，是店铺利润的主要贡献者。利润款的利润空间通常需要达到 25%～30%。

③ 活动款（爆款）：主要是为了参加平台活动或者打造爆款而存在的，活动款需要一定时

间的培养，通过观察店铺内产品的出单情况进行选择，主要是与同行相比有明显的价格或特点优势，客户评价不错且认为性价比较高的产品。活动款产品一般占到总数量的 10%，折扣力度根据平台活动的要求设置，利润空间一般只有 10%～15%。

（2）产品的特质

在前面的定价原则中提到，新产品可以采用撇脂定价法。这是一种高价策略，之所以能高价，重要的原因是该产品的不可替代性或异质性，也就是说在市场上该产品几乎独一无二。比如每一款新的苹果手机在上市的时候都是按照撇脂定价法进行定价的，因为其独一无二，即便采取高价还是有市场，但一段时间之后，模仿产品或更新产品陆续出现，其价格开始下降到正常的定价水平。

跨境电商卖家的定价也是如此。如果该产品在国外具有独创性，或者不可替代，那么可以采用撇脂定价法。如在 eBay 平台上，我们可以找到这样一些很独特的产品。

（3）市场竞争程度及竞争策略

与上一点相反，如果卖家的产品本身不具备不可替代性，此时必须考虑市场竞争程度，调查同行价格水平，而且在网络时代，这一点更为重要，因为在互联网上比价比在传统经济模式中更为容易。

价格的调查分两个方面：一是去搜索和查看大部分用户选择的价格区间，以此作为定价的参考；二是先研究同行业卖家、同质产品销售价格，确定行业最低价和最高价，再结合自己店铺的竞争策略及店铺对本款产品的结构定位，进行定价。

比如若结合市场表现，某产品很受市场欢迎，即销售增长率高，卖家计划将此产品打造为爆款产品，则可以以最低价再减去 5%～15%作为产品的销售价格，然后倒推上架价格，并通过促销活动等方式再降低成交价，有人将这种定价称为"狂人策略拼价格"。这种定价方式必然可以打造出爆款，当然前提是卖家对这一产品的成本和供应链环节有足够的优势，或者卖家有足够的资本来运作。

如果卖家采用的是稳重策略，则在定价前需要计算产品的成本价，根据成本价反推利润，来计算产品的销售价格。

定价策略

3. 价格术语与定价案例

（1）价格术语

在计算价格时，需要考虑采购价、费用、利润等因素。

采购价为从产品供应平台（如 1688）或从工厂采购（批发或者零购）的成本价，可含税（增值税，如能提供增值税发票，可享受退税）。

费用主要包括跨境物流运费、平台交易费用（推广、佣金等）、关税（用邮政小包等个人物品申报的零售出口一般在目的国不交关税）及其他费用。

利润指的是合理利润，可根据产品的实际情况、竞争者的价格以及市场情况确定合理的利润率。

除以上几个常规术语外，电商的价格术语如下。

① 上架价格（List Price，LP）：产品在上传的时候所填的价格；一般来说，上架价格计算如下。

上架价格=（采购价+费用+利润）/银行外汇买入价

但在实际操作时，上架价格需要考虑未来销售活动的折扣和优惠情况。

② 销售价格（Discount Price，DP）也称折后价：产品在店铺折扣下显示的价格。

销售价格=上架价格×折扣率

③ 成交价格（Order Price，OP）：用户在最终下单后所支付的单位价格。

成交价格=销售价格-营销推广成本

（2）定价案例

【上架价格计算案例】

产品成本是 5 美元，按照目前的平均毛利润率（15%），还有平台成交费率（5%），以及部分订单产生的推广费用（3%～5%），计算上架价格。

第一步，计算销售价格。

销售价格=5÷（1-0.05-0.05）÷（1-0.15）≈6.54（美元）

或者，销售价格=5÷（1-0.05-0.05-0.15）≈6.67（美元）

其中，5%的推广费用并不是所有订单都会产生，但考虑到平台内外的营销投入，以 5%作为营销费用，基本没有差错。

当然，其中还可以加入丢包及纠纷损失的投入，按照邮政小包的丢包率（1%）来算，又可以得到：

销售价格=5÷（1-0.05-0.05-0.01）÷（1-0.15）≈6.61（美元）

再保守点，销售价格=5÷（1-0.05-0.05-0.15-0.01）≈6.76（美元）

第二步，计算上架价格。

如果是活动款（或计划打造的爆款），平时为 40%的折扣，如果是速卖通平台的活动，最高可以为 50%的折扣：

上架价格=销售价格÷（1-0.4）

如果是一般款，平时为 30%的折扣：

上架价格=销售价格÷（1-0.3）

注：建议折扣参数不低于 15%，不高于 50%，折扣为 30%左右，这是买家比较钟情的折扣，属于合理预期范围。对于 50%折扣的活动要求，一般要能保证不会亏本或者略亏，这样假如客户购买两件及以上，就可以有一定的盈利。

【成本定价法案例】

卖家从 1688 批发网采购了一批珍珠蝴蝶（珍珠镶钻）项链，共 100 条，包装重量为 370g（每一条包装重量为 25g），采购价为 0.95 元/条，国内快递费为 8 元，预期利润假定为 100%，银行美元买入价按 1 美元=6 元人民币计算，其他成本忽略不计，请计算上架价格。

如不计算跨境物流费用：

上架价格=（采购价+费用+预期利润）/银行美元买入价

= （0.95+8/100+0.95）/6

=0.33（美元/条）

如需要计算跨境物流费用，查询中国邮政小包价格表，按照第 10 区运费报价。

包邮价格为 176 元/kg，挂号费为 8 元，折扣 85%。

跨境物流费用=25/1000×176×0.85+8=11.74（元）

上架价格=（采购价+费用+物流费用+预期利润）/银行美元买入

= （0.95+8/100+11.74+0.95）/6

≈2.29（美元/条）

【竞争定价法案例】

同样是以上案例，如果采用竞争定价法，则首先搜索同行竞品卖家的价格。

搜索 Necklaces，在速卖通买家网页，按照拟销售产品相关质量属性和销售条件，依照销量大小降序，搜索同行竞品卖家的价格。

选择竞品卖家的合理最低价（有些卖家的价格极其不合理，不能作为参考），定位销售价格，计算上架价格（在最低价基础上再降低 15%～30%）

$$上架价格=销售价格/（100\%-15\%）$$

或

$$上架价格=销售价格/（100\%-30\%）$$

再根据实际情况做适度调整，最终确定价格。

（3）高效定价策略

在实际运营店铺时，一个店铺可能有几千个 SKU，这时难以做到每个 SKU都按照以上方式逐个计算，因此可以采用 Excel 表格，将价格中所有的因素输入表格中，再按照前面计算公式构建 Excel 计算模型，最终可以高效、快速进行定价。

定价计算方法

<table>
<tr><td>第四节</td><td>海外市场调研</td></tr>
</table>

1. 海外市场调研的重要性

跨境出口电商的目标市场都在海外，但是不同的国家和地区在电商市场规模、消费习惯、购物倾向、支付方式、风土人情等方面均有差异，且不同国家和地区的政策也有较大不同。因此要做好跨境电商，必须深入调研和分析目标国家和地区，做好国际市场调研，这样才能真正做到长远可持续发展。

国际市场调研是指运用科学的调研方法与手段，系统地搜集、记录、整理、分析有关国际市场的各种基本状况及其影响因素，以帮助企业制定有效的市场营销决策，实现企业经营目标。一个企业要想进入某一新市场，往往要求国际市场调研人员提供与此有关的一切信息——该国的经济发展、社会或政治局势、法律制度、文化属性、地理环境、市场竞争者、科技发展等。一家做 B2B 跨境电商的企业要进驻某海外地区，从国际贸易角度来看，国际市场调研主要包括市场环境调研、国际市场商品情况调研、国际市场营销情况调研、国外客户情况调研等。

市场环境调研。国外经济环境：一国的经济结构、经济发展水平、经济发展前景、就业、收入分配等。国外政治和法律环境：政府结构的重要经济政策，政府对贸易实行的鼓励、限制措施，特别是有关外贸方面的法律法规，如关税、配额、国内税收、外汇限制、卫生检疫、安全条例等。国外文化环境：使用的语言、教育水平、宗教、风俗习惯、价值观念等。此外，卖家还需要了解国外人口、交通、地理等情况。

市场商品情况调研。国外市场对商品需求的品种、数量、质量要求等；国际市场商品的价格、价格与供求变动的关系等。

市场竞争者情况调研：竞争者的产品质量、价格、政策、广告、分配路线、占有率等。

国际市场调研可以帮助跨境电商卖家：

① 识别并制定正确的国际经营战略，如确定、评价和比较潜在的国际商业机会及其相对

应的目标市场的选择等。

② 能够制订正确的商业计划，确定市场进入、渗透和扩张所需要的各种必要条件。

③ 为进一步细化和优化商业活动提供必要的反馈。

④ 正确预测未来可能发生的各种事件，采取必要的措施，并对各种即将发生的全球性变化做好充分准备。

2．海外市场调研的步骤

（1）确定市场调研目标

进行海外市场调研，首先要明确市场调研的目标，市场调研的目标不同，调研的内容和方法都将有所不同。

假设调研目标是海外电商市场的容量及趋势，那么调研内容应该是互联网用户数量，互联网普及率，移动电话、智能手机、平板电脑等设备的普及率，网购人群的规模、年龄段，电子商务销售额、年增长率、移动电子商务销售额。

若调研目标是了解各国电商平台的情况，那么调研内容就是考察几个关键网站的各国流量占比，比如亚马逊、速卖通网站在不同国家的流量占比不同。在美国，亚马逊流量占所有网站的 65.83%，速卖通则占 14.06%；而在俄罗斯，亚马逊流量仅占 3.36%，速卖通则占 15.41%。

若调研目标是了解海外消费者的购物习惯，则需要调研目的国消费者的网站使用习惯（常用的综合性购物网站、用户体验最佳的 10 个购物网站）、搜索习惯（用户量最大的 10 个购物搜索引擎）、支付习惯（信用卡是美国电商消费者经常使用的支付方式）、购物时间（比如美国网上购物高峰期为感恩节前一周到元旦；电商打折力度最大的时间为感恩节后一天——黑色星期五）。

若要调研海外电商的风险情况，则调研内容应该是隐私和数据保护、海关和关税、知识产权和标签、在线和移动欺诈。

而若调研海外市场竞争者，则调研内容应包含网络竞争者识别（行业角度、市场角度、企业竞争角度）、网络竞争者优劣势分析（产品、研发能力、渠道、资金实力、市场营销、组织、生产经营、管理能力）。

（2）设计调查方案

一个完善的市场调查方案一般包括以下几方面内容。

① 调查目的具体化。根据调查目的，在调查方案中列出调查目的的具体化要求。

② 明确调查对象。依据细化后的调查目的，明确调查对象，市场调查的对象一般为消费者、零售商、批发商，零售商和批发商为经销产品的商家，消费者一般为使用该产品的消费群体，不过有些情况下产品的购买人群与消费人群并不重合，比如奶粉的购买人群和其消费人群。

③ 整理调查内容。调查内容是收集资料的依据，是为实现调查目标服务的，可根据市场调查的目的确定具体的调查内容。如当调查消费者行为时，可按消费者购买、使用、使用后评价 3 个方面列出调查的具体内容项目。调查内容的确定应全面、具体，条理应清晰、简练，避免面面俱到，内容过于烦琐，避免把与调查目的无关的内容列入其中。

④ 设计调查表。如果要做问卷调查，那么还需要设计调查表。调查表是市场调查的基本工具，调查表的设计质量直接影响到市场调查的质量。

设计调查表要注意以下几点：

• 调查表的设计要与调查主题密切相关，重点突出，避免出现可有可无的问题。

• 调查表中的问题要容易让被调查者接受，避免出现被调查者不愿回答或令被调查者难堪的问题。

- 调查表中的问题次序要条理清楚，顺理成章，符合逻辑顺序，一般可遵循的规律是：容易回答的问题放在前面，较难回答的问题放在中间，敏感性问题放在最后；封闭式问题在前，开放式问题在后。
- 调查表的内容要简洁，尽量使用简单、直接、无偏见的词汇，以保证被调查者能在较短的时间内完成调查表。

⑤ 确定调查范围。调查范围应与产品的销售范围相一致，比如商家要做亚马逊欧洲平台，那么调查地区主要就在欧洲范围即可。

⑥ 调研方法。国际市场调研是复杂细致的工作，须有严格、科学的程序和方法。具体有案头调研法（第二手资料调研或文献调研，如企业内部有关资料、本国或外国政府及研究机构的资料、国际组织出版的国际市场资料、国际商会和行业协会提供的资料）、实地调研法（这是国际市场调研人员采用实际调研的方式，即直接到国际市场上搜集情报信息，包含询问法、观察法和实验法）、抽样调查。若需要问卷调查，则需要确定调查样本数量和抽样方法，一个中等以上规模城市市场调查的样本数量为200～1000个，抽样可以采用简单随机抽样法、系统抽样法、分层抽样法、整群抽样法、多阶段抽样法。如今很多调研都采用网上市场调查方法，如对访问者进行直接访问、利用电子邮件询问访问者、在企业站点上调查、网上德尔菲调查法、利用企业站点搜集市场信息等。

⑦ 确定所需收集的资料。资料收集方法有观察法、专题讨论法、调查法、实验法，因此获得的资料可以分为"一手资料"和"二手资料"。资料的整理方法一般可采用统计学中的方法，利用 Excel 表格，可以很方便地对调查表进行统计处理，获得大量的统计数据。

（3）开展调研活动

开展调研活动前，先需要制订调查工作计划。调查工作计划中应该包含如下内容。

① 组织领导及人员配备。建立市场调查项目的组织领导机构，可由企业的市场部或企划部来负责调查项目的组织领导工作，针对调查项目成立市场调查小组，负责项目的具体组织实施工作。

② 调研人员的招聘及培训。调研人员可从高校经济管理类专业的大学生中招聘，同时要对调研人员进行必要的培训。培训内容包括调查的基本方法和技巧、调查的基本情况、实地调查的工作计划、调查的要求及注意事项等。

③ 工作进度。针对将市场调查项目整个进行过程安排一个时间表，确定各阶段的工作内容及所需时间。市场调查包括以下几个阶段：调查工作的准备阶段—实地调查阶段—问卷的统计处理、分析阶段—撰写调查报告阶段。

④ 费用预算.市场调查的费用预算主要包括调查费用、调研人员培训费、调研人员劳务费、礼品费、表统计处理费用等。企业应核定市场调查过程中将发生的各项费用支出，合理确定市场调查总的费用预算。

组织实地调查的时候应根据实际情况来安排。比如要对目的地国市场环境、商品及营销情况进行调查，一般可派出推销小组深入国外市场以销售、问卷、谈话等形式进行调查（一手资料），或者通过各种媒体（报纸、杂志、新闻广播、计算机数据库等）寻找信息资料（二手资料），或者可以委托国外驻华或我国驻外商务机构进行调查。通过以上调查，卖家基本上可以解决应选择哪些产品进入目标市场、使用什么样的价格等问题。

（4）统计分析结果

实地调查结束后，即进入调查资料的整理和分析阶段，收集好已填写的调查表后，首先由调查人员对调查表进行逐份检查，剔除不合格的调查表，然后将合格调查表统一编号，以便于调查数据的统计。调查数据的统计可利用 Excel 软件完成。将调查数据输入计算机后，经 Excel 软件运行后，即可获得已列成表格的大量的统计数据，利用所获得的统计数据，就可以按照调查目的的要求，针对调查内容进行全面的分析工作。

一手资料，又称原始资料，是原来的或该事件（或活动）的首次记录，是事件的实际目击者或参与者所经历的，调查人员通过现场实地调查所搜集的资料。其特点是针对性强，适用性强，但成本较高。一手资料可以通过以下方法收集。

询问法是以询问的方式作为收集资料的手段。其主要包括个人访问、小组访问、电话调查、邮寄调查 4 种形式。

观察法是指调查人员直接到调查现场进行观察的一种收集资料的方法。优点：可以比较客观地收集资料，直接记录调查事实和被调查者在现场的行为，调查结果更接近实际。缺点：观察不到内在因素，调查时间长。该方法主要包括、直接观察、店铺观察、实际痕迹测量 3 种形式。

实验法是指首先从影响调查问题的许多因素中选出一个或两个因素，将它们置于一定条件下进行小规模的实验，然后对实验结果进行分析，研究是否值得大规模推广。优点：可获得较正确的原始资料。缺点：实验市场不易选择，干扰因素多，时间长，成本较高。该方法主要包括两种形式：①产品包装实验；②新产品销售实验察。

二手资料又称间接资料，是至少被引用一次的关于该事件的叙述，是他人为某种目的已经加工整理好的资料。二手资料的特点：成本和时间少，具有可获得性，准确性较差。二手资料包含内部资料和外部资料，也包含访问查找资料和购买的资料。二手资料可以通过参考文献查找法、手工检索查找法、计算机网络检索法收集。

（5）撰写调研报告

调研报告的基本要求：客观真实、实事求是、调查资料和观点统一、突出市场调研的目的、语言简明、准确、易懂。

调研报告一般由标题、目录、概述、正文、结论与建议、附件等几部分组成。

调研报告的内容包含调研目的、调研背景、调研对象、调研数据与分析、调研结论与理由、解决方案建议、预测风险。

3. 海外市场调研工具

数据分析工具有 Google Trends、KeywordSpy、Alexa、Terapeak。

Google Trends：类似于国内的百度指数。

KeywordSpy：查询条件包含关键词、站点、国家。

Alexa：网站目标市场及分布。

Terapeak——eBay 和 4px 合作的工具：帮助卖家全面分析 eBay 和亚马逊账号，优化产品结构和售后服务。

其他市场调研工具如下。

- Consumer Barometer。
- Google Market Finder。
- 数据脉。
- 阿里指数。
- Watcheditem。
- eBay Daily。

国外产品趋势类评论网站如下。

- Uncrate.com。
- outblush.com。
- blessthisstuff.com。
- this.com。
- materialgear.com。
- materialgear.com。
- hiconsumption.com。
- firebox.com。

4．海外市场调研案例

案例1：欧洲国家电商消费习惯调研

调研内容分析：电商消费习惯可以从消费者性格、消费水平、搜索习惯、支付习惯、网购习惯、网购平台等角度理解。

案例2：金砖国家电商市场环境调研

调研内容分析：从电商环境、电商网站、网络消费习惯等角度调研。

跨境电商之海外市场调研

复习思考题

一、简答题

1．什么是产品和商品？比较两者的不同。

2．什么是 SKU 和 SPU？举例说明。

3．什么是品类管理？如何做好品类管理？

二、实训题

1．选择 3 个跨境电商平台，整理这些平台的一级类目和二级类目。

2．在速卖通实训平台的数据纵横工具中进行选品分析训练。

3．登录本书中介绍的站外选品工具和平台，了解这些工具和平台的功能。

三、论述题

1．分析不同定价策略的优点、缺点和各自的应用场景。

2．设计海外调研计划：东南亚六国（马来西亚、新加坡、泰国、菲律宾、印度尼西亚、越南）的电商环境。

第五章

跨境电商运营管理

【章节导论】运营是一个十分宽泛的概念，比如选品其实也是运营的一项重要工作。不过在跨境电商选品环节，很多原理、方法和工具都是可以通用的，同时选品是跨境电商十分重要的环节，需要跨境电商企业在战略层面上重视。因此将产品发布、店铺管理、产品定价和售后服务等作为运营管理的内容，独立成章。同时因为这些运营环节的平台差异性很大，所以本章将按照分平台来展开，主要讲述跨境电商 B2C 出口平台。

第一节　产品发布

1. 产品信息化处理

电商平台上的产品，与线下物理形态存在的产品不同，是以文字、图表、视频等方式存在的，因此要将这些产品的表现形式数字化。随着智能手机的普及，跨境电商移动端的流量剧增，在小小的手机屏幕上，能吸引消费者并促使他们购买的是能展现优势的产品图。因此，在产品发布之前，卖家应思考如何将产品的特点和优势通过信息化方式表现出来。

【橙子数字化】天天果园的橙子采摘后，会通过托盘跟着流水线来到"照相室"，在 0.1 秒内 360°翻滚后留下 36 张不同角度的特写，出了照相室，就可以结合大小、重量、色泽，自动将橙子送往十几条不同的包装线。

（1）器材

首先应准备一架具有合适感光元件、微距功能、必备插槽的数码相机（最好是单反相机）。其次应准备三脚架、网拍摄影棚或者摄影箱、网拍摄影台、摄影灯，还有柔光箱、反光伞、摄影背景和摄影道具。

数码相机使用时要关注以下几个比较重要的功能。

① 光圈是一个用来控制光线透过镜头进入机身内感光面光量的装置，它通常在镜头内。用 F 值表达光圈大小。F 值越大，光圈越小，景深越深，背景越清晰；F 值越小，光圈越大，景深越浅，虚化越明显。在选用不同光圈值时同样的场景显示出不同的明暗程度，光圈值越大，进光量越少，得到的画面质量就越暗。

② 快门摄像器材中用来控制光线照射感光元件时间的装置。其主要功能是与光圈系数配合，使所摄照片得到正确的曝光。快门速度慢，捕捉的是过程，表现过程美；快门速度快，抓拍的是瞬间，表现的是瞬间美。（快门速度是指快门打开及关闭的时间。快门速度越慢，开启时间越长，进光量就越多；快门速度越快，开启时间越短，进光量就越少。）

③ 感光度（ISO）大小代表着感光元件对光线强弱的敏感程度，用于衡量底片对于光的灵敏程度，由敏感度测量学及测量数个数值来决定。感光度越高，照片就越亮，噪点也就越多；感光度越低，照片就越暗，噪点也就越少。

④ 焦距也称焦长，是光学系统中衡量光的聚集或发散的度量方式，指从透镜中心到光聚集之焦点的距离。焦距值越小，拍摄画面的范围就越大；焦距值越大，拍摄画面的范围就越小。

（2）取景

图片是商品的灵魂，一张漂亮的商品照片可以直接刺激到顾客的视觉感官，让他们产生兴趣和购买的欲望，从而将商品加入购物车中。尽管不同平台对于主图的尺寸和背景有不同的要求，但是成功的商品照片与拍摄时的环境选择和布置密不可分。不同的商品，拍摄的背景要有所选择。

小件商品的拍摄环境，最好选择拍摄箱或者拍摄台，结合后面将提到的灯光的效果，拍出商品的特色和优点。而大件商品，如服装，则可以考虑在一定空间的室内（10平方米以上尽量选择整洁和单色的背景）或者选择符合风格的室外取景（如果图片要作为亚马逊的主图，则只能选择室内白色背景）。

（3）布光

拍摄离不开灯光，能娴熟使用灯光的摄影师所拍摄的作品，有着非同一般的视觉吸引力。

正面两侧布光，可以使得投射出来的光线更加均匀，商品表现全面，不会有死角。

两侧45°角布光，则可以使商品顶部受光，正面则没有完全受光，适合拍摄外形扁平、不具备立体感的商品。

不均衡布光，如单侧45°角布光，将使商品一侧出现阴影，底部投影也很深，排除层次感和立体感，不过商品表面的一些细节可能无法得以呈现。

前后交叉布光，不仅可以呈现出商品表面细节，还可以表现出表面的层次感和立体感。

后方布光，适合于拍摄通透性的商品，而其他类的商品则会由于正面没有光线产生大片的阴影而影响效果。

（4）构图

摄影讲究构图，一般有横式构图、竖式构图、斜线构图和黄金分割法构图等，这些构图法同样可以用于商品图片的拍摄和处理。

横式构图是商品呈横向放置或横向排列的横幅构图方式。这种构图方式给人一种稳定、可靠的感觉，并给人一种安全感，多用来表现商品的稳固，是一种常用的构图方式。竖式构图是商品呈竖向放置或竖向排列的竖幅构图方式，这种构图方式可以表现出商品的挺拔、秀朗，常用于拍摄长条的或竖立的商品。斜线构图是商品斜向摆放的构图方式，其特点是富有动感、个性突出。对于表现造型、色彩或理念等较为突出的商品，斜线构图较为实用，可以产生很不错的画面效果。黄金分割法构图是将拍摄主体放在画面的1/3处，让人感觉画面和谐，充满美感，所以黄金分割法构图又被称为三分构图法则。

（5）商品摆放

商品可以通过组合摆放的形式产生视觉上的冲击，摆放方式有很多种，比如四宫格、六宫格、九宫格等。

图片组合产生的效果：在一堆物体中，买家一眼就能发现图片要表达的主题。商品摆放的角度也很关键，人类的视觉习惯是视点朝下，这个角度让人类的眼皮最为轻松。

2. 速卖通产品发布

产品发布之前，首先要做好产品信息采集，除了产品图按照以上方式处理，还需要采集其他信息，比如关键词、数量、颜色、材料、形状、用途、风格、尺寸等。这些信息的采集应该站在客户的视角去思考，比如客户应该希望看到产品的正面、侧面和细节的图片，用户也希望能详细了解产品具体的参数和属性，同时希望了解卖家是否值得信任，以及希望了解发生纠纷时卖家的处理方法等。

商品信息化处理

（1）产品发布流程

① 类目行业填写。它有 3 种方式：一是直接选择类目发布；二是选择类似产品导入；三是选择搜索类目名称寻找。具体类目选择正确后，点击发布，进入产品属性填写环节。（注：若三级类目下产品 DSR 低于 4.3，则该类目将无法发布。）

② 产品属性填写。产品属性分为必填属性和自定义属性。必填属性一项都不要缺失，10 项自定义属性要充分利用，填写完整率最好在 70% 以上，因为自定义属性是很好的引流工具，如"For Christmas"节日属性。

③ 标题关键词和产品主图填写。英文标题不超过 128 个字符，在前 35 个字符中要体现核心产品，前面填写的 3 个关键词必须都包含在标题中，不能出现非英文字符。

6 个主图也要充分利用。近两年，速卖通在图片的规范上已经不断标准化，产品主图图片格式只能是 JPEG，主图大小不能超过 5MB，图片大小为 800px×800px，纯色或者白底，图片尺寸在 800px×800px 及以上，图片横向和纵向比例建议为 1∶1～1∶1.3，构图方式为无文字、无水印、Logo（统一在图片左上角）、无边框，图片主题应该居中，不允许拼图。下面以鞋子图为例进行介绍。

- 图片背景简单或纯白底，以不妨碍商品主题为唯一原则；勿用深色背景及色彩暗的实拍图片。
- 重点展示单只或者一双鞋子（占据图片 60% 以上的面积）。
- Logo 固定在图片左上角，且 Logo 不宜过大，最好整店保持统一，鞋子上不能出现水印。
- 每张最多只展示一种颜色的商品，不要在一张图片上展示多种颜色的商品。
- 图片上不能出现多余文字，严禁出现汉字，不能出现任何促销信息。
- 图片不要自己打图标或者加边框。
- 图片尺寸为 800px×800px 及其以上，不要用拼接的图片。

【思考】依照上述标准，请判断图 5-1 中哪些是正确的主图。

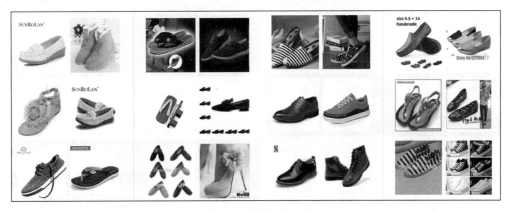

图 5-1　主图的实例

④ 销售属性填写。选择商品的计量单位，选择商品的销售方式，插入商品图片。

⑤ 尺码、价格等信息填写。在此选择商品尺寸，填写商品价格、商品编码、商品批发价、商品发货期。根据不同的国家规则，要对常规尺码进行改良。商品编码对一个公司的产品管理非常重要。发货期一般选 7 天，以免造成"成交不卖"影响店铺的情况，发货期填写过短极易导致"成交不卖"。

⑥ 产品详情页信息模块填写。插入产品信息模块填写产品信息，也可以利用工具编辑。

⑦ 描述图片的填写。每次可以插入 8 张图片，支持 1000px×5000px 的图片尺寸，文件格式可以是 JPG 或者 JPEG，支持的文件大小为 5MB。这些插入图片的宽度尽量一致。

⑧ 在详细描述中，服务和售后等信息的填写可以用"图+描述"的方式，包括营销、服务、团队的宣传。

⑨ 包装信息和物流设置填写。这里填写产品包装后的重量，包括续重信息、包装尺寸等，国际物流价格跟重量有关，包装信息的准确性直接决定运输成本，特别注意抛货。在物流设置中选择运费模板。

⑩ 服务模板和其他信息填写。服务设置可以选择新手服务模板进行设置。在其他信息中，选择所发布的产品组、产品有效期等。

全部填写完成后，预览检查，确认无误后再提交，完成产品发布。

（2）产品分组模块、产品信息模块、服务模块

为了便捷管理，速卖通后台提供了一些模块功能，设置好这些模块，可以将其用在不同的产品信息中。

① 产品分组模块。将不同品类产品分组，可以方便买家找到产品，使产品线更加清晰，也方便卖家管理，同时方便卖家做营销。在产品大组下也可以创建子分组，创建成功后，可以对组进行命名、添加新产品进入产品组。图 5-2 所示为产品分组在店铺中的展示效果。

图 5-2　产品分组在店铺中的展示效果

② 产品信息模块。用"产品+文字+图片"的形式设置产品信息模块，设置的链接既可以在每个商品详情页使用，一次修改全部更新，也方便卖家做营销。产品信息模块分两种：关联产品模块（能插入 1~8 个商品超链接图片）和自定义模块。前台效果如图 5-3 所示。

图 5-3 产品信息模块展示

③ 服务模块。卖家可以根据不同商品需要提供的服务设置服务模块，提供的服务会展示在商品详情页面。设置服务模块作为一种保障承诺，可以减少买家对商品的担忧，增强购买信心，提升购买率；可以让售后服务更加清晰，减少不必要的纠纷；可以让自己店铺的优质服务脱颖而出。服务模块在商品页面的展示如图 5-4 所示。

图 5-4 服务模块在商品页面的展示

卖家自行设置的模块包括两部分：消费者保障特色服务（卖家先申请加入，成功后即可在服务模块中进行设置）和退货服务（卖家可即时在服务模块中进行设置）。

卖家还可以根据自己店铺的产品特征、服务特征建立合适的服务模块，方便在上传商品时有一个更好的选择。目前速卖通后台支持卖家建立服装尺码、鞋子尺码、珠宝尺码，其中服装、鞋子模块又细分为各种子类目尺码，非常全面。比如鞋类卖家可以设置尺码模块，让商品尺寸标准、清晰，减少买家咨询量，更促进成交转化，减少客户流失；同时帮助买家解决实际需求，解决不同地区采用不同尺寸标准的难题，如图 5-5 所示。

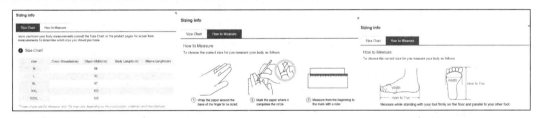

图 5-5 尺寸模块展示

（3）上传信息检查

产品上传之后，需要对这些信息进行检查，检查无误后方可发布。首先是产品属性区的检查。当产品的属性填写率和该产品所在类目下优质商品的属性填写率显示为绿色时，说明符合平台的属性填写要求。完整且正确的产品属性有助于提升产品曝光率。要注意的是，红色标注的属性是必填的，品牌需要仔细核对，以避免产生产品侵权问题。

其次是产品自定义属性要尽可能完善，最好添加到 5 个。一般这些自定义属性包括产地、购买方式、风格、邮费等，比如丝绸衣服的产地苏杭等，可以特别填写一些默认属性中不能出现的自身产品独有的一些卖点和特殊属性。这部分的良好填写是可以提高成交率的。

速卖通产品发布

3．亚马逊产品发布

（1）单一商品页面的页面详情

在亚马逊产品发布之前，首先要了解亚马逊单一商品页面的概念。亚马逊上每件商品都有自己的详情页面，包括商品图片、价格描述、用户评分、技术参数等。搜索商品时只会显示一个搜索结果，销售相同商品的卖家共享商品页面，在共享页面发布库存和定价信息，不同卖家的报价会在"more buying choice"（更多购买选择）中显示，这样买家不必进行太多搜寻即可比价，卖家则只需要在单一商品页面提供报价即可，如图 5-6 所示。当然这样的页面设计也让产品容易被跟卖，在卖家的商品符合亚马逊平台的政策，且在品牌有授权的情况，就可以进行跟卖。

图 5-6　亚马逊单一商品页面

在商品页面中，Buy Box 的位置在每个商品页面的右上方，是一个"Add to Cart"（加入购物车）按钮，尽管众多卖家共享一个相同商品的页面，但是只有一个卖家可以获得这个按钮，按钮获得与卖家绩效、最终价格、配送方式、运输时间等因素有关。很多情况下，亚马逊平台上的卖家可能会赢得购物按钮，而亚马逊自营反而出现在"更多购物选择"中。要得到 Buy Box 必须满足一些条件：如卖家应拥有一个专业卖家账户、卖家应为特色卖家（要求卖家在亚马逊上有 2~6 个月的销售记录，拥有比较高的卖家评级、送货评级及订单错误率低于 1%）、商品应为全新状态、商品必须有库存。因此要提升获得购物按钮的概率，就需要管理好物流，缩短配送时间（最好选择 FBA）；此外还要减少订单缺陷率，制定有竞争力的价格。

（2）亚马逊分类树

亚马逊的消费者会用两种方式筛选产品：一是浏览左侧的商品分类，二是在搜索框中输入关键词搜索。无论采用哪种方式，消费者都可以通过大量的搜索条件进行筛选，比如在分类中选择"women→clothing→dress"，在左侧会出现亚马逊根据这一子分类给出的各种搜索条件，如物流能否到达、是不是 Prime，是不是新品，品牌、款式、裙边样式、领口样式、花样、尺寸、颜色、客户评价、价格如何等，消费者可以根据这些条件，精准找到自己想要的商品。而对于卖家来说，这意味着两点：一是要准确界定好自己的产品分类和子分类，二是要十分完整地填写产品的各项信息。只有这样，商品才有可能被展现出来，如图 5-7 所示。

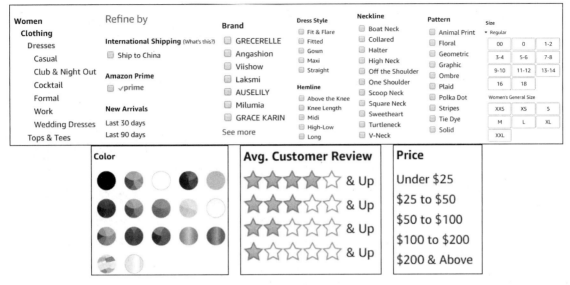

图 5-7　亚马逊分类筛选

亚马逊有一个系统完善的分类树，卖家可以在卖家平台帮助中心找到分类树指南，为自己的商品选择两个分类节点，最好是叶节点（也就是不再有下一层的节点）。亚马逊针对不同类目给出商品上传信息的模板，模板中结合不同类目给出了需要填写的信息内容。

（3）逐一上传商品

亚马逊的商品上传分为两种方式：一是逐一上传商品，二是批量上传。

① 找到匹配商品或者创建新品。

进入卖家平台之后，点击"inventory planning"，选择添加新商品。在列表中选择商品详细品类，点击"Select"确认品类（注意上传新品时分类不能做，否则将影响日后促销活动的正常提报），如图 5-8 所示。

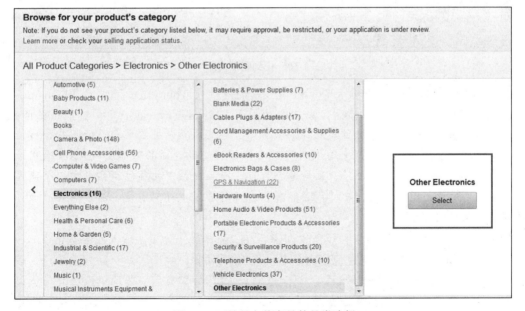

图 5-8　亚马逊上传商品的品类选择

如果品类不能确定，则可以使用品类搜索功能"Find category"，如图 5-9 所示。

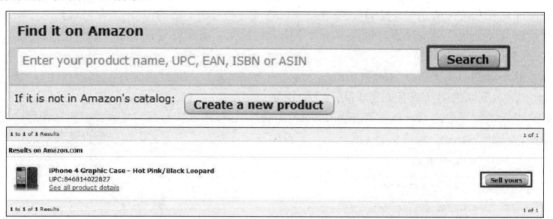

图 5-9　亚马逊上传商品的品类搜索

　　输入商品编码或者商品名称，如果存在匹配的商品，则点击"销售您的商品"输入价格和库存数量。亚马逊允许卖家销售已经在亚马逊平台创建好的商品，卖家必须确认商品的所有信息必须完全一致才能销售已有商品，包括 UPC、品牌、厂商、包装及商品各种参数，都必须完全一致，并且卖家必须有该品牌拥有者的授权经销许可。

　　在页面搜索框中输入要销售商品的标题或者 UPC、EAN、ASIN，点击"Search"按钮，搜索出商品以后确认 UPC 跟商品外包装上的 UPC 完全一致后点击"Sell yours"按钮，进行添加，如图 5-10 所示。

图 5-10　找到匹配商品

　　在商品信息录入页面只需输入 Condition（新旧程度）、Your price（价格）和 Quantity（数量）后点击"Save and finish"按钮。添加成功后在"Manage Inventory"页面出现该商品。

　　【Tips】商品编码：在亚马逊创建新商品页面时，有些商品分类要求卖家使用符合行业标准的商品编码。很多商品都有一个全球识别码，比如 UPC（欧洲商品编码）、EAN（通用产品代码）、ISBN（国际标准书码），此外，亚马逊会为自己商品目录中的每件商品分配一个商品编码 ASIN，ASIN 是亚马逊为平台分配的商品编码，在库存管理中可以看见。消费者在前台页面的产品详情页中也可以看到。

　　如果没有搜索到匹配商品，则点击"创建新品—选择最佳分类—输入商品详情"。

　　② 必填商品信息。必填信息包含商品名称（title 标题）、生产厂商、品牌、图片、商品描述、关键字（Search Term 至少填 5 个，一行一个）、推荐分类节点（要尽量选择叶节点以便大大提高被搜索到和被点击的概率，如服饰箱包/服饰配件/袜子/女袜/船袜）、UPC 码、库存详情（SKU、商品状况、价格、库存数量）。

　　③ 商品名称的要求：必须包含商品名称、品牌、功能、特点，同时不能堆砌（冗长的名称

必定无法通过审核）；标题首位必须是品牌名，大小写要保持一致；电子类无品牌商品写"Generic"；每个单词的首字母必须大写（除了 a、an、and、or、for、on、the 之类的词），不能全大写或全小写；不能有任何特殊字符或标点符号（®、©、™、!、$、&、*、etc.）；不能在中文输入法状态下输入任何内容（会变成乱码）；如有数字描述，请用阿拉伯数字，不要使用文字，例如要写 2，不要写 Two；如包含批量销售，在商品名称后面添加"Pack of X"；服装<80 个字符，鞋包<50 个字符，其他品类<150 个字符；不要出现过多的产品细节（如多型号商品，不超过 3 个型号），可以在描述或产品特性中补充。

不能有公司、促销、物流、运费或其他任何与商品本身无关的信息，例如"Free Shipping""2 days express delivery""Best Seller""Hot Item""Latest design, New Fashion""Money-back Satisfaction Guarantee""Customizable please e-mail me your idea or design""Please go to my website for more colors and more designs""Please e-mail me your size."等。

比较符合欧美消费者阅读习惯的标题结构：

[Brand]+[Product name]+[Others]+[Color]/[Size]+[Pack of ***]

Product name 指的是核心关键词。Other 部分一般写产品特性和亮点，正确示例如图 5-11 所示。

图 5-11　亚马逊的标题正确示例

此例中，亚马逊店铺 AmazonBasics 是品牌，Lightning to USB Cable 为核心关键词 1，Apple Certified 为核心关键词 2，属于修饰词，6 feet(1.8 Meters)这个写法符合客户当地的使用习惯。

再看错误示例，如图 5-12 所示。

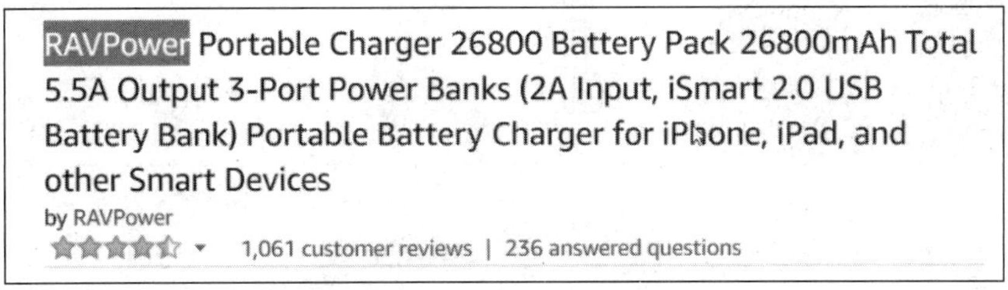

图 5-12　亚马逊的标题错误示例

Portable Charge\Power Banks\ Portable Battery\Battery Bank 几个都是表示移动电源的英文词，这里的核心关键词太多了。如果担心客户搜寻不到，可以将一些关键词放到 serach term 中即可。

【思考】标题 1：Ultimate Ears Triple.fi 10 Pro Earphones（Gun Metal Blue） - Generic phone case for Samsung S3（Black, pack of 2）//标题 2：New Replacement Li-Ion Battery for IBM ThinkPad T40 T41 T41p T42 T43 R50 R50e R50p R51 R52 Series Laptops - Generic Apple phone case for iPhone 4, iPhone 4s。请判断这两个标题哪个更好且符合要求。

对于变体非商品的标题，要求是不可在标题中加入变体属性，以成人服装为例：

父商品名称规则：[Brand] + [Department/Target audience] + [Product name/Style]。例如，Tatonka Essentials Women's Fleece Pullover Sharon Lady。

子商品名称规则：[Brand] + [Department/Target audience] + [Product name/Style] + [Size/style] + [Color]。例如，Tatonka Essentials Women's Fleece Pullover　Sharon Lady　Size 8 US Black。

④ 商品品牌要求。服装鞋帽类的卖家出售无品牌的商品，必须将 Brand Name 写为"店铺名"，标题首位也要写"店铺名"。如果没有把卖家名称注册为自有品牌，请不要将其作为商品品牌。如果商品的制造商名称没有注册为自有品牌，不能将其作为品牌。注意，必须取得品牌授权或销售许可证明，才能销售（或跟卖）有品牌的商品；在未取得相关版权的情况下，不能使用名人肖像，不能出现卡通形象、品牌 Logo 或文字等。若构成品牌侵权，账户将受到极大影响，甚至会遭到查封。

⑤ 商品信息描述要求。商品信息描述会被作为搜索引擎关键字，其关系到商品被搜索到的概率。描述分为短描述（Bullet Point）和长描述（Description）。

短描述 5 行，每行至少可以写一个关键字，不同关键字之间用空格隔开，主要写商品特征，首字母要大写，结尾不要写任何标点符号；长描述里面可以多写一些信息，如果想分行显示在前台页面，可以在每行后面添加一个
，还可以添加一些简单的标签如<b>、<i>、<u>，除此之外的标签不可以添加。不能出现折扣、赠品、服务承诺等信息。

⑥ 商品图片要求：主图必须为纯白色，图片的 RGB 数值为 255/255/255，不能电脑绘图；商品必须占据图片面积的 85%以上，图片中不能包含 Logo 和水印；主图中不能包含非售商品，仅展示所售产品，不能有包装，也不能有多角度展示图；附图建议多角度展示商品，背景可以为其他颜色，不过建议尽量采用白色；图片长边不能低于 500px 或高于 2100px，建议图片大于 1000px×1000px，以便进行缩放。

此外，图片格式推荐 JPEG 格式，上传速度快；对于有变体的商品，父子商品都要有主图；图片不能与商品名称、颜色不符；图片必须无边框（白色封面图书添加灰色边框）。亚马逊的图片示例如图 5-13 所示。

图 5-13　亚马逊的图片示例

⑦ 变体商品指的是同一款商品，有不同版本、颜色或者尺寸，如珠宝首饰类商品有不同的圈口尺寸、金属种类等。在这种情况下每种颜色或者尺寸都需要有一张主图，需创建具有变体关系的父子商品。

父商品是虚拟商品，是一系列商品集合的名称，子商品则是具有变体特性的实际商品，每个子商品都需要有一张主图。创建了商品的父子关系，可帮助卖家找到所查看商品的不同版本。

首先，在商品的 Vital Info 或者 More Details 标签下找到 Variation Theme；在 Variation Theme

中选择变体主题，如尺寸、颜色、尺寸+颜色的组合。

　　然后，选择变化主题，点击"Variations"标签进入增加尺寸、颜色的页面；在 Size、Color 空格中添加尺寸、颜色；点击"Add variations"按钮创建变体主题的组合。变体产品的编辑页面 1 如图 5-14 所示。

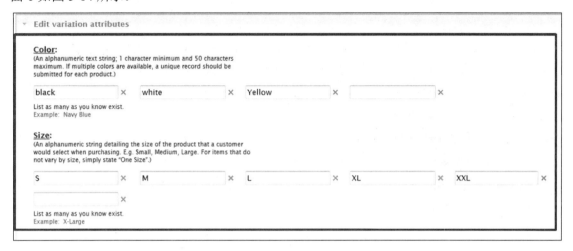

图 5-14　变体产品的编辑页面 1

　　接着，在 Variation Matrix 中会出现不同的尺寸+颜色的组合，在每个组合后面填写 Seller SKU、UPC or EAN、Condition Note、Your Price（价格）、Sale Price（促销价格）、Sale start date（促销开始日期）、Sale end date（促销结束日期）、Quantity（数量），如图 5-15 所示。

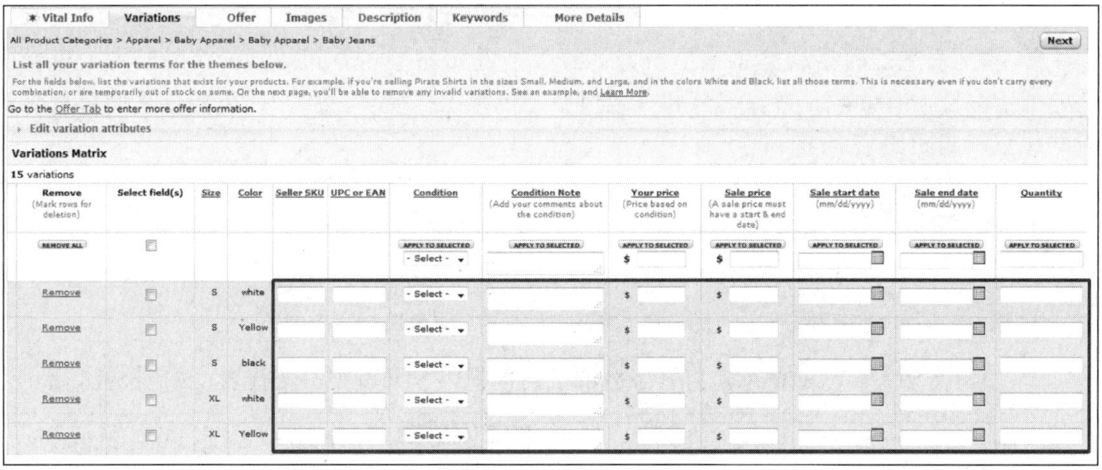

图 5-15　变体产品的编辑页面 2

　　最后，当所有商品的必填项信息都填好后，点击"Save and finish"按钮保存商品。返回 Manage Inventory 页面，多属性商品创建成功后该商品左侧有一个">"按钮，点击">"可以展开并查看该商品类目下的其他子商品。

　　⑧ 上传自查：添加成功后在 Manage Inventory 页面出现该商品。上传完所有 SKU 后，点击"Active"按钮，自查一遍所有 SKU。SKU 如出现下面的问题，请立即修改。

　　a. 图片显示有问题，可能是图片的质量、大小等有问题，需要检查主图并重新上传主图。

　　b. 出现禁止显示（Suppressed），需点开 edit，修改三角叹号提示处。

　　c. 质量警告（Quality Alerts）需点开 edit，修改叹号提示处。

亚马逊商品上传　　　　　　　　　　　　　亚马逊单个商品上传

（4）批量上传商品

① 下载库存模板。卖家平台—库存—批量上传商品—下载模板（找到自己的类目），点击"Download Classification Summary"下载分类树指南，点击"Standard"按钮下载批量上传模板。可以对卖家后台的商品实现批量管理，包括新增商品信息的上传、现有商品信息的更新和删除等，如图5-16所示。

图5-16　批量上传的模板下载

② 找到合适的商品品类item Type，即分类节点item Type，可以找两个叶节点，查看所需的节点编号、有效值。节点编号和有效值会在批量上传文件中用到，需要将它们填写至对应的位置，如图5-17所示。

图5-17　商品品类分类节点编辑

③ 填写文档中要求的信息。打开下载的上传模板，里面有很多工作表，如图5-18所示。

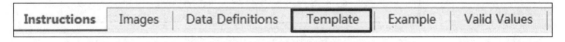

图5-18　上传模板中的工作表

其中，Instructions是简介，Images是图片要求，Data Definitions是对整个批量上传模板各个字段的解释，Template是商品数据填写表格，Example是例子，Valid Values是某些字段要填写的正规值（下拉菜单值）。

先进入Data Definitions，查看各个字段的解释及该字段是否为必填项（Required和Desired为必填，其他为选填）。

再进入Template，按照Data Definitions的要求填写必填信息，每行一个商品，如图5-19所示。

	A	B	C	D	E	F	G	H	I	J	K
1	TemplateType=Cl	Version=2012.02	This row for Amazon.com use only. Do not modify or delete.								
2	sku	product-name	product-id	product-id-type	brand	product-description	bullet-point1	bullet-point2	bullet-point3	bullet-point4	bullet-point5
3	sku	product-name	product-id	product-id-type	brand	product-description	bullet-point1	bullet-point2	bullet-point3	bullet-point4	bullet-point5

图 5-19 在批量上传模板中填写商品信息

如前所述，信息尽可能填写完整，其中有些信息是必填的：SKU（卖家为自己的每个商品编写的一个字母或数字组合的编号，不能重复）、商品编码（如 UPC、EAN、ISBN）、商品名称、品牌、商品描述、分类节点、商品类型、库存信息（价格、数量、新旧程度）、主图 URL 链接（若主图符合要求，并已经上传到了一个网络空间，就形成了一个有效链接）。

④ 变体商品的填写。在批量上传模板中创建父子类关系主要用到以下字段：SKU、product-name、parent-child、parent-sku、relationship-type、variation-theme、color、size。图 5-20 中框选的 4 个字段标识了商品之间的父子关系定义。

SKU	product-name	parent-child	parent-sku	relationship-type	variation-theme	color	color-map	size	size-map
101-P	MyBrand Women's Fleece Pullover Sharon Lady	Parent			SizeColor				
101SB	MyBrand Women's Fleece Pullover Sharon Lady Size Small Black	Child	101-P	Variation	SizeColor	Black	Black	Small	Small
101MB	MyBrand Women's Fleece Pullover Sharon Lady Size Medium Black	Child	101-P	Variation	SizeColor	Black	Black	Medium	Medium
101LB	MyBrand Women's Fleece Pullover Sharon Lady Size Large Black	Child	101-P	Variation	SizeColor	Black	Black	Large	Large
101SR	MvBrand Women's Fleece Pullover Sharon Ladv Size Small Red	Child	101-P	Variation	SizeColor	Red	Red	Small	Small

图 5-20 在批量上传模板中填写变体商品信息

图中的 SKU“101-P”是父商品：Title 要体现出该商品是父商品（不能出现颜色、尺寸等内容），命名规则为[Brand]+[department/target audience]+ [product name/style]; parent-child（父子商品）字段要填写“Parent”来定义该商品为父商品；parent-sku（父商品 SKU）字段为空；relationship-type（关系类别）字段为空；variation-theme（变体类型）字段是来定义这一组商品是按照什么来进行变体的，该字段可以选择为 Size、Color 和 SizeColor，此例中选择“SizeColor”意思就是这组商品将有尺寸、颜色不同的子商品；父商品的尺寸、颜色等字段为空，因为父商品只是一个集合，是虚拟商品，不可售，无真实尺寸、颜色；父商品不能填写价格和数量信息，但父商品必须有一个主图。

图中的 SKU“101SB, 101MB, 101LB”等都是子商品：SKU 要跟父商品 SKU 类似；Title 要体现出该商品是子商品，必须填写尺寸、颜色的内容，命名规则为[Brand]+ [department/target audience]+[product name]+[size]+[color]; parent-child（父子商品） 字段填写“Child”来定义该商品为子商品；parent-sku（父商品 SKU）字段不能为空，要填写该商品的父商品的 SKU，此处为“101-P”; relationship-type（关系类别）字段不能为空，要填写文字“Variation”。variation-theme（变体类型） 字段应跟父商品一样，即“SizeColor”；子商品的尺寸、颜色等字段要填写，同样的尺寸、颜色组合不能重复出现；子商品必须填写价格和数量信息；每个子商品必须有一个主图，并且要和商品的尺寸、颜色保持一致。

⑤ 保存上传。填写好库存模板后，确认所有必填信息都正确添加，并且 UPC 和 SKU 没有重复，然后将其保存成文本文件（制表符分隔）(*.txt）格式。接着检查文件，上传。等待一段时间后，点击“刷新”按钮，在“完成”状态查看右方的“处理报告”。

⑥ 修改与更新。如果有错误，处理报告中会提示详细的错误信息（error message)，包括 SKU、错误代码、错误原因等，查明原因后修改模板中的数据，保存为文本文件后，再次上传即可。

常见的错误主要包括必填项为空，如 SKUxxx,Missing Attributes...,A value is required for the “itemtype” field; UPC 已经使用，如 SKUxxx, ASINxxx,(‘item_name’ Merchant: ‘xxxxxx’/ Amazon:

'Generic xxxxxx', The product_id provided with xxx corresponds to ASIN xx；图片 URL 不能下载，如 Image URL invalid；正规值字段填写错误，如 SKUxxx product type field contains invalid value…。

亚马逊批量商品上传

亚马逊已有商品上传

4．Wish 产品发布

Wish 产品上传有 3 种方式：手动、产品 CVS 文件、ERP（或称为 API）上传，如图 5-21 所示。

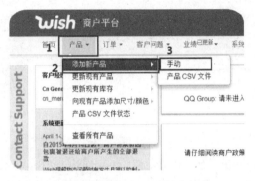

图 5-21　Wish 商户产品上传界面

（1）手动上传产品

手动上传时，要填写基本信息、产品图片信息、库存和运送信息、颜色、尺码、产品变量、等内容。

① 首先是基本信息，包含了产品名称（Product Name）、产品描述（Product Description）、产品标签（Tags）、产品编号（Unique Id）。

产品名称就是产品标题，要简洁明了，切勿冗长，因为 Wish 是移动端平台，太长会导致用户在手机端看不到。名称一般遵循这样的规则：主品牌+子品牌、系列或产品名称+最多 3 个关键属性+通用产品类型。注意不能出现 fake、replica 这类词，也不能出现 best price、cheap、baby stroller 等内容。

产品描述介绍产品特点和卖点，在 4000 个字符之内，而且只有前 150 个字符会显示在初始搜索页面上。详情描述中不要包含 HTML 代码，否则将导致文件出问题。

产品标签非常重要，涉及 Wish 流量分配。标签是分配给源文件中每个产品的关键词，在浏览和搜索中都会用到，可以在这里输入最多 10 个标签，标签之间用逗号分隔，平台会为每个产品选取最多 5 个标签添加到源文件中，添加标签越多，用户找到产品的概率就越高。不要重复，而且不要出现清仓等标签，如 "clearance item"。Fashion、women's fashion、jewelry、women、dress、men、necklace 等都是 Wish 平台上热门的标签。

产品编号是区别其他产品的编号，相当于其他平台的 SKU，Wish 根据这个号识别、跟踪产品情况，可以是字母或数字或两者的组合。

② 其次是产品图片信息，包括主图和附图。

主图上传的图像应为高质量图，尺寸至少为 800px×800px 的图片。附加产品图片最多可以添加 6 张，一般建议插入 3～5 张图片，基本要求与主图要求一致。

③ 库存和运送信息，包含价格、库存、运费、利润和送货时间。

价格（Price）应注意的是 Wish 是不会显示小数点之后的位数的，只会显示整数，例如填 0.5，系统就会自动变为 1。同时，价格不能是两个价格相加的表述，比如$39.99+S/H。

库存（Quantity），可以填写产品库存，最大可填"1200"，如果产品量充足的话，数值可以写大点，这样就不会一直提示没有库存。

运费（Shipping），Wish 是不支持免运费的，如果将运费设置成 0 美元，Wish 会自动加到 0.99 美元。

利润是 Wish 官方自动结合产品卖价和运费，然后减去 15%的佣金得到的利润。

送货时间（Shipping Time）建议选择 10～15 天。太长的送货时间会让客户离开，但是承诺很短的送货时间却不能送到，会直接影响店铺的权重。

④ 各类设置内容，包含颜色设置、尺码设置、产品变量设置等。

颜色尽可能按照平台给出的颜色来选择设置，因为这是平台认为消费者能理解的颜色，产品由多种颜色组成，可选择"Multicolor"。对于没有的颜色，可以自行添加。

尺码是重点，尺码设置要和 Wish 官方尺码一样，否则会因为尺码问题出现退款或者退货。一旦出现这种情况，Wish 就会直接扣钱，扣 50%的退款金额。

产品变量是指控制产品的品牌和市场价等，主要有 MSRP、Brand、UPC、Landing Page URL、自动退款时间和摘要。MSRP 指的是制造商建议零售价，有点类似在国内天猫平台上的专柜价格的含义，建议填写的价格比实际产品的卖价高，因为这个价格将在正常价格上方显示为带删除线的价格，相当于是折扣产品，对顾客更有吸引力。品牌（Brand）填写产品所属的品牌或制造商。UPC 是 12 位数字通用产品代码，不能包含字母或其他字符，是用于跟踪店内商品和销售时扫描产品的条形码符号。登录页链接不能是以 https://开头的 URL。自动退款所需要的时间即天数，一旦选择好天数，所有订单在这个时间段内就必须履行完毕，否则会自动退款。

以上信息在新产品上传的时候填写，如果填写错误或者有更改，可以在卖家后台更新价格和运费。然后点击下方的"update"进行更新，成功后有系统提示。需要注意的是，图片上方有沙漏标志说明该产品正在被审核。产品审核是系统审核+人工审核，所以产品通过审核的时间不定，最长可为 3 个月。

（2）CSV 方式上传产品

① 创建 csv 表格。下载 Wish 模板，可以用 Microsoft Excel 或 Google Drive 表格等方式自行创建 CSV 文件。本质上，CSV 文件是一张每个单元格均有对应属性的电子表格。Wish 会有一个模板以供参考。在表格首行列出了一些可能需要的产品属性，带有星号（*）的都是必填项，其余的可选择性填写。针对不同的类目，可能模板中存在多余的属性，此时可将该属性从表格中删除。比如，如果添加了一个女式钱包，不需要"尺寸"这一项属性，那么可将"尺寸"属性从该电子表格中删除。

② 接着填写表格中的信息。如果第一次使用，可以先尝试上传 10～20 个少量产品。如果产品具有颜色、尺码等多个属性，初始可控制在 10 个产品左右。

③ 保存为 CSV 文件。完成信息填写后，存为 CSV 文件。先点击"文件—另存为"，然后选择"逗号分隔值（.csv）"。若是 Google Drive 表格，则点击"文件—下载为—逗号分隔值（.csv）"。

④ 上传表格及映射属性。在商户后台登录，点击"产品—添加新产品—产品 CSV 文件"，将跳转至 merchant.wish.com/feed-upload，选择 CSV 文件后点击上传。系统会开始映射，根据上传的表格首行的属性名称与系统属性名称进行匹配（映射）。可在页面左侧查看哪些属性已经完成映射，然后点击"继续"。在完成所有所需字段的映射后，该按钮将由蓝变灰，从而可被点击。

⑤ 上传确认及上传状态。产品完成上传时卖家将收到即时确认信息。产品录入会在 24 小时内完成。卖家可以检查产品录入状态，点击蓝色按钮"查阅录入状态页面"，也可通过点击"产品—产品 CSV 文件状态"找到该页面，然后选择"查阅报告"检查产品上传状态。

（3）ERP 上传（API 文件上传）

Wish 也会向一些第三方开放接口，实现 API 上传。这时，卖家首先需要在 Wish 后台进行设置，在"账户—设置—API 设置"中选择对接一个 ERP 系统，卖家事先应拥有该 ERP 系统的私人账户。然后在店铺已登录的状态下，进入第三方 ERP 系统，添加授权。如果要想取消授权的话，点击弹窗上的"取消"按钮，则授权中止。

Wish 商品上传

第二节　店铺诊断与优化

1．速卖通店铺管理

速卖通的店铺管理或营销活动都以店铺数据为基础，因此首先看店铺整体情况，再检查各个单品的数据分析，并进行优化。

（1）店铺整体状况诊断

① 90 天类目清退考核。

速卖通每隔 3 个月对店铺考核一次（因此也叫 90 天类目清退考核），考核 2 个指标，如果类目 90 天 DSR 商品描述平均分<4.3，或者类目 90 天货不对版纠纷率≥5%，会被关闭该类目经营的权限。

DSR 评分：买家在订单交易结束后，以匿名方式对卖家在交易中提供的商品描述的准确性（Itemas described）、服务态度即沟通质量及回应速度（Communication）、发货速度即物品运送时间合理性（Shipping speed）3 个方面服务做出评价，是买家对卖家的单向评分。每月末评定一次，下月 3 号前在后台更新。这个评分过低，会导致整体店铺每日服务得分降低，从而导致流量低迷，被限制各类活动和推广，甚至有类目清退的风险。

货不对版：指的是买家收到的商品与达成交易时卖家对商品的描述或承诺在类别、参数、材质、规格等方面不相符。具体可分为一般货不对版和严重货不对版。严重"货不对版"行为包括但不限于以下情况：寄送空包裹给买家，电子存储类设备的产品容量与产品描述或承诺严重不符，电脑类产品硬件的产品配置与产品描述或承诺严重不符，订单产品和寄送产品非同类商品且价值相差巨大。根据速卖通最新政策，"货不对版"会被给予处罚。

② 店铺经营状况分析——每日服务分。

为了更加突出速卖通平台店铺类目的商品质量和服务能力，2016 年 1 月起速卖通就正式提出了对卖家店铺进行分类目服务分考核。具体包括优秀、良好、及格和不及格 4 等。

这个分数越高，对搜索排序越有利，不同等级的卖家在橱窗推荐数量、搜索排序曝光、提前放款、平台活动、店铺活动等方面享有不同的资源。店铺经理还能根据卖家服务表现来挑选出中国金、银牌卖家，并给予一对一的帮扶政策和其他一些在平台的优先权。速卖通不同月服务等级的享受资源，如表 5-1 所示。

表 5-1　速卖通不同月服务等级的享受资源

考核内容	不及格	及格	良好	优秀
定义描述	上月每日服务分均值小于 60 分	上月每日服务分均值大于或等于 60 分且小于 80 分	上月每日服务分均值大于或等于 80 分且小于 90 分	上月每日服务分均值大于或等于 90 分
橱窗推荐数	无	无	1 个	3 个
平台活动权利	不允许参加	正常参加	正常参加	优先参加
直通车权益	无特权	无特权	开户金额返利 15%，充值金额返利 5%（需至直通车后台报名）	开户金额返利 20%，充值金额返利 10%（需至直通车后台报名）
营销邮件数据量	0	500 封	1000 封	2000 封

卖家在后台登录后，都会给予提示，如图 5-22 所示。

图 5-22　速卖通卖家后台月服务等级提示

因此，对于卖家运营人员来说，分数达 90 以上（优秀）才是目标。在查看各项数据时，如果单项数值高于同行平均值，显示为绿色数字；如果低于平均值一般显示为橙色数字；如果是负分，则给予红色警示，如图 5-23 所示。

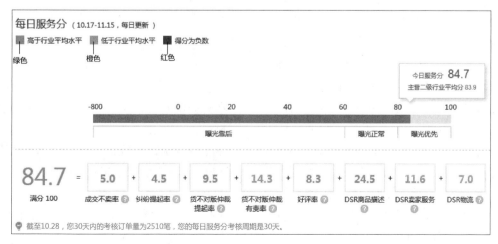

图 5-23　速卖通卖家后台每日服务及分项数据

93

当然，对于为了给新卖家成长的机会，在过去 90 天内考核订单量<60 笔的，不考核服务分；对于过去 30 天考核订单≥60 笔且开店时间≥180 天的，会由 90 天考核缩短为 30 天考核，来鼓励卖家快速走出不良订单的影响。

因此在店铺诊断中，如果 90 天类目清退考核是诊断目前店铺是否还有资格经营的指标，那么每日服务分则是诊断店铺在未来可能会得到的资源及预期的指标。要提升每日服务分等级，卖家需要在店铺后台认真查看所有商品的服务指标，并着重查看服务表现较差的商品及所有商品的纠纷原因。

③ 店铺运营数据诊断。

即时查看当天（美国太平洋时间）主营行业实时交易额排名、店铺流量和销量数据（包括曝光量、浏览量、访客数、订单数、转化率、成交金额等）及上周同比数据，及时了解店铺流量变化，判断是否要进行商品优化、营销活动调整等，比如在流量集中的时段调整客服工作时间及直通车投放时间。

通过店铺数据 30 天趋势（支付金额、访客、曝光、购买率）诊断店铺销售稳中有升还是持续下降；通过分析成交概况掌握当前店铺的排名情况，还可以查看每天的曝光量、浏览量、访客数、订单数、成交订单数、成交转化率、成交金额的当日数据和周同比数据；通过成交分布（全店、App、非 App 成交数据）可以分 1 天、7 天、30 天和自然日、周、月统计，进行全店铺与无线成交数据分析比较，明确店铺提升点在哪里；通过最近 7 天的 GMV 数据，诊断店铺主要买家来源（包括国家、平台、行业、商品、价格带、新老买家和 90 天回头购买）；最后借助卖家后台的数据纵横，还可以诊断浏览量与购买率等趋势变化与哪些因素有关，比如店铺装修对于浏览量和购买率的影响，从而判断某次装修的效果。

这些数据可以每天查看，下载每天的原始数据，借助 Excel 进行进一步的系统分析。

④ 店铺流量来源诊断。

了解清楚自己店铺的流量来源非常重要。首先是访客地域分布。可以查看所选时间段内，访问卖家商铺的买家地域分布，并根据目标买家的国家选择适合销售的产品，设定合理的物流方式；其次还可以分析国家、平台流量、交易趋势，作为国家特色化运营的参考；重点查看本店最近某 1 天、最近 7 天、最新 30 天的流量来源渠道，了解本店流量来源分布，对于带来流量较少的渠道可做针对性优化和加强，从而减少客户直接退出本店的比例，这些数据同样可以下载，整理成系统性文档进一步深入分析；最后还可以深入查看详细来源数据及 URL 地址，这些数据和分析对于下一步的营销非常重要。

（2）商品经营状况诊断

① 商品分析。

商品分析是指通过对搜索曝光量、平均停留时长、下单订单数、支付金额、加入购物车人数等各项指标进行对比分析，找出店铺商品的缺陷，给出解决方案，帮助卖家更好地进行商品数据分析。商品分析可以从国家维度查看数据，可通过商品数据筛选与分析。点击展开数据，可以看到数据对比图，主要有两项：一是商品效果排行，二是商品来源分析。

商品效果排行中可以看到所有商品的情况。点击单个商品，可以得到单个商品的曝光量、浏览量、搜索点击率、成交转化率等多维度数据，可以与同行进行对比来诊断自身的不足之处，还可以导出数据并进行进一步的系统分析。

商品来源分析可查看各渠道明细数据，点击趋势小图标可查看该渠道最近 7 天、最近 30 天的去向趋势详情及各去向流量占比。

② 实时商品分析。

实时商品分析，根据不同指标进行更完善的搜索，比如不同国家的商品支付金额。

实时访客可以查看访客的 ID，访客类型是新用户还是老用户，访客行为是根据访客浏览时间的长短和详细程度来判断的。

通过这些数据可以及时了解店铺的流量变化，判断优化商品信息、调整营销活动等带来的直接效果，掌握规律，不断优化和提升，比如在流量集中的时段调整客服工作时间及直通车投放时间。

【Tips】分析指标：UV（网站独立访客）、PV（页面浏览量或点击量）、PV/UV（平均访问深度）、店铺成交转化率（成交用户数/总访客数）、单品转化率（单品下单用户数/访客数）、PV点击率［浏览量（点击量）占曝光量（流量）的百分比］。

（3）通过优化提升流量和转化率

在店铺诊断和商品分析的基础上，要进行各类优化，最终为提高转化率而服务。在优化之前，首先要了解规则，包含平台的流量分配规则、搜索结果排名规则和转化率影响因素。在此基础上，可以进行各类优化，包含产品结构优化、关键词优化、标题优化、详情页优化、视觉图片优化等。

速卖通运营之诊断

① 速卖通流量分配规则。

速卖通在 PC 端流量分配会与很多因素有关，平台会对每个店铺进行综合评分，分数范围是（-100，+100），作为流量分配的参考。这个综合评价分与以下因素有关：

产品关键词搜索匹配（-100，+10），如果类目不匹配，分数为-100，还会评价标题关键词、页面关键词、属性和详情页等匹配情况，然后给分。

市场表现力（-100，+35），这个分数与点击转化率、访问深度、访问时间、收藏量、购物车数、浏览下单转化率、总订单数、总销售额、7 天同期订单数增长率、7 天同期销售额增长率、好评率、退款率、纠纷率有关，最近 30 天销量、无线端成交量也影响分数。

【Tips】对于平台而言，自然希望推荐的产品可以为平台带来更多的收入，也就是佣金。平台佣金收入=曝光量×点击率×转化率×单价×8%，因此曝光创佣值越高，相应产品排名也就越靠前。而点击率、转化率、客单价，这三者取决于产品自身的吸引力，客户到底喜欢什么样的产品，品种及款式差异化也会影响流量，所以选品是重中之重。

店铺服务能力（-100，+30），涉及指标是每日服务分、每月服务分、发货速度、店铺好评率、店铺纠纷率、店铺 DSR 评分，货不对版纠纷率低于规定指标一半时才可以，这也成为"中国好卖家"的要求之一（店铺成为"中国好卖家"可以为店铺运营提供诸多便利），店铺的服务等级必须保持良好以上。

【Tips】好评率如何产生？系统会自动扣除买家评价中前 3～5 个好评，平台默认产品第 6 个好评为产品的第一个好评，这就是卖家有些产品出了一两单之后就不再出单的原因所在。所以产品至少有 10 个评价，产品排名才能稳定下来；3 项 DSR 中产品评分需要大于 4.8，只有这样，产品才有可能得到最有效的展示。

店铺资源利用（0，+20），考核橱窗、特殊标识、平台活动等资源的利用情况。

账号活跃度（-100，+5），鼓励卖家持续运营，如果 3～7 天以上没有管理账号，曝光一定会减少。持续上新、产品动销率、账号登录、旺旺在线时长、订单处理、店铺活动资源利用率、产品到期更新、回复站内信速度、订单留言回复速度等都可以体现店铺活力。

反作弊（-100，+5），不能轻易改价格。

尽管公式中的两个 SKU 数在速卖通规则中没有明确之处，但实际上影响也很大。

$$动销率=出单的产品 SKU 数/店铺内总体产品 SKU 数$$

分数越高，流量分配越多。

物流因素：因为物流会影响到许多方面，比如发货速度、好评率等，所以要得到更多流量，物流需要做好。比如做海外仓的卖家，平台会给予更好的排名，从而带来更多流量，转化率较高，缩短新品好评时间，建议卖家可先开通海外仓，找诸如第三方的物流商，先把海外仓的服务开通，对于提高发货效率也十分重要。

此外，知名品牌和新品会有优势，如果产品在国内电商平台比较出名，在入驻时，可享受特权，直接升级为金牌卖家；对于新品招商，卖家也可积极参加，推动产品排名。

② 速卖通搜索排序规则。

速卖通搜索的整体目标是帮助买家快速找到想要的商品并产生比较好的采购交易体验，而搜索排名的目标就是要将最好的商品、服务能力最好的卖家优先推荐给买家。所以，能带给买家最好的采购体验的卖家，其商品的排序就会靠前，如图 5-24 所示。

搜索的排序规则由相关性得分+商业得分综合计算得出。

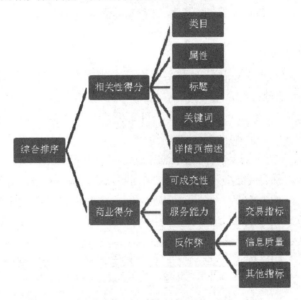

图 5-24　速卖通搜索排序规则

相关性得分，指的是当搜索关键词的所有单词可以在产品的标题、系统提供的标准属性和关键词中找齐时，产品就会进入搜索结果。相关性是搜索引擎技术里面一套非常复杂的算法，简单地说，就是判断卖家的商品在买家输入关键词搜索与浏览类目时，与买家实际需求的相关程度。相关程度越高的商品，排名越靠前。相关性五重匹配包括类目、属性、标题、关键词、详情页描述，这可以称之为五码合一。系统会结合两点（产品所在类目与搜索词的关系远近、产品的标题在语义上与搜索词的相关性高低），计算出一个相关性得分。

商业得分主要参考 3 个方面，可成交性（系统会结合产品和卖家等多方面信息预测产品未来的可成交性）、服务能力（平台对产品和卖家在服务类指标上的表现有硬性要求）、反作弊（平台会对作弊的产品和卖家有较大力度的处罚）。

作弊（如重复铺货、类目错放等）会直接降到排序最后，甚至被屏蔽。与搜索排序因素有关的违规行为类型有类目错放、属性错放、标题堆砌、黑五类商品错放（订单链接、运费补差价链接、赠品、定金、新品预告 5 类特殊商品没有按照规定放置到指定的特殊发布类目中）、重复铺货、广告商品、描述不符、计量单位作弊、商品超低价、运费不符、SKU 作弊、更换商品、标题类目不符。

三者的重要性同等重要。可成交性是模型的基础，得分越高，排名越高；交易量低的卖家和产品，服务再好，排名也上不去，反过来服务不够好的卖家和产品，交易量再高，排名也会被降下去；作弊对产品和卖家的影响也很大，特别是发生重复铺货、类目错放之类严重作弊的产品，会直接降到排序最后，甚至被屏蔽，对整个店铺产品的排序也会有影响。

一般情况下，商业得分比相关性得分重要，相关性得分是基础，没有相关性得分，商业得分再高也没用。但是在相关性得分差距不大的基础上，商业得分的影响更大。而在商业得分中，可成交率比重很大，可成交率最终与转化率有关。

流量分配与搜索排序在某种意义上是一体的，因为只有搜索排序在前，曝光量才更多，流量才更大，不过流量不仅仅来自搜索结果页面中，因此本书将两个规则分开来介绍，读者在操作实践时需要将两者统一起来考虑。

③ 速卖通转化率影响因素。

提高转化率是每个卖家的终极目标。因为只有转化，才真正有交易，才真正有收入和利润，否则再多的流量也没用。

有流量、搜索结果排序靠前，这些都是因为转化率会使中小卖家有流量和效率，也会使大卖家流量越多越赔钱。影响转化率的因素有很多，但简单来说，在现阶段的速卖通中影响转化率的因素如图 5-25 所示。

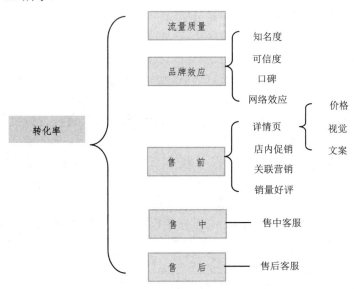

图 5-25　在速卖通中影响转化率的因素

首先是流量质量，比如是否能成为平台的金牌卖家、银牌卖家会影响流量质量，而产品的线上线下知名度、可信度、口碑、网络效应都会影响消费者的购买决策。

在售前阶段，图片是吸引消费者关注的重要因素（过于好看或者过于不好看的图都不合适）；文案也是打动消费者将产品添加到购物车的重要因素，因此文案要直白地进行有效描述、图文结合、与众不同；评价也是影响消费者购买的重要因素；而限时限量、全店铺打折、优惠券、满立减的店内促销可以刺激消费者最终交易；而非常显眼的关联营销可以提高客单价。

描述和评价再好，也需要物流履行售中、售后服务，否则会影响好评率，从而影响下一个阶段的转化率。还有一些其他因素也会影响转化率，比如客户的购物习惯和购物时间、包装精美的产品等也会增加订单。

④ 关键词优化。

首先关键词可以分为顶级、二级、长尾关键词等几类。

顶级关键词（标题中的核心关键词）一般由两三个字组成，如"手机""电脑""男装""女装""连衣裙"等，顶级关键词的搜索量非常大，同样竞争度也非常大，新手很难通过顶级关键词获得稳定的流量。

速卖通运营之规则

二级关键词一般由四五个字组成，如"苹果手机""IBM 电脑""商务男装""韩版女装""日式连衣裙"等，二级关键词的搜索量比较大，竞争度也比较大。

长尾关键词一般由 5 个字或者更多关键词组成，如"苹果手机第四代黑色""IBM X480 二手电脑""杰克琼斯商务男风衣""日式 碎花 莫代尔 长 连衣裙"等。长尾关键词精准度高，竞争度不大，不过搜索量也不会很大，一般很难用长尾关键词打造爆款产品，此外长尾关键词要尽可能多用。

店铺在不同时间应该采取不同的关键词策略，开店初期多做长尾关键词，有一定的基础后，可以多采用长尾关键词+二级关键词，到店铺成熟稳定期，可以做长尾关键词+二级关键词+顶级关键词。

其次，关键词的来源渠道有很多，主要包括以下几方面。

a．从产品本身挖掘词语。比如服装的材料、花纹、领子、袖子、明星款等。

b．从平台找出买家热搜词（客户需求角度）、卖家热销词（竞争对手角度）。进入 TOP 热搜产品词、TOP 热销产品词，可以看到所有的热搜词和热销词，下载最近 30 天的数据形成一个 Excel 词表（将目标市场国家作为分类标准）。

c．直通车里的系统推荐词、搜索相关词（但有些词相关性较差应谨慎使用）。

d．搜索来源词，这是最精准的关键词，可以在卖家后台数据纵横的商品分析的来源图中找到；找到目的地国家的常用热搜词（2017 年开始，速卖通精做国家站，因此不同语言版本的热搜词会很重要）。

e．首页搜索下拉框的关键词（可以采用一些爬虫工具）。

f．首页搜索框下方的"Related Searches"搜索相关词，如图 5-26 所示。

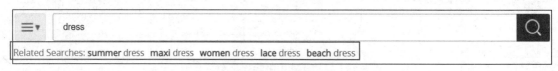

图 5-26　搜索框下方的相关搜索

g．在某一个产品的页面的最下方，有大量与该产品相关的长尾关键词，其质量非常高，如图 5-27 所示。

h．速卖通首页和类目页面的源代码中的关键词（源代码中的 meta 标签），这是平台收录的关键词，单击鼠标右键—查看源代码—查找"keywords"。

i．Google 关键词分析工具（如 keyword discover/ keyword spy）、eBay 等外国电商网站、海外论坛等。

```
Dresses Products Related Searches:

pink sundress                         dresses women                        2018 summer tops for women
2018 kitness                          yellow summer dress                  dress white
2018 dress summer                     white dress beach                    unly womens top

Wholesale Dresses:

Wholesale 2128 dress                  Wholesale backelss summer dress      Wholesale women summered dress
Wholesale dress white                 Wholesale women dress 0113           Wholesale dress beach
Wholesale dress party uniformal       Wholesale tank top                   Wholesale beach bobee

Dresses Price:

floral dress summer Price             floral dres summer Price             2018 kitness Price
2018 summer beach dresses Price       pink sundress Price                  dress for beach 2017 Price
yellow summer dress Price             tops party Price                     tank top sundresses Price

Dresses Promotion:

2018 woman summer Promotion           women's yellow dress Promotion       white dress floral Promotion
dress floral 2018 Promotion           white dress party Promotion          women tops party Promotion
elegant dres Promotion                women chiffon dress Promotion        top party dresses Promotion
```

图 5-27　产品页面最下方的长尾关键词

接着，将以上各渠道的关键词全部定期整理出来，进行数据分析。分析方法有关键词市场数据分析、关联关键词分析、关键词地域分析、关键词流量透析、关键词竞争透析等。

最后，要避免一些误区，比如认为热词就是好词（对于新卖家来说，这些词很难带来转化率的提高）；标题的关键词写得越多越好（要有相关性和匹配性）；能带来流量的关键词要多用（流量不一定就是精准流量）。

⑤　标题优化。

首先，检查标题语法。是否为 128 个字符，标题过短不利于搜索覆盖，例如，如果你的商品是"running shoes"，标题为"summer dress"，用户搜索"beach dress"是搜不到该商品的；标题中同一个单词最好只用一次，这样就不会出现关键词堆砌的问题，而且根据搜索引擎的原理，同一单词重复使用对结果没有任何变化；核心词要尽量放在前面，在前 35 个字符中出现产品名；语法也要尽量简单，尽量不用符号分割；有些中介词不需要用，比如"and""&"这些词对于搜索结果没有任何影响；标题可视化效果要好，比如首字母统一大写，重要核心产品词甚至可以用"【 】"来突出。

其次，进行相关性诊断。标题中不要出现和实际产品属性无关的词，也就是要进行相关性检查。要注意两个相关：一是标题是否与类目属性中的关键词相关，二是标题是否与详情描述相关。

再者，诊断标题合理性，是否遵循了三段法（核心词汇+属性词+流量词）。核心词指影响排行和点击率的行业热门词，根据产品类目词到搜索词分析中找；属性词指影响排行和点击率的长度、颜色等属性，下载选品专家"TOP 热销属性"数据，按"成交指数"降序排列寻找属性词，另外还可以找一些很重要的特征词而不是系统属性的属性词；流量词是能带来流量的词，几乎所有产品都可以用的火爆流量词有时尚、热销、高品质、新产品、厂家直销、大促销、便宜等。属性词和产品核心词组合成尽可能多的、有效的且挨在一起的长尾关键词。

完全模仿大卖家使用的标题是不可以的，因为大卖家用的都是大词，他们使用可以排到前面去，可以获得流量，可是中小卖家使用就不会排到前面去，因为中小卖家的商业得分不够高，不能获得流量。因此中小卖家就需要一部分使用大卖家的标题，一部分使用有自己特色的标题（要用一些长尾词）。将核心词汇，也就是顶级热搜词，放到最前面，保证相关性；接下来放置属性词，依旧是为了相关性，为了让产品的标题描述尽量好、尽量完善，使买家最大可能地搜索到，同时买家通过类目也能找到；最后放置属于自己的流量词，大卖家可以放大词，而中小卖家可以放置长尾词及特别精准的中词、小词。这些词是真正能带来流量的词，买家通过这些词能真正搜索到产品。

最后，为不同产品设置不同标题。多个产品用同一个标题是不可取的，不过店铺产品多，为每一个产品都单独设置标题，工作量会很大，简化工作量的方法是同一品类保持核心词汇不变，变化属性词，不时替换流量词。

针对不同产品类型，标题设置略有不同。爆款设置策略：核心词汇+修饰词+属性词。因为爆款倾注了绝大部分人力、物力、财力，是需要和大卖家竞争的产品，所以要和大卖家一样用大词，因为只有大词才能带来足够多的流量。每周只有一人次搜索的词，排在搜索页面第一页的第一位也没有意义。但是如果是每周有 100 万人次搜索的词，那么即使排在搜索页面第一页的最后一行，也有不错的流量。引流款在店铺中的广告花费不如爆款多，是用于报名参加活动、拓展店铺流量来源的，因此引流款就是一个小爆款。设置引流款标题和设置爆款标题的思路一样，但其用词要相对少一点，可以用次级热搜词，而不用顶级热搜词，否则会把爆款的风头抢了，因此设置策略是核心词汇+修饰词+属性词+（次级热搜词）。店铺里的其他所有产品，就是利润款了，它们承担为店铺带来自然搜索流量的任务。由于卖家不会在它们身上投入大量人力、物力和财力，因此这些产品就使用最原始的设置标题的方式，即核心词汇+属性词+流量词。

【案例】在关键词优化中展示的一件产品，产品本身挖掘出来的属性词：黑色、米色、明星、高领、网纱、无袖、花纹、棉、蕾丝、紧身……，从数据纵横里挖掘出来的热搜词：女士品牌、性感、修身、个性、可爱、优雅、订婚、派对……，从搜索发现和联想出来的明星词：时尚、热销、高品质、新产品、厂家直销、促销、便宜、包邮……。

按照标题设置原理，可以这样设置：2017 Hot Selling Star Top Quality Women T-shirt Cotton Gauze Sleeveless High Collar Slim Sexy Lace Flower Brand Free Shipping。该标题里的营销词为 2017 Hot Selling、Star、Free Shipping；核心关键词为 Women T-shirt；属性词有 Top Quality、Cotton、Gauze、Sleeveless、High Collar、Slim Sexy、Lace Flower、Women Brand 等。

⑥ 详情页的优化。

除了前面提到详情页应该与标题、属性具有相关性指标，优质的详情页还包含视觉、文案、侧边栏、自主营销、关联营销、销量和好评、属性填写 7 个方面，如图 5-28 所示。而评判详情页优劣的指标有转化率、平均访问深度、平均页面停留时间、跳失率、客单价。

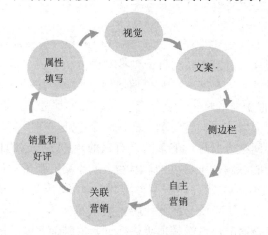

图 5-28　优质详情页组成部分

文案的力量是巨大的，美观的图片如果配合优秀的文案就让人容易产生购买的冲动。从理性上来说，文案是延长页面停留时间的最佳武器。因此只有将优秀的图片和文案结合到一起，才能更好地击中买家的内心，写文案时可以考虑以下几点。

a．直白有效的描述，所谓直白有效，不是自己认为直白有效，而是买家看了的感觉。b.图文结合，关键词要反复出现，卖点要变着花样出现，触动买家，打动买家。c.与众不同，需要寻找新的台词、新的角度来表达自己的优势、对手的劣势、自身产品的卖点等。

详情页的侧边栏在产品详情页的左侧，可以简单地理解为一个额外的产品信息模块，包含客服席位、新品和销售榜、二维码、多语言选择，也可以加上营业时间提醒。

产品详情页的许多内容都可以用图片展示，并保证其精美性，如店铺公告或者活动、产品的套餐销售、关联销售等。

产品的图片和文字说明也可以合在一起做成图，不同角度图的组合及细节图，以及测量方式和尺码表要展示清晰。

此外，卖家还可以用图将一些好评展示出来，店铺的物流、退换货政策也要清楚说明。

⑦　图的优化。

图会出现在很多地方，比如主图、附图、详情页图等。越来越多的消费者习惯在移动端购物，限于手机的屏幕，很多信息（比如详情页）都是暂时折叠的，此时 6 张主图会显得十分重要，因此要非常重视图片处理问题，以达到视觉营销的效果。在图的优化中，主要有两个方面需要注意。

a．详情页图片无线端适配问题。比如在 PC 端显示正常的图，在移动端会出现问题，如图 5-29 所示。

图 5-29　无线端的图片适配问题

解决方法：在代码中找一个整块的布局，修改 width，改成 100%或者不写。

同样，详情页中的表格也会如此。解决思路：Table 布局，width 写成 100%或者不写。关联营销图在 PC 端和移动端的显示也不同，解决思路是在代码中用 div 或者 Table 布局，固定 width 改成 100%或者不写。主图旁的字体如果在 PC 端选择固定其样式和大小，那么在移动端就不能自动适配了。解决思路：在编辑字体的时候，不要固定字体的样式和大小。总之，把固定的格式去掉，按照百分比或者去掉固定样式，使效果按照自适应的方式显示。

b．随着图的重要性增加，在店铺产品不断丰富的情况下，需要做好图片银行的管理。

与亚马逊的父子商品不同，速卖通平台上同一款产品，如果是不同颜色，可以采用不同的详情页，也可以用同一个详情页。不管哪种方式，在管理图片的时候，都需要将不同属性的产品图分开管理。

比如假设某一款 summer dress 产品，有红、黄、绿 3 种颜色。首先，可以建一个产品主 SKU 文件夹，命名为"SD018"，这个文件夹下放一些公用的图片；然后，在主 SKU 文件夹下建立该产品的子 SKU 文件夹，如 SD018R、SD018Y、SD018G，这些文件夹下放置与属性相关的图片；最后，主 SKU 和子 SKU 文件夹下面再建立主图、颜色图、详情页面图文件夹，主图 6 张，图片命名的时候就按照 1、2、3、4、5、6 命名，颜色图的命名方式，按照子 SKU 命名，如 SD018G。这样就可以形成一个图片管理架构，如图 5-30 所示。

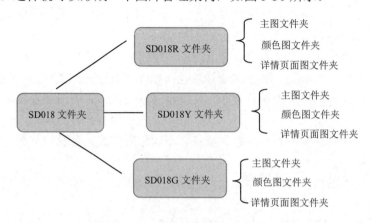

图 5-30　图片银行规范管理

在图片银行空间里，管理的方法与前面产品分组一致：产品公用的图片放在一个分组，建好子分组；店铺装修的图片放在一个分组里面，装修各个模板的图片则在装修分组中建立子分组。图片银行分组可以设置到 3 级分组，一级分组可以创建 50 个分组（多于 50 个产品，用 1、2、3 表示）。

除了以上的各类优化，卖家还可以认真对店铺进行装修（定期改变一些东西，这样一方面可以提高用户购买体验，另一方面店铺首页装修得高端、大气、有档次，也是成为"中国好卖家"的一个考虑因素）。

店铺首页装修包含基础模块（免费的、平台提供的）、图片店招、图片轮播（6 个）、商品推荐（5 个）、自定义内容区（6 个）。

（4）"中国好卖家"

速卖通会导入较多的流量给"中国好卖家"。比如直通车可以展示到首页（首页的直通车只有金牌店铺和银牌店铺的"中国好卖家"才可以）；获得平台某些活动的报名权利，比如"3•28大促"的主、分会场的活动；在搜索结果展示方面也有特权，按照搜索结果规则，一个结果页一般不出现同一店铺的多个产品，但好的金牌店铺和银牌店铺可以。

"中国好卖家"有金牌店铺和银牌店铺两类，仅采取平台邀约制，符合要求的卖家会收到邮件通知。金牌店铺和银牌店铺有较为严格的筛选标准。

① 2 个硬指标。

a．考核服务指标：包含过去 90 天的好评率、过去 90 天的货不对版纠纷率、3 项 DSR、当月及下月的服务等级。因此店铺的每日服务分长期维持在 90 分以上，店铺好评率为 95%以上，不能有侵权投诉和被关店的处罚。b．考核交易额：销售额超过 80%的卖家（只要有一个爆款就行）。

② 3 个软指标。

a．公司实力：包含资金实力（注册资本一般在 1000 万元以上），要有自有商标，以及自有或合作工厂。b．运营能力：包含运营团队人数，是否有自建或者使用 ERP 管理、海外仓发货等。c．店铺专业性：包含产品展示和装修专业性，以及产品是否符合速卖通平台及买家需求。

因此卖家要进行图的优化，如每个产品的主图统一样式，Logo 统一打上，每个产品的详情页要"高大上"，店铺首页装修也要"高档、大气、有品位"。

做到以上这些，6 个月后就能成为银牌店铺，再过 6 个月就可以升级为金牌店铺。

速卖通运营之优化

2．亚马逊店铺管理

在亚马逊运营管理中，首先需要了解亚马逊的算法，也就是知名的 A9 算法（目前已经升级到 A10 算法），在此基础上才能学会制作优质、完美的 listing。此外，亚马逊还要注意品牌备案和跟卖问题。

（1）A9 算法

A9 是一家被亚马逊收购的公司，它是一家研究商业搜索引擎的公司，所以借用了电话拨号键盘上的 A+9 的编排模式，为公司取名 A9.COM INC。A9 提供产品搜索排序、视觉搜索排序、云搜索排序、手机应用搜索排序、广告搜索排序和技术性运转支持的服务。

亚马逊是网上购物平台，其搜索引擎算法可以与 Google、Bing 相提并论。不同的是，Google 的搜索引擎主要是卖广告；亚马逊的搜索引擎主要是卖产品，为了更好的客户体验，更快地转化利益。

亚马逊在 A9 官网上对算法的解释是："在买家确定搜索类型前，我们就开始运作了。在买家决定搜索前，我们已经分析了大量数据，观察买家过往的浏览习惯，并且在我们的类目中用文本指引描述每一个搜索展现的产品。"A9 算法为确保客户最快、最精确地搜索到"真正想要购买的产品"，揣摩客户的真实意向，从亚马逊庞大的产品类目中挑选出最相关的产品，根据相关性排序（A9 会对挑选出来的产品进行评分），将最匹配的产品展示在客户面前，但亚马逊不一定会把销量高、价格低的产品排在前面，在首页更多的是展示个性化产品，以满足不同客人的需求，而亚马逊的最终目的是在客户满意的前提下实现买家最大化收益（Revenue Per Customer，RPC）。

亚马逊站在为客户提供服务的角度，对 A9 算法提出如下原则。

a．Perfect Products：精准推荐好的产品，提升客户体验。

b．Fewer Clicks：减少客户搜索时间，点击 3 次之内让客户找到喜欢的产品。

c．Right Advertisements：正确的广告是：卖家付费可以获得更多的机会，但是不能让广告费上涨过快造成卖家提高价格，使客户体验降低，也不能让卖家通过付费向客户推荐劣质产品。

像 A9 这么复杂的算法是不会单独考虑某一个主要因素的，一般它会把所有的因素加权计算，主要因素占的权重高一些。亚马逊 A9 算法有三大核心支柱——转化率、关联性、客户满意度和保留度（客户留存率）。

① 影响转化率的因素。

转化率是对匹配结果的检验，就像点击率一样它更依赖于单个的关键字。转化率是实际买家与访问产品列表页面的购物者数量的百分比。

在 A9 算法中，转化率占相当大的比重，转化率的高低，直接影响着一条 listing 经由 A9 算法评估后的展示结果。在亚马逊平台，客户通过销量排名、买家评论（review 数量和星级）、产品图片（尤其是主图）和价格等要素判定一个产品是否符合自己的需求，以及品质是否能够达到自己的期望，如果产品符合客户的需求，能够达到客户的期望，交易就容易形成，购买率也会得到提高，A9 算法在后期就会为其增加展示权重。

此外，亚马逊还使用预测转化率和实际转化率结合的方法为产品排名，比如，卖家的产品价格高于某个同类产品的价格，亚马逊将预测此产品的转化率，并使用该转化率，让卖家将价格调整到合理的范围。

影响转化率的因素如下。

a. 销售排行：销量高、排名好的产品的销量会更高；排名越靠前的产品，其销量越高；销量高的产品，有系统注明的"Best sellers"字样。

b. 顾客评论：买家评论集中体现在综合评论量和好评率两方面，特别要注意差评的影响，一个差评的负面影响超过 5 个好评的影响。

c. 解答顾客疑问：虽然官方没有直接表明解答顾客疑问与排名有关，但是这个数据放在 listing 的顶端，足以显示其影响转化率的重要性；FAQ 等可以增加顾客的停留时间，对转化率的影响很大，在 FAQ 中还可以嵌入关键词。Best sellers 与 FAQ 的显示位置，如图 5-31 所示。

图 5-31　Best sellers 与 FAQ 的显示位置

d. 图片尺寸和质量：一般来说，图片要大，高清，尺寸为 1000px×1000px。

e. 价格：决定预估转化率最重要的因素之一就是价格，价格也是亚马逊决定 Buy Box 归属的主要因素。

f. 父子类产品：亚马逊偏好于排名有多个选项的 listing，若将同类产品结合在同一个主要产品页面，可最大限度地量化顾客评价。父子类产品将相似的产品合并到单一的产品页面可以最大化买家评论，从客户体验的角度来看这是比较合理的，让买家停留在一个页面，他们就有可能购买产品。因此亚马逊有为多属性产品排名更优的偏好。

g. 页面停留时间：亚马逊认为，顾客在一个产品页面停留的时间长短是衡量顾客对这个产品兴趣度的最好标尺，一个看完所有产品描述和评价并探究 Q&A 的顾客，比只在页面上停留几秒看产品特点的顾客更倾向于购买产品。

h. 产品清单的完整性：产品 listing 越完整越好，出现在搜索结果前面的机会也越大。

② 影响相关性（也被称为关联性）的因素。

相关性即搜索结果和客户真实购买意向的一致性，是匹配的基础。卖家与客户搜索的产品关键词对应匹配的内容主要体现在产品标题、Bullet Points、产品描述、品牌和制造商、规格技术参数、类别和子类别、检索词、源关键词方面，当然，对于某些产品来说，产品属性、品牌名称、技术参数等内容在一定程度上也是 A9 算法识别产品相关性的要素。

a. 产品标题：在 80 个字符内尽量填入更多的关键词，如图 5-32 所示。

图 5-32　亚马逊产品标题

b. Bullet Points：突出产品核心功能，特性相应地分点排列，清晰、简洁、详细，如图 5-33 所示。

- Capacitive Touch Control: DOSS touch portable speaker makes it easy to control the mood and energy of any party by giving you fingertip control of the tracks you're playing, their volume and more.
- Wireless Portable Bluetooth Speaker: Enjoy a high definition stereo sound with an impressive volume whether you're lounging around the house, or partying, walking out, camping, hiking, biking.
- Bluetooth 4.0 Technology: Equipped with advanced technology and compatible with all Bluetooth compacity devices. Speaker would automatically reconnect to the last device used.
- Superior Sound Quality: Enjoy your music in 12W full-bodied stereo realized through dual high-performance drivers and a unique enhanced bass.
- Long Playtime: Built-in Li-Ion 2200mAh rechargeable battery guarantees up to 12 hours playtime in 75% volume. Recharge in just 3-4 hours with included micro USB cable. Reminder: This product is designed, manufactured and exclusively sold by DOSS.

图 5-33 亚马逊的 5 行关键词

c．产品描述：描述要新颖、深入，第一时间吸引用户，容易浏览；描述中可以包括图片、题注及没有列在正常技术部分的额外参数。

d．品牌与制造商：详细列出品牌和制造商。

e．规格技术参数：详细列出产品技术和物理细节。

f. 类别和子类别：明确表明某件产品的类目及子类目信息，如以汽车用品为例，相应的子类目包含汽车配件、汽车零件、汽车工具和设备等相关产品。

g．检索词（Search Term）：亚马逊列出 5 个不同的 1000 个字符的检索词字段，相当于 5000 个字符的文本框，尽可能地为产品输入每个可能的检索词，卖家在搜索一行中仅填写 250 个关键词即可。

h．源关键词：类似于 bit.ly、tinyurl.com 的超链 super URL，整个网络上发布和使用的短链。卖家使用此链接，在互联网（包括社交媒体、电子邮件）上发布产品链接。当买家点击链接时，Amazon Super URL 服务会动态生成 qid 参数和搜索排名参数，然后执行 HTTP 302 重定向，使其看起来像买家刚刚在亚马逊上进行了搜索。如果买家购买产品，它就会被视为所需关键字的销售，即使买家没有实际搜索也没有选择该产品。亚马逊的源关键词，如图 5-34 所示。

③ 影响客户满意度和保留度（买家留存率）的因素。

如何从单个买家身上赚更多的钱？那就是让他们满意，让他们成为回头客。亚马逊认为最大化 RPC 来自买家留存率，让买家购买 10 次，一次花 10 美元，比让买家一次性花 100 美元难多了。买家（或客户）留存率是卖家账号的综合表现，具体包括订单缺陷率（Order Defect Rate，ODR）、完美订单率（Perfect Order Percentage，POP）、可售库存，以及 feedback 表现等所有与账号绩效表现相关的要素，因此它也被称为客户满意度和保留度。买家留存率主要体现在 3 个方面——review、feedback、复购率。

URL的秘密

http://www.amazon.com/Black-Decker-LDX172C-7-2-Volt-Lithium-Ion/dp/B005LTNLDI/ref=sr_1_1?ie=UTF8&qid=1416351135&sr=8-1&keywords=electric+drill

为你的产品清单建造一个url

图 5-34 亚马逊的源关键词

a．卖家负面反馈：亚马逊会跟踪卖家负面反馈率，因此卖家负面反馈率越高越好。

b．订单处理速度：卖家的订单处理速度是否快速、精准。

c．可售库存：低库存率或者缺货会导致高退款率及取消率上升。无论是自营还是第三方物流，都应该及时跟踪库存，维护排名或者抢占 Buy Box。订单退款率和提前取消订单是衡量买家满意的两大主要指标。

　　d．完美订单率（POP）：它是用来衡量多少订单完美地从"加入购物车"到"送达顾客手中"的指标；完美订单率与库存多、精准 listing、快速发货（订单处理速度和精准发货）等因素有关。POP 高，产品排名自然也会提高。

　　e．订单缺陷率：一旦出现买家负面反馈、索赔保障、任何一种运输问题及信用卡退款，就会造成订单缺陷率变高。

　　f．离开率（退出率）：即顾客访问亚马逊卖家页面停留多长时间后离开亚马逊。亚马逊卖家可通过设置完整的清单及保持库存率，来增加顾客在其产品页面的停留时间。

　　【Tips】跳失率和退出率的比较：跳失率是指买家搜索并进入卖家的页面后，会回到原来的页面，或者点击了页面其他相关的产品，都被称为跳失。影响跳失率的因素有 review、产品图片和关键词、价格等。退出率是指买家浏览 listing 多久后离开。如果平均退出率较高，就会被认为 listing 质量低、库存不足、listing 不完整。

　　g．包装选择：利用亚马逊 FBA 提供免费抗损包装。

　　h．Listing 完整性：listing 页面展示要尽善尽美，listing 越完整越好，创建 listing 时尽可能地填写每个属性，以便产品显示在最佳搜索结果页面。

　　④ A9 搜索算法新调整——A10 算法。

　　自 2016 年以来，A9 算法在不断演进，逐渐被称为 A10 算法。A10 算法中亚马逊的排名规则开始注重客户体验，Search Terms 权重在逐渐降低，listing 标题、卖点、大描述 A+里面的关键词权重则在变高；销量权重在变低；转化率销售权重在变高；review 越多，权重就越高；单价越高的产品，排名上升越快。

　　当然，亚马逊一直以来都很重视 review。在亚马逊、eBay、Wish、Google 搜索同一个关键词，可以看到除了亚马逊，eBay、Wish、Google 都没有把 review 放在首要的位置，这些平台的页面几乎没有按照 review 搜索产品的选项。而在亚马逊上，review、价格、prime 标记（FBA发货）却是核心精选的条件。

　　对待 review 的处理方法不同：过去 review 平均分越高，转化率就越高。现在，亚马逊不再按照 listing 的 review 平均分来影响排名了，而是引入机器人机制，由 Machine 根据以下条件来决定 listing 星级评定：review 的留评时间，早期 review 的权重大于最近刚留 review 的权重，时间越久，评级越高；review 被客户点赞得越多，权重越大。如果好评点赞个数拥有几十乃至上百个，即使有几个差评出现，很大程度上也不会影响 review 的评分，评分不至于从 4.5 降到3.5；如果 review 没有好评点赞或者很少有差评，那么对于评分来说将是一个跳水式的打击，毫不夸张地说，星级一落千丈，从此没有订单。卖家们要尽可能地争取到更多顾客的好评，最终提高产品销量。

　　除此之外，A10 算法比 A9 算法更重视卖家的各种营销方式，包括站外推广。亚马逊认为站外评价非常重要，特别是高质量的流量、高权限的网站、网络红人或流行博客的评论。因此通过亚马逊站内、独立站和联盟营销，在确保产品相关性及正确类别的基础上可以提高自然排名；还可以将亚马逊外部流量引入 listing，提高展现量（曝光），其效果会比 PPC（Pay Per Click，按点击付费）更好；或者获得较高的 Google 排名。单纯依靠折扣和促销提高排名将会越来越困难，因为亚马逊已经取消了这类提供大量折扣和促销活动的 listing，所以卖家的广告预算要更加多样化。

　　（2）卖家后台设置

　　注册账户之后，需要进行卖家后台设置，包含账户信息、提醒设置、登录设置、退货设置、礼品设置、运费设置、税收设置、用户设置、其他设置、控制面板、FBA 设置。详细设置过程请见附件 4。

（3）账户安全诊断

亚马逊账号状态分为几种情况：审核状态、活动状态、受限状态和暂停状态。如果账号的图标显示为绿色对勾标记，那么账号是健康的，而且是优秀的，表示卖家为买家提供了良好的购物体验，达到了亚马逊标准。如果账号的图标显示为黄色感叹号，表示账号状态一般，并且未达到标准，卖家应立即查看，可能有负面反馈和

亚马逊运营规则之 A9 算法

索赔。如果账号的图标为红色叉叉标记，代表账号状态差，表示未达到标准，需要卖家立即改善。亚马逊的账号状态，如图 5-35 所示。

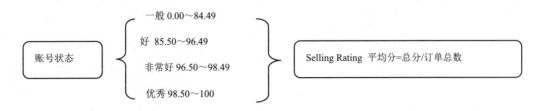

图 5-35　亚马逊的账号状态

判断亚马逊账号健康与否的指标有硬指标和软指标，硬指标包含订单缺陷率、订单取消率、发货延迟率、及时投递率和违反商品政策 5 项；软指标包含准时达到率、退货不满意率、客户服务不满意率。若不能达到指标，店铺会被审核、冻结甚至关闭。账号状态不好就不会有购物车。

① ODR 不超过 1%。

若某笔订单收到负面反馈（Feedback）、亚马逊 A-to-Z 保障索赔（Claim 纠纷）、服务信用卡拒付，则该订单有缺陷。

$$ODR=相关时间内缺陷订单的数量/订单总数$$

ODR 分为短期（最近 3 个月）和长期（最近 3 个月再往前 3 个月），且<1%。A-to-Z 索赔被拒、买家主动取消且没有退款的订单不计算在内。

如果反馈中有产品评价的负面反馈（也就是差评），可以在一两天内移除，因此卖家每天都要进店铺检查；在客户收到货物 90 天内系统允许客户 feedback，在客户给出差评 60 天内可以卖家跟客户请求移除（feedback 不能与 review 混淆，review 是对 listing 的评价，review 不影响账户绩效，但影响产品的排名，如果 review 评价产品质量很差，那么请求客户移除的时候也要请客户同时移除 review，以免影响产品排名），或者让亚马逊移除（如果 feedback 涉及亚马逊官方定义的脏话、污言秽语，就可以请亚马逊移除；FBA 订单 feedback 中不纳入评价的可以移除；在客户反馈没收到货而卖家已经退款的情况下，feedback 也可以移除），但只有一次移除机会，移除后不算订单缺陷率。

A-to-Z 亚马逊商城交易保障索赔，在 A-to-Z 买卖双方已经产生纠纷，买家通过账户联系卖家，并已经等待两个工作日，在卖家没有解决的情况下，买家可以发起索赔。买家申请 A-to-Z 索赔的条件是：卖家超过了预计最长发货时间 3 天或者下单后超过 30 天仍未发货（未收到订单）、买家收到的货物遭到损坏或者货不对版（商品不符）、卖家已经同意给买家退款的承诺但款项并没有到买家账户（退货但未收到退款）、被拒绝退货。卖家处理 A-to-Z 的时间是 3 天（原先是 7 天）。A-to-Z 只考核自发货，有些 A-to-Z 会被拒绝：若买家拒收包裹单且没有提供退包裹的跟踪号的、已经退款给买家的。

信用卡拒付索赔（Credit Card Chargeback），可能是服务不好导致买家信用卡拒付，也可能是欺诈，如果是盗卡，则不影响权重，与卖家无关。因服务不好可以拒付的条件有未收到货（FBA发货与卖家账户无关，自发货情况下计算在内）、货不对版、多次扣款（不影响权重，与卖家无关）等。

【Tips】卖家如何应对 A-to-Z 索赔？当买家的 A-to-Z 索赔尚未被核准受理时，卖家可以采取立刻全额退款的方式解决 A-to-Z 的投诉；在有些情况下，虽然亚马逊已经核实了买家的赔偿要求，但调查还在进行中，所以卖家需要继续配合并提供卖家应提供的资料；若收到 A-to-Z 索赔，如果明显是卖家的责任，卖家应该积极帮助买家解决，并退款给买家；如果是买家的责任，则卖家可以主动向亚马逊提供证据。最重要的是关注提醒信息，不要错过时间。

② 订单取消率（Cancellation Rate）不超过 2.5%。

订单取消是因为库存不足或某种原因，卖家主动取消了买家的订单。

订单取消率=确认发货前卖家取消订单数/所有订单数（买家自己申请要取消的订单除外）

订单有两种取消方式：买家取消，比如买家下错单，一定要让买家主动取消，并尽量在半小时之内取消；卖家取消，主要是因为库存不足且难以在承诺时间内完成配送而取消订单。过高的配送前取消率将影响卖家账户的权限，因此卖家要实时监控库存。

③ 发货延迟率（Late Shipment Rate）低于 4%。

发货延迟率=发货延迟的订单数/总订单数

总订单数是指自发货订单数。

④ 及时投递率（On-Time Delivery）大于 97%。

此项指标仅针对自发货，要求卖家必须及时发货和投递，运单号能被跟踪。在卖家处理订单并填写发货通知后，48 小时之内必须有物流跟踪信息。此项如果不能达标，就可能被移除该分类的销售权限。不过，及时投递率不包括小包类物流。

⑤ 违反商品政策（Policy Violations）。

比如关联、侵权、卖假货，严重的话卖家会被封店铺，甚至可能影响入境美国。这个指标是累计的，很难撤销，因此卖家同样需要认真对待。

账号关联指的是每个卖家只能有一个账号，否则会进行关联。如果系统认为两个账号有关联，一般没有通知，而且不可逆。如果同产品账号一定要移除其中一个，不同产品可以保留，但会被关联。关联的因素包括电脑、网线、网卡、路由器、cookies、账户信息（公司法人等资料）、店铺产品信息（产品相似度80%以上）。

侵权包含侵犯版权、商标品牌、外观专利、发明专利等知识产权等情况；销售假货的情况，假货包含 fake、counterfeit、fraud（N.）、defraud（V.）；如果卖家在这些方面有被投诉的情况，卖家可以申诉。

⑥ 准时达到率（在设置的时间内送达）>97%。

⑦ 退货不满意率。它指的是买家向卖家提供退货请求，卖家48小时内未回复或者错误拒绝买家而收到的负面反馈所占的百分比（<10%）。退货不满意率过高会影响账户健康，主要表现在以下3个方面。

a. 负面退货反馈率：它指的是收到负面买家反馈的有效退货请求所占的百分比。降低负面退货反馈率的方法是自动批准退货、每日检查是否有退货请求、迅速回复、解决买家的问题、监控负面反馈。

b. 延迟回复率：卖家在48小时内必须回复买家的退货请求。

c. 无效拒绝率。

⑧ 客户服务不满意率。它指的是"买家与卖家消息"中的回复表示不满意的买家所占的百分比（＜25%），包含24小时回复次数（＞90%）、延迟回复率（≤10%）、平均回复时间。如果卖家发现时间延迟了，可以点击"无须回复"后尽快联系买家。

【Tips】对于差评，亚马逊系统将差评分为"品质问题"和"沟通问题"两种。因为跨境沟通不便且沟通体验并不是特别好，所以如果产品不是很贵，很多买家会懒得退货，也懒得沟通，还不如直接留一个差评方便。为了避免因为"沟通问题"造成的误判，亚马逊对产品描述部分进行了大幅修改，主要包括A+图文详情页面的权限开放、产品说明书的上传。

（4）亚马逊品牌注册（GCID备案）

① 为什么要做品牌备案。

商标注册并在亚马逊后台品牌备案，在获得 GCID Key Attribute 之后，卖家就不需要用 UPC 码来发布产品，可以省去购买 UPC 码的费用，但品牌备案的作用远不止于此。

亚马逊运营规则之账户安全诊断

首先，品牌备案可以保障账号正常运营，不会因为投诉导致账号受限或挂掉。注册商标后，卖家可以在亚马逊的例行审查中占有主动权。比如因为被用户投诉或系统检测，卖家的产品被系统认为是不真实的，系统会通知卖家提交采购单据、发票等凭证，以证明产品的真实性。如果卖家没有注册商标并且只是随意取了一个品名来发布产品，那么对这样的卖家来说自证非常困难。如果卖家已经注册了商标，则可以在提交采购单据时，说明自己的产品是自己拥有商标后委托 OEM 工厂代工的，不存在侵犯别人权益的行为，其申诉就可以获得通过。

其次，品牌备案可以保护卖家自己的 listing，避免在打造出热销产品后被跟卖到无利润的白炽化竞争。完成 GCID 备案后，可以有效防止被跟卖。因为亚马逊系统允许跟卖，平台上有大量依靠跟卖求生存的卖家，一条卖得好且同时没有注册商标的 listing 绝对是跟卖卖家的主要对象，因为在此情境下，listing 的发布者的反抗和驱逐很无力，而平台也会因为卖家没有充分的资料而不处理。但如果注册了商标，做了 GCID 备案，此时再遭遇跟卖，卖家就会有许多应对的措施，可以对跟卖者发起警告，直接向平台投诉，平台也会给予更积极的回应和处理。虽然注册了商标并不能做到百分之百防止跟卖，但占有的主动权明显增加了不少。注意，R 标可以投诉其他卖家卖假货，预防跟卖，TM 标暂时不能。

再者，品牌备案可以让卖家更好地营销产品。注册了商标并做了 GCID 备案的卖家，可以在 listing 中增加图片和视频，做 A+页面。据亚马逊统计，通过 A+页面可以提高转化率，达到 40%以上，A+图文页面确实对单量提升有直接的促进作用，同时可以减少差评。更多的图片，更生动地展示，都是提高转化率的有效工具，目前这些都是做了 GCID 备案的卖家的专属权。

最后，品牌备案可以帮助卖家打造品牌，实现长远发展。帮别人卖和卖自己的品牌，在经营的心境上是完全不同的，就相当于帮他人经营公司和帮自己经营公司的区别。注册商标后，卖家会不自觉地用心去培育这个品牌，有了目标和方向，制定了更高的标准，开始为实现梦想而用心打拼，从而在运营的路上走得更坚定。

② 如何做品牌备案。

在选品前，卖家可以用注册商标做亚马逊 GCID 备案。注意，必须做对应站点和国家的注册及备案。如果做亚马逊美国站的注册及备案，则向美国商标局提交申请；如果做亚马逊欧洲站的；则需要在欧洲国家申请注册商标。

卖家向美国商标局提交申请，付款后几个工作日内可在网站上查到商标备案信息，接下来需要跟进一系列事项，比如初次申请的注册人在提交信息时选择的分类是否精准，申请提交后若有第三方发起异议需要作出回应的，美国商标局可能会要求卖家补充提交注册商标的信息，找一家专业正规的商标代理机构来跟进和完成。美国注册商标的费用大概是4000元。

GCID备案。先做好资料的准备，包含商标注册资料和证书（受理书TM一周到半个月即可拿到，注册证书R一年左右即可拿到，授权书）、品牌官网（不是店铺，而是具有交易功能的网站。网站要有产品listing，品牌简介在1000字左右，以及与品牌一致的网站域名、联系电话、地址等；还要有购物车功能、搜索功能，品牌Logo要位于左上角，以及与网站一致的网站域名、about介绍、品牌电话、地址等）、以官网域名为后缀的企业邮箱、带Logo的产品图片和产品包装图片，总之，这些内容就是为了证实卖家确实拥有这个商标，且已经以这个商标生产了产品。

准备好资料，在卖家中心后台直接搜索"Amazon Brand Registry"就可以进行在线申请了。

提交产品图片（10张以上小于1.5MB的有品牌Logo的图片）、包装图片（10张以上小于1.5MB的有品牌Logo的图片）、Logo图片、品牌网站链接（速卖通等链接不符合要求）、品牌社交网站页面（可以建一个Facebook页面）。

再选择填写GCID或者UPC编码。备案时，亚马逊会让你选择Key Attribute，比如UPC、EAN、JAN、Manufacturer Part Number（即制造商零件号）、Style Number（款号）、Model Number（型号）、Catalog Number（目录编号）等，这些就是Key Attribute。建议选择除UPC/EAN/JAN之外的关键属性备案。

这些信息要与上架listing的时候一一对应。比如备案时，在Key Attribute选择了Model Number，上架产品时填Brand Name及Model Number，之后在Product ID Type选择GCID或留空，这样不必填写具体的GCID，也不用填写UPC，上传成功后GCID自动生成；同理在备案时，在Key Attribute选择了Mfr-part-number，同理，上产品时填Brand Name和Mfr-part-number，之后在Product ID Type选择GCID或留空，这样不必填写具体的GCID，也不用填写UPC，上传成功后GCID自动生成。

如果产品品牌备案成功，卖家就会收到亚马逊回复的邮件。收到这封邮件之后，卖家可以在48小时后批量上传产品，产品都会自动生成GCID码。

点击卖家后台"INVENTORY"下拉菜单中的"Inventory Reports"进入库存报告页面；在"Inventory Reports"页面的报告类型下拉列表中选择"Active Listings Report"，然后点击"Request Report"；当报告生成后，请将txt文本内的信息复制到Excel内进行查看；在报告中找到W列（product-id列）。如果卖家的产品已分配了GCID，则将在该列内看到一个由16位字母数字组成的编码（不含空格或连字符）。对于新上产品，listing中已经填好Brand Name和Key Attribute信息，系统会自动分配GCID；而以上产品，之前在listing中没有这两项信息，为了让产品分配到GCID，需要使用模板部分更新商品信息，系统才会分配GCID。

（5）Listing优化

Listing包含item title（产品标题）、variations（变体）、images（图片）、description（描述）、more detail（更多信息）、Search Term 5行关键词。

亚马逊运营之GCID备案

从前面介绍的A9算法和亚马逊安全账户绩效中可以看出，listing的内容影响着亚马逊搜索结果排名中的高低，也影响着卖家安全账户绩效的表现。亚马逊运营中的listing优化，必须紧紧围绕listing相关性和listing表现的好坏来展开。

Listing 相关性优化——类目选择一定更要精准。有些卖家单纯为了追求 Best Seller，故意把 listing 创建在一些较小的类目，从表面上来看，似乎达成目的，但实际上，如果产品和选择的类目的相关性不高，就严重违背了 A9 算法相关性要求，影响了 listing 的权重。此外，在不同站点有些类目需要进行审核后，才能确定产品是否可以上架。

Listing 相关性优化——标题设置尽可能精准和详细。好的标题一般包含品牌名（防止跟卖）、核心关键词、适用群体（精准定位客户）、产品特性（材质、尺码、颜色、特点）等，才能够让 A9 算法识别到产品，并精准推送到潜在消费者的面前。标题不要关键词堆砌，核心关键词必须有，因为这是最直接搜索流量来源，此外最好有商标品牌，可以防止跟卖。好的标题构成为"品牌名称（商标）+产品名称（核心关键词）+重点特征/亮点+材料+颜色+尺寸+数量"。详细可见产品上传部分章节。

Listing 相关性优化——从客户角度设置 Search Term 关键词。Search Term 关键词是隐藏在后台的关键词列表，消费者在前台不可见，但它又真实参与到搜索中，根据亚马逊最新的规则，Search Term 关键词列表中的前 250 个字符参与搜索。所以，卖家一定要设置好 Search Term 关键词，以便于 listing 更多地被 A9 抓取到和匹配到潜在消费者面前。关键词设置要从消费者的角度考虑，搜索和整理尽可能相关的关键词，以及与产品相关的热搜词汇。Search Term 填写共 5 栏，每栏 50～100 个字符，因为篇幅有限关键词不要重复，但单复数会影响搜索结果，所以核心关键词可以同时填写单数和复数。

Listing 相关性优化——Bullet Point（短描述）充分展示产品特性。短描述是显示在商品售价下面，最早被顾客看到的说明性字段，是标题最主要的补充说明，简单易懂，方便买家快速了解产品的功能用途和特色、突出产品卖点吸引顾客，因此应善加利用。不要使用主观形容词，但一定要把体现商品性价比的特点罗列清楚。比如，主题材料、服装面料、商品规格、适用范围、加工工艺、容量、使用方法、工作环境要求、包装状况、是否可作为礼物等。同时插入买家搜索最多的关键词，500 个字符每行，书写上每条首字母大写、每条长短不一，短的在前、长的在后，每条前加上特殊符号显得整齐，突出强调词语。

Listing 相关性优化——长描述 product description 客观详细。这是对五点描述的补充，同样关键词不能少，可以多放一些长尾关键词。短描述和长描述既会被 A9 抓取，也是打动和说服消费者，进而提高转化率的重要内容，所以，卖家一定要用心撰写，谨慎对待。卖家需要考虑几方面的要素：关键词（产品的关键词一定要恰当地使用），说服力（要想方设法用可读性强的直观感性的语言去打动消费者），格式（小段落、空行和每个部分的形式等）。

Listing 表现优化——产品价格决定 Buy Box 归属的主要因素。低价一直以来都是亚马逊自身和其他对手竞争中制胜的法宝，当初也是凭着低价的优势，亚马逊战胜了巴诺书店。对于亚马逊卖家来说，不要抱着消费者"钱多人傻"的心态漫天标价，要想在竞争中取胜，获得平台更多的流量，有竞争力的价格必不可少。当然低价也要合乎常理，有竞争性即可，否则也一样会被亚马逊平台判定为产品低质。

Listing 表现优化——产品图片高档、大气。网络购物差不多就是看图购物，产品图片尤其是产品主图在运营中至关重要。对于图片的要求在产品上传章节有详细介绍，不再赘述，但必须注意，主图上不可以带任何其他文字，不能手绘，不能加水印和 Logo，不能包含裸体信息等，卖家要想 listing 图片获得更多的曝光和流量，一定要严格遵守这些亚马逊的要求。当然在平台基本要求的基础上，尽可能做到美观、有质感，并能从多角度、不同细节去展示产品信息，引起客户的购买欲望，对于点击率和订单转化率的提升自然是大有裨益的。一些类目对图片还有特殊要求，比如鞋子，要求拍左脚。

Listing 表现优化——订单转化率良性上升。不同的 listing 在订单转化率方面也有不同，更高的转化率在 A9 算法看来就是更符合消费者需求，会在随后的推送中给予更多的曝光，分配更多的流量，形成良性循环。

Listing 表现优化——产品 review 量和质都要把握。产品 review 既是 listing 非常看重的一个权重要素，也是消费者非常在意的一个口碑要素，更多的 review 数量，更好的 review 星级，都是亚马逊卖家运营中应该长期关注的变量。Review 数量的多与少，好与坏，都会反馈到产品的转化率和销量上。

（6）A+页面

所谓 A+页面就是图文版商品详情页面，通过它可以使用额外的图片和文本进一步完善商品描述部分（亚马逊卖家中心的原话）。前提是卖家通过亚马逊的品牌注册（Brand Registry）。亚马逊的 A+页面，如图 5-36 所示。

亚马逊运营规则之 listing 优化

A+页面看上去简单，实际上它将对亚马逊"页面转化率"产生深远影响。

图 5-36　亚马逊的 A+页面

① 把亚马逊产品页面上以往没有人注意的产品描述（也叫长描述）变成了展示品牌和产品优势的黄金位置。

② 充分体现品牌、产品细节、公司理念。

③ A+页面更加美观，使得带有 A+页面的产品转化率 Conversion Rate 比普通产品高出 40%以上（亚马逊数据）。

基于以上的优势，很多卖家已经开始用 A+页面了。

A+页面的前提是必须成功完成亚马逊品牌保护的注册（Brand Registry），并获得了 GCID 码，没有 GCID 的产品不能创建 A+页面。这部分内容在上面已经详细介绍。完成亚马逊品牌注册后，就可以创建 A+页面。

进入卖家中心→广告→图文版品牌描述；确定创建的产品是在申请亚马逊品牌保护的类别发布，没有使用 UPC 或 EAN，而是通过 GCID 创建的，如图 5-37 所示。

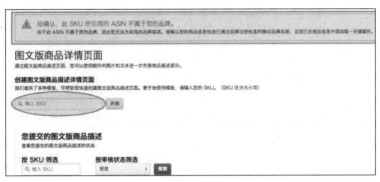

图 5-37　亚马逊的 A+页面创建

选择模板，顶部 Banner 图片和产品细节图片非常重要，所以在选择模板时建议考虑模板2、3、4。添加产品内容（注意文字与图片的搭配效果，不要图片太大、文字太少）。

预览 A+页面，等待审核通过。

A+页面递交后业马逊会在 7 个工作日内进行审核，并决定是否允许发布（实际上 2 个工作日内便可以给出发布结果）。但审核并不很容易通过审核，原因主要在于"文字表述"和"图像问题"不合格。

文字表述方面。a. 介绍自己是卖家或分销商，并给出公司的联系方式；b. 写出排他性文字，如"only sold by authorized resellers"；c. 写出价格歧视性文字，如最便宜的产品，"cheapest on Amazon"；d. 写出发货信息，如发货时间、免费发货等，"Free Shipping"；e. 图像中使用水印；f. 写出煽动性促销语，如最热卖等，"Best Seller""On Sale"；g. 写入客户评价或其他广告语；h. 写入产品保质期或返修条款；i. 违法或违反道德表述。

图像问题方面。a. 图像分辨率太低；b. 图像中没有显示公司 Logo 或产品；c. 重复同样的图片；d. 模仿亚马逊的图片或 Logo；e. 使用第三方图片或公司 Logo；f. 显示公司联系方式或网址；g. 裸露暴力图片。

（7）跟卖与反跟卖

跟卖是亚马逊独有形式，卖家自己不编辑图片等，直接可以出售自己想卖的产品，只需要定一个价格。这是亚马逊独有的 listing 机制。如果卖家 A 创建了一个产品页，其他同款卖家看见后可以在上面增加一个按钮链接到自己的产品。

跟卖产品可以提高产品的曝光率和成交量，也是新卖家快速出单的重要技巧。前提是卖家跟卖的产品没有造成侵权。如果销售某品牌产品的卖家 A 申请了专卖权，卖家 B 跟了，轻则卖家 A 投诉至亚马逊（卖家 B 收到亚马逊的警告邮件或者产品被阻止上架），重则卖家 B 账号会被封。此外卖家跟卖的产品一定要与对方卖家的一样，最好不要出现与图片不符的情况，否则投诉率也会上升。

跟卖的优势如下。

- 不用自己制作页面，几秒钟就可以搞定。
- 商品的出价会立即出现在排名靠前的 listing 中。
- 跟卖大流量的 listing 不仅可以迅速提升跟卖产品的销量，还可以带动店铺其他产品的销量。

跟卖的风险如下。

- 容易被 listing 所有者投诉侵权，一旦投诉成功就会被封账号。
- 直接引发价格战，导致低利润。

跟卖建议如下。

- 要确保自己的商品和跟卖的 listing 描述完全一致。
- 跟卖时尽可能设置价低的价格，价格越低获得购物车的可能性越大。
- 选择跟卖比较多的 listing，如果一款产品销售好又没有人跟卖，极有可能是有品牌保护的，这个时候千万不要冒着侵权的风险去跟卖。
- 了解产品是不是注册品牌，可以在网上搜索或者去商标网站查看。
- 如被投诉侵权要立刻取消跟卖，且积极和对方沟通，了解是否真实发生了侵权行为。

而对于被跟卖者而言，自然不希望有其他卖家跟卖。而且有些跟卖者并不会因为对方有注册品牌，或者被投诉会取消跟卖。因此对于被跟卖者而言，需要预防几种跟卖类型：一种是新手卖家错误选择（发布的时候发布成跟卖了），另一种是"牛皮癣式"跟卖（怎么投诉都没用），恶意跟卖（一个 listing 下有 100 个账号跟卖）、亚马逊仓库跟卖（FBA 销售一些二手的产品）。

如果卖家要做长期跨境电商业务，有长远企业战略发展思想的，一般都会考虑如前面所提的，注册商标，做品牌备案。而亚马逊也非常鼓励平台上的卖家品牌化发展。因此对于这些卖家而言，需要掌握的不是如何去跟卖，而是如何防止跟卖。

如何防止跟卖？主要有以下几种方法。

① 事先预防法——不同产品组合让竞争对手无法跟上新商品进度而无法跟卖。

比如热卖产品+库存多产品：把好卖的商品跟库存太多的商品结合在一起成新的商品。假设某店铺的男孩 Polo 衫比较热卖，但男孩短裤相对销量不高，而且库存又特别多。或者是热卖+冷门品组合：竞争对手没有的冷门品与热卖品结合成新商品。假设某店铺的汤匙比较热卖，但搅拌器用途狭窄，相对冷门，那么把它们搭配在一起，既能提高产品的整体销量，又能显示店铺的专业，方便消费者购买。再或者是热卖+特殊品组合：针对特别族群的商品+热卖品。假设某店铺的米妮老鼠纪念杯非常热卖，适合不同年龄层次的消费者，但米妮老鼠公仔因为实用性不强（适合儿童消费者）相对销量不高。

② 事先预防法——出售特色产品或品牌产品。

有些卖家通过把自己的 Logo 印上产品或者包装上来防止其他卖家跟卖（因此产品 Logo 出现在产品中将有利于防止跟卖）；卖家如果已经注册商品，并且在亚马逊平台备案，在标题中明确注明品牌名称，也将预防跟卖，因为一旦跟卖者跟卖这类有品牌的产品，容易被成功投诉。因此抢注商标，拥有产品专利，尤其是海外产品专利非常重要。

③ 事后防止法——修改自己的 listing。

前提是目前还有 listing 编辑权，因为亚马逊认为，一个 listing 一旦形成，就被认为不是卖家的，而是亚马逊平台的，不过编辑权还可以保留给卖家。如果卖家还拥有编辑权，那么可小部分修改 listing 内容，并发邮件告知跟卖者。但这种方式，只能针对那些错把产品跟卖在你的 listing 下的新手，对于"牛皮癣式"的跟卖者，没有任何效果，而且还有可能带来风险，因为跟卖仍旧存在。而因为修改带来实际产品与描述产品有不符的现象，从而交易出现问题，带来

listing 下面的差评 review。

④ 事后防止法——毁掉自己的 listing。

前提也是需要有编辑权。方式是删除图片，这样就会被禁售，不仅自己的产品禁售，跟卖的也被禁售。如果 listing 下有变体，则可以拆开看，是否有 review。如果有，可以将那个变体 listing 留下继续销售。这种情况适合于"牛皮癣"类型和恶意跟卖，不过在预防跟卖的同时，会导致自身产品被禁售（当然产品可以编辑 listing 后再上线）。

⑤ 事后防止法——Test buy。

用买家身份去购买跟卖者的产品，邮件通知亚马逊投诉跟卖，投诉假货，利用亚马逊保护买家的规则，适合于"牛皮癣"类型和恶意跟卖。这种方式周期较长，也需要较高成本。

⑥ 向亚马逊投诉。

前提是向亚马逊做过品牌备案，通过备案，且上架 listing 时已经有 GCID 号。此时发现产品还被跟卖，可以进行投诉，打开卖家后台页面，拉到页面底部，点击 Contact Seller Support，或者之间进入投诉入口。

投诉 Web 页面中，前面部分的联系方式是给亚马逊的，因此必须填写真实信息，后面的部分，是给被投诉者看的，这里需要注意谨慎填写，以免被骚扰，而且这里的 E-mail 不能与卖家销售账号的信息有关联。这种方式是最高效的。适合于"牛皮癣"类型和恶意跟卖及亚马逊仓库跟卖。

近年来，随着亚马逊全球开店战略实施，亚马逊在一些运营规则上不断修订，比如 2016 年推出 Exclusive 独家店铺店面（Amazon.com/exclusive），北美市场的中国卖家可以申请加入亚马逊独家计划，获得品牌建设工具，独家专卖店销售权、专属营销支持及品牌保护等，申请条件是有备案品牌、采用 FBA 物流，只在亚马逊和卖家自己网站上销售产品，且产品具有独特性。

3．Wish 店铺管理

（1）Wish 店铺健康诊断

登录 Wish 商户平台后，可在首页查看一些基本数据指标，如未处理订单、平均订单评级、将在下一支付日收到的金额和因未确认配送而欠的金额。

亚马逊运营规则之跟卖与反跟卖

卖家首先要去查看店铺健康状况，主要是以下几个方面。

① 账号活跃度——产品概述。

店铺日常的操作比如订单处理、客户问题与回复等都能产生被动活跃度，这些活跃度会让店铺产品产生基础流量；通过优化产品、更改库存、定时上架、参与 ProductBoost 可以获得主动活跃度。

Wish 的卖家都很清楚"铺货"的说法，大多数卖家希望通过这种广撒网方法经营，但 Wish 店铺是否健康首先考察店铺是否每周持续上新，而非仅是上新产品数量，因此卖家应保证在选品编辑质量的前提下，保持自己的节奏持续上新。

② 评分表现。

在卖家后台，进入业绩—评分表现，可以检查客户对店铺的平均评分以及对产品的平均评分和评级等。

客户对店铺的评分，4.5 分为可接受的，低于 4 分将被警告或暂停；此外一周内低分订单数应小于 5%，到达 15% 也将被警告或暂停，这些数据呈现均不可逆，惩罚也不可逆，因此要时刻关注，并且要具体去看评价内容来提高好评率，当订单越少的时候数据要越好，因为基数太低（如若订单数为 10，那么只要有 1 个低分订单就达到 10%）。

为了提高评价分，订单处理一定要及时，同时可以在发货包裹中附上一些小礼物，包装更贴心等。

③ 物流表现。

Wish 非常注重物流表现，对于物流的不同阶段，都设置了时间节点来进行考核。

申报完成平均市场，也就是填写物流单号的时间，在客户下单后 48 小时之内必须填写可以跟踪的物流单号。因为客户下单后到后台显示本身就要滞后几个小时，再加上时差问题，Wish 卖家应每天关注订单，及时发货。

订单履行时间，平台要求出单后 4 天物流信息要上网。因此要寻找可靠的第三方物流，以保证达到这一指标。

延迟发货率，超过 4 天就是延迟，一周内延迟发货率应小于 5%，如达到 10%会有警告，20%会被警告甚至被暂停。有些卖家希望更换物流，更改快递运单号，但注意如果前一个运单号上网了，则无法更改。

因此在订单的物流方案上，要宁快不慢，宁亏不赚也要保证能隔天跟踪物流上网信息，此外还需要定期优化物流渠道，适度使用海外仓。

④ 退款率和妥投率。

Wish 产品退款率的算法如下。

退款率=退款金额/总销售额

根据 Wish 的政策，退款率按产品退款率和店铺退款率来分别考核，而且退款率又分为极高退款率和高退款率两个级别来评判。

产品退款率主要看退款表现，退款表现中的退款率按周计算，商家可以通过不同退款原因导致的退款率及时在下一周的订单中进行改善。

退款的原因可能是物流配送时间长、产品原因（与描述不符、功能与描述不符、不完整订单、商品已损坏、商品不合适、商品质量问题）、卖家原因（无法履行、送到错误的地址）、买家误下单（Wish 客服会介入处理并询问该买家不下单是否同意，若未发货，可以回复："请按照客户要求操作，请求 Wish 支持。" Wish 客服确认卖家没有发货的情况下会帮助直接退款；若已经发货，回复"该订单已经发货，无法追回，无法更改。" Wish 客服不会给买家退款）有些物流无法履行造成的退款，可能是产品问题，比如带电产品、带磁产品、液体膏状体产品，这些都有可能有物流风险。

每周退款表现一定不能飘红；卖家销售的每个产品都有两个为期 30 天（连续 4 周）的考核期，分别是 0～30 天，63～93 天。如果两个连续 4 周退款率超标，则看退款率程度，可能会被要求承担全额退款责任甚至产品可能会被下架。

店铺退款率主要看用户服务表现，此处的退款率主要观察 30 天和 93 天两个时间段的退款率。目前 Wish 可接受的退款率是 8%或者更低，极高退款率将面临关店的风险。因此卖家的目标应该是<5%，而一旦两个数据>10%，就会被警告甚至被封号暂停交易。

产品出现高退款率，该产品不会下架，但是该产品所产生的所有退单需要承担 100%的退款责任；店铺出现高退款率，店铺不会被关店，但是该店铺所产生的所有退单需要承担 100%退款责任。

产品出现极高退款率会被系统自动下架，且该产品所产生的退单需要承担 100%的退款责任；店铺出现极高退款率有关店风险，且店铺所有退单需要承担 100%的退款责任。

妥投率：Wish 平台非常注重维护消费者的购物体验，对于主要的目的地国，Wish 对于配送有确认妥投的要求；对配送的国家且总价（售价+运费）≥对应国阈值的订单，需满足确认妥投的时间要求，Wish 平台会对确认妥投率进行考核。

确认妥投国家还在不断地增加中，实际国家以平台要求为准。

后台中还可以以时间为单位进行总体和趋势分析。

⑤ 仿品率——诚信店铺审核。

知识产权是指"权利人对其所创作的智力成果所享有的财产权利"，在电商领域，知识产权被模仿或者侵犯主要表现在商品标志 Logo、名称、图像、外观设计等 4 个元素上。比如模仿某一品牌的外观、相似设计、使用品牌形象；产品包含某一品牌的名称或 Logo，背景包含品牌元素、模糊水印；使用名人名模展示、明星同款、模糊模特脸部等。仿品指直接模仿或暗指某一个知识产权的产品，或与其他知识产权所有者的产品相同或没有明显区别，又或者图片包含名人或知名模特的这样的一些产品。

仿品率是指检测出的仿品数量占该商户所有审核商品数量的比例，Wish 的仿品率标准是低于 0.5%，低仿品率的 Wish 店铺将会获得更多的曝光。所有店铺将由系统自动进行仿品审核，通过审核的店铺将成为诚信店铺。卖家可以在商户后台首页查看到相关的审核状态：诚信商铺（商铺已经成功通过仿品审查）、待审核（商铺目前正在审查过程中）、审核失败（店铺未通过诚信店铺审核）。

如产品处于待审核状态，被 Wish 审核团队判定仿品违规，那么将下架违规产品，卖家同时失去诚信店铺资格；如果产品处于在售状态，在图片、标题或描述的编辑有仿品行为，并触发审核团队再次审核的机制，那么该产品将会被下架，卖家失去诚信店铺资格，同时将扣留该单品当前未结款项，店铺其他产品的审核速度将减慢。

此外，在 Wish 平台上，诚信店铺的产品是不用经过审核直接上架销售的，但 Wish 的审核团队会对诚信店铺的产品进行抽查。如果发现店铺里有仿品，会对产品进行直接下架，而且暂扣货款；另外如果卖家的某一款产品被版权方申请版权保护，Wish 会把其他没有版权的产品都下架。

因此卖家还是要认真创建真正属于自己的 listing，并确保 listing 信息真实性，售卖有品牌合法授权的品牌产品。同时有一些技巧：

比如标题中不要用 for Apple/LG 的文字，可以用 for Android；不要采用卡通图案如迪士尼的图片；也不采用有国外大品牌 Logo、外国模特和名人的图案；不要打马赛克造成模糊的痕迹从而直接被判为仿品。

Wish 从 2015 年年底开始致力于打击仿品，并出台了一系列的仿品审核政策，而此次的新仿品审核政策主要针对店铺，以低仿品率的要求，提高店铺曝光率。如果未通过"诚信店铺审核"，卖家可以，像下面这样做。

a．如果卖家店铺未通过审核的产品不是仿品，而是有品牌授权的，那么卖家可以提交相关品牌授权资料给管理员，申请重新评审。

b．如果卖家的产品标题和描述使用未授权的品牌名称，卖家应该从产品标题和描述中将其移除。

c．如果未通过审核的产品确实是仿品，卖家应该将产品删除。

d．卖家在完成上述步骤后，登录商户后台，单击"Review for Counterfeits"，再次申请诚信商铺的审核。

注：诚信店铺审核要求，商铺内产品不少于 10 个。

⑥ 销售业绩。

平台也会展示如下数据：总体浏览数、总销售额、过去 7 天浏览数等。查看这些数据指标的变化趋势有助于评估店铺上周的数据表现。

点击率达到 0.1，合格，否则说明主图不够吸引人；转化率达 30%以上，说明价格定得较为合理；以上数据只要有一项不达标，就是不健康店铺，影响产品流量，直接影响爆款的打造。

每周需要将数据整理出来，以便更直观地跟踪和分析，制定优化方案，避免"僵尸产品"的出现（连续数周业绩中都没有出现的产品或者浏览量为 0 的产品）。

Wish 会根据你的产品的表现，主要就是销量，给你的产品加钻，被加钻的产品会在主图的左上角有一个黄色钻石的标识，加钻的产品会获得剧增的流量推送，意味着会有更多的销售机会。加钻产品在获得高流量的同时会有很多的限定：加钻产品不能提高价格和运费（定价时保证足够的利润）；可以增加库存不能降低库存；加钻产品在 9 天内的销售额超过 500 美元的情况下，如果被下架是会被罚款 50 美元（下架主要有两个原因：产品利润不高或者是亏本，供应链出现问题）。对于加钻的产品，标题、描述、图片的修改会触发产品的二次审核，是不利于Wish 流量推送的，更有的卖家在二次审核中被判仿品，所以对于加钻产品还是不要随便修改。当加钻之后，产品没有持续开单，产品的销量不好，转化不好，黄钻会自己下掉。

后台看不到的动销率。这项指标 Wish 后台并没有展示，但也是一个值得关注的指标。所谓"动销率"，就是店铺已经出单的产品占店铺所有上架产品的比率。因为存在新上架的产品，店铺的动销率不可能达到 100%，所以需要确定一个合理的动销率，并定期跟踪，以确保店铺健康；无销量产品说明产品要么不适合 Wish 平台，要么产品本身或推广营销存在问题，对于此类产品需进行优化或者直接下架；对于新产品，确立一个无销量期，允许新产品在一定时间内无销量，但如果一直无销量，就需要进行优化或者更换产品了。

（2）Wish 流量推送规则

其他电商平台也会进行产品推送，但相比 Wish 而言，买家主动搜索的比例更高，卖家会通过竞价排名尽量将自己的产品排在搜索结果前列，因此也造成买家可能并不一定能搜索到符合自己需求的产品，而大量的中小卖家则因为资金的限制，难以展示自己的产品。Wish 先根据用户行为进行挖掘，在挖掘基础上设定用户需求的标签，再通过与产品标签的匹配，使得推送对用户来说更符合用户

Wish 运营之店铺健康诊断

的需求，对卖家而言平台可以让更多的产品得到有效的展示。但因此平台的流量规则变得更为重要。

根据 Wish 的规则，每一个通过审核上架的产品都能公平地得到推送，而这一周期为 3～7 天。期间 Wish 系统也有一套算法，推送期间流量达标、转化率达标将会继续推送，黄钻也会在这些产品中产生。了解这些规则就可以分析后台数据，从而进行运营管理和产品优化。

初匹配：也就是通过组图、标签、标题与用户需求进行匹配，最主要的就是通过标签进行匹配。这时每个产品都会有流量分配。

初始流量转化：接着就看初始流量的转化，如果初始转化差，流量就不会再有多少。影响这一阶段转化率的主要是这几项：一是标签是否合适，是否能找到真正的目标消费者；二是图片和标题是否有吸引力；三是产品本身；四是有一定的运气成分。

产品市场及服务数据：产品上架并有转化之后，产品的市场和服务数据就会逐渐出来了，市场数据，主要是同类产品的点击率、转化率；服务数据，主要是评价分等。这时就会进入一个强者越强，弱者越弱的马太效应时期，市场和服务数据越好，维持越长，流量就会不断增加，

Wish 也会给予更多支持，比如其中之一就是分配行业，Wish 上架产品时没有 Category，但在买家客户端却可以看到 Category。划分了 Category 的产品则会出现在 FASION 和 HOBBIES 等众多行业里面。而没有被划分 Category 的产品只会出现在 Latest 里，因此，划分了 Category 行业属性的产品能拥有更多的流量入口。

店铺服务数据：Wish 推送任何一个产品流量的分配，都要考核店铺服务数据，所以店铺服务数据非常重要。店铺服务数据包含物流数据如延迟发货率等，因此要让产品持续被推送，一定要把物流与货源跟上。同时会看账号活跃度，也就是要经常登录账号，保证常规性经营，要有持续出单产品，只有让系统知道店铺在经营，才有被推送的可能性。

Wish 通过几个大项对产品进行综合考察来进行推送，从长远角度来讲，产品市场及服务数据与店铺服务数据最重要，这两方面做好了给产品做好提供了强大的后盾，可见重中之重是产品。

Wish 运营之流量推送规则

（3）基于产品业绩表现数据的优化分析

产品出现在页面上，不管用户有没有购买，就算是一次曝光，只有曝光才能刺激购买，而更重要的是曝光转化率。曝光转化率分为两个部分：从曝光到点击、从点击到成交，只要其中有一步失败，曝光转化率就为零。曝光到点击的影响因素：产品价格设置、主图、tags 精准度、海外仓标志；点击到购买的影响因素：运费、运输天数、产品标题、产品描述、附图，历史数据；以上要求都满足了，最后影响点击到购买行为的就是总价。如果再详细展开，结合产品整个阶段的业绩表现数据进行优化分析。

后台可以查到产品业绩表现数据有每周最新的产品业绩表现，包括产品浏览数、购买点击率、购物车浏览数、订单和结账转换率等数据。业绩数据是产品表现最直观的判断依据，通过这些数据，可以发现产品销量好坏的真正原因。

结合用户的 5 步操作，来了解这些操作环节会产生哪些数据。

第一步，用户打开 App，浏览 latest、deal dash、最近浏览、类目浏览等，业绩表现数据为"产品浏览量"（不是曝光量），它体现展现情况，表示一次推送。

第二步，用户会选择其中一个产品，点击产品主图，此时后台并没有生成数据（但是主图很关键）。

第三步，用户认为某产品不错，会考虑产品介绍下面的心形标志 wishes 收藏，回头再看看。此时的数据是"收藏量"，收藏量是反映产品受欢迎度的重要指标，在这一阶段，用户应该都会查看到附图、标题、评分、最近的 3 个评价、价格、运费等，这里附图最重要，但差评会有较大影响。

第四步，用户决定购买，点击购买按钮"buy"，加入购物车，此时影响客户的因素是综合感觉；业绩表现数据为"购买按钮点击率=购物车数/浏览量"，这一指标应大于 0.1% 为佳。

第五步，结账 check out，客户会在这时选择删除一些产品，这时能让产品在购物车存活的主要因素是价格运费合在一起计算出来的总价。

业绩表现数据为"结账转换率=支付订单数/购物车数"，这一指标标准为 20%～30%。卖家不能将运费下调，因为 Wish 会自动加上运费。

针对产品浏览量、购买按钮点击率、结账转化率这三大关键指标，可能出现以下这几种情况，而针对不同的情况，优化产品的方向也不同。

① 浏览数高，购买按钮点击率高，结账转化率低。

浏览数高，购买按钮点击率高，结账转换率低：检查附图描述，总价没有竞争力，运费高。

浏览数和购买点击率高说明产品的首图具备吸引力，但点击进到详情页后发现附图和描述未能让客户精准了解你的产品，或对你的产品存在疑惑，因此需要检查附图和描述，让客户全面了解你的产品。

此外，还可能使总价没有竞争力，运费过高。比如一个产品卖 8 美元，加上运费 5 美元，消费者认为在总价中运费占比过高，因此产品价格和运费之间应该有一个合理的比例，如果是 8+2 的总价，会让客户愿意付款。

② 浏览数高，购买按钮点击率低，结账转化率低。

浏览数很高，但购买按钮点击率和结账转化率都很低，说明产品的流量很多，但是很少有人点击查看产品详情，说明主图有问题，不够吸引眼球。此时，我们的首要任务是优化首图。

首图优化后，再去观察产品的购买点击率是否上升了，若没有则说明产品的价格偏高，需要深挖货源，降低产品的采购成本，设置更具竞争力的产品售价。

还有可能是商品介绍和评论问题。

③ 浏览数高，购买按钮点击率低，结账转化率高。

浏览数高，购买点击率低，但结账转化率却很高，这说明产品流量很多，点进来的人很少，但点进来的人都付款了。首先付款的人很多，说明产品的价格没有问题。购买点击率低的原因一定是图片存在问题，所以要优化首图，完善附图，甚至可以为产品重拍一组符合目标市场人群审美的图片；还有可能是评价问题。

④ 浏览数低，购买按钮点击率高，结账转化率低。

这种情况一般多为新品，产品的流量不是很多。购买按钮点击率高说明产品的首图没有问题，因此要把产品的结账转化率提高，订单多了，产品成交额也相应提高，随即产品的流量也会增多，这是一个良性循环。提高结账转化率主要有两个途径，降价（从运费降起）或者利用 Product Boost 为产品增加曝光量。

⑤ 浏览数低，购买按钮点击率高，结账转化率高。

产品的流量不多，但是购按钮点击率和结账转化率都很高，说明这款产品很可能会是一个潜力爆款。要保证这个产品成为爆款，就需要及时发货、监控物流时效，维持好数据状况，保证产品被分配到更多的流量，甚至可以尝试 Product Boost 助推产品提前进入爆发阶段。

⑥ 浏览数低，购买按钮点击率低，结账转化率低。

最后一种情况是"三低"产品，如果该款产品是老品，说明这款产品已经进入了衰退期，可以下架这款产品。如果是该款产品是新品，并且经过分析、判断这款产品是一款潜力新品，那么要尽可能降低采购成本，提高价格优势，并从首图、附图、标签、描述等各方面全流程优化。

（4）Wish 爆款打造

如果说速卖通打造爆款的关键是竞价排名和转化率，亚马逊的爆款是类目排名，以及产品综合销售和服务等各项数据，那么 Wish 平台打造爆款的前提就是健康的店铺，因为 Wish 是推送模式，因此对平台友好是关键。那么在店铺健康保障的情况下，如何选择爆款？主要考虑几个指标：销售额高、浏览量高，购买按钮点击率大于 0.1%，结账转化率>30%。

Wish 平台的产品更新很快，因此爆款成长周期和生命周期也较短，一般是 5～7 周，分三个阶段，第 1～3 周，流量平稳但订单持续增长；第 4～6 周，流量增长幅度大增，订单相应大增，买家收货评价了；第 5～7 周，流量可以达到百万，接下来可能就开始衰退，因此卖家一定要参考不同阶段的销量准备库存，以免断货，二者要在不同阶段持续选择新的爆款，最好做一个进度表，有计划性地展开爆款打造。

① 选择产品物美价廉。Wish 平台的消费者大都为年轻人士，消费水平中等，大都为价格敏感性人群，追求独特性产品，因此同类产品价格能低于平均价格，也就是物美价廉很重要。

② 高质量的图片（吸引买家购买）。图片最好是正方形，系统推荐尺寸为 800px×800px，实际上可以考虑 600px×600px，因为 600px×600px 在手机屏幕上更好看，有更好看的视觉效果，能让客户更好地看到产品图片。

③ 标题描述。简洁明了地描述产品。明智的做法是把产品的卖点提炼出来，做到标题中。标题长度不要过长，不超过 200 个字符；把最想让用户看到的关键字放到最前面，如关键词+品牌（有品牌备案情况下）+产品形容词（如性别、年龄、尺寸、颜色、材质、类型、亮点等）标题的 20%内容要体现消费者经常搜索的热门关键字，其余 80%则要精确体现产品特性，便于用户精准搜索产品。

④ 正确设置标签（提高匹配概率）。标签的设置，讲究的有 3 点：简单，概括，清晰。标签的设置，遵循的规律是从大范围到小范围，从宽泛到精准。标签的设置，可以结合产品的长尾关键词来做，客户群更精准。首先不要所有的关键词都大写，其次不要使用带有主观色彩的词汇，例如 2017、热销，这类很空泛的大词汇不会对用户的购买行为产生任何影响。最后不要添加过多的关键词，改掉务必要把 10 个关键词填满的强迫症，现在的 Wish 平台不缺产品，一旦添加了过多的关键词，其中就一定会有不准确的词汇，一旦填写了鞋子、男装等泛词，产品与用户的匹配度就会下降。

⑤ 产品价格。产品的价格是否吸引人。产品的价格要符合产品的市场行情，不能设置得过高。一般来讲，性价比较高的产品更容易得到 Wish 的推送，而 Wish 平台的热销商品，价格区间在 15～30 美元。

Wish 运营之优化与爆款打造

⑥ 确保每件产品的正确的尺码和颜色（信息完整有助于提高产品评价）。

第三节　交易管理和售后服务

交易管理是进行运营中的重要环节。一般交易管理主要有 4 个组成部分：管理订单、物流订单、资金管理、评价管理。不同交易平台的交易管理功能差异不大，因此在本节详细展开，仅介绍不同平台的交易管理中的共性和特殊情况。

1. 客户分类管理

在与客户接触的过程中，必须深入了解客户的各种信息，真正懂得客户的需求和消费模式，特别是公司主要盈利来的"金牌买家"。

为更好进行管理，可以将顾客进行分类管理，比如按照目的性，可以分为寻找卖家型，准备入市型，无事生非型，信息收集型，索要样品型，窃取情报型；按地域划分，可以分为欧洲买家，北美买家，亚洲买家等。因此对买家进行很好的分类，将有助于买家的管理、交易和服务及前、后期的展开工作。也可以按照商品知识（无深入了解买家、一知半解买家、非常了解买家）、价格维度（很大方、会试探、爱讲价）或者按照对商品要求（信赖店铺、将信将疑、非常挑剔）进行分类。

再进一步，可以构建一个客户关系管理系统，即 CRM 系统。CRM 有 3 个层级：一是客户个人信息档案；二是客户消费行为档案；三是客户行为轨迹档案。

在客户管理中，将涉及几个指标：

$$活跃访客比例=\frac{平均访问页面大于某值的访客数量}{访客数量}\ 或\ =\frac{平均停留时间大于某值的访客数量}{访客数量}$$

$$成交转化率=产生购买行为的客户数量/所有到达店铺的访客数量$$

$$重复购买率=独立访客重复购买行为的客户占独立访客的比重$$

2．速卖通的询盘管理

询盘也叫咨询，是指交易的一方准备购买或出售某种商品的人向潜在的供货人或买主探寻该商品的成交条件或交易的可能性的业务行为，它不具有法律上的约束力。但询盘处理非常重要，因为充分的沟通不仅可以促成交易达成，还可以减少纠纷，更可以提高顾客忠诚度，实现重复购买和推荐购买。速卖通的询盘路径如下。

路径 1：卖家后台—交易—未读留言。

路径 2：卖家后台—消息中心—订单留言。

路径 3：卖家后台—消息中心—站内信。

路径 4：旺旺的留言。

路径 5：卖家端 App——回询盘，如图 5-38 所示。

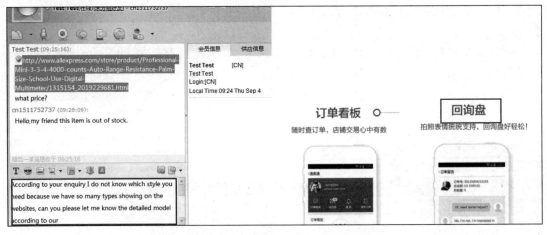

图 5-38　速卖通询盘路径 4、5

这些询盘内容处于不同的订单状态，在处理时，可以为其设定一个优先顺序，一般来说，首先是处理等待买家付款的订单留言，因为不及时回复客户就会流失；其次是处理等待发货的订单留言，这个状态下的及时回复，可以让客户更愿意给予好评；再者是等待买家收货的订单留言，最后是纠纷订单留言，尽管纠纷处理也很重要，但在时间紧迫性上不及其他状态下的留言，毕竟纠纷的处理是需要一些时间的冷静处理的。

3．速卖通平台的评价与纠纷处理

（1）交易评价处理

交易评价反映了卖家的交易数量与质量，是买家下单时所考虑的重要因素。好评率越高，买家下单的机会越大，产品排名越靠前；反之，好评率越低，越会影响产品的排名及曝光。速卖通的评价积分规则都是与店铺经营指标密切相关的。

① 评价机制。

卖通平台的评价分为信用评价及卖家分项评分两类。

信用评价是指交易的买卖双方在订单交易结束后对对方信用状况的评价；信用评价包括五分制评分和评论评分两部分。系统对卖家和买家都设置了信用等级。

卖家分项评分是指买家在订单交易结束后以匿名的方式对卖家在交易中提供的商品描述的准确性（Item as Described）、沟通质量及回应速度（Communication）、物品运送时间合理性（Shipping Speed）三方面服务做出的评价，是买家对卖家的单向评价。

对于卖家分项评分，一旦买家提交，评分即时生效且不得修改。若买家信用评价被删除，则对应的卖家分项评分也随之被删除。对于信用评价，买卖双方均可以进行互评，但卖家分项评分只能由买家对卖家做出。

进入后台之后卖家会看到"等待我评价""等待买家评价"和"生效的评价"。单击"生效的评价"之后，会看到最近所有订单的评价。也可以根据需要去寻找中评和差评的订单。速卖通的规则是，在收到客户评价的邮件之后，卖家先对客户评价，然后才能看到客户给予卖家的反馈。在订单交易完成后的 30 天内，买卖双方需要做出评价，超时之后将无法评价。速卖通信用积分和卖家评价，如图 5-39 所示。

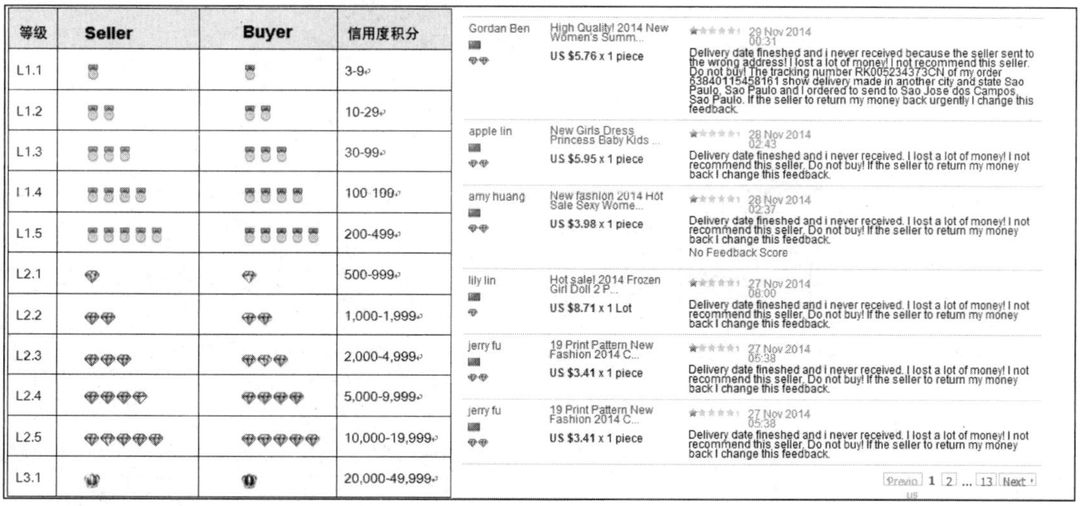

图 5-39 速卖通信用积分和卖家评价

发生以下情况的暂时不能评价：a.买家选择 TT 付款，但最终未获卖家确认的订单无法评价；b.资金审核时系统自动关闭或人工关闭的订单无法评价；c.卖家发货超时，买家申请取消订单并且卖家同意，卖家申请退款结案等交易结束前：全额退款的订单不可评价。

② 查看和管理评价。

登录"我的速卖通"页面，打开"交易"—"管理交易评价"页面中查看评价信息。在自己的店铺上找到该产品，在产品页下方有历史成交记录，同时可以看到买家作出的评价。

如果收到差评，应该及时联系客户，尝试回转的余地，平台支持卖家去自行解决一些差评问题。此时要分析导致差评的原因：a. 由于质量问题产生的差评；b. 由于买家个人使用不当产生的差评；c. 买家在下单前的细节要求没有得到满足产生的差评。针对这些问题，去逐个沟通解决。

如果收到的是中评或好评，就采取 Feedback 营销策略，回复客户的好评。

这样做的好处显而易见。首先，能让给予好评的客户有回头购买的欲望，因为有贴心完善的服务；其次，能够让那些第一次购买的客户放心进来购买。那么对于实在解决不了的差评我们该怎么办呢？是不是放任不管呢？当然不是，我们应该有理有据地说明原因，还要在回复中表明自己接受客户的批评，并会在将来做得更好。

如果一直没收到客户评价，则可以使用平台的"催评价功能"，单击"催评"按钮后进入该订单的留言板。可以留下这样一段话："Dear friend,thank you very much for your order!We are looking forward to do more business with you.If you have any question,please feel free to contact with us directly,our telephone number is …,we will give you the best service.We will be appreciated if you can leave positive feedback as we will do same for you.Have a great day! "。

所有的评价订单都会有评价积分。卖家所得到的信用评价积分决定了卖家店铺的权重并影响曝光。因此，评价的订单越多，可以累积的信用积分就越高。如果我们一个月有 100 个订单，只要能有 60%的客户回头给予评价，我们就能收获更多的信用积分，升级店铺的信誉等级，赢得更多的曝光和更高的转化率。

（2）交易纠纷处理

① 速卖通纠纷处理流程，如图 5-40 所示。

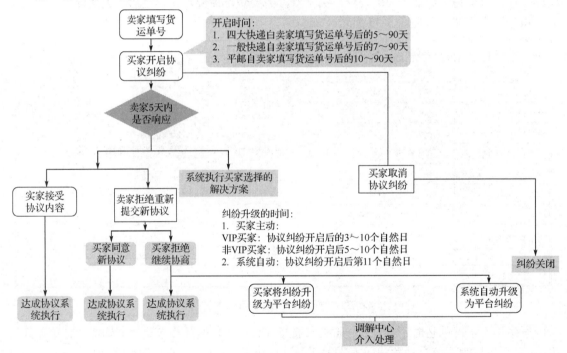

图 5-40　速卖通纠纷处理流程

注意以下 3 个时间。

一是纠纷开启时间，如图 5-41 所示。卖家发货并填写发货通知后，买家如果没有收到货物或者对收到的货物不满意，可以在卖家全部发货 5 天后申请退款，买家提交退款申请时纠纷即生成；承诺运达时间小于 5 天的，全部发货后买家就可以开启纠纷。

二是卖家响应时间，如图 5-42 所示。当买家提交或修改纠纷后，卖家必须在 5 天内"接受"或"拒绝"买家的退款申请，否则，订单将根据买家提出的退款金额执行。但一种情况除外：线上发货的订单，由于物流原因产生的纠纷，不需要卖家响应。

图 5-41　纠纷开启时间

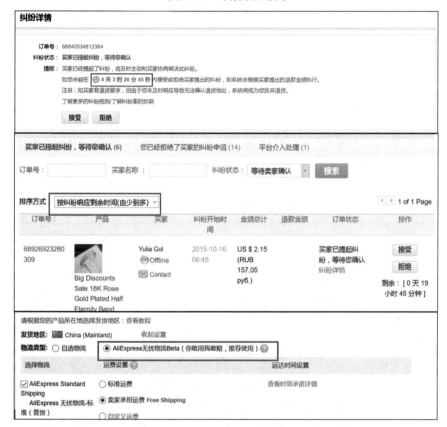

图 5-42　纠纷的卖家响应时间

三是纠纷升级时间，也就是纠纷提交仲裁时间，如图 5-43 所示。对于纠纷，为改善买家体验和增强其对速卖通平台及卖家平台的信心，速卖通鼓励卖家积极与买家协商，尽早达成协议，减少速卖通平台的介入；如果买卖双方协商无法达成一致，则提交至速卖通进行裁决，纠纷提交给速卖通进行纠纷裁决后的两个工作日内，速卖通会介入处理。

订单号：69132804042032

纠纷状态：您已经拒绝了买家的纠纷申请

提醒：您已经拒绝了买家的纠纷申请，同时提供了您的解决方案。
　　　　在此期间您可以继续与买家协商解决此纠纷，同时买家也可升级纠纷要求阿里巴巴介入处理。
　　　　如果您未能与买家达成一致，阿里巴巴将会在 ⏱ 19 天 13 时 38 分 57 秒 后介入处理。
　　　　纠纷规则|了解纠纷率的影响

[接受买家方案]　[修改拒绝方案]

图 5-43　纠纷升级时间

图 5-43　纠纷升级时间（续）

② 纠纷处理相关指标。

目前，网站与纠纷相关的卖家考核指标共有 3 个，分别是纠纷率、卖家责任提起率、卖家责任裁决率，如表 5-2 所示。设定这 3 个考核标准的初衷，就是为了区分卖家的服务能力，也让买家能够找到服务能力相对较好的卖家。

表 5-2　纠纷相关指标与处罚

指标	考核点	处罚措施
纠纷率	卖家被提起纠纷的情况	影响卖家的产品曝光
卖家责任提起率	卖家未解决的纠纷提交到速卖通的情况	严重影响卖家的产品曝光，比率过高，会导致卖家
卖家责任裁决率	速卖通裁决的卖家责任纠纷订单的情况	产品一段时期内无法被买家搜索到

③ 纠纷原因和应对方法。

处理纠纷的前提是分析原因，只有这样才能相应地找到解决方法。

a. 买家未收到货物类纠纷，造成买家未收到货的原因可能是海关扣关、货物还在运输途中暂未到达、包裹原件被退回、物流信息查不到或异常（如信息显示在其他国家）、物流信息显示货物已经妥投、买家拒签、因货物途中丢失等。

查找纠纷原因—搜集详情—判断接受还是拒绝。第一步通过站内信向客户解释，第二步向平台提交拒绝的理由，如图 5-44 所示。

图 5-44　提交平台拒绝理由

b．已收到货的纠纷原因可能是：质量问题、描述不符，也可能是恶意的纠纷。

分析纠纷原因—判断接受还是拒绝纠纷—提出解决方案。先与客户协商，再同意客户方案。

④ 在处理纠纷过程中该如何提交证据（Media Fire）。

Media Fire 是美国开发的网络存储性网站，注册会员可以使用该网站上传的下载文档、视频及可读性文件，如图所示。上传及下载文档都必须先在网站上进行注册，用 E-mail 地址即可进行注册。目前，在纠纷阶段遇到容量较大的图片及视频证据时，买卖双方可以将证据上传至 Media Fire，以方便下载查看。

单击"Sign Up"按钮进行注册，可以注册的会员类型有 3 种，其中两种为付费性质，一种为免费性质，免费会员可以使用的最大存储空间为 10GB。选择自己想要的会员类型，单击"Get Started"按钮，在信息填写页面填写完相应信息后单击"Create Account & Continue"按钮，即可完成注册。注册完成后页面显示如图 5-45 所示。

图 5-45　提交处理纠纷的证据

上传所有需要保存的文件。选择文件后，单击"Upload Files"按钮后，网站进行上传操作，上传完成后复制自己的证据链接，放到阿里的平台上。

总而言之，纠纷并不可怕，卖家应该调整自己的心态。记住 3 点：将心比心、有效沟通、保留证据。

4．亚马逊平台的评价管理

亚马逊订单管理界面可以查看不同状态的订单，可以查看买家消息，点击确认发货（只有确认发货了，亚马逊才可能结算货款），若有发票要求确认发票，订单取消和退款管理，还可以链接访问卖家论坛。

正如前面提到，评价对亚马逊平台卖家非常重要，因此，下面重点介绍亚马逊评价管理。

亚马逊的评价有以下两种。

Product review（产品评价）：针对产品进行评价，只要在亚马逊上买过产品，就可以对任意 5 个产品留下 review。显示的位置在产品主图旁边，标题下方。

Customer feedback（客户评价）：买家针对订单做出的评价，针对产品品质、服务水平、发货时效、物品与描述是否相符等选项选择星级，并撰写评论。在 listing 页面点击 sale by××××，进入×××的账户，可以看到 feedback，如图 5-46 所示。

图 5-46　Amazon 的 feedback

产品 listing 编辑发布后，这个 listing 的所有权就属于平台，卖家可能可以保留编辑权，其他卖家如果有销售相同的产品，可以进行跟卖，因此 review 并不是只针对一个卖家的评论，卖家可以管理的评价是客户评价 feedback。

客户评价对 listing 的影响表现在几个方面，首先是直接影响 ODR 指标（前面已经介绍，ODR 指标包含 feedback、A-to-Z、chargeback），平台根据 ODR 确定是否给某个卖家 Buy Box；其次是间接影响 listing 的曝光量、流量和销量。

① 提高客户评价的技巧。

a. 做好自己的产品和服务。提供高质量的产品，这是得到好评最简单、最直接的方法之一；提供高品质的服务，客服周到、发货及时、发货与描述一致，尽最大努力让客户满意；注意细节，比如包装细节，欧美人较为重视产品包装；赠送一些精致的小礼品等。

b. 主动索要好评。在商品包装袋内放置一张卡片，鼓励客户留评，但要注意措辞，不能有"好评给优惠"这类承诺，否则会被投诉。

与网络红人合作，定期提供产品优惠券，邀请网络红人写好评等。

【Tips】索要好评的参考模板："Hello，Amazon valued customer，（你的产品名称）order has been shipped. It left our warehouse earlier today on its way to you! You can expect it on your doorstep within the next（货物寄达天数） days（most likely sooner）.You made a great customer choice shopping with us. At（你的产品名称），we truly care your customer experiencee and, just importantly, your product experiencee.We are 100% dedicated to your complete satisfaction. Feedback and Product Revviews help us provide you and all（你的产品名称） product and Amazon customers with a better product and service.

Leave product review:product name 1（产品链接）

Leave product review:product name 2（产品链接）

Leave product review:product name 3（产品链接）

That's it for now. We appreciate value your business. If you have any questions or concerns,please let us know. If you do not receive your item within（需送货天数）days, then please contact Amazon support here: Amazon Customer Support"。

② 差评怎么办。

a.首先是在态度上，针对差评买家，不能给客户施加压力，不断骚扰或者威胁利诱，这很容易被客户投诉，而亚马逊是很注重保护买家的，会影响卖家账号；针对中评买家，可以邮件沟通，问清楚中评的原因，如果是产品原因，可以与客户解释并保证会提高产品质量，希望客户给一次机会，并将沟通过程截图给亚马逊，说明客户的评价针对的是产品，而不是服务，希望能移除。

b．亚马逊官方移除：有以下类型的 feedback 是可以请平台移除的。

污言秽语：亚马逊官方认定的脏话可以移除。

涉及个人隐私：比如在评论中涉及个人的 E-mail、名称、地址、电话等，都可以移除。

针对产品的评价：关于产品质量如何的评论，混淆了与前台页的 review，可以申请移除；但如果买家评论是产品货不对版或者产品坏了，这是服务问题，会被认为是合乎规范的 feedback，不能移除。

到货太慢：客户主观反馈收到货太慢，但实际上未超过时效的。

没收到货：客户没有收到货，并且卖家已经退款了，这种情况下客户在 feedback 中评论说未收到货，可以申请平台移除。

c．移除不掉的差评。

要写回复，这时的回复是留给能看到这些信息的其他消费者看的，最好清楚解释客户提出的质疑，并说明自己的处理方法等，让其他消费者从中看到卖家的立场和服务态度，无论客户是否真的蛮不讲理，在回复中卖家都不能言语侮辱或者攻击谩骂。

适当借助电话：不能仅靠邮件，可以适当打电话沟通，但电话沟通需要有几点：一是注意时间和电话节奏，免得被客户认为被骚扰；二是电话前准备好要沟通的内容，以免沟通不流畅；三是要表现出自己的诚意，表示出对客户的尊重；四是要保证能帮客户解决问题。

与国内网民交易前后喜欢咨询的习惯不同，欧美国家消费者大部分选择直接下单，即便是速卖通平台客户也是如此，速卖通数据统计，有 80%以上的速卖通买家会不咨询直接下单。如果需要联系，也更愿意选择邮件方式，因此亚马逊并没有如速卖通一样的旺旺聊天工具，而是要求卖家对顾客的邮件在 24 小时之内回复即可，若未在 24 小时之内回复，也会影响卖家绩效，因此，以防万一，可以在回复界面设定自动回复功能。

d．提供帮助：请客户帮忙移除中差评的时候，最好能给予指导和帮助，因为很多客户并不知道如何操作。差评移除的流程：进入客户的 Your Account—Personalization—Community—Seller Feedback Submitted by you。

复习思考题

一、简答题

1．在使用数码相机时需要关注哪些重要功能？

2．简述产品分组的作用。

3．简述亚马逊单一页面中获得购物车的关键要素。

4．简述速卖通平台的 DSR 评分要素。

5．简述影响速卖通流量分配的关键要素。

6．简述影响速卖通搜索排序的关键要素。

7. 简述影响速卖通转化率的关键要素。

8. 什么是 GCID 备案？简述如何备案。

9. 简述 Wish 健康店铺的评价指标。

10. 简述速卖通纠纷处理流程及其关键时间点。

二、实训题

1. 在速卖通实训平台独立完成产品发布。

2. 在速卖通平台查找不符合规则的产品图并指出违规之处。

3. 找到一个产品，按照亚马逊平台要求，整理产品发布时需要填写的产品信息。

4. 找到一个产品，按照 Wish 平台要求，整理这个产品的 10 个标签。

5. 写一封希望客户移除因怀疑货未到而实际正常交货的负面反馈的邮件。

三、论述题

1. 比较亚马逊、Wish、速卖通等平台运营规则的异同性。

2. 比较亚马逊、Wish、速卖通等平台标题和关键词设置的异同性。

3. 比较亚马逊 A9 算法和 A10 算法的变化。

4. 讨论跟卖、反跟卖的利与弊。

5. 比较亚马逊、速卖通索要好评的方法。

第六章
跨境电商营销推广

【章节导论】跨境电商营销推广分为站内推广和站外推广。首先，本章介绍了几种通用的站外推广：搜索引擎营销、电子邮件营销、SNS 社交媒体营销；然后，在搜索引擎原理的基础上重点介绍了关键词和关键词竞价排名方法，在六度分隔理论基础上介绍了 Facebook、LinkedIn、Pinterest 几种社交网络媒体的推广方法，在站外推广基础上介绍了速卖通、亚马逊、Wish 的站内推广活动；最后，介绍了如何进行网络营销推广效果评估。通过学习本章，我们可以掌握营销推广的相关理论，学会将这些理论应用到跨境电商的站内和站外各种营销推广活动中，从而指导跨境电商实践。

第一节　搜索引擎营销

1. 搜索引擎的原理

亚马逊、速卖通等电商平台都有内部搜索引擎，亚马逊的搜索引擎和算法几乎与 Google 齐名，因此要进行搜索引擎营销就要掌握搜索引擎的原理。

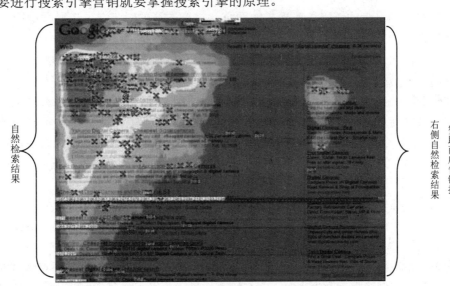

图 6-1　搜索引擎的搜索结果关注程度

搜索引擎是引流的第一渠道，一般网站的访问流量来自搜索引擎。用户对搜索结果的不同页面或页面不同位置的关注程度是有很大差异的，90%的用户只查看前三页的搜索结果，而62%的用户只点击搜索结果第一页的链接。图 6-1 显示了 Google 搜索结果的金三角现象，左侧是自然检索结果，右侧是赞助商广告链接，从图 6-1 中可以看出，自然排名前三位的结果被点击的概率为 100%，而右侧赞助商广告链接被点击的概率只有前三位较高，且最高概率不过50%。可见，要做搜索引擎营销，就要争取让搜索结果排在前面的位置，这样才更有效。

搜索引擎包含搜索器——一个遵循一定协议的计算机程序（蜘蛛程序）；分析器——从蜘蛛程序抓回的网页源文件中抽取主题词，并对其赋予不同的权值，以表明相关程度；索引器——生成从关键词到 URL 的关系索引表；检索器——根据用户输入的关键词在索引器形成的倒排表中进行查询；用户接口——用户输入搜索请求和显示搜索结果的接口。

搜索引擎的运作原理如图 6-2 所示。

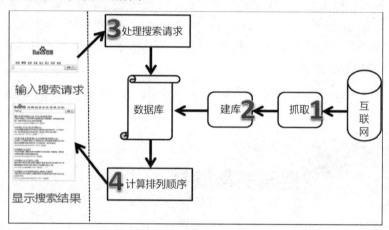

图 6-2　搜索引擎的运作原理

（1）蜘蛛程序抓取：抓取并保存互联网上对用户有价值的资源

蜘蛛程序从数据库中已知的网页开始出发，先访问这些网页并抓取文件，再把文件存入数据库，并跟踪网页上的链接访问更多的网页，这个过程就叫爬行。当通过链接发现新的网址时，蜘蛛程序会把新的网址记录到数据库等待抓取。跟踪网页链接是蜘蛛程序发现新网址的最基本的方法之一。当蜘蛛程序挖出每个网页的 HTML，且不再有链接指向其他页面时，它就会返回。

互联网上的网页有很多，仅中国网页的数量就达到千亿级别，而被蜘蛛程序抓取并被建立索引的网页数量则达到百亿级别，用户能看到的网页数量约为 10 亿个，最后真正被点击的网页只有 1 亿～2 亿个。因此做搜索引擎营销，一方面，要让搜索引擎主动抓取网页，多建立知名网站链接；另一方面，主动将网页发送给搜索引擎，把新的网址存入数据库。

（2）对蜘蛛程序抓取的网页建立数据库

对蜘蛛程序抓取的网页进行分解和分析，记录网页信息和关键词信息，并以表格的形式将其储存在数据库中，网页文字内容和关键词出现的位置、字体、颜色、加粗、斜体等相关信息要有相应的记录。

最简单搜索数据库有一个含有每个词的记录，紧跟着是含有这个词的所有网页的列表。当一个搜索引擎正在创建搜索数据库时，它会检查蜘蛛程序发现的每个网页中独特的词，检查每个词是否在数据库中有记录。如果一个词在数据库中有记录，就要在记录的末尾加上这个网页的地址；如果没有记录，就要创建一个包含网址的新记录。搜索引擎将每个网址转换成独特的数字，并将它们存储在数据库中。比如当搜索引擎搜索"电商企业"时，先查看数据库，找到关键词"电商企业"的记录，记录有 7221 条，并发现有新的网页，再给新的网页分配编号 7222，在包含关键词"电商企业"的文件中添加 7222 编号，而这个编号对应的 URL 链接地址、标题和描述都将被存入数据库中，如表 6-1 所示。

表 6-1　搜索数据库内容示例

文件	URL	标题	描述
7221	www.eblab.com	电商实验室	××××××
7222	www.ebca.com	电商中文网站	××××××
…	…	…	…

（3）处理搜索请求

前面两步是在用户搜索之前搜索引擎所做的准备工作。用户在搜索引擎键入词汇并单击搜索按钮后，搜索引擎程序便对输入的搜索词进行处理。先分析搜索请求，比如中文特有的分词处理、去除停止词、判断是否有拼写错误或错别字、同义词处理等情况，对搜索词的处理十分迅速；再筛选与搜索请求相匹配的结果，用户使用的搜索词经过切词可以被分为多个关键词，匹配就是从多个关键词的数据表中找到同时包含的那些网页。

（4）对匹配出来的网页进行排序

搜索结果大多是按照"相关性"来排序的，即与搜索请求相匹配的程度。而"相关性"是由不同要素按照一定的公式计算出来的算法，要素主要包含关键词密度（关键词在网页上出现的频率越高越好）、关键词突出度（关键词在网页上出现的位置越突出越好）、链接流行度（被其他网页链接得越多越好）。购物搜索引擎排序的要素还可以加上价格、评分、销售量、店铺等级等，每个搜索引擎的要素都不同，每个要素的重要程度也不同，比如速卖通的搜索排序规则。这就是算法中的核心机密部分，比如 PageRank 是 Google 排名运算法则的一部分，是 Google 用来标识网页的等级或重要性的一种方法，是 Google 用来衡量一个网站的重要标准。

2. SEO 与 SEM

SEO 是指在了解搜索引擎自然排名机制的基础上，对网站进行内部及外部的调整优化，改进网站在搜索引擎中的关键词自然排名，以获得更多流量，从而达成网站销售及品牌建设的目标。SEO 主要通过技术手段来获得更好的自然排名，而 SEM（Search Engine Marketing，搜索引擎营销）则通过技术手段和付费手段，如付费的关键词广告、关键词竞价排名等综合作用来获得更好的搜索排名。

若跨境电商企业是通过自建网站从事跨境电商交易，或在第三方平台注册开店但同时自建网站进行营销推广辅助，此时自建网站就需要进行 SEO 优化。优化的目的是让网站在被各大搜索引擎中实现良好收录、良好排名、良好展现。

实现搜索引擎，需要从网站机构、标题和内容方面进行优化。第三方平台上的网店也可以从这几个方面进行优化，归根结底，站内搜索要遵循搜索引擎的基本原理。

SEO——结构优化：当客户访问网站时，应该通过主页到达任何一级栏目首页、二级栏目首页及最终内容页面；通过任何一个网页返回上一级栏目页面并逐级返回主页；网站主栏目清晰且全站统一；每个页面有一个辅助导航；通过任何一个网页进入任何一个一级栏目首页；如果产品类别或信息类别较多，就要设计一个专门的分类目录；设计一个表明站内各个栏目和页面链接关系的网站地图；让客户在首页点击一次可以直接到达重要内容页面，如核心产品页面等；任何一个网页最多经过 3 次点击可以进入任何一个内容页面。

SEO——标题优化：网页标题不宜过短或过长，一般来说，6～10 个汉字比较理想，最好不要超过 30 个汉字；网页标题应概括网页的核心内容；网页标题中应含有丰富的关键词。

SEO——内容优化：网页要有标题，或者标题要包含有效的关键词；网页正文中的有效关键词不应太多；不要堆砌关键词；不要大量使用动态网页；网站 URL 层次不应过多；其他已经被搜索引擎收录的网站提供的链接应与高质量的网站链接；网站内容要经常更新；网站中不含有错误链接；每个网页都有独立的概述网页主体内容的网页标题；每个网页都应该有独立的反映网页内容的 META 标签（关键词和网页描述）；每个网页标题应该包含有效关键词；每个网页主体内容应该含有适量的有效的关键词文本信息；某些重要的关键词应在网页中保持相对稳定。

3. 关键词和关键词竞价排名

（1）制作全面且精准的关键词的方案

要制作全面且精准的关键词，需要 4 步：寻找核心词、拓展关键词、筛选关键词、分类关键词。

① 寻找核心词。

搜索引擎营销

首先，从潜在客户的搜索习惯出发，也就是以终为始，从需求出发，全方位寻找产品或网站的核心词；其次，内容为王，深入挖掘自身和竞争对手，从核心产品或服务的方向寻找核心词，这是核心词的主要来源；再次，要学会触类旁通，发现客户和网民常用的核心词，并将其作为核心词的补充来源；最后，善假于物，挖掘目标受众人群的搜索行为、偏好、兴趣，发现潜力核心词。

一般核心词可以分为 4 类：产品词，是指企业提供的产品或服务的名称、别称，它能体现网民明确的搜索意图，是企业关键词词库中的必备词。产品咨询词，是指用来咨询产品或服务相关信息的贴近网民口语的词汇、短句，它往往比较接近潜在客户的意图，并且容易影响客户的购买决策，是企业关键词词库中的明星词。品牌词，是指特定的能够独一无二地体现品牌名称的词；搜索品牌词的网民，都是带着明确目标进行主动寻找的潜在客户，所以品牌词是企业关键词词库中至关重要的战略词。行业词，是指表达产品和服务所在类别、体现行业特殊性的词，这类词可能会影响潜在客户对同类产品的偏向，启发新的需求；同行业的企业都会提到行业词，因为它是企业关键词词库中的潜力词。

当需要验证核心词到底是不是客户需求时，我们可以借助一些工具，比如百度指数，如图 6-3 所示，百度指数是以海量网民行为数据为基础的数据分享平台。百度指数既可以帮助用户了解某个关键词在百度的搜索规模有多大，一段时间内的涨跌态势及相关的新闻舆论变化，关注这些词的网民是什么样的、分布在哪里、搜索了哪些相关词，又可以帮助用户优化数字营销活动方案，还可以对单个词的趋势（包含整体趋势、PC 趋势、移动趋势）、需求图谱、舆情管家、人群画像，以及对行业的整体趋势、地域分布、人群属性、搜索时间特征进行研究。

其他类似的工具，还有百度司南、百度风云榜；国外类似的工具有 Google Trends。

② 拓展关键词。

在寻找核心词的基础上，可以进一步拓展关键词，以构成长尾关键词。长尾理论解释了长尾关键词对于中小卖家的重要性。我们可以从 8 个维度对核心词进行拓展，如图 6-4 所示。

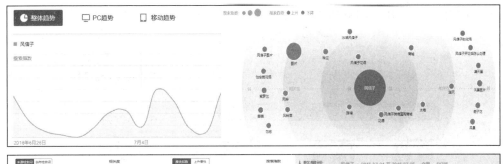

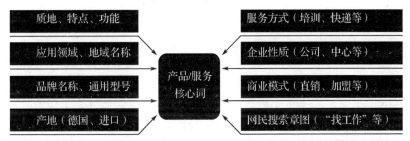

图 6-3　百度指数分析

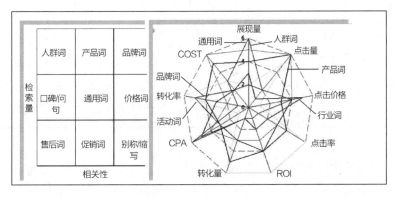

图 6-4　核心词拓展方向

③ 筛选关键词。

通过前面两步，我们可以发现大量关键词，但不可能每个关键词都会被采用，一是预算不允许，二是不需要，因此，我们要根据推广需要、KPI（Key Performance Indicator，关键绩效指标）、预算进行提炼和筛选。

④ 分类关键词。

结合人们的购买行为模式，我们可以对所有的关键词进行分类，将关键词分为人群词、产品词、通用词、行业词、品牌词等。不同类型的关键词在检索量和相关性方面有所不同，同时在展现量、点击率、转化率等方面也有所不同，如图 6-5 所示。

图 6-5　关键词的分类

网民在不同时间使用不同类型的关键词，在推广时会结合时间段选择关键词类型，如图6-6所示。

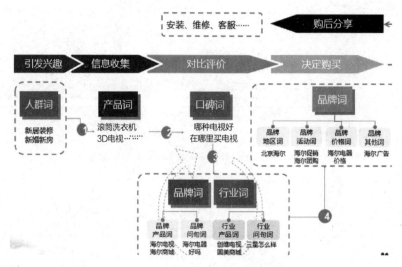

图 6-6　不同类型关键词的使用时间段

（2）关键词的触发机制——匹配模式

大多数平台要求标题不要堆砌关键词，但很多卖家担心这样做会丢失许多潜在客户，比如产品既是长裙又是棉质裙子，"长裙""棉质裙子"这两个关键词都会被客户搜索，那么标题是否应该写成"×××long dress××cooton dress×××"呢？这就需要理解关键词的触发机制——匹配模式。

当消费者在搜索框输入搜索内容时，搜索引擎会进行不同方式的匹配。精确匹配意味着精准触发，也就是说，除非关键词是输入的内容，否则不会被搜索到。广泛匹配则可以匹配同义词、近义词、相关词、变体形式、包含关键词的短语等，只要标题与消费者的搜索内容满足这些情况，就可以匹配成功。短语匹配包括完全包含、中间插入、前后颠倒、词后增加、同义词这 4 情况；一些搜索引擎还可以设定否定词。

如果卖家采用的关键词是 long dress，那么不同的匹配方式可以得到不同的推广结果，如表 6-2 所示。

表 6-2　不同关键词匹配的结果

网民搜索词	广泛匹配	短语匹配	精确匹配	广泛+否定词：silk
long dress（完全包含）	Y	Y	Y	Y
long cooton dress（中间插入）	Y	Y		Y
dress long（前后颠倒）	Y	Y		Y
long dress silk（词后增加）	Y	Y		
length dress（同义词）	Y	Y		Y
length skirt（相关词）	Y			Y

（3）关键词竞价排名

竞价排名，是一种按效果付费的网络推广方式，它用少量的投入为企业带来大量潜在客户，可以有效增加企业的销售额，提高品牌知名度。竞价排名的基本特点是按点击付费，推广信息会出现在搜索结果中（一般是靠前的位置），如果推广信息没有被客户点击，就不收取推广费，比如速卖通的直通车和 Wish 的 PB（Product Boot，Wish 广告推广的主要工具）。在跨境电商平台以外的搜索引擎中，中国的百度和美国的 Google 都是竞价排名的先驱者。值得一提的是，竞价排名并不是万能的，还需要企业将自己的店铺或网站经营好、优化好。

Google AdWords 是一种通过使用 Google 关键字广告或 Google 遍布全球的内容联盟网络来推广网站的付费网络推广方式，包括文字、图片及视频广告在内的多种广告形式。当客户使用某个关键字在 Google 上搜索时，企业的广告可能会被展示在搜索结果旁边，这时，企业是在向已对产品表现出兴趣的目标受众展示广告，客户点击广告即可进行购买或了解详细情况。Google AdWords 是按点击量计费的，广告被点击一次就收一次钱。

Google AdWords 可以精确地覆盖目标受众，更全面地控制预算，能带来可衡量的价值回报。

Google AdWords 提供的 Google Keywords Planner 是一款寻找关键词的工具，无论是做广告还是 SEO，都可以用它寻找关键词，它的功能强大、齐全且使用免费，经验丰富的老手和新手都用得上。

关键词竞价排名

在使用 Google Keywords Planner 之前，需要先登录 Google AdWords 并注册一个账号，注册过程很简单，只要有邮箱就可以注册，并且不用充值就可以使用。

第二节　电子邮件营销

1．电子邮件营销的特点、指标和前提

电子邮件营销（E-mail Direct Marketing，EDM）也称许可 E-mail 营销，是企业在用户事先许可的前提下，借助 EDM 软件以电子邮件的方式向目标用户传递有价值的信息的一种网络营销手段。EDM 软件有多种用途，可以发送电子广告、产品信息、销售信息、市场调查信息、市场推广活动信息等。

（1）电子邮件营销的特点

精准直效：精确筛选发送对象，将特定的推广信息投递给特定的目标人群。

个性化：根据不同的发送对象制定个性化内容，确保发送对象收到符合需求的信息。

信息丰富：文本、图片、动画、音频、视频、超级链接都可以在电子邮件营销中体现。

可追踪分析：根据用户的行为，统计打开率、点击数并加以分析，以获取销售线索。

（2）电子邮件营销的指标

打开率：是指打开发送的邮件的人所占的比例。电子邮件的打开率是通过在电子邮件中放置一张微型图片来统计的，但是许多电子邮件服务商会拦截微型图片，使微型图片无法显示，因此用户可能打开了邮件，但系统记录用户没有打开，除非用户主动使电子邮件中的微型图片显示出来。有报告认为，标准的打开率根据收件人列表质量不同最多可能会降低 35%。

点击率：是指点击数除以邮件打开数（注意，不是发信总数）得到的百分比。不同的公司以不同的方式来衡量点击率，用户每打开一次邮件，是所有的点击数都计算在内还是只算一次

呢？对于这个问题，现在还没有统一的答案。之所以点击率非常重要，是因为电子邮件营销的目的是吸引用户访问着陆页或网站。

送达率：是指到达用户收件箱（相对于进入垃圾邮件箱或"收件人不详"）的邮件数除以邮件发送总数得到的百分比。如何使邮件成功进入收件箱是一个相当复杂的过程。

退信数：是指因"无法送达"而退还的邮件数。退信的原因可能是邮件地址拼写错误、邮件收件箱已满，也可能是其他原因。如果 EDM 软件的收件人列表是通过购买或租借得到的，那么退信数是非常重要的，因为它能告诉 EDM 软件购买的邮件地址有多少个是无效的。

（3）电子邮件营销的前提

① 许可/双重许可。

电子邮件营销的基本前提是基于用户许可，因此 EDM 软件中收件人列表有 3 种设置："许可式"是指收件人选择加入你的列表并允许你给他们发信；"双重许可"是指收件人给了你两次许可（一般通过电子邮件中的确认链接）；除此之外，所有的列表都被认为是潜在客户列表（通常通过购买和租借得到）。不可否认的是，未得到用户许可的电子邮件基本会被当作垃圾邮件处理，有时还会因此陷入一些法律纠纷之中。

② CAN-SPAM。

2003 年，由于收件箱中的垃圾邮件泛滥成灾，美国国会通过了反垃圾电子邮件法案，且法案于 2004 年 1 月 1 日生效，这是自互联网出现以来美国首次通过关于影响民众日常生活的垃圾邮件问题的管制法案。它规定了人们在发送邮件时必须遵守的一系列条款，如果有人违反了条款，就会被纳入垃圾邮件发送者的行列，并面临罚款的潜在处罚，单人罚款最高可达 16000 美元。

法案规定发信人的邮件地址必须是自己的，而且是真实的，客户在邮件中看到的信息必须是基于发信人的网站或店铺的经营业务；邮件的主题不能欺骗客户，比如主题中承诺有商品折扣，但邮件正文中却没有说明，这就是"误导"；必须在邮件底部或其他地方注明"这是广告"；在邮件的某个地方，必须提供一个可以收到信件的真实存在的物理地址，以保证发信人不是一位垃圾邮件发送者；需要让收件人知道如何退订，有"完全退订"的选择按钮，且不能收取任何退订费用；如果有人退订，必须在 10 天内将其从相应的收件人列表中移出去；发信人需要为任何被其雇佣或授权代其发送市场推广邮件的人的行为承担法律责任，所以需要注意市场代理的所作所为。

③ 退订/反订阅。

退订/反订阅是指收件人从发信人的收件人列表中自行退出的能力，其中有两种方式：完全退订和针对某一列表的退订。完全退订是指收件人要求退出发信人所有的收件人列表，不再收到发信人发出的任何邮件；针对某一列表的退订是指收件人要求退出发信人的某一收件人列表，不再收到发信人发给这个列表的任何邮件。比如，收件人不愿意收到特惠信息，但又想收到每周新闻。

2．电子邮件营销的内容和步骤

（1）电子邮件营销内容的撰写

撰写电子邮件营销内容需要注意几个基本原则：主题明确、保持灵活性、内容的精简性、谨慎选择邮件的格式、邮件要素要齐全。

① 主题明确并有吸引力。很多人收到邮件后大都一扫而过，是因为邮件标题无亮点、不能吸引人，一个好的明确的主题是收件人愿意打开邮件的关键。邮件的主题可以采用多种形式，比如问题形式、公告形式、幽默形式等。

② 内容简练。内容要尽量精简，一般主要是客户关注的内容、店铺最近热卖的商品、节假日或季节类活动公告等，可以在邮件中为收件人提供一个有截止时间的活动优惠代码，同时也要留给收件人一定的时间和空间去使用。版面尽量简洁，突出主题，从而提高点击率。

③ 内容要回避敏感词汇。不使用敏感及有促销含义的文字，比如免费、优惠、特惠、特价、低价、便宜、廉价、赚钱、群发、发财、致富、代开、薪水、交友、支付、商机、法宝、宝典、秘密、情报、机密、保密、绝密、神秘、秘诀等。而国外有一些英文词汇也是常见的垃圾邮件关键词，在撰写内容时要避免使用的敏感关键词有：acne、adipex、adult、advertisement、advertising、advicer、allergies、auto loan、baccarat、beat stress、booker、burn fat、buy online、came up a winner、career opportunity、casinos、click here、click to win、credit card、cyclen 等。

④ 邮件格式灵活。既可以采用 HTML 格式，又可以采用纯文本邮件。HTML 格式的邮件可以包含色彩、表格和图片；而纯文本格式的邮件只能包含文字。事实上，两种格式的邮件都要发送出去，因为不是所有的邮件客户端都支持 HTML 格式的邮件。纯文本邮件的召回率比带图邮件的召回率（被准确分类比例）高，但要防止被显示为乱码，比如 QQ 邮箱邮件，如果未在代码中进行设置，邮件中的文字不能自动换行，Gmail 邮箱邮件内容的字体会自动放大，与原来设定的字符大小不一致，因此可以使用 UTF-8。

⑤ 图片大小和打开问题。图片不能太大，一般小于 15KB，数量也不能太多，一般少于 8 张，免得邮件打开的速度太慢让收件人失去耐心；图片地址要采用网络空间，否则收件人看不到；图片名称不能含有 "ad" 字符，否则会显示成 "被过滤广告"。

⑥ 回避使用需要插件打开的内容。邮件中不要使用 Flash、Java、Javascript、frames、i-frames、ActiveX 及 DHTML，否则收件人打不开邮件，或者收件人在电脑上安装了一些插件却被收件人删除邮件；为避免收件人收到的邮件乱码或图片无法浏览，可以制作一个与邮件内容一样的 Web 页面，在邮件顶部写上 "如果您无法查看邮件内容，请点击这里"，将链接放到有同样内容的 Web 页面。

⑦ 避免使用易被过滤和识别的标签。邮件中不要使用 "<table></table>" 以外的 body、meta、html 之类的标签，部分邮箱的系统会把含有这些内容的邮件自动过滤掉。

⑧ 链接使用要谨慎。可以在邮件中加入一些链接，但数量不能过多，链接要写成绝对地址而非相对地址，例如<a href= "http://www.seo9go.com">文字或图片</a>；不要使用地图功能（map）链接图片，否则邮件会被大多数邮箱划分为垃圾邮件。

⑨ 发送数量有节制。单个用户推送频率每周少于 3 封，另外，发送的邮件超过 20 万封，其主题内容要更换。

（2）电子邮件营销的步骤

① 确定发送对象。如果公司本身拥有足够的用户 E-mail 地址资源，则可以先利用内部资源。决定是否利用外部列表投放 E-mail 广告，需要选择合适的外部列表服务商。

国内 10 家知名的 EDM 服务提供商：Webpower、Radica System、Focus Send、思齐软件、亿邻商邮、脉展软件、绿邮网、华思邮件营销、Comm100、亿业科技。

② 设计邮件内容，针对内部邮件列表和外部邮件列表分别设计内容。结合内容撰写的注意事项进行设计，最好进行顾客细分，比如区分新客户、老客户、价格敏感性客户等，针对不同类型的客户设计不同的邮件。

③ 根据计划向潜在客户发送电子邮件。这关系到精心制作的 EDM 是否准确到每位客户，在发送电子邮件时使用专用的邮箱会更显得专业；选择合适的发送时间也是吸引客户看 EDM 的好方法，比如京东向潜在客户发送电子邮件大部分集中在"7～9 点"和"11～13 点"，这两个时间段恰恰是上班族打开电脑或疲倦时想要休息的时间。

④ 对电子邮件营销活动的效果进行分析和总结。通过对邮件的后续数据进行监测，掌握邮件的到达率、打开率、点击率等各方面的数据，既可以判断 EDM 设计得怎么样，又有利于我们下次的设计。当然，还需要结合店铺的转化率看电子邮件营销活动是否提高了转化率。

第三节　SNS 社交媒体营销

1. 六度分隔理论

六度分隔理论又被称为六度空间理论，这个理论可以通俗地阐述为：你和任何一个陌生人之间所间隔的人不会超过 6 个，也就是说，最多通过 6 个人你就能够认识任何一个陌生人。该理论于 20 世纪 60 年代由美国社会心理学家期坦利·米尔格兰姆提出。

1967 年，美国哈佛大学社会心理学教授斯坦利·米尔格兰姆做了一个著名的实验，他在内布拉斯加州和堪萨斯州招募了一批志愿者，随机选择其中的 300 多人，请他们邮寄一个信函。信函的最终目标人是米尔格兰姆指定的一名住在波士顿的股票经纪人。由于几乎可以肯定信函不会直接寄给目标人，米尔格兰姆就让志愿者把信函发送给他们认为有可能与目标建立联系的亲友，并要求每个转寄信函的人回发一封信函给米尔格兰姆本人。出乎意料的是，60 多封信最终到达了股票经纪人手中，并且这些信函经过的中间人平均只有 5 个，也就是说，陌生人之间建立联系的最远距离是 6 个人。1967 年 5 月，米尔格兰姆在《今日心理学》杂志上发表了实验结果，并提出"六度分隔"假说。

1998 年年初，康奈尔大学的两名研究者通过构建社会网络的数学模式——小世界模型，如图 6-7 所示，解释了 60 亿人如何靠着 6 条"联系"与别人相连，从而开辟了社会网络研究的源头。

从数学方面理解，既然两个人之间由 6 个人介绍，那么他们一定是经过了 7 次介绍，现在世界人口是 65 亿人，对 65 亿开 7 次方根，结果是 25.2257，我们就算 26 个人，那么如果满足六度空间的结论，每个人至少和社会中的 26 个人有联系就行。

2001 年，哥伦比亚大学社会学系的登肯·瓦兹主持了一项关于六度分隔理论的验证工程。166 个国家的 60 000 多名志愿者参加了该研究。瓦兹随机选定了 18 个目标，比如一名美国的教授、一名澳大利亚的警察、一名挪威的兽医等，要求志愿者选择其中的一人作为自己的目标，并发送电子邮件给自己认为最有可能发送邮件给目标的亲友。瓦兹曾在科学学术期刊《科学》杂志上发表论文表明，邮件要达到目标平均只要经历 5～7 个人。

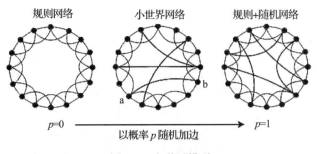

图 6-7　小世界模型

你和任何一个陌生人之间所间隔的人不会超过 6 个，也就是说，最多通过 6 个人你就能够认识任何一个陌生人。SNS 网站就是成功运用六度分隔理论的网站。

SNS 英文全称为 Social Network Sofware，即社交网络软件，国际上以 Facebook、Twitter、Instagram、Pinterest、VK ontakte 等 SNS 平台为代表，旨在帮助人们建立社会性网络的互联网应用服务。SNS 网站，就是依据六度分隔理论建立的网站，以认识朋友的朋友为基础，扩展自己的人脉，并且无限扩张自己的人脉。这样的社交网络包含几种类型：一是主流社交类，如Facebook、VK ontakte、Twitter 等，它们需造势、积粉、长线操作，适合有专人操作的团队，流量大、转化低；二是图文视频分享类，如 Pinterest、YouTube 等图文分享网站，以及 TikTok等视频分享网站；三是购物分享类，如 iTao 等，操作简单，效果立竿见影，适合各层级卖家；四是其他类型的网站，如论坛、博客等。

在进行 SNS 营销前，需要定位推广产品面向的国家和客户群体，从而根据他们使用社交软件的偏好去确定合适的社交平台。此外，还需要根据客户群体的性别、年龄、群体喜好、国家文化去策划推广内容。

2．Facebook 跨境电商营销

Facebook 是美国的一个社交网络服务网站，创立于 2004 年 2 月 4 日，总部位于美国加利福尼亚州的帕拉阿图。2012 年 3 月 6 日，Windows 版桌面聊天软件 Facebook Messenger 发布，它的创始人是马克·扎克伯格。2018 年，《财富》世界 500 强排行榜中 Facebook 位列第274 位。

（1）Facebook 在跨境电商营销中的优势

① 庞大的用户数。从作为美国大学生的线上"花名册"开始，Facebook 的用户数在快速增长。2007 年 7 月，Facebook 拥有 3400 万位活跃用户，包括非大学网络中的用户；2013 年11 月，Facebook 的所有用户每天上传约 3.5 亿张照片；2016 年 12 月，Facebook 平均每日活跃用户人数为 12.3 亿人；2017 年，Facebook 的月活跃用户人数首次超过 20 亿人；2020 年，Facebook 月活跃用户人数达到 25.5 亿人。从访问来源看，Facebook 的访问者来自美国的占比明显较大，其次是巴西、土耳其、英国、法国。

② 强大的社交黏性。Facebook 不仅流量大，而且用户对 Facebook 的依赖度也非常高。首先，Facebook 访问者停留时间较长，据统计，平均每次访问停留时间为 16 分钟，客户访问深度为 14.41，客户跳出率低至 22.57%。其次，在用户行为上 Facebook 每天点"赞"数量达到45 亿个，每位用户平均每天的使用时间在 50 分钟以上；其中，通过输入域名直接访问 Facebook的人占 60.78%，可见客户忠诚度非常高。最后，Facebook 的客户有强大的社交黏性，他们都是很真实的用户，根据 Facebook 统计，23.64%的访问者来自其他网站的推荐，而平均每位

Facebook 用户有 130 个朋友，他们有强大的传播力和影响力，一个 Facebook 群组可以达到几百万人。

③ 清晰的营利性。Facebook 属于强关系平台，与其他社交媒体营利性方面的弱势不同，2017 年全球最赚钱企业排行榜中 Facebook 排名第 20 位，根据 Pivotal Research Group 的数据，2018 年 Facebook 从中国广告商那里获得的总收入估计达到 50 亿美元，约占其总销售额的 10%。用户借助 Facebook 可以看到清晰的营利可能性，营利主要来自几个方面：一是 Facebook 的广告效果好、接受度高、营销氛围好，海外客户愿意为广告买单（注：公共主页才可以打广告，不赞成个人用户打广告行为）；二是技术上借助 Facebook 几乎可以连接一切，比如 Instagram、Printerest、AliExpress 等，打通社交网络与交易的通道；三是借助平台的大数据能力可以精准找到目标客户，比如按人群来区分不同年龄、性别、地点的用户，按喜好划分不同产品如时尚、珠宝、3C、旅游、商务等方面的用户，按浏览习惯和用户习惯来划分用户。面对不同的用户，还可以用不同的广告形式达到不同的广告目的，借助 Facebook 可以推广自己的业务，比如建立分销体系、建立粉丝群体、推广付费内容、推广各种应用、推广实体店铺等。

（2）注册 Facebook

Facebook 分为两类页面：个人页面和公司页面，因此，卖家可以注册两个 Facebook 账号，一个是个人账号，另一个是公共主页。个人账号用于客服或市场小组的营销；公共主页用于建立代表品牌名字的公司页面。

（3）基于 Facebook 的跨境电商营销

① 建立卖家的品牌专页，传达品牌理念。

在 Facebook 创建公共主页，在主页上可将卖家的企业品牌、推广活动等进行设置。具体可以设置名称（账号名称成熟后勿修改）、头像、封面（初期不要用产品介绍图片），添加行动按钮（根据最终目的）如立即购买、立即预订、发消息、去逛逛、发邮件、联系我们、玩游戏、使用应用等。公共主页应该与卖家在跨境电商平台的店铺或者独立网站的风格基本保持一致。

增加粉丝推广自己的主页，形成社交网络和圈子。为了吸引粉丝，建议不要生硬宣传自己的产品信息，而是要尝试着讲一下品牌和企业背后的人和故事；或者转载好文章，每周两条，发布时间控制在当地中午 12 点半到 2 点之间，效果最好。原创文章发布时间放在上午 10 点以后。当地时间下午 3~6 点适合发布一些有趣的、有话题感的内容，这段时间外国女性有时间，写评论并参与的概率较大。

② 给跨境电商平台的卖家店铺和产品引流。

Facebook 是当今唯一在流量上可以和 Google 并驾齐驱的站点，因此不能放弃 Facebook 带来的大流量。那么如何让 Facebook 为网站带来流量呢？

- 完善个人信息资料。
- 在涂鸦墙和照片夹中放置一些比较有意思的、有价值的信息。
- 建立社交网络。
- 经常保持更新。
- 活跃起来。
- 安排好你的个人主页。
- 确定需要的应用。
- 使用 Facebook 的广告联盟。

③ 受欢迎的 Facebook 广告。

Facebook 广告有多种形式，如流量广告、行为转化广告、消息广告、页面粉丝增加广告、增加活动参与人数的广告、视频广告、游戏 App 安装内置广告、派送优惠券投放广告。

微笑的或开心的笑脸已经被大量证明是提高图片点击率的重要因素。Facebook 是以蓝白为设计基调的。Facebook 广告可以使用有诱惑力和号召性的标题。幽默、搞笑、奇特、有内涵的照片作为素材，能第一时间抓住眼球。广告图片上要避免有太多的文字描述，同时在规格大小上要有一定的标准。

广告投放既可以选择按照区域、年龄、性别、情感状态等维度定向投放，也可以针对某些用户行为进行投放。Facebook 有一个选项为"Life event"，Facebook 可以抓取到用户的 Life event 数据区分人群并精准投放。比如，针对新晋父母可以投放母婴类广告；针对准新娘可以投放婚纱礼服广告。Facebook 广告投放前 3 位是游戏、旅游、美食。投放广告不仅仅为了获取流量，更重要的是获取客户数据。

④ 在 Facebook 上开店实现流量的转化。

创建 Facebook 店铺。创建店铺还需要填写支付方式，因为店铺有交易就涉及收款问题，可以采用直接结账（绑定 PayPal 账号、资金风险大）、跳转到第三方平台产品链接结账（跳转到速卖通、亚马逊、Wish、自建网站上结账）两种方式。

在店铺中可以上传产品，设置标题、产品图片、定价、产品文字介绍。与其他平台不同，Facebook 不负责店铺的流量，需要自己创建粉丝团，去拓展自己的社交圈，或者可以通过广告获取浏览量。有创意的店铺可以吸引更多粉丝。

⑤ 收集精准的客户信息开发 B2B 客户。

通过 Facebook 可以精准找到客户。如在 Facebook 搜索框中输入关键词，比如 Phone Case，点击搜索，这样不会只搜索出默认的第一个页面。然后点击"页面"→"查看更多结果"。搜索的结果页面大都会标注页面是哪里的、有多少粉丝等。

选择其中一个页面并点击进入，如图 6-8 所示，可以从简介中看到这是巴西的一个厂家。

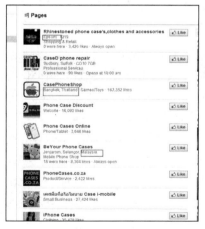 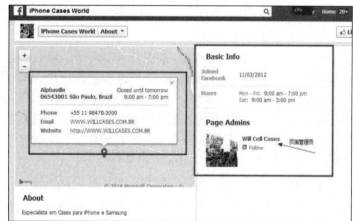

图 6-8　通过 Facebook 收集精准信息开发客户

在这里可以发现关键联系信息：邮箱、地址、网站、电话、营运时间、页面管理者，可以添加他人（记住一天不要超过 2~3 个）。如果没有联系信息，可以返回前面，单击"Message"按钮，给页面的主人发信息。或者可以通过页面的社会化按钮标签，如 Facebook、Twitter、Google+图标，单击这些图标，也可能获得具体联系方式。

此外，Facebook 广告中有一个 Power Editor 高级功能，它可以实现定制化受众的功能，将老客户联系表单导入，就可以知道老客户中有多少人在使用 Facebook。

3．利用 LinkedIn 寻找 B2B 客户

（1）LinkedIn 跨境电商推广

LinkedIn 是一家面向商业客户的社交网络服务网站，成立于 2003 年。创办网站的目的是让注册用户维护他们在商业交往中认识并信任的联系人，俗称"人脉"。LinkedIn 是商务人士使用较多的 SNS 工具，尤其是有国际业务的企业员工或自由职业者，网站上聚集的多是高端白领人群和企业中高层管理人员。对跨境

SNS 社交媒体营销之 Facebook

电商 B2B 企业来说，通过 LinkedIn 可以有更多机会接触到企业决策层人员，这是 LinkedIn 的核心竞争力。

LinkedIn 会以各种指标来度量推广效果，如受众数量、印象、引起的活动、点击率、粉丝、订阅数、CTR（Click Through Rate，点击通过率）、CPC 费用等。LinkedIn 的高端特性决定推广内容必须是干货，是所有内容里最好的、最有价值的。职场人士的空闲时间本来就少，如果用一些没有内涵的内容进行轰炸，很容易让用户产生反感，用户没有理由停留。此外，要重视关系的建立，体现在对客户的情感化管理上，比如哪些人访问你的主页，分享了什么内容，对内容有什么反馈，这些是企业和用户建立关系的基础。还可以作为问题解决者，而不是产品推销者，多提建议，彰显价值。

（2）通过 LinkedIn+Google 搜索组合找到目标客户

① 登录后输入产品名称，选择组群 Group，进行搜索。比如 LED LIGHT，选可以 view 的先进去。如果是 join 的，就点击加入，等待他们审核通过即可。

② 寻找目标客户：点击人物头像进去看个人介绍，看到 contact info 的链接。点击"company website"会直接跳转到他们公司网址。可以用 Google 搜索其他信息，如 "E-mail" prolite-group.com，得到公司网站信息；也可以利用 Google 搜索企业邮箱，如输入命令 "E-mail" Rob Huston ledcanada.com，在其博客中找到网址。

4．利用 Pinterest 推广

Pinterest 是一个国内外流行的图片分享网站，每天都有上千万张图片被分享，曾获得无数品牌及用户的一致好评。Pinterest 采用瀑布流的形式展现图片内容，无须用户翻页，新的图片不断自动加载在页面底端，让用户不断地发现新图片。Pinterest 堪称图片版的 Instagram 和 Twitter。用户可以将感兴趣的图片保存，其他网友可以关注、可以转发图片。

Pinterest 允许每个 IP 拥有 2~3 个活跃账号。首先需要注册邮箱账号，最好采用 Gmail 的账号，然后创建一个新的 Pinterest 账号（每天创建一个新的账号）。创建 5~15 个分类，每个分类使用唯一的有创意的名字。新建一个话题版，上传一个钉图，从自己电脑中选取一张高清的产品图，加上产品的简单介绍和推广平台产品的链接，最后钉上，完成。定期查看自己的和别人的图片，转发/喜欢/评论次数越高的产品越受欢迎。

（1）借助 Pinterest 推广产品的注意点

① 产品图片引人注目。Pinterest 主要是追求美、享受美，所以要建立美丽而有价值的形象。产品图片要抓住用户的情感，引起共鸣，了解他们的需求，需注意图片通常以白色为背景。

② 对图片进行号召性动作的说明。要让用户知道你 Pin 图的目的，增加一些号召性说明，如"你不得不看的……""点击图片看怎么……"等。图片需要拥有足够引人注目的魅力，有非

转不可的冲动，并且满足人们的消费需求。

③ 知道 Pin 图的最佳时机。把图 Pin 上去的目的就是让用户看到，吸引更多的关注，但还需要注意 Pin 图的时机，否则 Pin 上去的东西很少有人看，没有效果。Pinterest 的最佳 Pin 图时间是美国东部时间下午两点到四点和美国东部时间晚八点到凌晨一点。

（2）通过 Pinterest 引流量的注意点

① 完善头像简介，确认网站。资料完善又很真实的网站会让人有安全感。

② 在网站上添加 "pin it button" 按钮。可以是一个按钮，也可以是当鼠标经过图片的时候出现一个 Pin 按钮。

③ 要做一个 Rich pin。Rich pin 使图片信息更丰富。Rich pin 有 6 种形式，分别是 App 类型、电影类型、美食类型、文章类型、产品类型和地点类型。

④ Pin 链接要有相关性，否则就是无效的推广。

⑤ 每个 board 的名字及里面的简介都需要添加关键字。Pinterest 就像一个小型的 Google 网站，名称、简介、board 的名字和简介、图片里面的描述都需要注意关键字的布局。

⑥ 想方设法让账号活跃起来，增加互动性。账号的活跃度对账号的权重有很大的作用。

⑦ 每天都要更新，尽量保证每天花一点时间更新 Pin。

⑧ 产品最好要符合 nich，有一定的搜索性，但是竞争又不太激烈。

（3）Pinterest 群工具——pingroupie

只要加入群中就可以 Pin 图到群里面，群成员都会从邮件中收到"××××添加了一张图片到群里"，在其个人消息里面也可以。

① 查找感兴趣的群。

利用 pingroupie 目录，关键字可以找到卖家想要找的相关群。通常可以依据 repin 或者 like 的人数来选择群，这两个参数越高，代表群越活跃。

② 查找竞争对手的粉丝。

很多外贸人士喜欢 follow 别人的 follow，希望对方回粉。比较简单的方法就是找到竞争对手，然后 follow 他的粉丝数，进行 follow。卖家可以针对哪些用户 Pin 了竞争对手而找到精准客户。

方法 1：使得 http://www.pinterest.com/source/abc.com 这个链接，把 abc.com 替换成卖家的竞争对手，这样就可以查看哪些用户 Pin 了竞争对手，再对他们进行 follow 会更精准，同时可以找到受欢迎的图片。

方法 2：用软件查找地址：https://app.buzzsumo.com/，这个工具可以依据关键字，查看哪些文字在 24 小时、过去一周、过去一个月、过去一年表现得最好。

找到一个竞争对手的网站，在上面直接输入其完整域名，按照 Pinterest 的高低来过滤，这样就可以知道竞争对手有哪些图片是表现非常好的，可以向对方学习，也可以利用数据建立 board，上传受欢迎的图片。

5．管理多个社交平台的 Buffer 平台

Buffer 是一个可以同时管理多个社交平台，设定发帖时间等功能的第三方平台。Buffer 不仅可以管理 LinkedIn，也可以管理 Facebook、Twitter、Google+和 Pinterest。

类似的多社交管理平台还有以下几种。

HootSuite：可以统一管理多个社交网站账号的工具，能够实现定时发布。

Google Shorter：可以将长链接缩短，跟踪链接被点击的次数，通过这个工具可以了解站外推广的效果。比如，想要推广自己的官网并了解推广效果，可以复制这个链接到 Google Shorter 生成短链接，再将这个链接加上文字发布到社交网站。另外，如果发送邮件时不想让客户看到短链接，则可以使用图片插入外链。在短链接后添加一个"＋"号，就可以看到这个链接被点击的次数、浏览器、移动端或者手机端、IP 地址、操作系统。

　　Bit.ly 工具：这个工具能实时跟踪分享的短链接的点击情况，如点击的用户来自哪里，用户在哪里点击了链接，用户点击了多少次等信息。短链接的弊端是，缩短之后的链接会变得奇怪，降低了客户的信任感，如果不想让客户或者竞争对手跟踪到数据，最好是用短链接的形式做推广。

SNS 社交营销之 Linkedin-Pinterest-Buffer

第四节　跨境电商平台推广

1. 速卖通站内推广和活动

卖家需要在站内开展推广活动的情况如下。

- 店铺缺少热销产品导致店铺无法根据市场精确定位。
- 店铺信誉低、评价少导致转化率低。
- 店铺人气低、排名靠后、流量少且不稳定。
- 平台和店铺周年庆、目标人群国家的重要节日。
- 店铺新品上线。

当以上情况发生时，卖家需要开展系列的推广活动，这些推广活动的目的如下。

- 吸引新客户：活动能更大程度刺激一些新客户对产品的兴趣。
- 老客户促进转化：更优惠的价格能促成成交，同时增加互动，增加情感链接。
- 积累客户数据：每位客户的联系方式，都是宝贵的财富。

当然这些活动也不能过于频繁，不然客户就会习以为常，不打折就不下单。速卖通站内推广主要包含以下几项：直通车（通过关键词竞价排名引流提高点击率）、全店铺打折（所有产品都能参加）、优惠券（刺激付款欲望促成凑单）、限时折扣（用于推新品，为新品快速积累销量，以及清库存低价清仓减少资金压力）、满立减（大幅度提高客单价、促成凑单）。店铺一般要使用营销活动组合拳，一般以直通车为主，配合其他平台活动的方式，达到推广的目的。

　　（1）推广方案设计

　　① 初步搭建推广方案，从选品、选词和产品描述等方面着手，开始初步推广。

　　首先，主要是推广产品选择。在此介绍 2：7：1 选择法则："2"是表示市场上热销产品，目的是低价引流；"7"是表示热销产品，可以进行打折促销提升转化；"1"是表示品牌款（当然有可能会引起品牌纠纷）。卖家根据店铺内的产品及其各自的表现进行初步选择，后期不断调整。

　　其次，注意选词和排名。热门关键词和长尾关键词的选择。不建议新店大量添加热门关键词进行推广，新店也不一定要排到第一页；长尾关键词竞争小，但也有一定流量的词。是店铺最主要的流量来源，而且适合长期进行下去。建议按照流量的高低分开来使用，对于主打商品，使用较高流量的长尾词，及时调整保证排名；其余长尾词，放入其他的商品，观察情况。长尾词和热门词结合使用，多用长尾词，关注排名，合理竞价，开直通车。

② 调整推广方案：根据数据分析，调整推广方案，优化店铺。

重视日常操作：关注已有关键词的排名情况，保证流量，及时调整；把控预算，保证足够的推广时长；根据行业的资讯等各种渠道获得搜索词表，及时地调整，添加市场上新增的与产品相关的词。

及时进行数据分析：对于曝光比较高，点击比较少的，建议优化标题图片等，或者有替代的产品进行更换；对于点击比较多，成交比较少的商品，查看详细描述有哪些需要提升的地方；

③ 完善和开展推广方案：使用基础营销方式，完善推广方案。

比如平台活动、限时折扣、满立减、店铺优惠券、全店铺打折、联盟营销、关联营销等。

④ 推广效果评估和考核。

每次推广活动，都需要事前有计划，事后有评估，借助评估不断修订推广方法，并帮助完善选品、定价、运营等系列活动，因此评估环节很重要。

（2）直通车

速卖通作为阿里系的产品之一，直通车自然也成为平台的重要付费推广工具。直通车的推广方式主要是 PPC 及竞价排名（当然这个竞价排名与百度和 Google 有所差异，速卖通还会考虑店铺经营的因素，如非诚信店铺的直通车不可能展现在第一页等）。比如原先在速卖通搜索页"women fashion sneakers"搜索词自然排名在第 2 页第 32 位的女鞋，可以通过直通车展现在这一关键词搜索结果的第一页右侧。因此在直通车管理中，最重要的是两件事：一是选好投放的关键词，二是确定投放的价格。速卖通直通车提高展现排名，如图 6-9 所示。

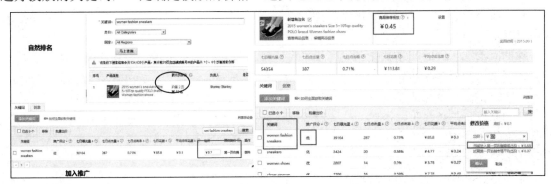

图 6-9　速卖通直通车提高展现排名

直通车推广可以分为重点推广计划与快捷推广计划两种，所谓重点推广计划，指的是每个推广商品下都有其独立的推广关键词，单独设置所有商品推荐投放，所有商品共用一个每日消耗上限；快捷推广则是所有商品共用所有的关键词，默认展示商品评分最高的商品，只能统一设置一个商品的推广投放，系统选择匹配度高的闪频展示，所有商品共用一个每日消耗上限。

直通车推广步骤如下。

① 筛选直通车关键词构建词表。

需要强调的是，直通车选词必须来源于产品标题（核心词），并高于产品标题（也就是长尾关键词）；直通车所用的关键词必须与属性紧密相关；没搜索量的词不要做直通车，另外，从2017 年开始速卖通精做各个国家站点，因此不同语言版本的关键词需要重点关注；此外直通车选词必须来源于产品标题（核心词），并高于产品标题（长尾关键词），必须与产品属性紧密相关，没搜索量的词一定不能要。

在构建词表过程中，还可以参考平台直通车设置中的一些帮助，比如推荐词、搜索相关词等，根据平台提供的推广评分、搜索热度、竞争度、市场价格等指标进行筛选。

卖家店铺的商品很多，如果是选择重点推广计划，更按照不同商品整理好这些关键词，制作 Excel 表格，在后期要结合推荐效果不断优化。

② 添加选择好的关键词，还可进行良词推优及创意主图添加。

③ 调整关键词价格。

④ 设置推荐投放与每日消耗上限。

（3）店铺自主营销

店铺自主营销包含限时限量折扣、全店铺打折、全店铺满立减活动、店铺优惠券活动。关于这些活动的规则如下。

- 限时限量折扣活动必须提前 12 小时创建，全店铺打折、满立减和优惠券店铺活动都必须提前 24 小时创建。
- 限时限量折扣、全店铺打折、店铺优惠券活动可以跨月创建，全店铺满立减开始和结束日期必须在同一个月内。
- 限时限量折扣活动一旦创建，活动商品即被锁定，无法编辑。如果想编辑该商品，就在活动开始前 6 小时退出活动。
- 限时限量折扣活动在开始前 6 小时、全店铺满立减活动在开始前 24 小时，即处于"等待展示"阶段，在此阶段之前都可以修改活动内容。
- 店铺优惠券活动在活动开始前均可编辑和关闭，活动一旦处于"展示中"状态，则无法修改或关闭。
- 限时限量折扣活动与平台常规活动的优先级相同，正在进行其中任一个活动的商品不能参加另一个活动。
- 同时参加了限时限量折扣活动（或平台活动）和全店铺打折活动，则该商品在买家页面展示以限时限量折扣活动（或平台活动）的设置为准，两者的折扣不会叠加。
- 全店铺满立减和店铺优惠券活动可同时进行，且跟任一折扣活动都可以同时进行，折扣商品以折后价（包括运费）计入满立减、店铺优惠券的订单中，产生叠加优惠，更易刺激买家下单。

（4）平台活动

平台活动是速卖通面向卖家推出的免费推广服务，主要包括大促活动，团购活动及针对特定行业和主体的专题活动。每一期的平台活动都会在 My AliExpress 的"营销中心"板块进行展示和招商。卖家朋友可以选取自己店铺内符合活动招商条件的产品自主申请报名参加，一旦入选，该申报产品就会出现在活动的推广页面，获得大量流量。

① 平台常规性活动。Super Deal：全站唯一享有单品首页曝光，适用于推新品和打造爆款的活动，包括 Today's Deals、Weekend Deals、GaGa Deals 3 种活动。

Today's Deals 是 Super Deal 中最具代表性的活动，也是速卖通历史悠久、效果最显著的折扣频道。也就是天天特价，是速卖通推出的推广品牌。它占据着速卖通平台的首页推广位。免费推广"高质量标准，超低出售价"的产品。目前活动主要针对有销量、高折扣的促销产品进行招商。这里是平台最具性价比产品的集合，也是推广自身品牌的最佳展台。在前面选品中也提到，选品时也可以重点参考的来源。Today's Deals 的展示位置为首页和 Super Deal 活动页面，如图 6-10 所示。

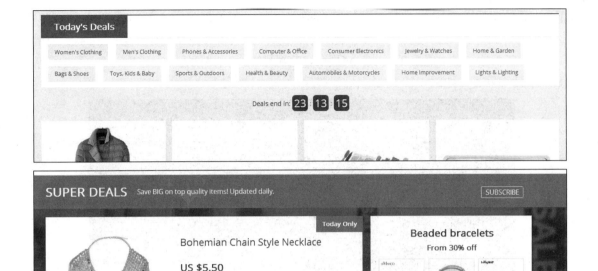

图 6-10　Deal 活动展示

团购活动：针对特定国家的营销活动。目前，速卖通后台已开通俄罗斯、巴西、印度尼西亚和西班牙 4 个国家的团购活动报名入口。

俄罗斯团购是速卖通国家团购项目中最具代表性的活动，也是目前整个速卖通平台流量最大的常规性活动，团购活动流量可以达到整个俄罗斯站全部流量的 15% 以上。目前有几种团购，如爆品团、秒购团和精品团，每种团购对参加商家有 4 个方面的要求：一是 DSR 要求，如好评率≥93%，DSR 如实描绘达到 4.6；二是商品要求，在俄罗斯近 30 天销量达到一定要求；三是折扣要求，如 10%OFF 等；四是物流要求，3 天内发货或者在哪些国家和地区包邮等。团购活动展示，如图 6-11 所示。

图 6-11　团购活动展示

② 行业、主题活动。

行业活动：根据不同行业的特性，推出的专属于行业的主题营销活动。比如家具行业的行业活动 Transform your room。主题活动：针对特定主题设定的专题营销活动。比如新年换新的主题活动，室内运动服饰大促，情人节大促活动等。

③ 平台整体大型活动促销。

一般来说，一年大型的"平台大促"会有 3 次，年初的周年庆、年中和年底的"双十一"。

不过每年根据不同的情况平台会进行适当的调整，比如，2017年速卖通结合西方节日设计了平台各类大型活动：全球首发（主会场比较显眼有位置）、预售专区（大促开始两小时后开始支付）、品牌狂欢城（集中展示30~50个品牌）、直播购物（网络红人、商家均可）、买家秀等。平台大型活动筹备，如图6-12所示。

图6-12　平台大型活动筹备

④ 无线抢购 Flash Deals。

无线抢购是为无线用户量身打造的一个超级活动频道，此活动的入选商品享受无线端最大的曝光倾斜。Flash Deals 曝光位在速卖通 PC 端和 App 端均有展示。

（5）联盟营销

速卖通联盟是速卖通官方推出的一种"按效果付费"的推广模式，它是国内最大的海外网络联盟体系之一。速卖通在全球的拓展过程中，会对整个平台及联盟营销产品进行大量推广，推广形式如图6-13所示。目前，在 PC 端和移动端产生数十亿次的海量网络曝光，针对全球上百个国家目标人群进行精准广告投放等。

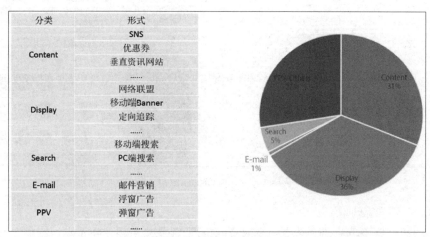

图6-13　速卖通联盟推广形式

加入速卖通联盟营销的卖家就可以得到海量海外网站曝光机会并享有联盟专区定制化推广流量。速卖通联盟卖家只需为联盟网站带来的成交订单支付联盟佣金，预先不需要支付任何费用，无成交不付费，是性价比极高的推广方式。联盟专区 best.aliexpress.com：专属联盟卖家推广页面；目前联盟专区日均流量达上千万；主要由首页、Bestselling、搜索结果页、Top Picks 面面大矩阵组成。

在卖家后台，如果店铺要加入联盟营销，则在联盟营销中进行设置。不过卖家要注意的是，店铺加入联盟，则店铺所有商品都加入联盟推广，而不是主推商品。费用上，在收取平台佣金费用基础上，还需要收取联盟佣金。如果交易期间买家退款的联盟订单会退回联盟佣金，而一旦交易达成，联盟佣金将不再退回。佣金分为如图 6-14 所示的几种类别。

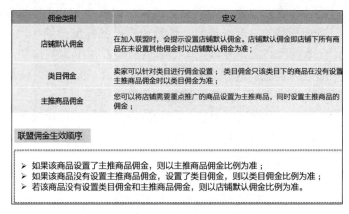

图 6-14　速卖通联盟佣金规则

买家从联盟网站，通过特定格式的推广链接，访问到速卖通时，如果买家在您店铺中的产品下单，并且这笔订单最终交易完成，才算是一个有效联盟订单。买家一旦通过联盟渠道引流进来后，30 天内再同构单独访问店铺或者商品的链接达成任何商品的交易，仍旧计算联盟佣金。（30 天计算逻辑：首次通过推广链接进入的买家开始计算 30 天，如果在这 30 天内买家又通过推广链接进入，那么又会重新开始计算 30 天。）

买家 Tom 通过联盟网站 A，看到了孙先生的项链（价值 58.78 美元），进入商铺后又购买了两件其他的珠宝产品（每件金额 55 美元），运费 30 美元。因为孙先生设置了"珠宝"6%的佣金比例，而项链作为主推商品有 10%的佣金比例，所以孙先生需为这笔 198.78 美元的订单支付多少佣金？

58.78 美元×10%（项链佣金）+ 55 美元×2×6%（珠宝佣金）=12.48 美元

买家 Tom 收到货后很满意，又直接访问孙先生的店铺，下单购买了其他款式的项链 5 条（每条 56.54 美元），加上 1 个小件电子产品（每件 100 美元），运费 20 美元。这个买家是从联盟网站带来的，并在 30 天的有效期内，所以应该支付联盟佣金。由于该款式项链没有单独设置主推商品但属于珠宝类目，因此有 6%的佣金比例，而电子产品，没有设置单独类目佣金，所有按照 5%的默认佣金支付。那么孙先生需要为这笔 402.70 美元的订单支付多少佣金？

56.54 美元×5×6%（项链佣金）+100 美元×5%（电子产品佣金）=21.96 美元

因此在一般情况下，卖家最好开通联盟营销。但有种情况下需要谨慎：卖家自己在做站外推广的时候不宜开通，否则，那些站外流量都被计入联盟营销中。

（6）其他站内营销推广

① 关联营销。

关联营销是一种建立在双方互利互益的基础上的营销，在交叉营销的基础上，从产品上寻找关联性，对客户进行深层次的多面引导。关联营销可以是一家企业的网站上或者其他平台上有另一家企业所售产品的描述、评价、评级和其他信息及到后者的链接；也可以是一个宝贝页同时放了其他同类、同品牌可搭配的等有关联宝贝；或者是店铺直接将多种有关联产品绑定形成绑缚营销。可以选择互补产品（耳机+手机）、替代产品（圆领T恤+V领T恤）或者潜在关联产品（泳衣+防晒霜）进行关联营销组合，潜力款（转化率2%以上的）或成长款的产品不适合做关联营销，自己需要引流，而不是帮其他产品引流。关联营销可以提高转化率、提高客单价、提高店内宝贝曝光率。

关联营销放置位置如下。

- 详情页上方，适合爆款、引流款和新品测试款，放置少于8个的关联产品。
- 详情页中部，适合利润款、互补产品，通过不同产品搭配营销，比如服装+服饰。
- 详情页下方，合适替代产品关联营销，比如页面是长袖T恤的详情页，那么在最后放置短袖等替代产品较为合适，同样不宜过多，8个以内。太多的关联营销，比如需要鼠标滚3下，还没看到产品介绍，将导致跳出率提高。

关联营销的方式一般包括两种：产品图片的超链接和产品信息模板设置，可以用自定义模块做。无论哪种方式，关联营销首先要做到风格统一，避免杂乱无章。在左上角标出红色打折，给人一种比较紧迫的感觉，简单大方。

② 老客户营销。

卖家根据一些筛选条件，可以找到老客户的交易情况，从而进行老客户营销。路径：营销活动—客户管理与营销。根据已成交查询条件：成交次数，累计成交额，最后评价得分，可以得到一组客户。若加入购物车查询条件：加购商品数、商品金额、加购时间，可以得到另一组客户。根据加入收藏夹查询：加入商品数，加入商品金额，最后加入时间，可以得到一组客户。通过以上的筛选条件建立起不同的客户分组（限10个，一个客户只能在一个分组下面）。

结合这些客户的情况，向这些客户发送最可能需要的产品营销邮件，或者向他们发送定向优惠券。为避免引起客户反感，两周之内发过的客户，不能再次发送。

老客户维护的途径主要通过速卖通的邮件营销、Whats、Skype等聊天工具营销及VK分享。但在速卖通平台，卖家能发的邮件并不多，可能需要借助电子邮件营销工具。卖家等级0～1级，每月可发0封；卖家等级为2级每月可发5封；卖家等级为3级每月可发10封；卖家等级为4级每月可发20封；卖家等级为5级每月可发30封；卖家等级为6级每月可发50封。

③ 橱窗推荐。

橱窗推荐是平台奖励给卖家的资源，将产品应用到橱窗推荐可以提高产品在搜索结果中的排名，橱窗产品的曝光量比普通产品的曝光量要多8～10倍。

卖家可以通过提升卖家服务等级获得，等级越高的买家享受的资源奖励越多。各等级卖家可获得的橱窗展位个数。

2. 亚马逊站内推广和活动

亚马逊平台也鼓励卖家进行推广，以帮助卖家的商品在顾客搜索排名提升、曝光机会增加、页面流量提升，最终增加销售数量。

亚马逊流量分为两类：一类是站内流量，一类是站外引流。

站内流量也分为以直两种。

速卖通站内营销工具

一是自然流量，主要来自站内搜索，分类树引入，如图6-15所示。自然流量与卖家的数据质量有关，比如标题、详情、短描述、长描述、关键字、分类节点的选择等有关，因此要做完美listing。

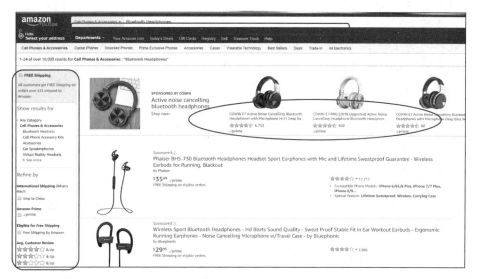

图 6-15　亚马逊分类搜索带来的自然流量

二是活动引流，包含亚马逊推广 SP（Sponsored Product Ads）、秒杀（Lightning Deal）、亚马逊广告 AMG（Amazon Media Group）、节日营销等。

亚马逊平台本身及平台卖家还可以通过站外引流，如推荐网站引流（HotUKDeals 等）、搜索引擎引流（Google 搜索等）、社交媒体引流（Facebook、YouTube 等）、邮件营销引流和展示广告引流。

（1）亚马逊推广 SP

亚马逊推广 SP（Sponsored Product Ads），也被称为 Campaign Manager 站内点击付费广告。本质上就是一种关键词竞价排名。卖家可以为商品设置关键词，并为这些关键词设定赞助的价格，在相应的关键字被搜索时，被推广的商品显示在搜索结果的下方，卖家按点击次数付费，单次点击费用通过竞标决定（竞价随着销售变化而变化，比如有些关键词在旺季达到 5～8 美元，而在淡季可能只要 0.2～0.3 美元，美国和英国最低出价分别是 0.02 美元、002 英镑），平台在该推广商品被点击时收取一次推广费用（没有购物车权限或者没有抢到购物车的产品广告将不会从前台展示出来）。当然也有一些品类如成人用品类是完全不开放广告投放的。图 6-16所示的就是搜索结果中的由显示 SPONSORED 的商品就是推广商品。

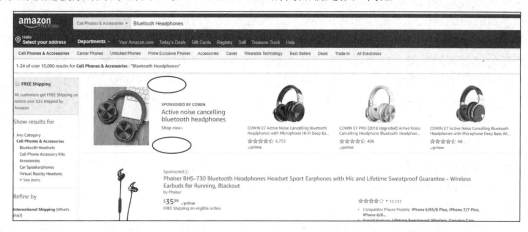

图 6-16　亚马逊付费广告的产品展示

① SP 设置。

登录亚马逊卖家后台，通过"Advertising"功能按钮可以单击广告活动管理按钮进入管理活动的操作界面，如图 6-17 所示。

图 6-17　亚马逊 SP 设置界面

- 广告活动（Campaign）：为方便进行商品推广的广告管理而创建的一个集合，一个广告活动下的所有广告共享同一个预算和相同的起止日期。广告活动包含一个或多个广告组，一个广告组下又包含不同的广告和关键字。
- 广告组（Ads Group）：广告活动由一个或多个广告组组成。如果使用手动投放，广告组用来将商家要推广的一组类似的 SKU 放在一起，它们共享相同的一组关键字和最高竞价。如果使用自动投放，那么广告组用来将要设置相同最高竞价的一组 SKU 放在一起。
- 广告（Ads）：就是指卖家挑选到广告组里面的并且需要推广的商品。每一个商品都对应着一个广告。一个广告组可以包含一个或多个广告。
- 广告活动管理（Campaign Manager）：卖家对广告活动管理当作管理、控制广告花费和分析广告表现及广告活动投入产出比的一个控制界面。

单击"CreateCampaign"按钮创建一个新的广告活动。设定活动的名称、活动的每日预算，以及活动开始日期及结束日期、广告定位类型（自动定位和手动定位）。接着创建新的广告组：广告组可以允许将相同品类或者有同样广告推广需求的商品整合在一起。为广告组命名，设置出价，选择想要推广的商品。（如果选择了自动定位的方式，可以单击保存并完成即可）。也可以点击进入一个具体的广告活动页面，单击创建广告组按钮添加广告组到广告活动。

可以设置自动或者手动投放两种方式。使用自动投放方式进行的广告活动将会由亚马逊提供广告定位的关键词。这种模式可以通过对消费者的搜索行为及相关产品信息的综合分析提供更加全面的关键词推广方案；使用手动投放方式进行的广告活动将会由卖家自行提供广告定位的关键词。这种模式可以更加灵活地进行战略关键词的出价调整，从而保证了对整个广告推广最重要的关键词的表现。自动投放和手动投放之间不可以切换。

如果选择的是手动投放方式，接下来还需要选择系统推荐的关键词或者添加自己想要使用的关键词，每一个关键词设置默认出价。点击添加关键词进行关键词的添加，同时可以修改关键词的出价及停用部分表现不好的关键词。当选择自动定位模式时，卖家无法增加或者删除关键词，只能修改关键词的默认出价。

在具体的广告组界面下，还可以点击创建广告按钮进行广告的添加；在广告活动管理界面点击广告活动设置按钮，可以更改广告活动的推广设置。

② SP 追踪。

卖家需要定期测试，检查和提炼最好的关键词，以保证广告的表现能够稳步地提高。因此需要通过广告活动管理界面追踪广告活动表现。

首先可以查看广告活动后的一些基础指标。

- 曝光（Impressions）：广告被买家看到的次数。
- 点击（Clicks）：广告被买家看到后点击该广告的次数。
- 花费（Spend）：所有广告活动中累计点击次数的总花费费用。
- 销售贡献（Sales）：在一段时间内通过广告带来的销售金额。
- 广告成本销售比（ACoS）：广告花费和销售贡献的比值。

$$广告成本销售比 = \frac{广告花费}{销售贡献}$$

- 平均每次点击费用（Cost-per-Click）：在整个广告活动中平均每一次广告被点击后，亚马逊收取的费用。
- 点击通过率（Click Through Rate）：广告在被买家看到后，有多少次点击。CTR=Clicks/Impressions。
- 转化率（Conversion Rate）：在买家点击广告以后产生了多少订单数量。CR=Orders Number/Clicks。

点击"Report-Advertising Report"可以查看更加详尽的广告报告。

③ SP 调整。

卖家在做 SP 前，一般要设定一个广告活动目标，比如是增加新品的销售量，或者是提高表现不好的产品的业绩，或者将广告活动作为清仓活动的引流，也可以是对所有的销售产品进行全面的流量进入。目标应设定得尽量具体，要包含总体预算和每日广告预算。

SP 活动推出一定时间后，通过追踪数据，结合活动目标，要进行一定的调整。

一是调整关键词：报告中会给出哪些关键词是消费者最经常搜索的，或者表现最好的关键字，将这些表现良好的关键字或词组添加到合适的广告组里面并且考虑是否需要调整关键词出价。对于关键词少于 5 个的产品要考虑添加更多的关键词。

二是调整出价：对比广告产品相同关键词的平台平均出价或者第一页广告位的出价，适当调整产品的出价策略；通过找出曝光量最少的关键词并找寻原因，考虑适当提高关键词出价；持续监控并不断更新关键词出价以保证能够完成业绩指标。

三是添加或者更改广告：结合每个产品的 ASIN 报告，确定哪些产品的广告跳出最高，并找寻更好的替代选品。

四是调整每日预算：对于表现良好的广告活动，适量提高每日广告投放预算。

④ SP 广告的误区。

误区 1：出价最高，排名展示最靠前。SP 展示和搜索排名一样，都有一套系统的算法。算法原则是基于客户体验，任何搜索引擎与平台都是将最优先、对消费者最有利的产品优先展示出来。所以，SP 排名计算的主要参数包括销量与转化率、相关度、历史表现、匹配方式及出价等。出价只是其中一个权重，而且其权重排在其他参数之后。后台广告活动管理页面中，可以查看到每个关键词的预测竞价与每次点击费用。分析数据可以发现：出价设置在比每次点击费用高 30%～50%为比较合理的状态；SP 的点击价格是由第二名的出价+第一名与第二名之间差价的百分比+表现综合得出的。

事实上，大部分复杂的搜索引擎的竞价排名都不是按照出价高低而定的。比如百度，影响其排名的除了关键词出价，还有关键词质量度，而质量度的高低取决于相关性、创意、点击率和账户表现。而推广链接每次点击的出价也并非自己企业的出价，而是[（下一名的出价×质量度）/自己的质量度+0.01]。

误区 2：做了 Bid+，预算充足，SP 页面就能置顶展示。Bid+ 是亚马逊 SP 新的变化之一，很多卖家以为只要开了 Bid+，借助亚马逊自动调整竞价（在卖家许可的 50% 上涨范围内），就一定能将商品排到第一页。

但实际上，关于 Bid+ 的功能，亚马逊的官方定义是这样的：Raises bids in this campaign by up to 50% more than your default bid when ads are eligible to show in the top of search results.（当广告有资格显示在搜索结果的顶部时，通过比你的默认出价高出 50% 的方式在这个活动加价）。所以这其实是帮助 SP 页面置顶展示的功能，对于本身广告表现不错，已经在自然排名中处于第二、三页的位置，自身出价已经够高的广告，开通了 Bid+，登顶自然是水到渠成的事，但是原本表现就不佳的广告组，第一页都不一定能实现。

误区 3：ACoS 超过利润率需要停止广告组推广活动。广告成本销售比（ACoS）：广告花费和销售贡献的比值。ACoS 值越小转化率越高，也就代表利润率越高。

不过这个高低的差异与客单价有关，高客单价的产品 ACoS 可以达到 5%，客单价低于 50 美元的产品，平均 ACoS 在 20% 左右。如果卖家的这款产品利润本来只有 20% 左右，那是否意味着广告没有必要了呢？通常建议不能停下，因为一是广告的效果具有积累性，一旦停止发布销量下降再开通，会需要更长的时间和更高的成本；二是广告具有延时性，实际的广告 ACoS 一般情况是低于广告报表统计出来的数值的；因此可以分析这款产品的其他引流推广渠道，做一个比较，如果其他的效果不及 SP，建议降低其他站外推广等活动的预算。通常标准是：对于利润率能到 20% 的产品，ACoS 只要能达到 35% 左右就不要停。

（2）秒杀（Lightning Deal）

Deal 类似淘宝的"聚划算"，就是一个限时的秒杀活动，亚马逊站内 Deal 有 3 个，打开 Today's Deals，可以看到：

Deal of the Day 简称 DOTD，免费，时间为一天，是亚马逊站内秒杀的王中王，该促销暂不对卖家开放，无法申请。每天只有 3 个广告位，时间为 24 小时。在移动端打开 Amazon App 的时候，第一个显示的就是 Deal OF The Day。

秒杀（Lightning Deal，LD），具有时效性的秒杀活动，一般持续时间为 4～6 小时（Seller 和 Vendor 有所不同，美国 4 小时，欧洲 6 小时）。亚马逊明确规定，电子香烟、酒精、成人用品、医疗设备、药品、婴儿配方奶粉这些产品类型不能参加 Lightning Deals 活动。参与亚马逊 Lightning Deals 活动，现在美国站一个 listing 需要 150 美元。

"Savings and Sales from Across Amazon"（Best Deal），周秒杀，一般可以持续两个星期，简称 BD，免费，涵盖美国站和日本站。只能通过招商经理渠道去申请，亚马逊会对产品及整个店铺的表现进行审核。要求至少 3 颗星的顾客评价、review 至少 10 个顾客、购物车售价的 8.5 折或更低、使用 FBA。亚马逊秒杀页面，如图 6-18 所示。

① 秒杀优势。

增加曝光：Lightning Deals 出现在亚马逊访问量最高的页面之一。

连锁反应：在 Lightning Deals 的促销可能带动其他产品的销售。

清理库存：Lightning Deals 可以帮助卖家处理掉库存过多滞销的，以及季节性的产品。

下单更快：只需要快速浏览一遍用户评论的细节，客户就能够直接下单购买，没有什么能比紧迫感和闪付更能促进成交了，橙色的进度条和销售百分比——在"已被抢购"和"尚可购买"的百分比之下，你将不知不觉地感受到来自"和你一样的买家"的压力。

竞争 Lightning Deals 的第一页或第二页并没有什么策略可言。因为亚马逊系统会优先推荐畅销的产品，它们有着最高的折扣，足够吸引买家。（至少是在 Buy Box 上售价的 15%，甚至

20%以上）随着销量的不断增长，你的产品将有可能从第三页"上升"到第一页。准备好在做 Deal 的时候，在站外发一些帖子，比如 Facebook 上的 Amzon deal groups 等。

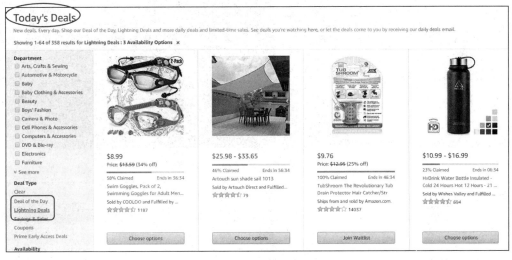

图 6-18　亚马逊秒杀页面

Deal 在移动端显示位置也很突出，"Today's Deals"（今日特惠）非常方便客户进行快速浏览。移动电子商务仍然以持续增长的势头成为消费者线上购物的主流方式。美国权威的电子商务杂志《互联网零售商》最新刊登的《2016 Mobile 500》数据分析显示，现今的移动电子商务占近 1/3 的全美电子商务销售。

当然 Deal 可以瞬间增加流量提高排名，但 Deal 结束后，销量不稳定，排名会很快降下来。

② Lightning Deals 申请与设置。

3 个秒杀中，Lightning Deals 是比较普遍的。曝光位置显赫，享有海量流量，适合打造爆款，可大幅提升单品排名，效果十分显著。卖家可通过后台自主申请或者在线链接申请。

a．后台系统推荐卖家通过 seller central 中的 Advertising—Lightning Deals 参加秒杀活动。

b．根据招商经理的表格要求填写申报。新品没有 Lightning Deals 的推荐，卖家可以主动联系招商经理申请参加。

点击"秒杀"，打开页面后，可以看到卖家所有符合秒杀资质的商品，从中选择商品申请秒杀。请注意，同一个卖家在同一时间点，只能有一个商品上线秒杀（该商品可包含多个 SKU）。

点击"编辑"对选中的商品进行秒杀申请，在相应的选项中填写参与秒杀商品的"数量""价格"及"时间"，检查后点击"创建"来提交秒杀申请。之后便可以在秒杀页面查看即将到来的秒杀。务必确保为此次秒杀准备了充足的库存。同时请注意，卖家可在秒杀正式生效开始前 24 小时以上在后台自助取消该秒杀。

③ 参加 Lightning Deals 的条件。

（3）亚马逊广告 AMG（Amazon Media Group）

展示广告位包含亚马逊全站（PC 端和移动端），同时在其他的广告网络上（包括 Facebook，甚至 ESPN 或纽约时报）上进行广告发布。AMG 广告由亚马逊平台承诺曝光量，能让卖家的商品和品牌获得更大的曝光，利于品牌认知度的构建。这样的广告自然收费比较高，单次广告活动最小开销为 35000 美元，不同销售季节、品类、广告位置每千次展现的收费（CPM）价格不同。适合于较大品牌，有实力的卖家做推广。这种高级广告服务是有账号限制的，目前只有 VC 账号才能够开通（SC 尽管也可以，但费用太高）。亚马逊桌面展示广告与手机横幅广告，如图 6-19 所示，亚马逊手机插页广告与图片文字广告，如图 6-20 所示。

图 6-19 亚马逊桌面展示广告与手机横幅广告

图 6-20 亚马逊手机插页广告与图片文字广告

视频插播广告：AMG 允许供应商在 Kindle、Kindle Fire 和 Fire TV 上为亚马逊客户宣传视觉活动，提供广告展示位置。这些广告呈现了产品的设计理念，同时使供应商能够直接与其目标消费者交流。

此外，亚马逊还会做一些有奖促销、节日营销等进行推广。比如 Giveaway 是亚马逊在 2016 年新推出的一款能够帮助卖家达到销售目标的抽奖促销工具。使用 Giveaway 可以帮助卖家提高流量及商品认知、增加页面浏览量及销售量、创造商品或品牌热度并达到行销目的、支持新商品发布策略、解决商品滞销问题、提高社交媒体的关注量和短片观看次数等。

亚马逊促销设置　　　　　　　亚马逊 SP 推广　　　　　　　亚马逊促销活动

3. Wish 站内推广和活动

Wish 平台的原理决定了 Wish 站内推广方式很少，所以大都采用站外引流的方式，比如卖家通过构建独立站，通过网站推广自己的企业和产品品牌；借助社交平台推广也是目前大多数 Wish 卖家的推广手段，这些社交网站首选是 Facebook，因为其正好与 Wish 的用户群重合；其次是 YouTube 视频营销，其转化率仅次于 Facebook，卖家可以找 YouTube 网络红人合作，也可以做一些高质量的买家秀视频；此外就是通过 Instragram 发布产品图片，获得点赞，赚取流量和关注度，进而引爆销量。

不过从 2017 年开始，Wish 推出了 PB 服务，是目前平台最主要的推广模式。

（1）Product Boost 关键词竞价排名

Wish 在 2017 年推出 Product Boost，结合了商户端的数据与 Wish 后台算法，增加相关产品的流量。参加 Product Boost 的产品，如果和 Wish 消费者有着高度的关联性，同时花费更高的 Product Boost 竞价，便可获得更高的产品排名。

使用 Product Boost，可以加速产品的曝光，在产品排名中获得更好的位置；可以增加产品的流量和销售；可以凸显热销产品。

为在 Product Boost 中获得成功，卖家应选择高质量、与 Wish 用户有关联的热销产品，或者与特殊消费群体有关的搜索关键词的产品，同时需要考虑产品的季节性。

（2）Product Boost 收费

① 总报名费：每个参加活动的产品支付 1 美元。提交活动申请时产生，在每月两次的常规放款中扣除。

② 总支出：即活动期间所得流量的总费用，基于产品的竞价及流量计算而来。若对促销活动设置了预算上限，总支出将不会超出该预算。当一轮促销活动结束后，所产生的费用将于每月两次的常规放款中扣除。

卖家创建活动时，需要为每个产品 ID 设置竞价。该竞价指在活动期间支付的每 1000 流量的价格。最低竞价是 0.1 美元 1000 流量。卖家可以为活动设置一个预算上限，这个预算指的是活动结束后店铺需支付的总费用。

$$产品的竞价上限=产品利润×产品点击率×产品点击转化率×1000$$

比如，产品 A 每销售一件即可获得利润 1 美元，此件产品每 1000 次展示可以带来 10 次点击，点击率为 1%，每 10 次点击，可以带来 1 次销售，点击转化率为 10%，故该产品的竞价上限=1×1%×10%×1000=1 美元。此项产品的竞价不应超过 1 美元。因为一旦超出竞价上限，Product Boost 引来越多的流量只会带来越多的损失，这对于中小卖家来说是难以承受的，当然对于大卖家来说，损失利润有时候是获得好的店铺指标的一种策略。

商户为产品 A 设置 PB 活动，共添加了关键词 1、关键词 2、关键词 3 等 3 个关键词，竞价设置为 0.5 美元。消费者的搜索行为会与 3 个关键词中的任何一个或多个形成匹配关系，一旦匹配系统会将产品 A 推送并展示给消费者，如此展示 1000 次，系统就会收取 0.5 美元。Wish PB 设置页面，如图 6-21 所示。

图 6-21　Wish PB 设置页面

最低竞价为 0.3 美元，最高为 10 美元。

"建议竞价"是上一个周期商户对该关键词出的最高竞价，越是接近这个价格甚至高于这个价格，越容易获得该关键词带来的最高流量。关键词的建议竞价可以在 Wish 商户平台首页导航栏中点击"关键词工具"查看。Wish PB 设置中的关键词工具，如图 6-22 所示。

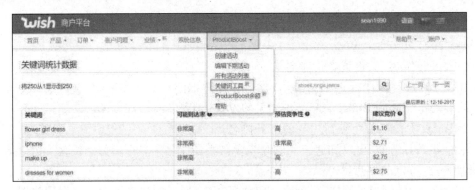

图 6-22　Wish PB 设置中的关键词工具

（3）关键词匹配

Product Boost 运作的基础是"精准匹配"。当你在设置的 Product Boost 关键词和消费者在客户端搜索的关键词是完全一致的时候，系统就会对二者进行匹配，将产品推送给消费者。不过，系统是一个智能的动态学习过程，如果系统对产品非常熟悉，也会采取模糊匹配的操作，将产品推荐给相关的关键词，这就是 related 页面的推荐原理了。

关键词数量：单项产品的关键词数量最多为 30 个。建议不要设置过多，关键词并非越多越好，过多的无效关键词不仅会浪费预算，还有可能影响引流效果。

关键词构成：关键词可以是多个单词构成的词组，词组之间是否添加空格，这要视消费者的输入习惯而定，在系统看来加了空格的词组和未加空格的词组是两个不同的关键词。单个关键词的单词数量建议最好由 1～3 个单词构成，过长的词组不符合消费者的搜索习惯。

关键词来源：关键词应与产品相关，并能准确地定位产品。比如，一款 yellow summer dress with a floral print（印花黄色夏裙），其关键词建议设置为：summer dress，women's dress，yellow dress，floral dress。一款 portable bluetooth speaker（便携式蓝牙扬声器），其关键词建议设置为：portable speaker、bluetooth speaker、wireless speaker、speaker、portable audio。此外关键词需要从消费者角度换位思考，以下类型的词语是比较常用的关键词。

- 产品的用途描述词。
- 产品的用户群体词，如 men's shoes。
- 季节词，如 winter coat。
- 节日词，如 Christmas light。
- 非英语词或异形词，小语种词。

比如 fashion、dress 等的广泛词可以给产品带来较多的流量，但这类关键词的竞价较高，如果产品属于新品且不确定关键词的转化效果，贸然使用广泛词效果难预估，应通过测试确定一批转化效果好的关键词后，再考虑使用广泛词进行引流。

在"关键词工具"页面中，Wish 平台会根据每周的搜索热度持续更新词库，商户可在此页面搜索相关关键词，查看该关键词的可能的到达率（即消费者搜索的可能性）、预估的竞争性（即会有多少商户竞争此关键词）等。

通过 Wish 消费者端的搜索功能也是非常好的关键词工具，商户在搜索框中输入一个核心词，系统会自动展示相关联想结果，这些联想结果就是消费者搜索较多的热度词。

关键词还可以借助第三方关键词数据网站寻找。

需要注意的是，关键词不等于产品标签 tag。tag 是让系统认识这款产品；而关键词是指消费者如何认识并定义这款产品，是从消费者角度思考产品，两者存在部分交集，但不能混淆。

第五节　推广效果评估

在实施网络推广后，对网络推广效果进行评价是一项必不可少的工作。

1．评估依据模型

（1）效果层次模型

推广效果的评估，首先要明确何为效果。行动取决于态度，而态度有三要素：认知、情感、意动（行为倾向）。而态度三要素又取决于其他因素，也就是效果层次模型，如图 6-23 所示。

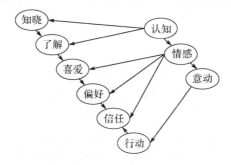

图 6-23　效果层次模型

（2）消费行为模型

AIDMA 是消费者行为学领域很成熟的理论模型之一，由美国广告学家 E.S.刘易斯在 1898年提出。该理论认为，消费者从接触到信息到最后达成购买，会经历这 5 个阶段，也有人将这个模型简化为 AIDA 模型，去掉记忆这一环节。

AISAS 模式是由电通公司针对互联网与无线应用时代消费者生活形态的变化，而提出的一种全新的消费者行为分析模型，如图 6-24 所示。AISAS 模式的转变，在全新的营销法则中，两个具备网络特质的"s"—search（搜索）、share（分享）的出现，指出了互联网时代下搜索（search）和分享（share）的重要性，而不是一味地向用户进行单向的理念灌输，充分体现了互联网对于人们生活方式和消费行为的影响与改变。

两个模型不仅可以解释网民的消费行为，还可以作为跨境电商卖家评估推广效果的参考模型。推广是一种综合性互动，而不是某一部门的独立任务。比如推广文案的策划和主图设计需要策划人员的工作，网站和网店内容优化则需要运营人员的工作，最终促使消费者成交的产品是通过选品环节确定的，影响转化率的履约和询盘则分别是物流部门和客服部门的工作。卖家可以对推广活动进行综合性效果评估，也可以对推广活动进行分阶段的效果评估，而划分阶段的依据可以是以上几个模型。

（3）搜索推广效果转化漏斗模型

当网站或者网店进行推广活动时，其推广效果可以用漏斗模型来检验。网站和网店将通过各种途径展现给意向人群，这个阶段可以考核的指标是展现量；当展现内容让网民感兴趣，打动意向人群，点击广告链接时，这个阶段可以考核的指标就是点击量；网民点击了广告内容访问网站或者与客服进行了沟通，这时考核的就是访问量和咨询量、企业最终的目的是获取订单，成交量或者订单量就是最终的考核指标。

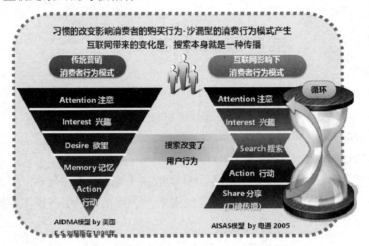

图 6-24　消费者行为分析模型

这一模型与网民搜索行为与购买行为正好吻合，根据艾瑞咨询集团 2008 年的数据，网络购物用户在获取商品信息时有 57.5%依赖搜索，超过 5 成的网购用户在购买前后对产品进行了搜索，搜索成为网络购物决策的重要参照，"无搜索不购物"。

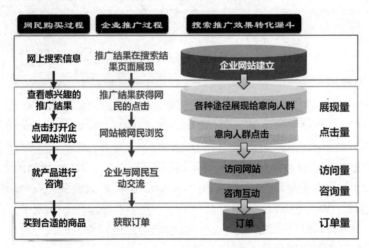

图 6-25　转化漏斗模型

结合转化漏斗模型（见图 6-25），可以分阶段分析推广方案有合理性并进行推广效果评估。

首先，如果展现量不足，则可能是几种情况：选择推广网站或渠道不合理、提交搜索引擎的关键词过少、关键词设置不合理、推广区域设置不合理、预算设置过低等，修订以上问题，让推广信息在不同类型的潜在客户面前尽可能多地展现，全面提升推广覆盖面，提高展现量。

其次，如果展现量足够，但是点击率很低，比如展现了 1000 次，才有两个人点击，则可能的问题是：网站推广链接的文字描述无新意，太平淡无奇；或者主图不够吸引人，比如直通车的主图与竞争对手的主图相比缺乏吸引人的卖点；也可能是价格与同类产品的价格相比没有优势等。针对以上问题，对文字描述和主图进行优化，尽量使用具有吸引力的文字，突出产品差异化特点，提高产品的点击率。

再次，如果网民点击了广告，但是网站访问量还是很低，或者页面的跳出率很高，或者咨询量很少，造成这种情况的原因可能是：企业网站访问速度太慢让网民不愿意等待，或者是页面 listing 的问题，或者是咨询渠道不畅通等。因此，网站、listing 要优化，并从顾客角度提供信息解除疑问。

最后，若展现、点击、访问和咨询量都达到目标，最后的订单率很低，就意味着推广的最终转化率还是很低，没有达到推广目标。这时就需要再次检查原因，比如网络服务有无到位、总客单价有无吸引力、差评问题是否严重等。

2．网络推广效果统计指标

（1）网站推广指标

网络推广可以量化的评价标准绝大部分来自网站访问统计系统。常见指标为浏览量（Page View PV）、访问次数、访客数（UV）、新访客数、新访客比率、IP、跳出率、平均访问时长、平均访问页数、转化次数、转化率，这些指标可以分为以下 3 类。

① 流量数量指标。

a．浏览量，用户每打开一个页面就被记录一次。用户多次打开同一页面，浏览量值累计；有缓存功能时脚本统计与后台日志统计的 PV 值会不同（后者因为缓存页面可能直接显示而不经过服务器请求不会记录为一个 PV）；从页面角度衡量加载次数统计指标。还可以得到每个访问者的页面浏览数。

b．访问次数，Visit 会话次数，一次会话中可能浏览多个页面。连续 30 分钟内没有重新打开和刷新网站的网页，或者访客关闭了浏览器，则当访客下次访问您的网站时，访问次数加 1；访客角度衡量访问的分析指标。如果网站的用户黏性足够好，同一用户一天中多次登录网站，那么访问次数就会明显大于访客数。网页访问时间轴，如图 6-26 所示。

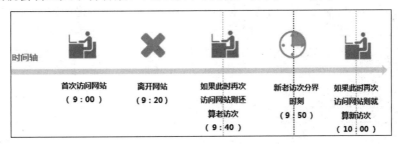

图 6-26　网页访问时间轴

c．访客数（Unique Visitors，UV），也称为独立访客数，同一访客一天内多次访问只计算一个访客。当客户端第一次访问某个网站服务器的时候，网站服务器会给这个客户端的电脑发一个 cookie，记录访问服务器的信息。当下一次再访问服务器的时候，服务器就可以直接找到上一次它放进去的这个 cookie，如果一段时间内，服务器发现两个访次对应的 cookie 编号一样，那么这些访次一定就是来自一个 UV 了。与此指标相对应的是重复访问者数量（Repeat Visitors）。

d．新访客数，一天的独立访客中，历史第一次访问网站的访客数。新访客数可以衡量营销活动开发新用户的效果。新访客比率，即一天中新访客数占总访客数的比例。新访客比例较高，能表现网站运营在不断进步，新访客率的计算公式如下。

$$新访客率 = \frac{新访客数}{访客数}$$

e. IP 数，一天之内访问网站的不同独立 IP 个数相加之和。同一 IP 无论访问了几个页面，独立 IP 数都为 1；从 IP 数的角度衡量网站的流量。

f. 粉丝增加数量，粉丝数量的多少，粉丝的构成都是考核 SNS 推广效果的重要指标。

② 用户行为指标。

入口页：又称着陆页，是从外部（访客点击站外广告、搜索结果页链接或者其他网站上的链接）访问网站的第一个入口，即每个访问的第一个受访页面。这部分页面对访客后续的访问行为影响很大，甚至是决定性的。

此外，指标还有搜索引擎及其关键词、用户来源网站、用户在网站的停留时间、用户页面浏览情况等。

用户客户端信息指标，包括用户上网设备的操作系统名称和版本、用户浏览器的名称和版本、用户电脑分辨率显示模式、用户显示器的屏幕尺寸、用户所在地理区域分布状况、用户所使用的 Internet 接入商等。

③ 流量质量指标。

a. 跳出率等于只浏览了一个页面的访问次数与全部的访问次数汇总有比值。其是非常重要的访客黏性指标，它显示了访客对网站的兴趣程度。可以衡量网络营销的效果，可以反映出推广媒体选择是否合适、广告语的撰写是否优秀，以及网站入口页的设计是否用户体验良好等。

b. 平均访问时长等于总访问时长与访问次数的比值，是说明访客黏性的指标。

c. 平均访问页数等于浏览量与访问次数的比值，用来说明访客对网站兴趣的大小。

④ 流量质量指标。

a. 转化次数：访客到达转化目标页面，或完成网站运营者期望其完成动作的次数。转化就是访客做了任意一项网站管理者希望访客做的事。与网站运营者期望达到的推广目的和效果有关。

b. 转化率等于转化次数与访问次数有比值，转化率即访问转化的效率，数值越高说明越多的访次完成了网站运营者希望访客进行的操作。例如某访问数据如图 6-27 所示。

图 6-27　访问数据计算

则浏览量=4，访客数=1，访问次数=2；平均访问时长=5 分钟，平均访问页数=2，跳出率=50%；如果 C 是设置的转化目标页面，则转化次数为 1，转化率=50%。

这些访问统计指标是最为客观评价和统计网站访问情况的工具，如果企业在第三方平台开店，第三方平台后台会提供这些数据。如果企业采用的是自行建站的方式，那么可以通过购买一些日志分析软件来获得网站访问统计分析数据，常见的日志分析软件有 WEBtrends、AWStats 和 WEBalizer 等，这种方式获得数据成本低廉，数据实时，但是非第三方数据，如果企业要利用这些数据进行融资或者寻求合作伙伴，则需要采用第三方企业进行网站访问情况的统计，很多第三方提供在线网站访问统计服务，如 51yes.com、51.la、cnzz.com、google.com 等。使用这种方式需要在该类型网站上注册账号并绑定欲统计网站的域名，然后将统计代码加入需要统计的网页代码中即可。

（2）网店推广指标

前面的大部分流量指标在网店中也存在，不同的是，转化指标有所不同。在网店中转化转化目标包括注册、收藏、进入购物车、下单、支付。因此，涉及的指标有注册用户数、注册转化率、收藏量、收藏用户数、推车访客数、推车率、下单用户数、下单率、确认订单数、成交订单数、支付率、成交用户数、成交转化率、成交金额（客单价），网店推广指标如下。

a．展现量（推广内容被展现的次数，可理解为该内容的 PV 数）与展现时长。

b．点击量与点击率（在统计周期内，推广内容点击量占推广内容展现的比率）。

c．点击到达率（通过推广内容来源到达网站登录页的次数占推广内容点击量的比例）。

d．点击转化率（在统计周期内，推广内容引导成交订单数占广告点击量的比例）。

e．投资回报率（通过投资返回的价值，即企业从一项投资活动中得到的经济回报）。

3．网络推广效果评价流程

网络推广效果评价的一般模式，其流程通常分为以下 4 步。

首先，确定网络推广目标，设定关键绩效指标（Key Performance Indicator，KPI），推广目标必须有一个明确且可以测量的目标。例如，网店流量增长百分比、销售额提高率、转化率提高比例、电子邮件的送达率和回应率、网络优惠券的下载量和兑现量等。

其次，计算网络推广目标的价值。确定网络推广目标后，还要计算出目标达成时产生的价值。例如，目标是增加网上销售额，其目标价值也就是销售产品所产生的利润；或者目标是增加的访客数，则目标价值是根据以往统计数字计算出新增访客数有多大比例会转化成为付费用户，而这些用户平均带来的利润是多少。其他指标的计算方法也与此类似，都是先计算指标转化成客户的转化率，然后计算平均每次转化带来的利润。据此计算目标达成时为企业带来的价值。

再次，记录并统计网络推广目标达成的次数。借助统计系统或者其他方法记录并统计网络推广目标达成的次数，这是对网络推广效果进行综合评价的一个基础。记录的工具可以是平台自带的统计系统，也可以是非网站访问统计系统。

最后，计算网络推广目标达成的成本。计算网络推广目标达成成本，比较容易的是在 PPC 计价模式的情况下。这种模式对每次点击的价格，某一时间段的点击费用总额，点击总数，都有清晰的记录和统计，成本非常容易计算。但对有些网络推广手段，则需要根据具体方法进行一定的估算。例如，网站流量是来自基于自然检索的搜索引擎优化，那么就需要计算出外部 SEO 服务商的顾问或服务费用，以及内部配合人员的工资成本。

有了上面 4 项数据，就可以比较清楚地计算网络营销的投资收益率（ROI）。假设网站广告在一天内直接花费 1 万元，网站目标是直接销售。一天内销售额达到 1 万元，扣除成本 9000 元，毛利为 1000 元，那么这个网络广告的投资收益率就是 10%。

如果是速卖通跨境电商卖家做直通车，那么投资回报率可以按照公式计算。

$$投资回报率 = \frac{直通车带来销量提高的利润}{直通车花费} \times 100\%$$

搜索引擎竞价排名推广的 ROI=网站获得的回报/竞价总投入×100%。竞价投入系统自动得到，网站回报部分则需要通过统计。比如，购买了"果酱"这个词，并且每月固定消费 5000 元，这个词指向到网店有销售瓶装果酱的页面。通过统计，"瓶装果酱"这个月通过共销售了 100 瓶。每瓶利润为 20 元。竞价 ROI=2000 元/5000 元×100%=40%。投资回报率=100%的时候说明投入与回报持平，就是不赔也不赚。上面 40%的情况说明只收回了投资的一半。另外一多半（60%）打水漂了。

提高登录页面转化率的推广。优化现有 Google 竞价关键词的登录页面，提高访问者的转化率。假设有 1 万元广告预算，3000 名访客，转化率为 20%，每位访客回报 20 元，共计12000 元，则

$$ROI=\frac{3000\times20\%\times20}{10000}=120\%$$

网络推广效果如何，网络推广计划的目标是否实现，除了计算 ROI 综合评价，还可以分不同阶段进行评估。比如结合前面提到的漏斗模型进行推广的引流效果评价。

在分析广告的引流效果时，可以通过广告点击漏斗，从广告展现量—广告点击量（广告展现量×点击率）—入站次数（广告点击量×广告点击到达率）—跳失数（入站次数×跳失率）几个步骤来分别解读引流目标在各个阶段的流失情况，帮助判断广告在哪个阶段具有较大的优化空间，从而提高广告引流效果。

而网站推广评估各级的指标还可以有网站被各主要搜索引擎收录的网页数量及其排名、获得其他网站链接的数量和质量、注册用户的数量、网站访问量、网站活跃用户数量等。

网络推广效果评价指标

网络推广效果评价流程

复习思考题

一、简答题

1. 简述搜索引擎原理。
2. 简述如何做好电子邮件营销。
3. 简述 AIDMA、AISAS 消费行为模型。
4. 简述网络推广评价流程。

二、实训题

1. 为某个跨境电商自建站制定搜索引擎推广方案。
2. 选择某一目的地市场，调研这个目的地市场的社交媒体。
3. 为某跨境电商企业制定"双十一"推广效果评价方案。

三、论述题

1. 梳理跨境电商关键词选择和竞价排名的流程。
2. 使用六度分隔理论论述跨境电商营销推广中社交媒体的作用和意义。
3. 比较亚马逊、速卖通、Wish 的关键词竞价排名的推广方式。
4. 比较速卖通的 4 种店铺自主营销的使用场所和特点。

第七章

跨境电商物流管理

【章节导论】跨境电商物流涉及海关、检验检疫、外汇、税收、货物运输等多个环节。而跨境电商 B2B 与 B2C 物流存在一定差异，不同的跨境电商平台在物流管理功能上也有一些差异，而海外仓则是近几年跨境电商物流的主要方向。通过本章的学习，掌握不同跨境电商模式下的物流术语和物流承运商特点，学会在不同平台进行物流管理的实践操作。

相对于境内电子商务，跨境电商要更加复杂，影响因素也更多，涉及海关、检验检疫、外汇、税收、货物运输等多个环节。跨境电商的基本流程如图 7-1 所示。

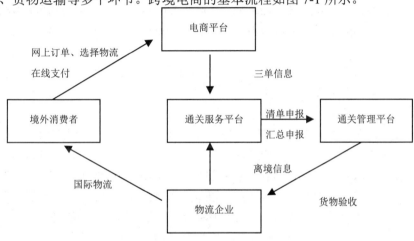

图 7-1　跨境电商的基本流程

第一节　跨境电商 B2B 物流

1．物流术语

（1）装运期与交货期

装运期（Time of Shipment）：是指在买卖合同中规定的卖方在起运地装运货物的期限。

交货期（Time of Delivery）：一方面指卖方把合同货物交给承运人并同时将货运风险转移给买方的最后期限。这里是指在"象征性交货"方式下的"交货"；另一方面指卖方实际把合同货物交给买方控制的最后期限，同时，货物的风险责任也在交付货物时连同货物所有权一起转移给买方。这里是指在"实际交货"方式下的"交货"。

在买卖合同中，对装运期的规定主要有以下几种。

① 明确规定具体的装运期。"Latest date of shipment: Sept.20,2019."（最迟装运期：2019年9月20日）；"Shipment: On Or before Sept.20,2019."（装运期：在2019年9月20日或之前；这种规定方法其实与第一种规定是一个意思，只是在说法上稍有差别；"Shipment: During Dec, 2017 and Jan, 2018."（装运期：在2017年12月至2018年1月之间。）这种规定方法与前面两种有所不同，它同时限定了卖方最早的装运期限。

② 规定收到信用证后若干天内装运。例如，"Shipment to be effected within 45 days upon receipt of the relative L/C."（卖方在收到信用证后45天之内装运货物）。

③ 规定装运期的注意事项。充分考虑货源情况，装运期规定明确具体规范，装运期长短要适度，装运期不能定得太死板，装运期尽量避开大型节假日。

（2）装运港（地）和目的港（地）条款

装运港（Port of Shipment）又称装货港（Port of Loading），是指货物起始装运的港口。

目的港（Port of Destination）又称卸货港（Port of Discharge），是指货物最终卸下的港口。

装运地（Place of Shipment）和目的地（Place of Destination）：非水上运输方式，其起运和卸货的地点。

装运港和目的港的规定方法。装运港通常是由卖方提出，经买方同意后确定的。目的港通常是由买方提出，经卖方同意后确定的。

① 转运港（地）的规定。

合同中转运港（地）的规定方法：在国际货物运输过程中，由于地理原因或根据有关当事人的意愿，货物需要在某些港口或其他地点进行转运。转运港（Port of Transshipment）或转运地（Place of Transshipment），即货物运输过程中进行转运的港口或地点。合同中有时只是笼统地规定允许转运，有时则需要规定在何处转运，此时，对转运港（地）的规定条款就出现在合同之中。在拟订合同相关条款时，通常是在目的港（地）后面加注，一般通过"VIA（经由、通过）"或"W/T（with transshipment at…，意为'在……转运'）"连接。

② 最终目的地的规定。

有时，真正的收货人并不在卸货港（地）。此时，货物在卸货港卸货后，还需要通过下一程的运输将其运往最终目的地，如果实际业务中有这种继续运输的需要，则当事人通常也需要在合同中约定出来。

（3）国际贸易术语

国际商会（International Chamber of Commerce，ICC）多次发布版本的国际贸易术语，规范了国际贸易中不同运输方式和运输过程中各贸易主体的责任、义务等，在所有的合同和协议中遵循这个规范。比如FOB，指按离岸价进行的交易，买方负责派船接运货物，卖方应在合同规定的装运港和规定的期限内将货物装上买方指定的船只，并及时通知买方。货物在装运港被装上指定船时，风险即由卖方转移至买方。CFR（Cost and Freight），指在装运港船上交货，卖方需支付将货物运至指定目的港（地）所需的费用。但货物的风险是在装运港船上交货时转移。

2020年最新的《国际贸易术语解释规则》生效，共11种，按照运输方式可以分为两大类，第一类，适合任何运输方式：EXW（Ex Works，工厂交货）、FCA（Free Carrier，货交承运人）、CPT（Carriage Paid To，运费付至）、CIP（Carriage and Insurance Paid To，运费保险费付至）、DAP（Delivered at Place，目的地交货）、DPU（Delivered at Place Unloaded，目的地卸货后交货）、DDP（Delivered Duty Paid，完税后交货）。第二类：适用于水上运输（即海运、内河运输）适用于任一或多种运输方式的术语：FAS（Free Alongside Ship，船边交货）、FOB、CFR（Cost and Freight，成本加运费）、CIF（Cost Insurance and Freight，成本保险加运费）等。

（4）装运通知

装运通知：是指买卖合同中一项不可缺少的主要条款，其目的是明确买卖双方的责任和风险划分，共同做好船货的衔接工作，装运通知在不同成交条件下的主要内容如下。

国际贸易术语

货已备妥通知：按照国际贸易的一般做法，在按 FOB 条件成交时，卖方应在约定的装运期开始以前若干天（一般为 30 天或 45 天）向买方发出货已备妥通知，以便买方按时安排船只接货。

船舶到港受载日期通知：在按 FOB 条件成交时，买方收到卖方的货已备妥通知后，应按照约定的时间将船名、船级、船龄及其他船舶资料和船舶到港受载日期等通知卖方，以便卖方及时安排货物出运和准备装船。

装船通知：在货物装船后（包括 CFR、CIF 条件），卖方应在约定时间及时发出装船通知，将合同号、货物的品名、重量、件数、发票金额、船名及装船日期等几项内容电告买方，以便买方及时办理保险并做好接、卸货准备，同时办理进口报关手续。

2. 物流方式

跨境电商 B2B 物流的方式主要有海运、空运、铁路运输、国际专线，以及以投递样品为主的国际快递。不同的物流方式各有优点和缺点，如表 7-1 所示，主要参考因素如下。

运输时间：海洋运输从出发地到目的地的时间远远长于航空运输需要的时间。

可预测性：无论是海运还是空运都会受到自然因素的影响而导致延误。准确的预测有助于海外分销商为顾客提供一个准确的产品到货时间。

成本：国际运输价格通常取决于运输服务的成本和货物的价值。为了降低成本，货运企业可以结成联盟，协商合作运输。同时，为了减少总成本和时间，可以选择性地使用混合运输的方式。

非经济因素：政府参与在协助运输业发展的同时对企业造成了困扰。一些物流企业或被政府收购，或依赖政府补助。因此，其他企业不得不服从政府施加的压力，即使有更好的选择也必须使用国内运输公司。

表 7-1　跨境电商与传统国贸的比较

物流方式	运输速度	可预测性	成本	运输量	物流网络	风险	其他
海运	慢	不准确	低	最大	四通八达	大	环节较多
空运	最快	准时	高	最小	航线网络	安全	品类包装严格
铁路运输	较快	准时	较低	较大	铁路网络	较小	常年
国际专线	快	相对准时	较高	较小	固定线路	小	通关能力强

注：通常情况下，海运成本远远低于其他方式，但受到国际形势等其他不可控因素的影响，成本会急速飙升，如 2020 年全球新冠疫情发生之后，全球海运的价格在 2021 年上半年几乎增长 10 倍。

国际专线：是物流行业内用于区分国内专线，以及全球性的国际快递服务、传统的国际空运代理、国际海运散货拼箱服务的一种称谓。目前，中国物流行业的行政机关和相关协会组织并没有对"国际专线"进行任何定义及解释。因为"国际专线"仅仅是特定行业群体彼此约定俗成的一种说法，其本身并非一个概念，而是一种服务产品的描述。

比如深圳知名的国际快递代理商互联易速递有限公司（以下简称互联易），通过整合全球资源，与海外快递公司合作，将货物在国内分拣，直飞航班进行清关和配送，是 eBay、PayPal、贝通网、慧聪网等知名电子商务网站推荐的国际快递公司。目前互联易开通的专线有中俄专线、中澳专线、中美专线、欧洲专线、Aramex 专线（中东专线）等。国际专线操作灵活，时效快，服务稳定，全程物流跟踪信息，适合运送高价值、时效要求高的物品，大部分地区无须收取偏远地区附加费。其主要优势就是通关能力强、可以跟踪、价格便宜等。

国际快递的优势是速度快、服务好、丢包率低，一般 2~4 个工作日就可把包裹送到全球任何一个国家和地区；劣势是价格昂贵。一般跨境电商 B2B 卖家只有在给客户寄发样品时才使用，且会向客户收取运费。国际快递有 UPS（美国）、FedEx（美国）、DHL（德国）、TNT（荷兰）及邮政 EMS。

邮政 EMS 是各国邮政开办的一项特殊邮政业务。该业务在各国邮政、海关、航空等部门均享有优先处理权。通关能力特别强，可发名牌产品、电池、手机、电器等产品；货物不计体积，适合发体积大重量小的货物；全世界通邮，可到达全球 210 个目的地；价格比其他四大国际快递便宜。正常时效 3~7 个工作日，但有时不保证。

3．跨境物流运输单据

货物通过国际快递或者邮政 EMS，都有快递单号，可以直接在相应快递官方网站跟踪包裹，跟国内快递公司一样。空运、铁路运输和海运也有相应的运输单据。

（1）订舱单

海运发货前要提前订舱位，这就是订舱单，订舱单涉及的主要是买卖双方的信息、货物信息及发货、交货港口名称。常见海运订舱单样板，如图 7-2 所示。

Shipper(Full Name & Address) (订舱托运人) Tel: Fax: 联系人：			SHENZHEN ABC INTERNATIONAL FREIGHT SERVICE Co., Ltd. 深圳 ABC 国际货运代理有限公司 Tel: 0755-12345678 Fax:0755-12345678	
Consignee(收货人)： TO ORDER：				
Notify Party(通知人)： TO ORDER：			Freight & Charges(运费与附加费) □PREPAID □COLLECT 运费预付 运费到付	
Carrier： V.0075	From (Airport of departure) 起运地：		Type of Service Required □IATA (Direct) □Charter	
Air of destination：	Airline Counter-Signature： □YES □NO		Export License No 许可证号：	C.O. No： 原产地证：
Country of Origin： 来源地	Shipper's C.O.D 代收金额	Insurance amount 保险金额	Declared value for Carriage:运输金额	Declared value of customs 报关金额
Marks&numbers （唛头） .	Number & Kind of Packages & Goods 件数\包装类型\商品名		Gross Weight 毛重	Measurement 尺码
N/M	100CTNS ENGINE PARTS 55KGS			60*40*40CM
附加条款及注意事项： 1. 2. 3.			订舱人签字盖章 日期	
			订舱审核：	

图 7-2　海运订舱单

（2）海运提单

海运提单绝大多数情况下是货权凭证。卖方（发货方）将货物交给承运人（船方）后，承运人向卖方开具一套提单。

一套提单可能有一份以上的正本，常见的有 1～3 份正本。任何一份正本都可以作为提货凭证。买方应向卖方索要全套正本提单。

发货人发货后，可通过银行（跟单 L/C 或托收结汇）将提单交给收货人，或者直接通过邮递，或者通过人转交给收货人。

收货人应注意提单上的通知方。提单所列货物到港后，船方会通知通知方，再由通知方通知收货人持提单去港口提货。

提单的作用：报关单证之一、承运人签发给托运人的货物收据、托运人与承运人的描述契约证明、承运人的保险证书（如果有办理的话）、货物所有权凭证。

（3）铁路运输单据

铁路运输单据（Railway B/L）是铁路承运人收到货物后所签发的铁路运输单据（简称铁路运单），是收/发货人与铁路部门之间的运输契约。国际铁路联运使用"国际货协铁路运单"；国内铁路运输使用"承运货物收据"（对港澳地区出口使用）。

（4）国际货协运单

国际货协运单（International Convention Concerning Transport of Merchandise by Rail，CIM）是指国际铁路货物联运所使用的运单，它是铁路与货主间缔结的运输契约的证明，而不是物权凭证。

（5）承运货物收据

承运货物收据（Cargo Receipt）是港澳联运中使用的一种结汇单据。由于国内铁路运单不能作为对外结汇的凭证，故使用承运货物收据这种特定性质和格式的单据。

（6）航空运输单据

航空运输单据（Air Waybill）是承运人和托运人之间签订的运输契约（简称航空运单），也是承运人或其代运人签发的货运单据。它是货物收据，但不具有物权凭证的作用，只可凭此向银行办理结汇。收货人不能以航空运单提货，而是凭航空公司的提货通知单在目的地机场或仓库提取货物，因此也不能通过背书转让。

（7）邮包收据

邮包收据（Parcel Post Receipt，PPR）是邮包运输的主要单据，它既是邮局收到寄件人的邮包后所签发的凭证，也是收件人提取邮件的凭证，当邮包发生损坏或灭失时，它还可以作为索赔和理赔的依据，但邮包收据不是物权凭证。

（8）多式联运单据

多式联运单据（Combined Transport Documents，CTD）是在使用多种运输方式运送货物的情况下所使用的一种运输单据。这种单据虽与海运中的联运提单有相似之处，但其性质与联运提单有所差别。

联运提单限于由海运与其他运输方式所组成的联合运输时使用。多式联运单据的使用范围比联运提单广，它既可用于海运与其他运输方式的联运，也可用于不包括海运的其他运输方式的联运，但必须是至少两种不同运输方式的联运。

联运提单由承运人、船长或承运人的代理人签发。多式联运单据则由多式联运经营人或经他授权的人签发。它可以做成可转让的，也可做成不可转让的。多式联运经营人也可以是完全不掌握运输工具的，如无船承运人，全程运输均安排各分承运人负担。

联运提单签发人与多式联运单据签发人的责任不同。联运提单的签发人仅对第一程运输负责，而多式联运单据的签发人（多式联运经营人）则要对全程运输负责，无论货物在任何地方发生属于承运人责任范围的灭失和损害，都要对托运人负责。

4．物流保险

（1）国际术语

跨境物流中的货物往往需要从出口国运至进口国。货物在漫长的运输途中，包括装卸和存储，可能会遇到难以预料的风险，导致货物发生损失。若货物遭遇运输风险而发生的损失问题得不到解决，国际贸易就很难开展。为了消除贸易商对运输风险的后顾之忧，货物运输保险业务就应运而生了。

保险是指投保人与保险人订立合同，根据合同约定，投保人向保险人支付保险费，保险人对于合同约定的可能发生的事故因其发生所造成的财产损失承担赔偿保险金责任的契约行为。

（2）国际货物运输保险的基本原则

国际货物运输保险有多个原则，如保险利益原则、近因原则、最大诚信原则等。

（3）投保金额和保险费的计算

投保金额是投保人对保险标的的实际投保金额，也是保险人承担的最高赔偿金额及计算投保人所要缴纳保险费的基础。投保金额不等于货物价值，而且可以超出货物价值。根据国际保险市场的习惯，投保金额的计算公式为：

$$投保金额=CIF×（1+投保加成率）$$

保险费是投保人向保险人缴纳并由此获得保险人承保货物运输风险的费用，是投保人取得损失赔偿权的对价。保险费的计算公式为：

$$保险费=投保金额×保险费率$$

（4）保险条款订立注意事项

① 明确按什么保险条款投保，是按 CIC 条款投保，还是按 ICC 条款投保；此外，对于美国保险条款，也可以接受。

② 明确投保险别，是平安险，还是水渍险或一切险。如果需要另加某一种或某几种附加险，也应当写明。

③ 明确由何方负责投保，如系 FOB 或 CFR 合同，应明确由买方负责投保，但卖方为了避免工厂、仓库至码头的运输风险，可加保"仓至船"险（Before Loading Risk）；如系 CIF 合同，应明确由卖方负责投保。

④ 明确投保加成率，如超过 10%，由此而产生的超额保险费应由买方负担。

⑤ 保险单的签订日期不能迟于装运日期，如果货物在装运以后才签订保险合同，则货物从装运到签订保险合同的一段时间没有被保险。

⑥ 根据不同商品的性质和特点，选择加保有关附加险。

⑦ 注意合同的贸易术语与船舶的船龄和适航性相适应。

第二节　跨境电商 B2C 物流

跨境电商 B2C 交易的物流方式，可以大致分为两类：一类是头程，一类是尾程。头程是跨境电商卖家选择何种方式将商品从中国运到目的地所在国。尾程是跨境卖家选择何种目的地所在国本土的快递方式将商品送到消费者的手上。

跨境电商 B2C 卖家头程一般选择的物流承运方式如下。

- 国际快递：FedEx、UPS、DHL。
- 邮路：邮政小包。
- 海外专线：美国专线、欧洲专线。

跨境电商 B2C 卖家尾程选择的物流承运方式：UPS（美国）、FedEx（美国）、DHL（德国）、TNT（荷兰），如图 7-3 所示。

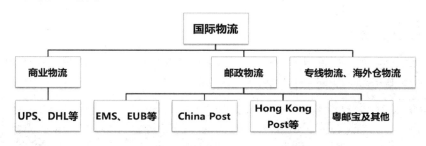

图 7-3　B2C 国际物流承运方式

不管是头程还是尾程，跨境电商卖家想降低运费，只能在头程、尾程两边进行沟通协商。一方面优化店铺，促进销量，增加体量，才有降低成本的资本；另一方面在头程与尾程的供应商和服务商之间斡旋，争取一个较低的运费成本。

跨境电商物流方式

1. 邮政包裹模式

（1）中国邮政小包

中国邮政小包也被称为中邮小包、邮政小包、航空小包及其他以收寄地市局命名的小包（如"北京小包"）。目前，跨境电商物流还是以邮政的发货渠道为主。

① 邮政小包的优势。

网络覆盖全球：中国邮政提供每周共计 551 架次签约航班、351 班签约货轮；可到达全球 210 个目的地。据不完全统计，中国出口跨境电商 70% 的包裹都是通过邮政系统投递的。其中，中国邮政占据 50% 左右。邮政网络基本覆盖全球，比其他物流渠道都要广。这也主要得益于万国邮政联盟和卡哈拉邮政组织。

通关能力强：邮政 EMS 是各国邮政开办的一项特殊邮政业务。该业务在各国邮政、海关、航空等部门均享有优先处理权。通关能力特别强，可发名牌产品、电池、手机、电器等产品。

成本低廉：相比国际快递，价格比其他四大国际快递便宜，适合发体积大、重量小的货物，正常时效 3～7 个工作日，但有时不保证时效。

② 中邮小包的投递限制。

包裹重量在 2kg 以内，外包装长、宽、高之和小于 90cm，且最长边小于 60cm。

圆卷状：直径的两倍和长度合计 1040mm，长度不得超过 900mm，公差 2mm。

最小尺寸：至少有一面的长度不小于 140mm，宽度不小于 90mm，公差 2mm。

圆卷要求：直径的两倍和长度合计 170mm，长度不得小于 100mm。

③ 中邮小包通关的注意事项。

• 中邮小包只是一种民用包裹，并不属于商业快递，海关对个人邮递物品的验放原则是"自用合理数量"，并不适于寄递太多数量的产品。

• 限值规定：海关规定，对寄自或寄往中国香港、中国澳门和国外的个人物品，每次允许进出境的限值分别为 800 元和 1000 元。

• 中国邮政航空小包只能贴中国邮政格式的报关单，不能贴中国香港邮政报关单。

• 平邮如丢失将不能获得赔偿。如意大利、尼日利亚等国，邮包丢包率极高，请最好选用挂号或快递方式。

• 挂号邮政小包具体根据申报价值来赔偿，但最高不超过 320HKD，并退还邮费，但挂号费不予退还。

（2）其他邮政小包

其他国家和地区也推出各自的邮政小包，比如中国香港小包、新加坡小包、瑞士小包等。全球各地邮政小包的标志如图 7-4 所示。

图 7-4　全球各地邮政小包的标志

不同小包具有各自不同的优势，如表 7-2 所示，比如瑞典邮政小包的欧洲线路的时效较快，但价格较高。

新加坡小包递四方支持发往全球 238 个国家和地区。可发带电商品，运送范围为全球。价格适中，是目前常见的手机、平板电脑等含锂电池商品的运输渠道。运费根据包裹重量按克计费，10g 起重，每个单件包裹限重在 2kg 以内。时效快，深圳、香港、北京、上海 4 个口岸城市可同步直航至新加坡并转寄到全球多个国家和地区，98%以上的货件在收货后的第二天上网。

速优宝—芬兰邮政：是由速卖通和芬兰邮政针对 2kg 以下小件物品推出的中国香港口岸出口的特快物流服务，分为挂号小包和经济小包，运送范围为俄罗斯及白俄罗斯全境邮局可到达区域。寄往俄罗斯和白俄罗斯的价格较其他专线具有明显的价格优势；时效有保障，包裹寄出后大部分在 35 天内可以投递，直至包裹离开芬兰前均有物流轨迹，离开芬兰前包裹丢失、破损及时效延误而延期的速卖通平台限时达纠纷赔偿，由物流商承担，降低了卖家风险。

表 7-2 不同小包比较

国际小包	价格优势	时效	丢包率	线路网络
中国邮政小包	大	较低;不稳定	高	大部分国家和地区
香港邮政小包	较大	较高;稳定	中	大部分国家和地区
新加坡邮政小包	较大	较高;稳定	低	东南亚国家优势更大
德国、比利时、瑞士、荷兰等邮政小包	较小	较高;稳定	低	主要面向欧洲国家
瑞典、马来西亚邮政小包	高	较低;不稳定	中	主要面向亚太地区、欧洲地区

（3）邮政 EMS

邮政 EMS 是 EMS 特快专递邮件业务，邮政 EMS 是各国邮政开办的一项特殊邮政业务。该业务在各国邮政、海关、航空等部门均享有优先处理权，能以高速度、高质量为用户传递国际紧急信函、文件资料、金融票据、商品货样等各类文件资料和物品，同时提供多种形式的邮件跟踪查询服务。可通过官网查询资费标准、参考时效、体积限制、禁限运等具体信息。

邮政 EMS 网络强大，寄往南美及俄罗斯等国家和地区有绝对优势；可不用提供商业发票即可清关，具有优先通关的权利；特别是对敏感的货物，一般都可以通关；价格合理，适宜发小件且对时效要求不高的货物；通关不过的货物可以免费运回国内。但相比于商业快递其速度偏慢。

（4）ePacket

ePacket 也被称为 e 邮宝、EUB，是中国邮政速递物流旗下的国际电子商务业务，目前，可发往美国、澳大利亚、英国、加拿大、法国、俄罗斯。

国际 e 邮宝是中国邮政为适应国际电子商务寄递市场的需要，为中国电商卖家量身定制的一款全新经济型国际邮递产品。目前，该业务限于为中国电商卖家寄件人提供发向美国、加拿大、英国、法国和澳大利亚的包裹寄递服务。美国、澳大利亚和加拿大 ePacket 业务提供全程时限跟踪查询，但不提供收件人签收证明；英国 ePacket 业务提供收寄、出口封发和进口接收信息，不提供投递确认信息。

① ePacket 的特点。

经济实惠。支持按总重计费，50g 首重，续重按照每克计算，免收挂号费。

时效快。7～10 天即可妥投，帮助卖家提高物流得分。

服务优良。提供包裹跟踪号，系统与 eBay 完美对接一站式操作。

不提供邮件丢失、延误赔偿。因此，ePacket 并不适合寄递一些比较高价值的产品。

② 投寄限制。

重量限制：单件最高限重 2kg。

最大尺寸：单件邮件长、宽、厚合计不超过 90cm，最长一边不超过 60cm。圆卷邮件直径的两倍和长度合计不超过 104cm，长度不得超过 90cm。

最小尺寸：单件邮件长度不小于 14cm，宽度不小于 11cm。圆卷邮件直径的两倍和长度合计不小于 17cm，长度不小于 11cm。

（5）速邮宝—经济小包（简称速邮宝）

速邮宝—经济小包（Ez Post OM Plus）是在北京市商务委员会的支持和主导下，由速卖通和北京物流骨干企业针对重量 2kg 以下、订单金额 7 美元以下小件物品推出的北京口岸出口精品物流服务。目前，速邮宝已开通覆盖俄罗斯、巴西、美国、西班牙、欧洲等在内的 25 个国家和地区市场。

① 速邮宝的特点。

价格优惠。不需要挂号费，适合货值低、重量轻的物品（仅 7 美元以下订单可使用"速邮宝—经济小包"发货）。

平台网规许可。提供邮件的收寄信息、封发出口信息、交航信息（国内段）。

交寄方便。北京、上海、义乌、深圳、广州 5 个地区提供免费揽收服务，非揽收区域卖家可自行寄送至集运仓库。

赔付保障。国内段邮件丢失或损毁提供赔偿，可在线发起投诉，投诉成立后最快 5 个工作日完成赔付。

② 速邮宝运送时效。

正常情况下，主要欧美国家和地区 16～35 天到达目的地。特殊情况下，35～60 天可到达目的地，特殊情况包括节假日、特殊天气、政策调整、偏远地区等。

（6）中国邮政大包

中国邮政大包也被称为"航空大包"或"中邮大包"，适合邮寄重量较重（超过 2kg）且体积较大的包裹，可寄达全球 200 多个国家和地区。此渠道全程航空运输，可以到达世界各地，只要有邮局的地方都可以到达。价格低廉，清关能力强，对时效性要求不高而重量稍重的货物，可选择使用此方式发货。

① 中邮大包的优点。

• 成本低。价格比 EMS 稍低，且和 EMS 一样不计算体积重量，没有偏远附加费。

• 交寄方便。可到达全球各地，清关能力非常强。

• 方便快捷。单一的运单，并由公司统一打印，减少了客户的麻烦。

• 提供包裹的追踪查询服务。包裹离开当天可在中国邮政网查询信息，且全程跟踪。

• 妥投速递相对慢。

② 中国邮政大包投寄限制。

重量限制：0.1kg≤重量≤30kg（部分国家不超过 20kg，每票快件不能超过 1 件），部分国家限重 10kg，最多也只能寄 30kg。

体积限制：单边≤1.5m，长度+长度以外的最大横周≤3m；单边≤1.05m，长度+长度以外的最大横周≤2m。

最小边长：不小于 0.24m、宽不小于 0.16m。

2. 商业快递

常用的商业快递方式包括 UPS、DHL、FedEx、TNT、SF Express、Toll 等。

（1）TNT

TNT 集团是全球领先的快递邮政服务供应商，总部位于荷兰，在欧洲和亚洲可提供高效的递送网络。拥有超过 26610 辆货车与 40 架飞机，以及欧洲最大空陆联运快递网络，每天递送百万件包裹、文件和托盘货物。TNT 快递在欧洲、中东、非洲、亚太和美洲地区运营航空和公路运输网络，实现门到门的递送服务。TNT 快递一般货物在发货次日即可实现网上追踪，全程时效为 3～5 天，TNT 经济型时效为 5～7 天。可通过网站进行跟踪查询。

TNT 的优点：

• 全球货到付款服务、速度快、通关能力强，提供报关代理服务。

- 可免费及时准确追踪查询货物，无偏远配送附加费。
- 在欧洲和西亚、中亚及政治、军事不稳定的国家和地区有绝对优势；在西欧国家，TNT 国际快递清关能力强、速度快。
- 通至全球时效为 2～4 个工作日，特别是到西欧大概为 3 个工作日，可送达国家比较多。
- 网络覆盖比较全、查询网站信息更新快、遇到问题响应及时。
- 纺织品类大货到西欧、澳大利亚、新西兰有优势。
- 可以通达沙特，但需提供正规发票。

TNT 的缺点：

- 要算抛重，对所运货物限制也比较多。
- 价格相对较高。

（2）UPS

UPS 在 1907 年作为一家信使公司成立于美国华盛顿州西雅图，是一家全球性的公司。作为世界上最大的快递承运商与包裹递送公司之一，也是运输、物流、资本与电子商务服务的领导性的提供者。

UPS 有 4 种快递方式：UPS Worldwide Express Plus——全球特快加急；UPS Worldwide Express——全球特快；UPS Worldwide Saver——全球速快，即红单；UPS Worldwide Expedited——全球快捷，即蓝单。

UPS 的优点：

- 速度快、服务好。
- 强项在美洲线路和日本线路，能够定点定时跟踪，通关便捷，特别是美国、加拿大、英国等国家和地区，适宜发快件。
- 到美国的话，差不多 48 个小时能到达；到欧洲一般 3～5 个工作日；到亚洲一般 1～3 个工作日；到南美洲一般 3～5 个工作日；到非洲一般 4～6 个工作日。
- 货物可送达全球 200 多个国家和地区；可提供在线发货、全国多城市上门取货服务。
- 查询网站信息更新快，遇到问题解决及时。

UPS 的缺点：

- 运费较贵，要计算产品包装后的体积重。
- 对托运物品的限制比较严格。

（3）FedEx

FedEx（Federal Express，联邦国际快递），是全球规模最大的快递运输公司之一，总部设于美国的田纳西州。为全球超过 235 个国家及地区提供隔夜快递、地面快递、重型货物运送、文件复印及物流服务。

联邦快递业务分为联邦快递优先型服务（IP）和联邦快递经济型服务（IE）。FedEx IP 和 FedEx IE 的主要区别是清关能力、时效和价格。前者比后者价格高，但时效更快。

在中国，联邦国际快递还提供国际优先分送快递服务，指的是递送大批货件到同一国家及地区多个收件人的国际快递服务，货物作为一票货清关；此外还提供重货服务，为重量在 68kg 以上并且目的地为亚洲、美国、加拿大和墨西哥主要市场的货件提供经济、限日送达、代理清关、门到门的递送服务。到亚洲一般 3 天左右，到欧洲一般 3～4 天，到美洲一般 4～5 天，到中东一般 5 天左右，到非洲一般 5～6 天。

FedEx 的优点如下。

- 适宜 21kg 以上的大件，到南美洲的价格较有竞争力。
- 网站信息更新快，网络覆盖全，查询响应快。

FedEx 的缺点如下。

- 价格较贵，需要考虑产品体积重量。
- 对托运物品限制也比较严格。

（4）DHL

DHL 是全球知名的邮递和物流集团 Deutsche Post DHL 旗下公司。在五大洲拥有将近 34 个销售办事处和 44 个邮件处理中心。可寄达 220 个国家及地区，涵盖超过 120000 个目的地。DHL 不接受礼物或样品申报；对申报价值没有要求；必须要提供收件人电话。

DHL 的优点如下。

- 去西欧、北美、日本、东南亚、澳洲等国家和地区有优势，适宜小件。
- 在美国、西欧有特别强的清关能力。
- 一般 2～4 个工作日可送达；去欧洲一般 3 个工作日，到东南亚一般 2 个工作日。
- 查询网站的货物状态更新也比较及时。

DHL 的缺点如下。

- 小货价格较贵不划算。
- 对托运物品限制比较严格，拒收许多特殊商品，部分国家不提供 DHL 包裹寄递服务。

体积重量货物按照"体积（cm^3）÷5000=重量"计算。

（5）Toll

Toll 是 Toll Global Express 公司旗下的一项快递业务，Toll 到澳大利亚以及泰国、越南等亚洲地区的价格较有优势。

Toll 的特点如下。

- Toll Global Express 运费不包含货物到达目的地海关产生的费用，运输和清关过程产生的费用均由发件人承担。退货费用或相关责任由发件人自负。
- Toll 在当地会有两次配送服务，如两次配送均不成功，要求第三次配送会收取 75 元配送费。
- Toll 快递到澳大利亚、缅甸、马来西亚、尼泊尔可能有偏远地区附加费。

（6）SF Express

SF Express，即顺丰速运，是一家经营国际、国内快递业务的港资快递企业。目前，顺丰已开通美国、日本、韩国、新加坡、马来西亚、泰国、越南、澳大利亚等国家的快递服务。

顺丰国际快递的优势与劣势：优势是国内服务网点分布广，收派队伍人员服务意识强，服务队伍庞大，价格有一定竞争力；劣势是开通的国家线路少，卖家可选的国家少，而且顺丰的业务种类繁多，导致顺丰的揽收人员相对于国际快递的专业知识略显逊色。

3．专线物流

（1）Special Line-YW

Special Line-YW 即航空专线—燕文，也被称为燕文专线，是北京燕文物流公司旗下的一项国际物流业务。目前，燕文专线已开通美国、欧洲、澳洲、中东、南美专线、拉美专线、俄罗斯专线、印度尼西亚专线。正常情况下，16～35 天到达目的地；特殊情况下，35～60 天到达目的地。

（2）Russian Air

Russian Air，即中俄航空专线，也被称为俄速通，是由黑龙江俄速通国际物流有限公司提供的中俄航空小包专线服务，是通过国内快速集货、航空干线直飞，在俄罗斯通过俄罗斯邮政或当地落地配进行快速配送的物流专线的合称。它提供针对跨境电商客户物流需求的小包航空专线服务，渠道时效快速、稳定，提供全程物流跟踪服务。80%以上的包裹可在 25 天内到达买家目的地邮局。

经济实惠。Russian Air 以克为单位进行精确计费，无起重费，为卖家将运费做到最低。

可邮寄范围广泛。Russian Air 是联合俄罗斯邮局推出的服务产品，境外递送环节全权由俄罗斯邮政承接，因此递送范围覆盖俄罗斯全境。

运送时效快。Russian Air 开通了"哈尔滨——叶卡捷琳堡"中俄航空专线货运包机，大大提高了配送时效，使中俄跨境电子物流平均时间从过去的近两个月缩短到 13 天。80%以上的包裹 25 天内到达。

全程可追踪。48 小时内上网，货物全程可视化追踪。

（3）Aramex 快递

Aramex 快递，即中外运安迈世，在国内也被称为"中东专线"，可通达中东、北非、南亚等地区，在当地具有很大优势，提供全球范围的综合物流和运输解决方案。

（4）中俄快递-SPSR

"中俄快递-SPSR"服务商 SPSR Express 是俄罗斯最优秀的商业物流公司之一，也是俄罗斯跨境电商行业的领军企业。"中俄快递-SPSR"面向速卖通卖家提供经北京、香港、上海等地出境的多条快递线路，运送范围为俄罗斯全境。

常用的跟踪查询、时效统计查询工具有：www.17track.net；www.91track.com；fuwu.aliexpress.com；seller.aliexpress.com。

国际专线物流价格一般比商业快递要低一些。在时效上，专线物流稍慢于商业快递，但比邮政包裹快很多。燕文物流拉美专线航班直飞欧洲，快速中转；俄罗斯专线与俄罗斯合作伙伴实现系统内部互联，一单到底，全程无缝可视化跟踪；印度尼西亚专线使用服务稳定、可靠的中国香港邮政挂号小包服务，到达印度尼西亚的平均时效优于其他小包；中俄航空专线的价格更加优惠，深圳、广州、金华、义乌、杭州等地一件起免费上门揽收。除此之外，还有 Equick、中环运、永利通达等公司提供国际专线物流方案。

4．物流选择

不同物流有各自不同的优势与劣势，比如小包价格相对便宜，但重量受限较大；快递时效性强，能快速到达，但一般价格较高；专线物流，安全高效，好评率高。作为卖家，选择哪个渠道和物流商，可以考虑以下因素。

- 商品本身特性（种类、货值、尺寸、安全性）。
- 客户的时效要求和所在地。
- 客单价及物流预算。
- 物流成本。
- 上网时间（物流公司将物流信息的上网时间，比如邮政早上揽收、
  晚上上网）。
- 丢包率或延迟率（可以追踪一个月的签收率，之后比较）。

跨境电商物流承运商

跨境电商平台物流管理

1. 速卖通平台

（1）运费模板设置

在速卖通卖家后台，有许多物流方案供卖家选择。作为卖家，需要事先设置好订单履约采用的是何种物流服务、物流费用如何计算等。因此，卖家需要进行物流运费模板的设置。

① 自建物流渠道设置。

速卖通的物流方案大致分为邮政物流、商业快递和专线物流。不过有些卖家有自己的物流渠道，从非洲、智利、中国台湾等国家和地区发货，这时在平台上需要先自建物流渠道。必须注意的是，以新建的物流方式发货，必须保证能核实物流跟踪信息，否则平台不予认可。

② 卖家承担运费的模板设置。

假设卖家要对某些国家和地区（比如针对平台上标红的国家和地区，即电商热门国家和地区）的订单由卖家承担运费，那么需要对这些国家和地区进行设置，新建"Free Shipping"运费模板。

对于这些卖家承担运费的国家和地区选择物流方式，在平台中也给予了很多选择，卖家如果有多种物流方式，则需要逐一进行设置。如果卖家不是对所有国家和地区都承担运费，则选择自定义运费。

在设置自定义送达时间时，"承诺运达时间"为平台判断包裹寄达收件人所需的时间。

运费方面，系统会提供各类物流方式的参考价格，阿里巴巴平台也与这些物流服务商有协议折扣，不过在设置时，运费折扣要适当提高一些，比如在4折的运费协议情况下，最好在物流模板中设定为4.5折，这主要考虑到丢包情况。因为除非采用阿里平台的无忧物流（店铺达到一定资质方可享受的服务）可以100%丢包赔付，很多情况下，丢包是存在且较难达到赔付的。

在中国邮政小包物流方式中，选择该模板是针对哪些国家和地区的，比如卖家对标红国家和地区做了选择。

③ 运费计算模板设置。

针对其他国家和地区，卖家不打算包邮，但运费按照怎样的标准收取，按照重量还是按照单数等，同样需要设置一个模板。选择添加一个运费组合。

在选择国家和地区的时候，前面模板中已经选择的免邮国家，此时会呈现灰色不可选状态。假设因为某些原因，比如阿根廷和黎巴嫩由于限购和关税的问题，卖家决定对这些国家不发货，那么在选择时将这个勾选去掉即可。

在设置发货类型时，可以按照数量，也可以按照重量设置运费（注意，如果选择按照数量收费，则应该在产品重量相差不多的前提下）。

④ 不发货的模板设置。

在前面的模板设置好了之后，系统还会再询问，若买家不在设定的国家和地区范围内，比如前面的阿根廷等，卖家可以选择不发货，或者再次设置选取高额运费的方式。

以上仅是针对某一种物流方式的运费模板设置，卖家还需要针对选择的多种物流模板进行设置。设置物流模板的工作看似简单，却十分耗费精力，且需要运营人员在产品上线前逐一进行检查和测试方可，否则一旦哪个环节设置错误，带来的损失可能会比较严重，不仅有资金的损失，还有可能造成顾客不满的差评。

（2）线上发货流程

当卖家收到订单，就需要履行订单，也就是发货，发货的流程如图7-5所示。

图 7-5   发货的流程

不过发货有两种方式：一种是线上发货，另一种是线下发货。

"线上发货"是由阿里巴巴速卖通、菜鸟网络联合多家优质的第三方物流商打造的物流服务体系。卖家出单后，可直接在速卖通后台的交易订单中点击"线上发货"，选择合适的在线物流方案，通过线上发货。

线上发货与线下发货相比，前者不需要卖家各自寻找物流商并考核物流商的服务水平和诚信度，而是由平台以集成的方式与物流商达成协议，从而更可靠并在价格上享受团体优惠；此外，线上发货且成功入库的包裹，买卖双方均可在速卖通后台查看物流追踪信息，且平台网规认可；如果产生物流纠纷，那么线上发货的订单，因物流原因导致的低分可被平台抹除，从而规避物流低分，提高账号表现；在运费上享受速卖通专属合约运费，低于市场价，只发一件也可享受折扣，且如果发生物流问题，则有一定的赔偿保障；时效上也更有保障。

所有平台都要求物流信息上网，Wish 更是对物流上网时间做出了明确规定，物流上网是平台考核卖家的服务能力和诚信与否的重要指标和手段，订单线上发货是物流上网的第一个环节。

线上发货可以有几种方式：直接在速卖通后台进行线上发货；通过第三方软件全球交易助手、速脉打单宝、速脉 ERP 进行线上发货；对接线上发货 API 接口，通过自有 ERP 进行线上发货。线上发货的步骤如图7-6所示。

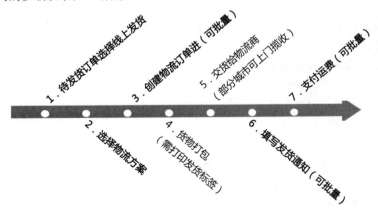

图 7-6   线上发货的步骤

所有步骤都可批量处理，如批量创建物流订单、批量打印发货标签、批量填写发货通知。

包裹入库后，次日 23 点前，卖家可以主动支付运费，可选择国内支付宝账号支付以人民币计价的运费，也可以选择支付宝国际账号支付以美元计价的运费。如果卖家未主动支付，系统将从卖家支付宝国际账户自动划扣以美元计价的运费（按当日汇率）。卖家可以定期统计运费并下载运费报表。

（3）线下发货流程

如果卖家有自己的运输渠道，或者在买家要求等情况下，卖家也可以选择线下发货，但一定要填写可以上网追踪的货运跟踪号，除非买家同意，否则一旦发生"未收到货"的通知，没有可跟踪的货源单号，是很难提请仲裁的。

线下发货有逐一订单后台发货、批量订单后台发货、使用第三方工具发货 3 种形式。

在交易管理界面，打开待发货订单，在每个订单后面，选择"填写发货通知"进行逐一后台发货，或者选择"批量发货"。选择卖家承诺的物流服务商并填写货运跟踪号。

也可以使用第三方工具发货，比如进入 fuwu.aliexpress.com 网站，可以找到许多第三方服务工具。

（4）产品包装

重量计算要考虑包装材料重量，包装材料选择的原则是牢固，轻便，去掉不必要的附件，比如鞋盒、T 恤里的衬板等。

2．亚马逊平台

亚马逊平台的物流解决方案分为以下 3 种类型。

① 国内逐单发货：借助 B2C 跨境物流服务商，比如中国邮政、四大国际快递等，将商品由中国出发逐单发往客户手中。这种方式适用于以小包为主的低客单价的订单，且以订单量不大的长尾产品为主，其到货时间长，影响客户体验。

速卖通平台物流管理

优势是减少压货成本，仓储费用少，操作上具有灵活性。

劣势是 listing 曝光和排名比 FBA 少，容易因物流原因得到顾客差评，没有 Prime 标志，很难争取到 Prime 会员的青睐。

② 租、建海外仓：通过租用或者自建海外仓的形式，如递四方、出口易等，从客户所在国直接发货，时效性强，当订单量大的时候充分显示出物流成本优势和时效优势，同时可以高效处理退货等问题，客户体验好。但对于资金有限的新卖家成本较高。

优势是降低物流成本，加快物流时效，有利于开拓当地市场，费用比 FBA 稍低。

劣势是库存压力大，有积压风险，第三方海外仓管理水平参差不齐。

③ 亚马逊物流：比如 FBA、EFN、MCI、Pan-EU 等。借助亚马逊提供的世界级仓储、全球物流网络和配送体系，提供全流程服务，订单查询和退货管理等售后服务，是提高卖家销量的重要催化剂。

优势是物流速度快，增加客户信任度，提高 listing 的排名，如果因为物流问题收到了买家的差评，则亚马逊会帮助移除。

劣势是总体费用稍高，头程操作烦琐，需要自己进行清关，买家退货率容易提升，增加压货成本，退货地址只支持美国（在做美国 FBA 的情况下）。

前两种类型属于卖家自发货。

（1）自发货流程管理

自发货（也被称为自配送）流程：亚马逊后台操作订单—打包发货—投递包裹—客户收货。

① 点击"orders—Manage Orders"（管理订单）：在订单信息页面，有订单未发货的话系统会提示"unshipped"，而对于已发货订单，则标为"shipped"。

未发货订单有 4 个操作按钮：打印发货订单（print packing slip）、确认订单（confirm shipment）、基于美国本土卖家的第三方物流服务购买（buy shipping）、取消订单（cancel order）（30 分钟之内买家可以取消订单，超过 30 分钟之后买家想取消订单，需要向卖家提出申请。如果超出 30 分钟，卖家收到买家取消订单申请，建议选择取消订单原因为 buyer cancel，这样对卖家影响是最小的）。

已发货订单的操作功能：print packing slip、edit shipment（建议不要在这里编辑）、refund order 退款。

② 对订单进行发货操作。首先点击进入"confirm shipment"，点开"carrier"，选择各种国内快递（如中通、申通），填写"Tracking ID"，即运单号。然后点击"confirm shipment"就完成了亚马逊订单 order 发货。

③ 批量上传运单跟踪号。如果需要处理大批量的订单，则将这些订单的运单号输入后台，则可以选择批量处理方法。进入亚马逊卖家后台依次点击"Orders"→"Upload Order Related Files"。进入后，点击"Download Template"按钮，下载 Excel 表格。打开下载的表格，在里面的第二个工作表 Shipping Confirmation 填写信息。

【Tips】order-id: 订单号；order-item-id: 订单物品号；quantity: 数量；ship-date: 发货时间（yyyy-mm-dd 太平洋时间，如 2017-07-20); carrier-code: 物流商代码（仅支持 Blue Package, USPS, UPS, UPSMI, FedEx, DHL, DHL Global Mail, Fastway, UPS Mail，Innovations,Lasership, Royal Mail, FedEx SmartPost, OSM, OnTrac, Streamlite, Newgistics, Canada Post, ity Link, GLS, GO!, ermes Logistik Gruppe, Parcelforcc, TNT, Target, SagawaExpress, NipponExpress,YamatoTransport, 如果不属于上述物流则选择 Other); carrier-name: 物流商名称（当 carrier code 是 Other 时候此选项）；tracking-number：订单跟踪号；ship-method，如 first class 等。

将 Excel 另存为以制表分隔符分隔的 TXT 文档，然后把此文本文档上传至亚马逊后台即可，上传失败会有提示，按照提示修改之后再重新上传。可以先用 3~5 个订单测试流程后，再进行几十或上百个订单的批量操作。

④ 退货处理。点击"orders—Manage Returns"，再点击进入退货申请（Manage Returns）界面后，可以看到页面的左边会有 Authorize Required, Completed, Authorized, Closed by seller, Closed by Buyer, with A-to-Z Guarantee Claims 这些状态，我们可以点击筛选想要状态的退货申请（Return Request）。

首先要看 Return Request 中的 Return Reason 和 Buyer Comment 这两项信息（非常重要，直接决定买家为什么要开这个 Return Request）来决定采取怎样的回应，界面右方有退货的处理方式：Authorize Request（授权退货）、Close Request（关闭请求）、Issue Refund（退款）、Contact Buyer（联系买家）。

有了退货，第一选择是 Contact Buyer（联系买家）：客户有纠纷，提交退货申请肯定是有不满意的地方，这些不满意的地方我们可以通过上面提到的 Return Reason 和 Buyer Comment 来了解一个大概内容，但是要深入问题的同时和客户协商解决问题才是我们的最终目的，所以沟通是解决问题的第一步，沟通好了或者沟通未果，可以采取下一步动作。

如果与客户沟通成功，就可以取消这个退货请求，点击"Close Request"（关闭请求），也就是取消这个退货申请，一般这种操作是卖家双方协商一致的解决方案，买卖双方都可以私自取消 Return Request，但是不要因为卖家可以取消就只要一来退货申请就立马取消，取消是基于双方沟通后协商一致的结果，而不是单方面地任意取消。当卖家点击"Close Request"时，会跳出一个弹窗，要求卖家选择一个关闭退货申请的理由。

若沟通后客户还是坚持退货，则在界面中点击"Authorize Request"（授权退货），也就是买家提出退货请求，卖家同意退就退。点击"Authorize Request"按钮，在跳出页面中直接勾选两个选项，亚马逊会发一份关于退货的邮件给客户，客户退回货物的时候需要把邮件中的 Label 打印出来然后塞到退货的包裹里面。

最后，点击"Issue Refund"（退款）。当卖家收到了客户的退货后或不想要这个产品而让买家直接保留这个产品时，就可以立马退款。因为点击操作"Issue Refund"，这笔订单的款项就立刻退回给买家，否则要等到收到退货了才给买家退款。

（2）自发货的绩效管理

要保证自发货的绩效，不影响卖家的账户表现，同时有较好的客户体验，需要把控好以下三大指标。

① 订单迟发率：指在统计周期内，未在预计发货日期之前确认发货的订单数占同时期所有自配送订单的比例。以美国为例，订单迟发率应该小于 4%，所以及时处理订单非常必要，而且考虑到订单生成后在后台出现的延迟及地区时差的因素，卖家最好在目的国客户下单高峰期有一定的人员值班处理订单；此外要确保商品库存，可以设置一些预警机制来降低迟发及断货、缺货概率，如果实在发现备货时间不够，则可以通过编辑商品属性来延长配送准备时间，给自己争取一个更合理的备货时间。

② 订单有效追踪率：指在统计周期内，卖家能提供有效追踪码并能在亚马逊网站查询到追踪信息的订单数占同时期所有自配送订单的比例。以美国为例，客单价 5 美元以上的订单的追踪率应该不低于 95%。

可上网跟踪查询的订单跟踪号要及时填写到系统。而且如果订单只在别的网站能追踪则不算是可追踪的，所以在选择物流公司时一定要谨慎，最好从后台提供的那些物流公司中选择，因为亚马逊已经与这些公司的追踪系统集成了。

③ 配送前取消率：指在统计周期内，卖家在确认发货前取消的订单数占同时期所有自配送订单的比例。以美国为例，配送前取消率应该小于 2.5%。

（3）物流配送模板设置

① 设置入口：在卖家后台点击"Setting"→"Shipping Setting"，在打开的页面中选择发货地址。

② 送达区域和时间设置。不同区域可能需要不同的配送时间，第一列是配送区域，前面 8 个都是美国的不同区，因为很多物流商送达美国不同区的时间不同；第二列是标准配送服务时效，第三列是加急配送服务实时效（如果卖家可以做到加急配送的话可以勾选）；第四列是两个工作日到达服务，第五个是 24 小时内到达服务（只有卖家可以做到后面 3 项，才可以勾选）。

③ 运费设置方式。

运费设置方式分两种：Price Banded（以订单总金额阶梯式收取运费）和 Per Item/Weight-Based（按商品的件数或者重量决定运费），如果不选择，则平台系统默认按照数量或重量收费。

第一种方式：Price Banded 运费是以订单总金额（包含运费）阶梯式设置的。

第二种方式：Per Item/Weight-Based 运费按商品的件数或者重量收取。其公式为每一票货一个固定金额+产品件数/产品重量。比如按件数收费，每票货 Per Shipment 固定收取 5 美元，每件货 Per Item 收取 1 美元。如果客户选购 A 和 B 两件物品，则这一票货的运费就是 7 美元。每票货 Per Shipment 固定收取 5 美元，每磅（LBS）Per Weight 收取 1 美元，如果客户选购的产品包裹重量为 5 磅（LBS），则这一票货的运费为 10 美元。

如果要设置免费物流，则只要在选好一种计价方式后，比如在按订单金额收费中，Shipment Rate 都填写$0.00 即可。

④ Migrated Templates 配送模板设置。

前面的设置实际上采用的是 General Shipping Settings 一般配送设置。但如果卖家针对不同的 SKU 想要设置不同的运费的话，那就需要创建相应的配送模板。系统默认的是 Migrated Template 模板匹配到相应的 SKU。以中文卖家后台管理界面为例：

在卖家后台点击"设置"→"配送设置"，再点击"配送模板"，为这个配送模板自取一个名称，并选择运费模型等。

卖家可能有几种配送方式，那么可以点击"创建新配送模板"。如要确定哪些 SKU 采用哪种模板，则可点击"将 SKU 分配给模板"。

首先卖家可以到"管理库存"中勾选要设置的 SKU，一次性最多能勾选 50 个，然后点击"选择配送模板"，进入跳转页面后选择上面已经创建好的模板。

如果一次有 50 项以上的 SKU 进行运费模板的设置和变更，则可以使用上传数据方式。在卖家服务中下载"Shipping override template"表格模板。在表格中，Currency 为币种，shipping option 选择 valid values 里的有效值，shipping amount 金额可以自己设置，type 有添加型和独用型，添加型指的是在原有基础上加上现在设置的运费，买家在下单的时候可以看到具体的费用；如果设置了独用型，则 TXT 以这个设置有效，不以后台运费设置为准。

将 Excel 保存为 TXT 文本格式，跟批量上架一样，先上传文件检查是否有误。检查无误后，正式上传，注意选择 shipping overrides file。

【案例】　　　　　　　　亚马逊出台卖家自配送物流费用标准

2018 年，一篇标题为《女子在亚马逊购买几盒卫生纸，运费却高达 7400 美元》的报道在网上流传。最初，亚马逊并没有采取任何措施弥补该女子的损失，因为该产品是从第三方卖家处购买的，故一开始亚马逊未予处理，5 月中旬，在媒体报道了该事件后，亚马逊将高昂的运费退还给了她。同时为避免此类事件再次发生，亚马逊在 5 月 30 日向卖家发出如下信息："通知：卖家自行配送产品物流费用标准。本通知面向所有的亚马逊卖家，按照亚马逊公平价格政策，所有卖家在设定自发货产品物流价格时，须秉承公正、公道的原则。卖家的商品运价需符合实际运费，并要能与其他主要零售商的运价（同等大小、重量，相同目的地和运输方式）相近。一旦某一产品运费超过标准货物运价的20%，即被视为不公平收费。卖家收取过高运费有损买家对亚马逊的信任，亚马逊将取消该产品获得'Buy Box'的资格，降低该 listing 的展示次数，如果卖家重复出现这种问题，则将有可能会被冻结或永久收回销售权。请检查您的运费设置，以确保您的加急快件和优先配送选项运费设置公道。"

亚马逊平台物流管理　　　　　　　　　　　　　亚马逊物流运费设置

（4）FBA

FBA 的全称是 Fullfillment By Amazon，意为亚马逊物流。卖家把货物发往 FBA 的仓库，由亚马逊提供包括仓储、拣货、打包、配送、收款、客服与退货处理在内的一条龙式物流服务。作为世界上最大的在线零售商之一，在美国的菲尼克斯（凤凰城），亚马逊最大的仓库有 28 个足球场的大小。

FBA 流程：卖家将备货发送至亚马逊仓库→操作订单→亚马逊发货→配送客户。

① FBA 的优势。

FBA 不仅仅只是物流解决方案，还具有以下的优势。

提高 listing 排名，增加抢夺 Buy Box 的机会，帮助卖家成为特色卖家和抢夺购物车，提高客户的信任度，提高销售额；因为没有物流方面的负面评价，则排名会更好。如果卖家希望自己的产品 listing 能上首页，成为爆款，则 FBA 是必需的，而且需要库存充足。

物流服务更专业。表现在配送时效超快（仓库大多靠近机场），仓库遍布全世界；丰富的物流经验，智能化管理（2012 年收购机器人制造公司 Kiva Systems）；专业的仓储技术，比如日本亚马逊的用于储存葡萄酒的恒温仓库，某些危险物品、大尺寸产品的存放等。

买家体验更好。产品、物流、listing 完整、精简、节省买家时间；亚马逊专业客服，重视售后服务、二次购买和好评。

不用担心因物流而引起的差评纠纷。根据亚马逊的服务条款，卖家使用 FBA，买家留下了不利于 FBA 物流方面的负面评价，则亚马逊拥有全权消除这个负面评价的权利。比如，"使用 FBA 发货造成延误""使用 FBA 包装有挤压破损"，针对这些负面评论，亚马逊有绝对的权利立即删除。因为亚马逊在 FBA 上面投入了几亿美元，任何不利于 FBA 服务的评论都将立即被删除。

当然，FBA 也有一些不足，一是成本较高，尤其是仓储费；二是语言转换难题尚未解决，只能用英语和客户沟通；三是 FBA 不会为卖家头程发货提供清关服务；四是退货地址只支持美国；五是容易提升买家的退货率。

② FBA 与海外仓对比。

成本方面，对于 FBA 费用包含产品佣金，一般产品的佣金占售价的 7%～25%，电脑和其他消费电子类的最少，收取 7%，手表、软件、书籍、音乐等收取 15%左右，首饰类收取 25%，亚马逊的设备配件收取 45%。对店铺的租金，专业卖家计划的店铺租金费用是 39.9 美元每月+销售一件商品收取的佣金；个人卖家计划的店铺租金费用是每卖出一件商品收取 0.99 美元+销售一件商品收取的佣金。对于仓储费，FBA 每月收取 120 元每立方米的仓储费（包含订单处理费、商品挑选打包费、称重费）；物流配送费等。尽管在标准尺寸以内单价超过 300USD 的产品免除所有 FBA 物流费用，不过相比而言，海外仓价格比起 FBA 要优惠很多。

沟通灵活性方面，FBA 只能用英文和客户沟通，发 E-mail 给 FBA 客服，最快第二天回复，最慢一周。目前，不少第三方海外仓都提供专属顾问，并拥有 24 小时客服中心，有一些海外仓还有专门的中文客服来处理一些问题。

FBA 相同条形码产品不同卖家的产品是混储的，第三方海外仓则是专属的。卖家使用 FBA，假设代理其他产品且没有另贴条码，而是使用产品生产商原始条形码，则这种产品其他的卖家也可能在销售并在做 FBA。这种情况下所有"具有相同原始条码"的产品在 FBA 仓库将会被混合在一起存储（不区分卖家）。一旦有客户下单，就随机发货。

FBA 退货地址只支持美国（如果您是做美国站点的 FBA），FBA 发回中国的成本是天价，要么就是 FBA 让你花钱销毁。

FBA 不提供目的地清关及收件人，部分第三方海外仓可提供收件人和代交关税等服务。

FBA 为了节省美国境内运输成本，让用户发到 3 个不同的仓库地址，浪费头程运费。若非要发到一个地址则多加 0.3 美元/个。部分第三方海外仓只需发往一个仓库进行统一管理。

③ FBA 操作。

• 将产品设置为 FBA 发货。进入卖家后台，点击"INVENTORY"→"Manage Inventory"，

进入库存管理页面，选择要通过 FBA 发货的产品。

在选好的产品信息"Action"下拉菜单中选择"Change to Fulfilled by Amazon"，然后点击"Yes,continue"或者"No return to full list"按钮。

- 发货到 FBA。选择"Send/Replenish Inventory"，勾选要发货的产品。

④ 分仓和合仓。

分仓：亚马逊的 FBA，如不特别设置，都是分仓的。同一卖家的不同产品会自动配置到亚马逊在不同地方的仓库。就算你只卖美国本土产品，你发 100 个货品给 FBA，很可能 40 个去了加州仓库，20 个去了印第安纳仓库，剩下的去了其他仓库。亚马逊为了合理利用仓库库存，平衡国家每个地区的产品基数，根据每个 FBA 仓库的设施条件、气温、湿度和其他因素，以卖家的产品类型为依据，将各类型的产品分到适合的 FBA 仓库里，以达到合理利用仓储、防止仓库出现爆满或空置的两极分化的情况。

所以在后台默认为分仓，对于初期需要发很多产品，但是每个 listing 只发几款到 FBA 用于测试销量的小卖家来说，分仓是特别痛苦的。分仓会增加卖家的物流成本，如果货物被分为 3 批，就会增加 FBA 头程的费用。

合仓：是否选择合仓，要核算分仓和合仓的成本差距。亚马逊合仓收取费用，以美国站为例，包裹收取的费用与重量和尺寸大小有关，采用按件收费的形式。标准尺寸重量在 1 磅以下的收取 0.3 美元，大尺寸重量在 5 磅以下的收取 1.3 美元。

要计算一下根据自己物品的体积重量和件数的合仓费用。比如你的产品被分了 3 个仓，货件很多，FBA 的很多头程包括快递是以 21kg 为起点的，如果你的货件在分仓后，还可以达到这个起点的话，那分仓是比较划算的；如果说你的物件很多，又被分仓，按照合仓的费用每件按 0.3 美元算的话也是很贵的，所以针对这种情况选择分仓比较划算；如果你的物件数量比较少，那可能选择合仓会比较便宜。这个要根据自身的实际情况选择，大概算一下成本，如果成本差不多的话，就首选合仓。

针对刚刚起步的中小卖家，虽然要多花一点钱，但是建议选用 FBA 合仓。这样可以减少库存积压，方便管理。

合仓操作：在后台创建 FBA 发货订单时，在库存配置选项"Inventory Placementoption"中，会出现两个选择："inventoryplacement services"（合仓）、"distributed inventory place"（分仓），其中分仓是亚马逊默认的选项。

（5）亚马逊物流轻小商品计划

亚马逊物流轻小商品计划是为价格通常低于 10 美元的特定轻小商品的快速移动而制定的一种配送解决方案，此方案为 Prime 会员顾客提供免费标准配送服务（4～5 个工作日），为非Prime 会员顾客提供免费配送服务（6～8 个工作日）。相同的商品可能会通过轻小商品计划物流和标准亚马逊物流被销售，轻小商品计划物流和标准亚马逊物流这两种配送途径将需要单独入库处理。

除了被限制的产品和亚马逊物流禁止的产品，下列产品不可通过物流轻小商品计划来配送：危险品、成人用品、任意温度敏感型产品（例如巧克力）、任意非全新状态的产品、使用制造商条形码而非亚马逊条形码来用于追踪的现存亚马逊供应品、多于 90 天之前创建于平台上并在后续的 4 周内（或者有望在即将到来的 4 周）销售件数少于 10 件的产品、包装尺寸大于 16 英寸×9 英寸×4 英寸或重量超过 15 盎司的产品（注：1 英寸≈2.54 厘米，1 盎司≈28.35 克）。

（6）亚马逊中国跨境业务——亚马逊物流+

"亚马逊物流+"是亚马逊在 2015 年 10 月由亚马逊全球物流中国在中国创建的服务品牌，

为中国境内所有线上线下的企业客户提供物流服务及相关解决方案。亚马逊物流中国由亚马逊100%所有，具有国际货运代理资质，可以为全球开店的卖家提供全程可控的门到门一站式服务，包括海运、空运和快递小包业务。

亚马逊物流+的优势：具有竞争力的服务和价格；专业的物流团队和丰富的经验；优化物流时效，保证卖家的物流需求；可为买家所在目的国提供锁仓服务，避免分仓造成过高的运输成本，FBA仓优先预约，确保货物及时进仓；全流程可控，强大的全球供应链系统和仓储能力；无忧跨境物流，一站式境内/境外无缝对接。

（7）Pan-EU 亚马逊物流欧洲整合服务

这是亚马逊欧洲一体化战略下的重要工具和服务。前提是商品必须同时售到欧洲五国；一地入仓即可享受免费智能调拨到其他几国；本地 FBA 提升产品曝光率和转换率；一地入仓本地 FBA 帮助卖家节省费用。

亚马逊欧洲一体化包含以下内容。

① 欧洲统一账户 EUA（European Unified Account）。

② 建立国际商品信息 BIL（Build International Listings）。

③ 欧洲物流方案。

- 欧洲配送网络 EFN（European Fulfillment Network）：一地备货，直送欧洲，适合前期拓展；亚马逊负责客户服务和退货服务。
- 多国分仓 MCI（Multi-Country Inventory）：热销产品在当地 FBA 备货，可以更好地提升客户体验；配送体验更快、更实惠；本地 FBA 提升产品曝光率和转化率。
- 亚马逊物流欧洲整合服务 Pan-European FBA。

（8）针对 Amazon Prime 会员的物流服务

Amazon Prime 亚马逊会员费为日本 3900 日元/年，中国会员仅 299 元/年（优惠价 199 元/年），2018 年美国亚马逊的 Amazon Prime 年费则从 99 美元提高到 119 美元。会员享有诸多在物流方面的主要福利。

① Prime now 商品一小时内送达。比如日本亚马逊，有超过 26000 件对应商品，可以在部分地区两小时内免费送达，而且配送状况可在手机上查询。

② Prime 商品三大配送方式均免运费。普通配送时效为 1～4 天；紧急配送为 1～3 天。

③ 亚马逊无人机配送。Amazon Prime Air 会员可以享受无人机配送服务。

亚马逊物流 FBA 流程

亚马逊 FBA 物流

3. Wish 平台

为得到更好的客户体验，Wish 对于物流时效要求较高，客户下单后 4 天内物流要上网，否则，会影响账户安全或者影响产品曝光。卖家应该在货源和物流方面提早做好准备。选择物流商的时候一定要关注几个因素：价格、上网时间（比如邮政早上揽收晚上上网，隔天上网是底线）、丢包率或延迟率（追踪一个月的签收率）。

Wish 要求卖家必须选择平台认可的物流，可以选择线上发货或线下发货，线上发货是 Wish 和中国邮政合作的 Wish 邮，线下发货最好联系 Wish 认证的物流渠道的物流商；卖家必须在 7 天之内完成发货（完成发货的标准为可以通过运单号获取到物流信息），否则将会取消订单并退款给买家；10 美元以上的产品必须选择挂号邮件，事实上，由于平台的付款需要追踪包裹的线上情况，因此大部分情况下都需要选择挂号邮件寄送。

（1）Wish 邮——直发模式

"Wish 邮"是 Wish 平台在 2015 年联合中国邮政在上海推出的一款面向 Wish 商户的跨境电商物流产品。目前，已经在北京、义乌、南京、福州、深圳、广州、杭州、宁波、东莞等地有仓储和揽收服务，为使用 Wish 邮的商户提供了专属集货仓、专线产品、专业仓储等一体化物流解决方案。

（2）Wish Express

Wish Express 是 Wish 平台上的海外仓项目，但并不是 Wish 自己建有海外仓，而是会认可卖家已有的海外仓（或租用或自建）（注：目前 Wish 也在海外仓方面有投入，卖家可以关注）。因此，想要加入 Wish Express，卖家首先需要已经在使用自建的或第三方的海外仓开展相关业务，然后向 Wish 平台申请，单个产品即可申请。一旦申请成功后，卖家这款产品将被 Wish 平台独立考核，考核的标准上升，最重要的就是客户下单后 5 天之内必须要能签收，同时延迟到达率小于 5%；履行取消率小于 5%。达不到标准的货物将要承担 100% 的退款责任，并失去这一产品的海外仓资格。

登录"Wish 商户平台"首页，找到"从今天开始加入 Wish Express"，点击"了解更多信息"，即可开始申请。按页面指示，仔细阅读 Wish Express 的相关信息并准确勾选"您可以在 5 天或 5 天内运抵的国家"，点击"现在申请"，即可完成线上申请。

为鼓励 Wish 卖家做 WE 海外仓，平台给予如下优惠鼓励。

① 增加产品的曝光转化，提高产品的流量和销量。Wish 平台在用户端特别设置了 WE 前端独立标签页、独立搜索标签页等特设展示页面用于专门展示 Wish Express 产品，并在每项产品的详情页增加相关 WE 产品专栏，同时在相关产品页优先展示 WE 产品。在前端有 Wish Express 产品专属的小黄车标志，显著标识了产品身份，提醒消费者这类产品可以快速送达。不同国家的送达时间有差异。在后台，Wish 通过数据将相同产品进行智能匹配，并将原先分配给仅支持直发物流的产品的推荐流量部分重新分配给同时提供 Wish Express 和直发物流选项的同样产品。Wish 上的 WE 标志及妥投时间要求，如图 7-7 所示。

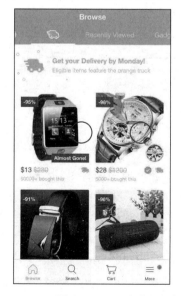

国家	妥投时效要求的工作日天数
法国	6
瑞典	8
奥大利亚	7
意大利	6
瑞士	6
西班牙	8
丹麦	6
芬兰	7
挪威	8
波多黎各	7

图 7-7　Wish 上的 WE 标志及妥投时间要求

② 返利 5%政策：对于能够在规定时限内妥投 Wish Express 订单的商户，Wish Express 将给予其返利奖励。符合妥投时限的 Wish Express 订单将获得订单金额 5%的返利。

③ WE 卖家可以作为 T1 等级的物流服务，可获得全明星商户标志，从而享受快速放款、流量加权。缩短了卖家的回款周期，普遍 7～14 天就可以回收货款，而且提高了客户体验，减少了因物流而引起的纠纷。

妥投耗费时间=物流商确认妥投时间-订单在 Wish 平台审核完成并放出时间-周末-节假日

④ 针对美国海外仓产品 Wish 开通退货项目。Wish Express 商户还可设置退货仓库以接收退货。跨境 B2C 出口电商中，对于商家而言，退货一直是一个难题，因为国外消费习惯中退货比较常见，而反向物流的成本太高，很多商家不得不放弃已发出的商品。

⑤ 账户安全更有保障：Wish Express 可以帮助商家获得更好的数据表现，包括账号维度和产品维度，提升产品评分，帮助商家获得长期更大的收益。

但并不是所有产品都适合做海外仓。仓库的备货要求更高，在遇到有个别缺货的问题时，卖家要从中国将货物发送至海外仓补充，如果产品晚到则会影响晚到率，这就意味着商户需要有能够持续供货的能力及发货到海外仓的物流手段，也就是说，商户需要有足够的资金链支持。因此只有销量稳定且较好的产品适合采用这种模式。

（3）Wish 物流选择向导——物流服务商分级

Wish 平台将认可的物流服务商分为以下 4 个等级。

等级一：仅满足 Wish Express 妥投要求的 Wish Express 订单可享受等级一的利好政策。

等级二：具有高妥投率及低物流因素退款率的可靠物流服务商。

等级三：具有较高物流退款率及低妥投率的物流服务商。

等级四：物流表现差的物流服务商，如具有极高物流因素退款率及极低妥投率。

使用不同等级物流服务商的卖家将享受不同的待遇，如表 7-3 所示。

表 7-3　Wish 物流服务商分级待遇

待遇类型	等级一	等级二	等级三	等级四
妥投后呈可支付状态	即刻	45 天	75 天	90 天
Wish Express 返现	5%	无	无	无
曝光量增长	有	有	无	无
All-star shipper	有	有	无	无

注：① 可支付状态，即平台返现，妥投（显示已经 delivered 或者用户确认收货 5 天后）。

② 如果订单配送使用的物流服务商不在物流选择向导中，并且没有确认妥投，那么订单将于物流服务商确认发货的 90 天后成为可支付状态；如果订单没有被物流服务商确认发货，那么订单将于商户标记发货 120 天后成为可支付状态。

（4）Wish 平台物流管理操作

① Wish 发货。

使用商户物流工具配送单个订单时，请首先找到对应的订单，在最右端点击"措施"按钮，然后选择"发货"，填入产品信息，例如长度、宽度、高度和重量。根据产品信息和订单目的地，表格中会显示出所有可选的物流方案，选择一个最适合的方案。一些物流服务商需要商户的联系方式。请在空白区域填入相关信息，然后点击"下一步"按钮。检查信息并确认。下载运输标签，也可以在"订单"→"运输标签预备"中查找到所有已创建标签但仍未配送的订单，在"print shipping label"处打印运输标签。打包好该订单，贴上标签并将包裹送至配送中心。点击标记发货表示订单已经配送，流程全部完成。

② Wish 物流配送费用设置——根据不同国家为每个产品设置不同运费。

Wish 后台刊登产品时，就会被要求填写运费。如果有变化，还可以进行设置和变更。

方法一：后台设置。在 Wish 后台，点击"账户"→"配送设置"→"配送至选定国家"，填写配送费后，更新等待 12 小时后生效。

选择运费设置时，不要设置 0 运费，Wish 没有包邮概念，即便设置了 0 运费，届时 Wish 也会调整运费。比如上传一个 15 美元单价、0 美元运费的产品，买家看到的可能是 13 美元单价，2 美元运费。

也可以在 Wish 后台中点击"产品"→"查看所有产品"→"编辑配送费"。给每个国家设置不同的配送费用，设置结束后保存即生效。如将某个国家设置成"使用产品配送费"，那么这个 Wish 产品将使用上述设置的配送费用。

方法二：使用 CSV 文件。首先创建运费，上传表格。可以用 Microsoft Excel 或 Google Drive 表格等方式自行创建 CSV 文件，针对每个产品分别填写产品 Unique Id 及各个国家配送费用。一列代表一个国家，但不必包含所有国家，例如只想更新美国和法国的运费，那么在 CSV 文件中只需填写 3 列：产品 Unique Id、美国和法国。

编辑好后，保存为 CSV 文件格式。如果使用的是 Excel，则请点击"文件"→"另存为"，再选择"逗号分隔值（CSV）"作为文件格式。如果使用的是 Google Drive，可点击"文件"→"下载为"→"逗号分隔值"进行保存。

上传 CSV 文件及属性映射：依次进入"产品"→"为现有产品编辑运费"→"产品 CSV 文件"。选择对应的 CSV 文件并点击"上传"按钮。将 Wish 属性与表格内各列进行映射，然后点击"继续"按钮。接下来可以看到上传文件预览。如果发现问题，则可以点击"修改映射"按钮来修正错误项。若无误，请点击"继续"按钮。最后点击页面最下方的"提交"按钮进行文件上传，系统接收到文件后，将收到即时确认信息，24 小时之内将完成导入，可以查看导入报告。

Wish 物流费用设置

第四节　海外仓

海外仓，又被称为海外仓储，是指跨境电商卖家在海外预先建设或租赁仓库，以空运、海运、陆运或国际多式联运的方式先把货品运达仓库，然后通过互联网接到客户订单后，直接从海外仓进行货品分拣、包装、配送和发货。海外仓的建设可以让出口企业将货物批量发送至国外仓库，实现该国本地销售，本地配送。确切地说，海外仓应该包括头程运输、仓储管理和本地配送 3 部分。

头程运输：中国商家通过海运、空运、陆运或者联运将商品运送至海外仓库；仓储管理：中国商家通过物流信息系统，远程操作海外仓储货物，实时管理库存；本地配送：海外仓储中心根据订单信息，通过当地邮政或快递将商品配送给客户。

2015 年 5 月，中华人民共和国商务部在《"互联网+流通"行动计划》中鼓励电商平台和出口企业通过建设"海外仓"布局境外物流体系。

1．海外仓的优势

海外仓是跨境电商卖家实现在销售目的的集货物仓储、分拣、包装和配送的一站式控制与管理服务，因此海外仓具有以下优势。

降低物流成本。从海外仓发货物流成本远远低于从中国境内发货，特别是体积大、重量大、价值高的"三高"产品，以及品牌商品、低值易消耗品等较适合海外仓。

加快物流时效。由于缩短了运输时间，因此缩短了卖家的回款周期。很多平台比如 Wish 严格要求妥投后放款，海外仓可以帮助卖家将发货到收到货物周期从原先的 10～50 天缩短到 2～8 天，某些区域的海外仓发货可能只比当地卖家慢 1～2 天，有时甚至比当地卖家还要快，大大提高了客户体验，减少了因物流而引起的纠纷，从而更快回款。

提升客户满意度。这不仅体现在配送时效快，还可以帮助客户在收到货物后能轻松实现退换货，降低了因物流问题引起的退货损失，使买家的售后服务得到了更多保障。客户好评率的提高，则可以提高产品曝光率，提升店铺的销量。当然，允许便捷退货也可能为卖家带来货物滞销的压货危险，所以卖家需要更精确地分析客户需求，更注重产品质量以减少退货。

有利于卖家开拓市场。海外仓的发货支持使商户的仓储管理更偏向于自动化，为卖家提供了巨大的优势，既可以节省发货、存储、管理的时间成本，也避免了因为商家个人而产生的订单问题，在销售品类的选择上也更加灵活。这些都为零售商扩大业务、实现产品多样化、开拓国际市场提供了有力的支撑。

2．海外仓储方案选择和评估

海外仓建设可以考虑自建和租用两种主要方案。那么卖家究竟该如何选择？附件 4 中用一个案例来介绍如何用净现值计算和决策树分析方法，来评估和选择海外仓储的建防方案，并做出科学选择。

3．海外仓品类分析

要做海外仓物流模式的产品，前提一定需要在目的地有足够的需求，因此了解各地海外仓的产品品类的销售情况，也是卖家判断是否要采用海外仓方案的一个重要依据。借用 Wish Express 2018 年 1 月至 5 月的统计分析数据（见图 7-8），为卖家提供参考。

从 GMV（Gross Merchandise Volume，网站成交金额）看，消费电子、家居用品、美妆、个人配件、服装等品类占据 WE 海外仓 GMV 前五的位置，运动户外表现也很不错。

在消费电子品类中，子品类分为 3 档，首先是手机配件、手机的 GMV 占比大于 10%；其次是电脑配件、音响录音设备、相机及配件、电脑、耳机及配件、家用消费电子等；最后是游戏机配件、游戏/游戏机、其他消费电子、智能穿戴、安防监控定位。

在家居用品品类中，子品类也分为 3 档，园艺类、家居建材用品的 GMV 占比大于 15%；卧室用品、家居灯具、厨房用品、家庭装饰品、晾晒收纳的 GMV 占比约为 10%；家用电器、节假日装饰品、清洁洗护、手工工艺品、家居客厅用品的 GMV 占比小于或等于 5%。

服装类目受季节影响最为明显，春夏衣物占比持续上涨，而秋冬服装持续下降。连衣裙、礼服类、泳装、半身裙等春夏季节特色明显的服装也保持着占比上涨的趋势；文胸内衣、运动服等子品类进入春夏季节后，GMV 占比持续下降。

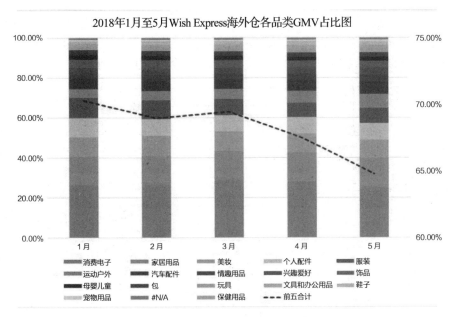

2018年1月至5月Wish Express海外仓各品类GMV占比图

图 7-8　Wish 海外仓品类 GMV 占比

在平均客单价方面，Wish Express 海外仓的平均客单价超过 25 美元。玩具品类的平均客单价最高，母婴儿童品类平均客单价最低。

海外仓储已成为跨境电商缓解物流压力的必然趋势，也成为中国跨境电商巨头们争相角逐的"砝码"。如今，电商在海外建仓方面纷纷开始发力。比如大龙网在俄罗斯等国家建立海外仓后，与印度的物流商 DTDC 达成合作，在印度搭建起海外仓储中心。

第五节　通关物流

2018 年海关总署发布《关于跨境电子商务统一版信息化系统企业接入事宜的公告》，为促进跨境电子商务发展，提供便利通关服务，海关提供跨境电子商务零售统一版信息化系统，要求电子商务企业或其代理人登录"互联网+海关"一体化网上办事服务平台使用"跨境电子商务"功能进行清单录入、修改、申报、查询等操作，并公开跨境统一版系统企业对接报文标准。参与跨境电子商务业务的企业、第三方平台按照标准自行开发或市场化采购接入服务，相关授权开通等事宜按照海关总署公告〔2016〕16 号和海关总署公告〔2017〕20 号办理。电子单证、电子订单、支付单、运单都将使用数字签名技术。

1. B2B 出口物流流程

进出口外贸的通关无纸化在 20 世纪 80 年代末就已经开始试行，从最初的 H883 报关系统，到今天的国际贸易单一窗口，改革已扩大至全国所有通关现场和海关业务领域，完全实现全流程通关无纸化，在原有的相关部门实现了出口退税报关单证明联网的基础上，扩大了自动进口许可证无纸化。

采用"一站式作业"，整合共享口岸监管资源，不同执法部门在同一时间、同一地点、对同一检查对象实施不同执法内容的检查，减少多部门重复检查，提升广大企业、进出境人员口岸通行的舒适度。跨境电商 B2B 出口企业报关前的准备流程如图 7-9 所示。

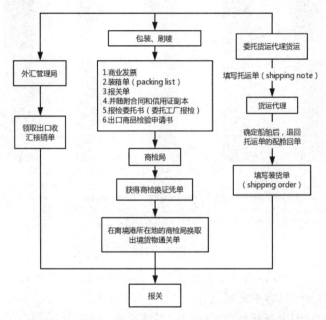

图 7-9 跨境电商 B2B 出口企业报关前的准备流程

企业准备各类单证后，申请报关，包括委托货运代理，提交出关货物报关单、出口收汇核销单、装货单等，包装、刷唛后提交装箱单，并协同商业发票一起递交商检局获得商检换证凭单，换取出境货物通关单，在外汇管理局领取出口收汇核销单，三单合一进行报关。出口货物在海关监督区域进行查验，通过后放关，通关后出口运输物流开始。报关与放行流程如图 7-10 所示。

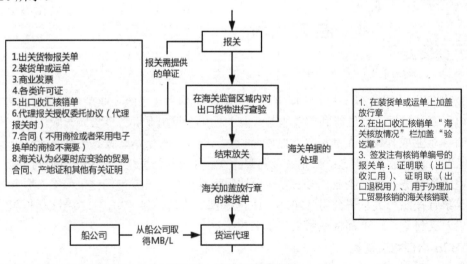

图 7-10 报关与放行流程

2. B2C 出口报关物流流程

跨境 B2C 电子商务的货物出口一般采用邮寄、航空小包、快递等物流配送方式，报关主体是邮政或快递公司，这一部分出口没有纳入海关货物贸易统计，阻碍了支付企业的发展，也给行业监管带来了困难。

对此，2013 年 8 月国务院专门下发了《关于实施支持跨境电子商务零售出口有关政策的意见》，要求中华人民共和国商务部等根据电子商务出口的不同类型的经营主体，建立与之相适应的新型海关检验监管模式，鼓励支付机构和银行为跨境电子商务提供支付服务、实施适应跨境电子商务发展的税收政策，并在重庆、郑州、上海、杭州、宁波 5 个城市试点跨境贸易电子商务通关服务。此外，2015 年开始在全国推广汇总征税模式，在有效监管的前提下，由原来的"逐票审核，先税后放"变为现行的"先放后税，汇总缴税"。

跨境电子商务零售进出口物流模式主要有"网购保税进口""直购进口""一般出口""特殊区域出口"4 种模式。以下仅介绍两种 B2C 出口通关物流模式。

（1）"一般出口"海关通关模式

符合条件的电子商务企业或平台与海关联网，境外个人跨境网购后，电子商务企业或平台将电子订单、支付凭证、电子运单等传输给海关，电子商务企业或其代理人向海关提交申报清单，商品以邮件、快件方式运送出境。综试区海关采用"简化申报，清单核放，汇总统计"方式通关，其他海关采用"清单核放，汇总申报"方式通关。

一般出口模式（9610 出口），采用"清单核放，汇总申报"的方式，电商出口商品以邮件、快件方式分批运送，海关凭清单核放出境，定期把已核放清单数据汇总形成出口报关单，电商企业或平台凭此办理结汇、退税手续。一般出口和保税海关通关流程图如图 7-11 所示。

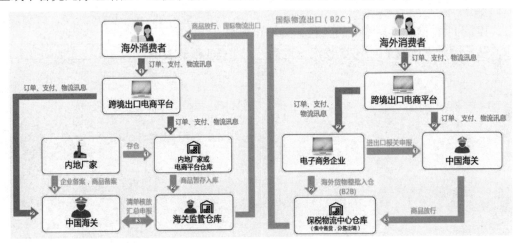

图 7-11 一般出口和保税海关通关流程图

（2）"特殊区域出口"（保税出口）海关通关模式

符合条件的电子商务企业或平台与海关联网，电子商务企业把整批商品按一般贸易报关进入海关特殊监管区域，企业实现退税；对于已入区退税的商品，境外网购后，海关凭清单核放，出区离境后，海关定期将已放行清单归并形成出口报关单，电商凭此办理结汇手续。

海关总署发布 2014 年第 57 号文件，自 2014 年 8 月 1 日起，增列海关监管方式代码"1210"，全称"保税跨境贸易电子商务"，简称"保税电商"，也称"备货模式"。"1210"要求开展区域必须是跨境贸易电子商务进口试点城市的特殊监管区域，从 2013 年开始开展跨境电商试点城市的进行，第一批有上海、杭州、宁波、郑州、重庆、广州、深圳前海为前驱，后有福州、平潭、天津，在国家政策支持下发展跨境电商。

一般来说，商家将商品批量备货至海关监管下的保税仓库，消费者下单后，电商企业根据订单为每件商品办理海关通关手续，在保税仓库完成贴面单和打包，经海关查验放行后，由电商企业委托物流配送至消费者手中。

保税出口的优点是：提前批量备货至保税仓库，国际物流成本低，有订单后可立即从保税仓发货，通关效率高，并可及时响应售后服务需求，用户体验好。

保税出口的缺点是：使用保税仓库有仓储成本，备货占用资金大。

复习思考题

一、简答题

1. 简述线上发货与线下发货的不同。
2. 简述亚马逊 FBA 物流方式的优缺点。
3. 简述报关流程。

二、实训题

1. 在速卖通实训平台设置 3 种运费模板。
2. 结合附件 3 进行海外仓方案评估计算。

三、论述题

1. 比较 11 种国际贸易术语的权利、义务和规则。
2. 从不同维度比较不同 B2C 物流承运商，以 Excel 形式表现。

第八章

跨境电商支付管理

【章节导论】本章先介绍跨境电商 B2B 结算工具，再介绍跨境电商 B2C 支付方式，最后按照不同平台总结跨境电商 B2C 平台的结算方式。通过本章的学习，可以了解跨境电商产业中的各种结算工具，并在实践中掌握平台放款的规则，更好地做好自身的资金管理。

第一节 　跨境 B2B 电商结算

在跨境电商 B2B 交易中涉及较大的交易订单和交易金额时，支付结算会选择线下结算，以阿里巴巴国际站平台为例，结算方式有 L/C（信用证支付）、D/A（承兑交单）、D/P（付款交单）、T/T（银行电汇）、Western Union（西联）、MoneyGram（速汇金）等，如图 8-1 所示。

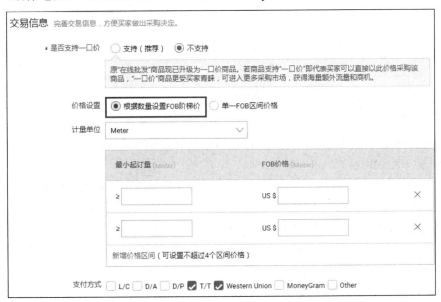

图 8-1　阿里巴巴国际站平台结算方式

1. 结算工具与术语

（1）汇票（Bill of Exchange/Draft）

《中华人民共和国票据法》规定：汇票是出票人签发的，委托付款人在见票时或者在票据指定日期无条件支付确定的金额给收款人或持票人的票据。

① 汇票涉及的当事人有出票人（Drawer）、付款人（Payer）或受票人（Drawee）、收款人（Payee/ Beneficiary）。

汇票进入流通领域后，又会出现流通当事人（Remote Party）、背书人（Endorser，若收款人不凭票取款，而在汇票背面签章并交付给受让人转让票据权利，则收款人成为第一背书人，继续转让，有第二、第三背书人）、被背书人（Endorsee，接受背书的人，被背书人若不转让汇票，就称为持票人）、持票人（Holder，拥有票据的人，包括收款人、背书人）。

② 汇票上内容包含"汇票字样"、无条件支付命令（Unconditional Order to Pay）、出票地点和出票日期（place and date of issue）、付款时间和付款期限（Time of Payment/Tenor/Term/Maturity）、一定金额的货币（Certain in Money）、收款人（Payee）名称、付款人名称和付款地点（Drawee）、出票人签章（Signature of the Drawer），如图 8-2 所示。

汇票示例

BILL OF EXCHANGE

No.__________

For__________ __________

(amount in figure) (place and date of issue)

At__________ sight of this FIRST Bill of exchange (SECOND being unpaid)

pay to __________ or order the sum of

____

(amount in words)

Value received for__________ of __________

(quantity) (name of commodity)

Drawn under __________

L/C No. __________ dated __________

To: For and on behalf of

____

(Signature)

图 8-2 汇票示例

③ 汇票票据行为有出票（to draw）、提示（Presentation）、承兑（Acceptance）、付款（Payment）、背书（Endorsement）、拒付与追索（Dishonor＆Recourse）等。

（2）本票（Promissory note）

《中华人民共和国票据法》对本票的定义是：本票是出票人签发的，承诺自己在见票时无条件支付确定的金额给收款人或持票人的票据。

各国票据法对本票内容的规定并不完全一致，但基本包括：①有"本票字样"；②无条件支付承诺；③收款人名称或其指定人或来人；④付款期限；⑤付款地点；⑥出票日期和地点；⑦一定金额；⑧出票人签字。

本票与汇票的区别如下。

本票是无条件支付承诺，汇票是无条件支付命令。本票的出票人自己出票，自己付款，本票是承诺式的票据。汇票是出票人要求付款人无条件地支付给收款人的书面支付命令，付款人没有义务必须支付票款，除非他承兑了汇票，汇票是命令式或委托式的票据。

本票只有两个基本当事人：出票人和收款人；汇票有 3 个基本当事人，即出票人、付款人和收款人。

此外，本票出票人就是付款人，所以远期本票无须提示承兑；而远期汇票需由持票人提示承兑。本票出票人自始至终是主债务人，汇票在承兑、背书前是主债务人，后是从债务人。本票只能开出一张，而汇票可成套数份签发。汇票票据行为的规定均适用于本票。

（3）支票

《中华人民共和国票据法》对支票的定义是：支票是出票人签发的，委托办理支票存款业务的银行或者其他金融机构在见票时无条件支付确定金额给收款人或持票人的票据。

支票有 3 个基本当事人，即出票人、付款人、收款人。

汇票、本票、支票的异同如表 8-1 所示。

表 8-1　汇票、本票、支票的异同

	汇票	本票	支票
当事人数	三人：出票人、付款人、收款人	二人：出票人、收款人	三人：出票人、付款人、收款人
出票人和付款人关系	不必先有资金关系	无所谓资金关系	先有资金关系
主债务人	承兑前：出票人 承兑后：承兑人	出票人	出票人
出票人担保责任	付款、承兑	自付款	付款
有无到期日记载	有	有	无（即期）
付款人	承兑人（单位或银行）	出票人（单位或银行）	银行
有无副本	有	无	无
票据行为	出票、提示承兑、付款、保证	出票、付款、保证	出票、提示

2．结算方式

（1）信用证支付

信用证是国际贸易结算中广泛使用的最为重要的一种结算方式。在国际贸易活动，买卖双方可能互不信任，买方担心预付款后，卖方不按合同要求发货；卖方也担心在发货或提交货运单据后买方不付款。因此需要两家银行作为买卖双方的保证人，代为收款交单，以银行信用代替商业信用。银行在这一活动中所使用的工具就是信用证。

跨境电商 B2B 结算——术语

信用证是由银行（开证行）依照（申请人的）要求和指示或自己主动，在符合信用证条款的条件下，凭规定单据向第三者（受益人）或其指定方进行付款的书面文件。所以信用证是一种银行开立的有条件的承诺付款的书面文件。

按照这种结算方式的一般规定，买方先将货款交存银行，由银行开立信用证，通知异地卖方开户银行转告卖方，卖方按合同和信用证规定的条款发货，银行代买方付款。

① 信用证的基本当事人：开证申请人、开证行和受益人。

开证申请人（Applicant），又称开证人（Opener）、出账人（Accountee）：是指向银行提出申请开立信用证的人，一般为进口人，就是买卖合同的买方。开证申请人为信用证交易的发起人。

开证行（Opening Bank，Issuing Bank）：是指按开证申请人的请求或为其自身行事，开立信用证的银行，一般是进口地的银行。

受益人（Beneficiary）：是指信用证上所指定的有权使用该信用证的人，一般为出口人，也就是买卖合同的卖方。

除了以上基本关系人，其他关系人还有通知行（Advising Bank，Notifying Bank）、议付行

（Negotiating Bank）、付款行（Paying Bank，Drawee Bank）、偿付行（Reimbursing Bank）、保兑行（Confirming Bank）、承兑行（Accepting Bank）、转让行（Transferring Bank）、第二受益人（Second Beneficiary）。

② 信用证的内容包含信用证本身方面的说明（如信用证的编号，开证日期、到期日和到期地点、交单期限等）、兑付方式（即期付款、延期付款、承兑还是议付）、信用证的种类（是否经另一银行保兑、可否转让等）、信用证的当事人、汇票条款、货物条款、支付货币和信用证金额、装运与保险条款（CIF 或 CIP 等）、单据条款、特殊条款等。

对卖家而言，L/C 里的文件越少，越简单，就越可靠；反之就要注意里面的软条款。

③ 信用证的收付程序。信用证的收付程序要经过申请、开证、通知、议付、索偿、偿付、赎单等环节。现以最为常见的即期跟单议付信用证为例，即期跟单议付信用证收付程序示意图如图 8-3 所示。

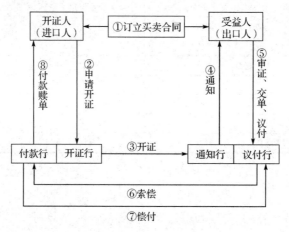

图 8-3 即期跟单议付信用证收付程序

④ 信用证按照不同的分类标准分为很多种类。如按照是否需附带货运单据可以分为跟单信用证（Documentary Credit）和光票信用证（Clean Credit）；按照有无另一家银行即保兑行可以分为保兑信用证（Confirmed L/C）和非保兑信用证（Unconfirmed L/C）；按照有无兑付期限分为即期付款信用证（Sight Payment L/C）和远期信用证（Time L/C，Usance L/C）；按照能否转让可分为可转让信用证（Transferable L/C）和不可转让信用证（Untransferable L/C）；如果能周而复始使用，还有循环信用证（revolving L/C）；采用相互开立信用证则有对开信用证（Reciprocal L/C）。

（2）普通银行电汇（T/T）支付

T/T 是指将货款通过银行以电汇方式支付到指定账号上，与发货、交单无关。其属于商业信用，也就是说付款的最终决定权在于客户。在外贸业务中，一般熟悉的客户会采用 T/T 付款，经常是发货前预付部分货款，余款在发货后付清。T/T 结算时长一般是两天，当天到账的几乎没有。

跨境电商 B2B 结算
信用证支付

T/T 分预付、即期和远期。现在用得最多的是 30%预付和 70%即期；还分为前 T/T 和后 T/T，前 T/T 是指在发货前付款，也就是预付货款，对买方来说风险较大；后 T/T 是指全部发货后付款，对卖方来说风险较大。

（3）西联（Western Union）支付

西联汇款是西联国际汇款公司的简称，世界领先的特快汇款公司，有 150 多年历史，拥有全球最大、最先进的电子汇兑金融网络，代理网点遍布全球近 200 个国家和地区。

西联汇款速度快，10 分钟内收款人即可收到汇款，但缺点是金额受限，一般要求 1 万美元以下。当前西联汇款分为现金即时汇款和直接到账汇款。现金即时汇款有 3 种方式：西联网点、网上银行（目前只支持中国光大银行和中国农业银行）、银联在线。在国内可以到中国农业银行与中国邮政储蓄银行使用西联汇款。

采用西联汇款时，发汇方知道收汇人名、姓、所在国家、所在城市就可汇款。

西联汇款的付款流程：在网点填妥"西联汇款申请书"和"境外汇款申请书"—递交表格、汇款本金、汇款手续费、提交个人有效证件—汇款完成后将收据印的汇款监控号码 MTCN、汇款人姓名、汇款金额、发出汇款国家的信息通知收款人（MTCN 切勿泄露）—数分钟后，收款人可于收款国家的代理西联汇款业务网点提取汇款。

作为出口商，当客户汇款过来后，去银行取款的流程：收到汇款通知后，与汇款人核实汇款人姓名、金额、汇款监控号码 MTCN 及汇款发出国信息—到就近代理西联汇款业务的网点填写"收汇申请书"—提交申请书和有效身份证件—提取汇款和收据（境外个人每笔汇款及境内个人等值 2000 美元以上的汇款，还需填写"涉外收入申报单"进行国际收支申报）。

（4）速汇金（Money Gram）支付

MoneyGram Payment System Inc. 于 1988 年在美国创立，1997 年成立速汇金国际有限公司（MoneyGram International Limited，MIL）。MIL 总部在英国伦敦，在全球主要城市下设超过 20 个区域办公室。1998 年，Viad/Travelers Express 收购 MoneyGram 速汇金，母公司 Viad 是纽约上市公司（1940），于 2004 年在纽约上市更名为 MoneyGram International Inc.（代码 MGI）。

速汇金是一种个人间的环球快速汇款业务，在全球 197 个国家或地区拥有超过 300000 个网点，在汇款领域有着悠久的历史，简单便捷，仅需填写一张表格，无须银行账号，即可在 10 分钟内完成收汇过程。在中国内地，它与中信银行、中国工商银行、交通银行联手办理。速汇金的收费采用的是超额收费标准，在一定的汇款金额内，汇款的费用相对较低，无其他附加费用和不可知费用，如无中间行费和电报费。通过速汇金办理汇款，每人每年凭本人有效身份证可结汇 5 万美元，单笔金额不超过 1 万美元，每天累计不超过 2 万美元。

（5）承兑交单 D/A（Document against Acceptance）支付

承兑交单 D/A 是托收的一种方式，托收（Collection）是债权人（出口方）委托银行向债务人（进口方）收取货款的一种结算方式。其基本做法是出口方先行发货，然后备妥包括运输单据（通常是海运提单）在内的货运单据并开出汇票，把全套跟单汇票交出口地银行（托收行），委托其通过进口地的分行或代理行（代收行）向进口方收取货款。国际贸易中使用的多为跟单托收。跟单托收有两种交单方式：付款交单和承兑交单。

承兑交单指出口方发运货物后开具远期汇票，连同货运单据委托银行办理托收业务，并明确指示银行，进口人在汇票上承兑后即可领取全套货运单据待汇票到期日再付清货款。承兑交单和"付款交单，凭信托收据借单"一样，都是在买方未付款之前，即可取得货运单据，凭以提取货物。一旦买方到期不付款，出口方便可能钱货两空，因而出口商对采用此种方式持严格控制的态度。

（6）付款交单 D/P（Documents against Payment）支付

D/P 叫作付款交单，出口方在委托银行收款时，指示银行只有在付款人（进口方）付清货款时，才能向其交出货运单据，即交单以付款为条件，称为付款交单。

按付款时间的不同，D/P 可以分为即期付款交单和远期付款交单，即期付款交单（D/P Sight），出口方按合同规定日期发货后，开具即期汇票（或不开汇票）连同全套货运单据，委托银行向进口方提示，进口方见票（和单据）后立即付款，银行在其付清货款后交出货运单据。远期付款交单（D/P after Sight date），出口方按合同规定日期发货后，开具远期汇票连同全套货运单据，委托银行向进口人提示，进口方审单无误后在汇票上承兑，于汇票到期日付清货款，然后从银行处取得货运单据。

远期付款交单和即期付款交单的交单条件是相同的：买方不付款就不能取得代表货物所有权的单据，所以卖方承担的风险责任基本上没有变化。不过远期付款交单是卖方给予买方的资金融通，融通时间的长短取决于汇票的付款期限，通常有两种规定期限的方式：一种方式是付款日期和到货日期基本一致，买方在付款后，即可提货；另一种方式是付款日期比到货日期要推迟许多。买方必须请求代收行同意其凭信托收据（T/R）借取货运单据，以便先行提货。信托收据，是进口方借单时提供的一种担保文件，表示愿意以银行受托人身份代为提货、报关、存仓、保险、出售，并承认货物所有权仍归银行。货物售出后所得货款应于汇票到期时交银行。代收行若同意进口方借单，万一汇票到期不能收回货款，则代收行应承担偿还货款的责任。

跨境 B2B 电商各类结算方式的结算流程如图 8-4 所示。

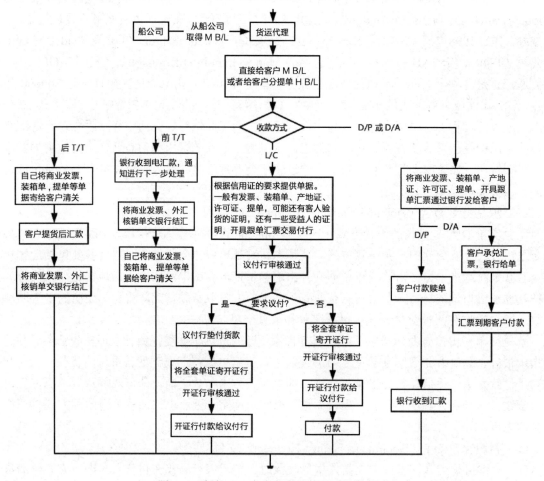

图 8-4　跨境 B2B 电商各类结算方式的结算流程

3. 出口退税

出口退税是指国家运用税收杠杆奖励出口的一种措施，一般分为两种：一种是退还进口税，即出口产品企业用进口原料或半成品，加工制成产品出口时，退还其已交纳的进口税。另一种是退还已交纳的国内税款，即企业在商品报关出口时，退还其生产该商品已纳的国内税金。出口退税，有利于增强本国商品在国际市场上的竞争力，为世界各国所采用。

跨境电商 B2B 结算——其他支付

（1）跨境电商卖家出口退税税率

不同货物的退税率不同，主要有 17%、14%、13%、11%、9%、5%等 6 挡退税率，合理利用出口退税，可有效降低成本，提高毛利，一般跨境电商的热销品退税率都在 11%～17%。

应退税额=增值税专用发票所列进项金额×退税率（采购发票税率和国家规定退税率取低）

生产企业：出口货物增值税"免、抵、退"，计算方法相对外贸企业更复杂一些，具体如下。

免：生产企业出口的自产货物、免征本企业生产销售环节增值税。

抵：生产企业出口的自产货物所耗用的原材料、零部件、燃料、动力所含应予退还的进项税额，抵项内销货物的应纳税额。

退：生产企业出口的自产货物在当月内应抵项的进项税额大于应纳税额时，对未抵项完的部分予以退税。

（2）允许做出口退税的产品范围

享受出口退税的货物分为一般退税货物、特准退税货物和免税不退税货物 3 类。卖家可登录国家税务总局的网站查询具体哪些产品能做出口退税，以及其增值税退税率。

同时国家明确规定了少数出口产品即使具备上述 3 个条件，也不予以退税。国家明确不予退税的出口产品有：出口的原油；援外出口产品；国家禁止出口的产品；出口企业收购出口外商投资的产品；来料加工、来料装配的出口产品；军需工厂销售给军队系统的出口产品；军工系统出口的企业范围；对钻石加工企业用国产或进口原钻石加工的钻石直接出口或销售给外贸企业出口；齐鲁、扬子、大庆三大乙烯工程生产的产品；未含税的产品；个人在国内购买、自带出境的商品暂不退税。

（3）跨境电商 B2B 企业出口退税

跨境电商 B2B 企业出口退税，与传统外贸企业的出口退税几乎一样。首先，要明确哪些货物可以出口退税，其次，要厘清出口退税流程。

① 出口退税货物。

• 必须属于增值税、消费税征税范围的货物。

• 必须是报关离境的货物。

• 必须是在财务上做销售处理的货物。

• 必须是出口收汇并已核销的货物。

② 出口退税流程。

货物报关通关结汇后，先准备各类单证到外汇管理局进行出口收汇核销，拿到核销单后，再准备各类单证到国税局进行退税。需要注意的是，报关单的出口退税联上的出口经营单位、银行结汇单的抬头需要与增值税发票抬头一致，另外，如果产品需要检验检疫，还要提供产品商检单。跨境 B2B 电商出口退税流程，如图 8-5 所示。

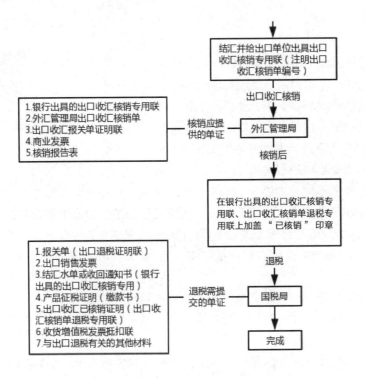

图 8-5 跨境 B2B 电商出口退税流程

③ 退税形式。

- 出口免税并退税：货物在出口销售环节不征增值税，对货物在出口前实际承担的税收负担，按规定的退税率计算后予以退税。

- 出口免税不退税：它是指货物在出口销售环节不征增值税，而且因为这类货物在前一道生产、销售环节或进口环节是免税的，所以出口时该货物的价格中是不含税的，也无须退税。

- 出口不免税也不退税：出口不免税是指国家限制出口的某些货物在出口环节视同内销，照常征税；出口不退税是指对这些货物不退还出口前实际负担的税款。这主要是由税法列举限制出口的货物。

④ 出口企业办理出口退税时的时限。

- "30 天"：外贸企业购进出口货物后，应及时向供货企业索取增值税专用发票或普通发票，属于防伪税税控增值税发票，必须在开票之日起 30 天内办理认证手续。

- "90 天"：外贸企业必须在货物报关出口之日起 90 天内办理出口退税申报手续，生产企业必须在货物报关出口之日起 3 个月后免抵退税申报期内办理免抵税申报手续。

- "180 天"：出口企业必须在货物报关出口之日起 180 天内，向所在地主管退税部门提供出口收汇核销单（远期收汇除外）。

- "3 个月"：出口企业出口货物纸质退税凭证丢失或内容填写有误，按有关规定可以补办或更改的，出口企业可在申报期限内向退税部门提出延期办理出口货物退（免）税申报的申请，经批准后，可延期 3 个月申报。

（4）跨境电商 B2C 企业出口退税

目前，国内绝大部分跨境电商 B2C 企业都很少去办理出口退税，主要有以下几个原因。

- 从业者基本是小型企业，没有意识到可以享受出口退税政策，以为只有传统贸易或跨境电商 B2B 才能做出口退税。
- 交易频率高、SKU 多、订单金额低、资料琐碎，退税流程复杂，耗时耗力。
- 难取得供应商的发票，无法做出口退税。
- 缺少懂得出口退税操作的专业财务人员。

事实上，从 2014 年开始，国家对于这类小型、频繁、订单金额低的企业已经出台了新的出口退税政策，很多跨境电商 B2C 企业都可以申报出口退税。

① 跨境电商可以出口退税的情况。

国家对通过一般贸易交易方式出口的货物可以按规定办理退（免）税，目前跨境电商卖家适用的情形可包括海外仓头程（海运/空运/快递）发货、FBA 头程（海运/空运/快递）发货、国际快递发货。

② 跨境电商出口退税方式。

目前，跨境电商 B2C 企业一般都只涉及退还增值税，主要有以下两种方式。

a. 直邮模式使用非一般贸易形式清关，如邮政、快递、专线等 B2C 门到门配送方式，一般是单个包裹报关清关，如果要按照一般贸易的形式出口退税是特别麻烦的，为了支持这些卖家退税，政府出台了 9610 政策，"清单核放、汇总申报"。

b. 海外仓模式使用一般贸易形式清关，如使用 FBA 头程，海外仓服务的卖家，一般是大批量发货，可以按照传统外贸出口形式来处理。符合出口退税的条件就可以出口退税。

③ "9610" 模式。

"9610" 模式是为方便跨境贸易电子商务零售进出口企业通关而判定的，自 2014 年 2 月 10 日起，海关总署增列海关监管方式代码 "9610"，这是专为跨境电商服务的一种通关模式。

而 9610 模式下的 B2C 出口流程为：国外买家网上购物—订单付款—清单核放—买家收到货物—汇总申报。

④ 跨境电商出口退税具体步骤。

数据对接：杭州海关、电子口岸业务备案数据对接；企业正常走货，将订单、物流等信息上传快速通过；再进行报关，可委托报关行、整理相关资料报关；然后去外管局办理结汇手续；最后整理相关材料去国税申请退税。

清单核放：即跨境电商企业先对要出口的产品填写清单，商品交易平台上的订单信息推送到单一窗口平台，海关对"清单"进行审核并办理货物放行手续。它可以让企业通关效率更高，降低通关成本。

汇总申报：考虑到 B2C 跨境电商企业的交易特性，允许企业定期汇总清单形成报关单进行申报，海关为企业出具报关单退税证明，可解决企业退税难题。

⑤ 享有出口退税的电子商务出口企业界定。

根据财税〔2013〕96 号文件规定，享受电子商务出口货物退免税的企业，是指自建跨境电子商务销售平台的电子商务出口企业和利用第三方跨境电子商务平台开展电子商务出口的企业。如果是为电子商务出口企业提供交易服务的跨境电子商务第三方平台，不适用规定的退（免）税政策。

电子商务出口企业出口货物必须同时符合以下 4 个条件，才能享受增值税、消费税退税和免税政策（财政部、国家税务总局明确不予出口退（免）税或免税的货物除外）。

- 电子商务出口企业属于增值税一般纳税人并已向主管税务机关办理出口退（免）税资格认定。
- 出口货物取得海关出口货物报关单（出口退税专用），且与海关出口货物报关单电子信息一致。
- 出口货物在退（免）税申报期截止之日内收汇。
- 电子商务出口企业属于外贸企业的，购进出口货物取得相应的增值税专用发票、消费税专用缴款书（分割单）或海关进口增值税、消费税专用缴款书，且上述凭证有关内容与出口货物报关单（出口退税专用）有关内容相匹配，即外贸企业应取得上述合法凭证，并与报关出口货物的金额、数量、计量单位、出口企业名称等内容相一致。

如果电子商务出口企业出口货物，不符合上述退（免）税条件的，但同时符合下列3种条件，可享受增值税、消费税免税政策（注意不含退税）。

- 电子商务出口企业已办理税务登记。
- 出口货物取得海关签发的出口货物报关单。
- 购进出口货物取得合法有效的进货凭证。

在上述规定中，如果出口企业为小规模纳税人，均实行增值税和消费税免税政策。

例如，某A外贸企业（符合退税条件）2月为境外客户购进一批服装，以电子商务方式进行交易。当月取得购进服装增值税专用发票，计税价格为15000元，进项税额为2550元，并在当月全部报关出口已收汇，其离岸价折合人民币为18000元。3月初，A企业将上月做账的18000元外销收入，填报在增值税纳税申报表的"免税货物销售额"栏进行纳税申报。同时，凭收齐的单证（凭证）向主管税务机关进行免退税预申报，却发现没有相关的电子信息无法实现退税。4月，A外贸企业收到电子信息后，向主管税务机关进行了免退税正式申报。已知服装出口退税率为16%，征税率为17%，其应退税额为：

服装增值税应退税额=增值税退（免）税计税依据×出口货物退税率
=15000×16%=2400（元）

结转成本额=增值税退（免）税计税依据×（出口货物退税率-适用税率）
=15000×（17%-16%）=150（元）

2015年，国务院办公厅发布《关于促进进出口稳定增长的若干意见》，首批32条"制度创新清单"在综合试验区落地试验，其中就包括国税机关对跨境出口实行的一定条件下"无票免税"，即对纳入综合试验区"单一窗口"平台监管的跨境电商零售出口货物，即便无法取得合法有效的进货凭证，出口企业只要登记相应的销售方名称、纳税人识别号、货物名称、数量、单价和总金额等进货信息，就可以在2016年年底前享受免征增值税的优惠。

第二节　跨境B2C电商支付

跨境电商B2C交易与B2B不同，订单频率高，订单金额却不高，因此在结算中线上支付是首选，各种小额支付方式和支付工具层出不穷，比如信用卡支付、第三方支付、小额汇款支付等，而在其中，因为买卖双方大都没有事先洽谈和协商，与 B2B 相比，双方互相缺乏信任，所以第三方支付为买卖双方的首选支付。

2013 年年初国家外汇管理局下发《支付机构跨境电子商务外汇支付业务试点指导意见》后，支付宝、银联电子支付等 17 家第三方支付机构相继被允许进行跨境电子商务外汇支付业务试点，试点业务主要限定在货物贸易、酒店住宿、留学教育和航空机票等领域。针对不同的支付业务类型，国家规定了不同的单笔交易金额上限。目前，国家规定试点的支付机构在为客户集中办理结售汇收付汇业务和货物贸易时单笔交易金额上限是等值 1 万美元，留学教育、酒店和航空机票方面单笔交易金额则限定在 5 万美元以内。

跨境电子商务外汇支付业务试点的推行，意味着国内外商户跨境支付交易时无须再到银行办理购汇和结算业务，获准试点的支付机构可以帮助商户集中批量地办理跨境结算，从而减少了买卖双方的交易成本。

1. 平台支付方式的调整

目前，大多数跨境电商平台都在全球范围内拓展业务，比如亚马逊的美国站、中国站、日本站、欧洲站等；速卖通也开设了十几个版本语言的交易平台，提供给不同国家和地区，而不同国家的购物支付习惯会有很大差别，因此，跨境电商交易平台也尽可能选择本地比较常见的网民支付方式，并尽可能包容各种不同的支付习惯。

（1）欧洲不同国家的支付习惯

在 PayPal 和 VISA 主导着欧洲电商行业的支付领域，使用率分别为 72% 和 54%。几乎在每个欧洲国家中，PayPal 和 VISA 都是网购的首选支付方式，如图 8-6 所示。

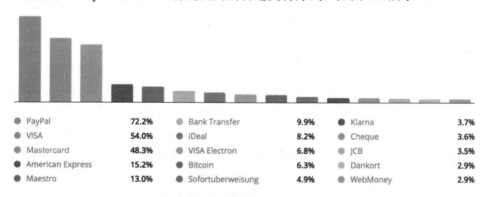

● PayPal	72.2%	● Bank Transfer	9.9%	● Klarna	3.7%
● VISA	54.0%	● iDeal	8.2%	● Cheque	3.6%
● Mastercard	48.3%	● VISA Electron	6.8%	● JCB	3.5%
● American Express	15.2%	● Bitcoin	6.3%	● Dankort	2.9%
● Maestro	13.0%	● Sofortuberweisung	4.9%	● WebMoney	2.9%

图 8-6　欧洲各类支付方式的选择情况

但不同国家还有各自不同的支付喜好。根据 Dataprovider 研究，欧洲的每个国家比较受欢迎的三大支付方式各自不同，比如，在荷兰 iDeal 是最受欢迎的支付方式之一，市场份额为 57%。而在捷克，45% 网店支持 VISA 支付，41% 网店支持 Mastercard，35% 网店支持 PayPal。

（2）平台对不同地区的支付方式调整

如速卖通在俄罗斯及周边地区会支持当地主流支付工具 QIWI Wallet、Yandex.Money、WebMoney；在巴西支持 Boleto、TEF（网银类支付方式）；在拉丁美洲支持 MercadoPago，也是当地最大的支付平台之一；在印度尼西亚支持 DOKU（在线支付公司，包括钱包、网银、ATM 和便利店支付）；在欧洲主要支持 Moneybookers 支付（欧洲的电子钱包公司，集成了 50 多种支付方式，是欧洲一种主流的支付服务商），不过，对于荷兰，则特别支持 iDeal 本地支付方式；在德国支持 giropay 网银支付方式；奥地利支持 SOFORT Banking 网银支付方式；中东也有自己的本地支付 CashU 和 Onecard；除此之外，速卖通支持买家用全球通用的信用卡、借记卡，如 VISA、Mastercard、Maestro 进行付款；还可以采用银行转账 Banker Transfer 或者西联汇款 Western Union 和 T/T 银行汇款（用于大额交易）等。国际支付宝会在不同国家和地区落地时，与这些支付机构进行协商，与这些支付工具实现绑定。

亚马逊也是如此，如亚马逊日本站，JCB 信用卡支付为平台主要支付方式之一，在美国则支持采用中国银联各种银行卡支付，当然，亚马逊还支持买家用各种商品券、亚马逊点数、亚马逊购物卡、亚马逊商店卡进行支付。2015 年以来，亚马逊开始推动自己的 Amazon Pay，这是在 2014 年亚马逊推出电子钱包（Amazon Wallet，主要的功能是储存包括礼品卡 Gift card 和第三方商户在内的各种个人资格卡），并在 2015 年放弃的基础上，重新推出的，它允许用户采用各种与亚马逊连接的支付工具进行商品和服务交易的综合性的第三方支付服务。

eBay 的业务也早已覆盖全球大多数国家和地区，因此平台允许的支付方式也多种多样。eBay 主要的支付工具是 PayPal，它在美国、加拿大、英国、澳大利亚非常普及，在世界许多地方有分支机构，支持 Mastercard、VISA、Discover、AMEX and eCheck，要用 PayPal 付钱就要用到国际双币或多币信用卡；此外还有 WorldPay（总部设在英国，该付款方式支持多种信用卡 Mastercard、VISA、VISA Purchasing、VISA Delta、VISA Electron、JCB、Solo and Switch）。此方式付款后，款项还未进入账户，要通过订单确认收款后才算真正收到这笔钱。若某次收款不能执行，则可以取消收款，该款会自动返回到付款人账户。因为地域原因，有些会收取国外交易费（Foreign transaction fee）。除此之外，eBay 还支持支票、银行转账、现金交易、Postal Order、Money Order 等，像前面提到的 eCheck，更类似于是一种电子支票，因此 eCheck 有一个 uncleared 状态，收到 eCheck 不能认为已经收到钱，只有客户 clear eCheck 才能表示真正收到货款。

2. 支付工具

（1）卡支付工具（信用卡、借记卡）

目前，银行卡是三大电子货币之一，也是最广泛使用的电子货币之一。目前，国际上五大信用卡品牌是 VISA、Mastercard、America Express、JCB、Diners Club，其中前两个被大家广泛使用。信用卡支付可以拒付，可以保护消费者的利益，而且操作方便快捷，所以深受外国朋友的钟爱。如果卖家想做欧美市场的话，欧美至少每人一张信用卡，相当于身份证，信用价值对买房、贷款都有用途，网络购物发达，信用卡收款是少不了的。

国际信用卡收款利用第三方信用卡支付公司提供的支付通道达到收款的目的，采用的是支付网关对支付网关模式（类似于网银支付）。

在信用卡支付之前，跨境电商网站需要先通过与 VISA、Mastercard 等国际信用卡组织合作，或直接与海外银行合作，开通接收海外银行信用卡支付的端口。系统首先会对持卡人、商家和支付网关进行 SET 认证（未实行 SET 认证的地区，会采用 SSL 协议对订单和信用卡信息进行加密，保证网络上信息传输的安全），确认身份后，消费者向银行系统提交的支付申请，会首先提交到信用卡支付网关，支付网关系统会把信息提交到银行系统验证并对该笔交易给予一个风险评分值，风险值达到一定的分数，系统会判为高风险交易，从而拒绝扣款。在跨境电商平台上，卖家非常担心出现信用卡拒付的情况，有可能造成人财两空。

为此，很多商家非常担心拒付，但实际上，在欧美国家，信用卡消费与人们的生活、学习、工作、社会生活等息息相关，使用信用卡消费关系到人们的信用记录。信用卡组织有一条规定，只要是信用卡拒付，无论是否恶意拒付，就必定会在持卡人的信用记录上刷上一笔，这也就意味着没有人会轻易地去拒付，一旦申请拒付，发卡行及提供信用卡通道的第三方公司也会介入调查，对持卡人来说是相当麻烦的，这是信用卡能有效避免拒付的原因，根据信用卡组织的统一，信用卡拒付率仅为万分之三。信用卡的拒付相对较麻烦，需要用户向银行提出申请，并且将会在用户的银行记录里留下一笔，用户一般情况下不会无理取闹。只要不是商品质量的严重问题、损坏，甚至根本就不发货的情况，卖家多做一些沟通工作是完全能防止拒付的。

也正因为如此，欧美用户更倾向于使用 PayPal，虽然 PayPal 账号是与信用卡相关联的，但拒付和理赔都能做到与信用卡无关，因为 PayPal 的信用体系是相对独立的，也就不会影响到客户的银行信用记录。而卖家如果在 PayPal 被投诉的概率很高，就会导致 PayPal 账号被封，一旦被冻结，款项要到 180 天后才能提出来，这严重影响了商户的外贸生意。

部分信用卡在支付时允许卖家选择收款通道，实时通道或延时通道。

【Tips】实时通道就是订单交易进来后即时反馈交易结果，买家可即时看到支付的结果是成功或是失败；延时通道就是买家支付进来后，8～24 小时内才可显示交易结果，成功或失败或待确认。两者最本质的区别只是有无人工审核。实时通道就是在风险控制上设定一个点，如果交易进来，系统评估、侦测到交易的风险高于系统设定的风控点，订单就会自动失败，如果低于风控点就可以成功支付进来。延时通道除了风控系统评估，还加了专业人工审核订单，如果订单存在异常，存在一定风险，那么就会被列为高风险交易，交易结果显示为待确认。系统拦住高风险交易后联系商户本人去确认交易是否放行，如果商户通过联系买家确认了该笔交易没问题的话，那交易就可以正常支付进来了。这样严格控制了黑卡、盗卡交易的进来，控制、降低了拒付率，最终维护了商户的利益。所以延时通道需要在 24 小时内显示交易结果。延时通道加了人工审核，有效地降低了黑卡、盗卡的高风险交易的进来，严格控制了拒付率，很好地保障了商户的利益。而且延时通道 24 小时内显示交易结果，如果商户发现缺货、断货情况，为了避免损失，还可以撤销交易。

（2）网银支付

网银支付是指通过互联网或通信网络的公共资源，采用相关技术，实现银行与客户之间安全、方便、友好连接并能提供银行各类业务服务和功能的网上银行。它打破了传统银行面对面的柜台业务方式，是一种不谋面的网络服务方式，因此它也被称为虚拟银行或在线银行。网络银行通过建立自己的互联网站点，在互联网上向客户提供开户、销户、查询、转账、投资理财等银行金融服务项目。尽管信用卡支付在全球应用很广，但是有一些国家和地区，比如波兰最受欢迎的支付方式之一是网上银行（波兰在线支付），而在荷兰则是 iDeal 支付。

① iDeal。

荷兰的 iDeal 相当于国内的银联，基本上支持荷兰所有银行，占据荷兰国内 85% 在线市场份额，甚至超过了支付宝在中国的市场占有率。不少欧美国家都习惯使用信用卡，但荷兰比较特殊，当地人更习惯使用 iDeal。在荷兰，几乎一半以上的电子商务交易都是以 iDeal 方式提供支付担保，进行支付的。就连在线购买机票使用的也是 iDeal。正因如此，一些有荷兰客户的电商网站会接入 iDeal 支付方式，比如目前国内的敦煌网已经支持 iDeal 支付方式。国内的 Payssion 等支付服务提供商目前专门可以为国内商家接入 iDeal。

2005 年，荷兰的几大标志性银行一起提出并开发这个支付系统，2010 年已有超过 7000 万个用户。在荷兰，超过 1300 万个用户使用 iDeal，无须注册，使用 iDeal，用户只要拥有银行的账户便可以直接网上操作。除了网店，iDeal 也为其他机构和个人提供服务，例如向慈善机构捐款、手机充值、缴纳地方税和交通罚款等，目前超过 100000 个网店和其他机构使用 iDeal 在线支付服务。

iDeal 支付覆盖荷兰、英国、美国，交易币种欧元 Euro（EUR/€）交易无限制，操作流程简便，目标群体使用率高，支持银行 ABN AMRO（previously Fortis Bank NL）、ASN Bank、Friesland Bank、ING、Rabo Bank、SNS Regio Bank、Triodos Bank、Van Lanschot 等。与后面将介绍的 PayPal 相比，都属于实时交易，但没有拒付（当然商家可以选择是否开通买家保护，如果没有开通则不会拒付，而 PayPal 或者信用卡保护买家，可以拒付，在 180 天内买家都可以拒付），交易费用便宜（PayPal 对中国商家的费率是 4.3%+0.3 美元，另外还有每笔 30 美元的提现费用，而 iDeal 则要便宜很多），无保证金或者循环保证金（PayPal 或者信用卡一般都会有一定的交易保证金，以及 10%的循环保证金）。

iDeal 支付步骤：网站选择 iDeal 为支付方式—消费者登录 iDeal 账号，只需输入账户号码及银行代码—iDeal 进行在线实时转账—iDeal 确定转账完成—返回您的网站，交易完成。

② Moneybookers。

Moneybookers 是一家极具竞争力的网络电子银行，2002 年 4 月成立，是英国伦敦 Gatcombe Park 风险投资公司子公司之一。Moneybooker 的执行董事长 Benjamin Kullmann 也是这家投资公司的执行董事。

2003 年 2 月 5 日，Moneybookers 成为世界上第一家被政府官方所认可的电子银行，还是英国电子货币协会 EMA 的 14 个成员之一。Moneybookers 电子银行里的外汇可以转到中国国内的银行账户里。

Moneybookers 分账户和通道两种，MB 账户属于账户式，就是交易双方均需要 MB 账户才能结算；MB 通道属于网关式，只需要在一方网站上连接一个支付网关即可，这就是网银模式。

Moneybookers 最大的优点之一是只要有 E-mail 地址就可以注册，以及带照片的身份标识如身份证、护照、驾照传真便可以完成认证。以 E-mail 为支付标识，付款人将不再需要暴露信用卡等个人信息；不过不允许客户拥有多账户，一个客户只能注册一个账户。

Moneybookers 可以直接从账户中申请支票邮并寄到客户手中。同时它省却了 PayPal 必须用信用卡来激活的麻烦，没有付款手续费和低廉的收款手续费。在欧洲已经支持手机操作，手续费和提现费都很实惠，不过，除欧洲外其他国家使用 Moneybooks 账户支付所占的比例是有限的。

（3）电子支票支付

传统的纸质支票主要是向银行发送一个通知，将资金从自己的账号转到别人的账号上。该通知一般先给资金的接收者，由接收者到银行去转账。转账后，注销了的支票会再返回签发者手里，作为支付的凭证。

而电子支票，也称数字支票，是将传统支票的全部内容电子化和数字化，形成标准格式的电子版，借助 Internet 与金融专用网等计算机网络完成其在客户、商家、银行之间的传递和处理，是一种利用数字信号将资金从一个账户转到另一个账户的电子支付形式。如图 8-7 所示的电子支票样式。它的支付指令是在与商户及银行相连的网络上以密码方式传递的，用公用关键字加密签名或个人身份证号码代替手写签名。

电子支票的支付流程不是单一的，它和所要应用的电子支票系统密切相关。

电子支票的使用需要有特定的软件，就是电子支票系统，NetBill 就是由美国匹兹堡的 CarnegieMellon 大学设计的用于销售信息的一个电子支票系统，此外还有 NetCheque 系统，是由南加利福尼亚大学的信息科学研究所 ISI（Information Sciences Institute）开发的，用于模拟支票交易银行；此外，还有 FSTC（Financial Services Technology Consortium，金融服务技术联合会）电子支票，FSTC 是由美国银行、大学、研究机构及政府机构等联合成立的非营利性团体。

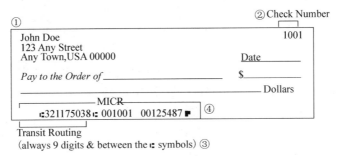

图 8-7　电子支票样式

电子支票在国内几乎没有，但是在国际上并不少见，比如 2015 年 9 月 11 日，中国香港金融管理局金融表示，中国香港港银将推出电子支票，处理每日逾 40 万张支票业务，从而成为首个支票无纸化地区。而在国外一些学校，一般也都要求学生用电子支票来付款。用 ACH（Automated Clearing House）从学校端发起的支付请求，学生在学校的付款网页上填 checking account 的 routing number 和 account number 即可。eBay 支持 Bill.com 电子支票（ACH）付款。这种情况下，客户首先必须有美国银行账户，同时必须有支付系统，比如 Bill.com 账户，每笔交易会收取一定的手续费，但电子支票比纸质支票的手续费每笔要少一美元。与传统支票相似，电子支票并不会即时到账，支票处理时间为 3～5 个工作日，但款项一般会在一个月规定的某个时间支付和结算，比如 eBay 的 Bill 是在每月的 7 日和 21 日支付。

当然，一些国外平台也支持客户用纸质支票，客户可以通过 USPS 将支票寄送到平台要求的地址，支付和结算过程与传统支票相同。

（4）现金、礼品卡或代金券支付

电子现金，又称数字现金，是一种以电子数字形式存储流通的、能被客户和商家普遍接受的、通过 Internet 购买商品或服务时使用的货币。电子现金具有安全、方便灵活、匿名、处理效率高、成本低的特点。电子现金可用于 Internet 上的小额消费支付，如在线购买即时新闻、网上游戏、音乐、文章等。在 eBay 平台还支持客户用比特币（Bitcoin）来付款，这是一种 P2P 形式的数字货币。

此外，亚马逊还支持代金券支付，这也为亚马逊推动商业拓展提供了极大的便利。亚马逊礼品卡——Gift Card 就是国外商家发行的代金券，国内也有很多此类卡，比如沃尔玛等发行的购物卡。亚马逊的礼品卡 Gift Card 可以用来在亚马逊上购物，在结账的时候选择用 Gift Card 支付，然后输入 Gift Card 上面的串码即可，亚马逊会优先扣除 Gift Card 上的金额，如果 Gift Card 上的金额不足以支付订单，则再输入信用卡来继续支付订单余下的货款。如果 Gift Card 上的金额大于订单金额，则多余的金额是不会被扣的，还可以留在账户里下次继续使用，和使用现金一样方便，而且永远不会过期。

（5）第三方支付

传统的网上支付主要是借助网上银行的支付平台，使用银行卡、电子现金和电子支票等作为支付工具。网上银行一般采用 SSL 或 SET 安全协议机制对银行卡信息进行加密认证处理，降低用户的银行卡信息泄露的风险，实现资金的安全传递。但是，随着网络商户数量和规模的发展，这种模式也开始不适应，因为网商需要和各家银行逐个签订接入协议，这就显得手续烦琐且不经济。因此，在银行与网站之间作为支付中介的第三方支付平台应运而生。

第三方支付平台就是指非银行的第三方机构投资运营的网上支付平台。通过提供通信、信息安全技术，在商家和银行之间建立连接，起到信用担保和技术保障的作用，从而实现从消费者到金融机构及商家之间的货币支付、资金流转与资金清算。

目前，可以将市场上的第三方支付公司分为两类：一类是独立的第三方网关模式，比如国内的快钱、财付通等；另一类是有电子商务平台支持的第三方支付网关模式，比如亚马逊的 Amazon Pay，速卖通的支付宝，最初是解决淘宝网的支付问题而产生的，发展到现在，已经为绝大多数商务网站所使用，并逐渐独立出来，PayPal 也是这种情况。

在第三方支付模式，买方和卖方都需要首先申请第三方的账号，得到账号后，买方选购商品后，使用第三方平台提供的账户进行货款支付（支付给第三方），并由第三方通知卖家货款到账、要求发货；买方收到货物，检验货物，并且进行确认后，再通知第三方付款；最后第三方将款项转至卖家账户。

① PayPal。

PayPal 是全球领先的第三方在线支付平台，原先是美国 eBay 公司旗下的全资子公司，成立于 1998 年 12 月，总部在美国加利福尼亚州圣荷西市。PayPal 以现有的银行系统和信用卡系统为基础，通过信息技术和网络安全技术，帮助个人和企业用户通过电子邮件来标识身份，实现安全便捷的在线付款和收款。PayPal 可以有效地防止网络欺诈，是当前安全性最高的网络电子账户之一。另外，PayPal 账户集成了众多账户管理功能，可以帮助用户从容地管理交易详情。

目前，PayPal 的个人和企业用户总数超过 2 亿人，遍布全球 190 个国家，在跨境电商中有超过 85%的买家和 90%的卖家选择使用 PayPal 进行在线支付，PayPal 已成为全球领先的在线支付平台，被各大跨境电商平台支持，比如亚马逊、速卖通、eBay、Wish 等。

对于买卖双方，PayPal 优势如下。

- 品牌效应强：欧美普及率极高，是全球在线支付的代名词，覆盖85%的国家。
- 安全保障高：对于买家而言，交易过程中无须提供银行账户信息，且传送过程中，信息受到加密密钥长度为 168 位的 SSL 保护；对于商家而言，商家因欺诈所遭受的平均损失仅为信用卡支付方式的六分之一。
- 资金周转快：即时支付、即时到账，最短仅需 3 天，一般是 5～7 个工作日可将账户内款项转至国内银行账户。
- 使用成本低：无注册费用、无年费，手续费为传统收款方式的二分之一，当然这是相对于传统收款方式而言的，中国用户的使用 PayPal 需要服务费率为 0.1%，直接从账款总额中扣除。
- 付款方式多样化：支持国际信用卡在内的多种付款方式。

在电商交易环节，PayPal 对买家采取的保护就是账户冻结（某笔交易被临时冻结，账户使用者不能对这笔交易进行退款提现等操作）。

PayPal 一贯执行的保护买方方针，也就是说买家有任何不满意都可以提出争议，卖家就无法拿到钱，因而客户喜欢用 PayPal 付款。

② 国际支付宝。

国际支付宝，是阿里巴巴专门针对国际贸易推出的一种第三方支付担保交易服务，英文全称为 Alibaba.com's Escrow Service，是支付宝为从事跨境交易的国内卖家建立的资金账户管理平台，包括对交易的收款、退款、提现等主要功能。现已全面支持航空快递、海运、空运常见物流方式的订单。航空快递订单和海运订单已经实现了平台化，买卖双方均可在线下单。通过使用阿里巴巴 Escrow 的交易，能有效避免传统贸易中买家付款后收不到货、卖家发货后收不到款的风险。

国际支付宝使用客户群体主要是 AliExpress、阿里巴巴国际站会员。目前，国际支付宝服务已经覆盖了 226 个国家和地区，推进进程还在不断加快，仅 2017 年就在 36 个国家推进了国际支付宝的应用。

卖家优势如下。

- 凸显诚信，提升成交。海外买家更倾向于和开通 Escrow 的卖家交易；丰富真实的交易记录可以提升买家的信任。减少与买家沟通成本，快速达成交易。
- 免费服务，增加曝光。Escrow 服务向卖家免费开放，开通 Escrow 服务，点亮 Escrow 标志，提高国际站搜索概率，赢得更多曝光。
- 保证货物和资金安全。Escrow 收到买家全部货款后才会通知卖家发货，帮助卖家规避收款不全或钱货两空的风险。

买家优势如下。

- 安全交易。买家打的货款将在 Escrow 账户上被暂时冻结，等待买家确认之后直接放给卖家，很受海外买家的欢迎。
- 支付方便。只要海外买家有信用卡账户，并开通网银功能，就可以方便地在网上进行付款操作。即使没有信用卡账户，买家也可以通过传统的 T/T、西联等方式进行付款，不会增加海外买家的任何额外操作成本。
- Alibaba.com 已经推出一套供应商星级积分体系，帮助那些有意在平台上服务好买家的诚信供应商脱颖而出。现在就开始通过 Escrow 积累交易记录数据，对于供应商来说无疑是在未来的星级积分体系中抢占先机。

③ Payoneer。

2005 年 Payoneer 成立，总部设在美国纽约，是万事达卡组织授权的具有发卡资格的机构，为支付人群分布广而多的联盟提供简单、安全、快捷的转款服务。数千家联盟及数百万收款人的加入使得 Payoneer 已成为支付行业的领先者。Payoneer 的合作伙伴涉及的领域众多并已将服务遍布到全球 210 多个国家。

Payoneer 会邀请收款对象申请获得 Payoneer 预付万事达卡（也就是 P 卡）并为其提供安全、便利和灵活的收款方式。Payoneer 预付万事达卡可在全球任何接受万事达卡（Mastercard）的刷卡机上（POS）刷卡、在线购物或者自动取款机取出当地货币。

Payoneer 还会为收款对象开设美国银行虚拟账号（USPS），来接收联盟的资金，从而节省开通美国银行账户实体卡的高额开户费，并且只需 1～5 个工作日。这些服务支持的美国公司包含许多网络交易平台，比如 Amazon.com、Google、Apple 等。

Payoneer 还可以提供电汇转账服务，目前已在全球 210 个国家和地区开通（包括中国），1～5 个工作日便可进入到客户当地银行的账户内，转账收取 2%的费用，小额转款（2～7 个工作日）只需自己在 Payoneer 后台操作，单笔最低转账金额为 500 美元，最高转账金额为 9500 美元（每天转账上限），每月有 10 次上限；大额转款（2～10 个工作日）需人工协助，单笔转款 2 万美元（最好是 3 万美元）起。

美国客户还可以通过电子支票向卖家付款。客户只需简单的 3 个步骤就能完成电子支票付款：客户在卖家发送给他们的付款请求电子邮件中点击"Pay Now"（立即付款）按钮，然后从可用付款方式列表中选择"eCheck"，最后输入纸质支票上的持有人姓名、银行名称、支票账户和路由编码即可。

在 Wish 平台，Payoneer 也是大多数卖家的收款选择方式。登录到 Wish 卖家账户，在"付款设置"的下拉列表中选择 Payoneer 即可完成注册。如果没有 Payoneer 账户，则需要先去申请，拥有了 Payoneer 账户后，就可以将 Wish 账户绑定到 Payoneer 账户上，此时一旦批准通过，Wish 款项将在每个付款周期（每月 15 日）直接支付到卖家的 Payoneer 账户，同时发送一封电子邮件通知。Wish 一般在每月 1 日和 15 日支付收到的交易款项。对于 Wish 大卖家还开放了分级提款手续费政策（起始手续费为 1%或更低）。

④ PingPong。

PingPong 是近几年新兴的第三方支付工具，并获得中国首张欧洲支付牌照，卢森堡授予中国金融科技公司 PingPong 欧洲支付牌照。融资轮次金额也遥遥领先。

目前，PingPong 主要在 Wish 上用于支持商户收款，可以直达中国账户，费率为 1%或更低。卖家登录 Wish 商户平台，在"Payment Setting"下的提供商选项中选择 PingPong 金融，并点击"注册"；如果已经有 PingPong 账户，则点击"已经注册 PingPong，立即登录"完成绑定。在线注册或绑定完成后，在 Wish 定期转款日之后的 5～7 个工作日，就可以入账到 PingPong 账户。

此外，在各大跨境电商平台上支持的第三方支付平台还有 UMP 联动支付（Wish 平台支持，中国第三方支付企业，获得跨境外币、跨境人民币、支付业务许可证 3 张权威牌照，接受国家外汇管理局、中国人民银行双重监管）、PayEco（易联支付）、AllPay（合作银行为中国平安银行）。

在俄罗斯最受欢迎的本土支付方式之一是电子钱包，包括 QIWI Wallet、Webmoney、Yandex.Money。电子钱包与第三方支付的区别主要是，电子钱包仅仅是一种软件，是用于存放的电子货币，如电子现金、电子零钱、电子信用卡，以及与这些电子货币对应的各种 SET 证书等，安装在电脑或手机里，综合管理客户各种卡中有资金，甚至包含信用卡、医疗卡、公交卡等。它主要支持小额购物，需要在电子钱包系统中进行。世界上有 VISA Cash 和 Mondex 两大在线电子钱包服务系统。第三方电子支付则属于第三方的服务中介机构，主要是为了完成第三方担保支付的功能。不过，随着第三方支付平台推出的功能越来越丰富，电子钱包的各项功能都可以满足，因此今天也很难清晰地区分两者。

除此之外，跨境 B2C 电商平台也支持线下支付，比如汇款（西联、T/T 等）。

电汇是传统的 B2B 付款模式，适合大额的交易付款。其收款迅速，几分钟就到账；先付款后发货，保证商家利益不受损失，但买方容易产生不信任；买卖双方都要支付手续费，数额较大款项的手续费高。

西联汇款是世界上领先的特快汇款方式之一，可以在全球大多数国家的西联代理所在地汇出和提款。西联手续费由买家承担，到账速度快，对卖家来说比较划算，但对买家来说风险极高。

MoneyGram 又被称为速汇金汇款，是一种快捷、可靠的国际汇款方式，收款人凭汇款人提供的编号即可收款。但汇款人及收款人都必须是个人。单笔最高汇款金额不得超过 10000 美元（不含），每天每个汇款人的累计汇出最高限额为 20000 美元（不含）。

中国香港离岸公司银行账户。卖家通过在中国香港开设离岸银行账户，接收海外买家的汇款，再从中国香港账户汇往内地账户。接收电汇无额度限制，不受 5 万美元的年汇额度限制；适合已有一定交易规模的传统外贸及跨境电商。

此外，还有 Paysafecard，主要是欧洲游戏玩家的网游支付手段，是一种银行汇票，购买手续简单而安全。Paysafecards 在大多数国家，大多可以用在报摊、加油站等场所。用户用 16 位账户数字完成付款。要开通 Paysafecard 支付，需要有企业营业执照。

货到付款方式中还可以使用现金或者纸面支票等。

跨境 B2C 电商支付结算

第三节　跨境 B2C 电商结算

卖家在亚马逊、速卖通、Wish 或者 eBay 上开店铺或者注册商家会员进行交易，一般情况下，交易的资金都是由买方用上一节介绍的各种支付工具向电商平台支付，那么卖家何时及如何收到这些货款，这涉及不同平台的放款规则和卖家的收款结算。

1. 速卖通平台放款与结算

（1）平台放款规则

买家对卖家的商品感兴趣进行下单付款，平台的风控部门会有一个风险审核检测，一般是一个自然日审核没有问题确认付款，确认付款后，订单等待发货。卖家需要在发货截止日之前进行发货，一般设置备货期是 2～5 个工作日，发货后，根据物流的不同到达买家手中的时间也不同（所有物流方式大概平均 13～22 天，因为邮政类的占比较高，所以平均的时间会显得有一些长，一般四大快递、专线类一周之内就可以到达，小包类的欧美国家大约需要 15 天，俄罗斯大约需要 25 天），货物被买家签收后，买家主动确认收货，系统会自动放款。根据上面时间推算，交易周期是在 20～30 天。

国际物流比国内物流时间要长，若采用国内确认收货再放款的模式容易出现放款速度慢的现象，影响卖家回款效率。因此速卖通采用发货即部分放款（以下简称"提前放款"）的交易模式（也称为特殊放款）。在速卖通开店，各项经营指标正常的卖家，填写发货运单号后，一般 3～5 天内即可获得 70%～97% 比例的提前放款，剩余资金放在平台作为保证金，将在订单状态更新后陆续归还卖家，不过受银行清算影响，部分订单放款会超过 5 天。（银行一般清算时间为 10 个自然日（多币种 12 个自然日），但此状态下不会影响资金的最终放款。届时清算成功后符合放款条件的订单平台会及时放款。

若卖家经营指标较差可能会被平台取消提前放款，变为一般放款，待指标正常后才会恢复为提前放款。

卖家被速卖通暂停提前放款的因素介绍如下。

产品因素：对于销售某些产品的，卖家需提供相应证明，否则速卖通平台将暂时不提供放款绿色通道。如 Kingston 等品牌产品或者软件类产品，卖家须提供相关授权证明，存储设备且容量大于 16GB 以上产品的卖家须提供产品资质证明，音像制品卖家需提供授权证明，Television 类目产品卖家须提供相关资质证明。

卖家因素：有高纠纷率卖家的订单（纠纷率：买家提退款订单数/发货订单数）、有填写过虚假运单号的卖家、因不诚信交易行为被关闭账号的卖家将不被提供放款绿色通道政策。

（2）平台放款流程

平台会冻结一定比例的保证金，用于放款订单后期可能产生的退款或赔偿其他可能对买家、速卖通或第三方产生的损失。目前提前放款的保证金有两种形式，具体的释放流程和释放时间如图 8-8 所示。

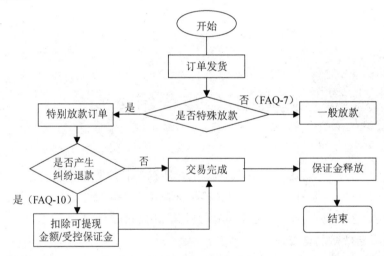

图 8-8　速卖通平台付款流程

对于未放款订单卖家可以申请放款。

步骤 1：查询该订单的物流情况，并下载物流凭证。

步骤 2：点击"放"按钮，填写备注说明，并在附件中上传物流凭证。

步骤 3：等待放款，通常需要 3 个工作日。

（3）卖家的收款结算

国际支付宝目前支持买家用美元、英镑、欧元、墨西哥比索、卢布等多种货币支付，而对于卖家收款则一般用美元和人民币两种方式。根据付款方式的不同卖家收到的币种会有差别，目前总体来说人民币收款比例更小。

卖家首先要进入后台设置人民币收款账号和美元收款账号。注意，以上收款中除了美元收款是直接打入卖家自己的银行账户，对于其他情况，货款则是转入了卖家的支付宝账户，因此还涉及一项操作，即从支

速卖通平台放款与结算

付宝账户中将资金提现。

2．Wish 平台放款与结算

（1）放款规则

前面已经有介绍，Wish 平台非常重视妥投率，因此放款规则在物流方面有着严格要求。符合付款的订单的条件如下。

- 履行审核通过的订单（未标记 refund）。
- 在系统收到订单后 7 天之内发货。
- 填写有效的可上网查询的包裹运单号。

表 8-2 所示的是 Wish 平台放款示例。

表 8-2　Wish 平台的放款示例

示例	下单日	系统发货日	Wish 系统中确认运单信息日	Wish 确认订单为可付款订单的日期	付款日	简要说明
1	1 月 27 日	1 月 29 日	1 月 30 日	1 月 30 日	2 月 1 日	正常订单，Wish 在系统确认有效物流信息后的下一个自然月的 1 日予以付款
2	1 月 27 日	2 月 1 日	2 月 2 日	2 月 2 日	3 月 1 日	正常订单，Wish 在系统确认后的下一个自然月的 1 日予以付款
3	1 月 10 日	1 月 12 日	有运单号但一直无运单物流信息	2 月 11 日（1 月 12 日+30 天）	3 月 1 日	无物流信息订单，Wish 默认于系统发货后的第 30 天确认此订单可付款，确认后于下一个自然月的 1 日付款
4	1 月 10 日	1 月 16 日	一直没有运单号	2 月 17 日（1 月 12 日+30 天）	3 月 1 日	无运单号，Wish 默认于系统发货后的第 30 天确认此订单可付款，确认后于下一个自然月的 1 日付款
5	1 月 25 日	1 月 31 日	2 月 15 日	2 月 15 日	3 月 1 日	系统先发货，实物后发货。Wish 以确认有效物流信息日为准

Wish 每月有两个放款日，分别在每月 1 日和 15 日。在上面案例中，如果买家可以主动确认收货则将会加快放款。另外如果买家 90 天不确认收货也会被系统视为已经正常成交，可以放款。

如果在交易期间出现了取消订单的情况，则 Wish 将根据订单取消的实际时间的逻辑性来确定是否可以付给卖家货款。

还有一种情况是卖家被罚款，比如侵权知识产权等，这种情况下 Wish 不会正常放款。一般情况下，货款如果没有退回买家，那么会在一年后返还一半，两年后全部返还，前提是买家没有投诉。

（2）"两步验证"政策要求

2018 年 3 月，Wish 平台公布了关于开启"两步验证"的政策要求。也就是在放款日前，要完成两步验证，否则，Wish 账户资金会因为安全考虑被暂扣。

"两步验证"功能为平台账户增添了额外的一层保护，当账户在非常用的设备端登录，修改密码、收款账户等账户基本设置时，"两步验证"都会发送一段短信安全码至用户预留的手机号码上，准确输入后，方可继续操作，大大提升了账户的安全性。这也是 Wish 平台为了切实保护商户资金安全，提供的更为有效的管理措施。

（3）卖家收款结算

在 Wish 卖家账户后台点击"付款设置"可以完成或修改付款信息，在这个页面中，卖家可以选择联动支付（UMPAY）、PayEco（易联支付）、AllPay、Payoneer、PayPal 中国、Bill.com、PingPong 直达中国账户进行收款。大部分支付工具在前面已经介绍，另外几种如下。

① 易联支付：支持中国内地商户的公司账户或个人账户，直接以人民币入账；但仅支持中国香港公司账户。可选择美元或人民币入账。选择人民币结账时钱直接划到国内账户。Wish 里面的美元会先在 10 小时内转到中国香港监管账户，再实时转到广州监管账户，最后在 3 小时内以人民币形式转到商户的银行账户，需要 5～10 个工作日，相对较慢，但适合大多数 Wish 卖家。手续费 1%起，入账时间为每月前 5 个工作日，每月一次；提现时间为 1～3 个工作日。采用 PayEco（易联支付）收款的卖家需要输入银行信息，包括银行所在城市、银行名称、开户行、收款人和银行账号。

② Bill.com：美国境内的个人可以使用，手续费最低且快捷，但仅限于有美国境内银行账户的卖家。收费标准是每笔 0.49 美元，入账时间 3～5 个工作日，提现比较慢。如果采用 Bill.com 收款，则卖家需要是在美国的个人，且需要输入姓名或公司名称、邮寄地址、邮箱和电话号码。当卖家从 Wish 获得款项时，Bill.com 将邮件通知，并提供电子或纸质支票以供选择。

③ 联动支付 UMP：对于申请者暂无限制。UMP 与中信银行合作实行实时牌价汇率；UMP 每日安排两个批次的操作，按照 T+0/T+1 日结算；无中间账户，结算资金直达商户收款账户，到账速度快；不需要商户注册 UMP 账户，支持 15 个外币币种，也不受 5 万美元的外汇结汇额度限制。收费标准是 1%。联动支付（UMPAY）—直达中国账户收款的卖家，必须输入银行名称、收款人姓名、银行账号、电话号码及身份证号码，而且银行账户必须是中国大陆开设的借记卡账户。

（4）PayPal 收款与提现

使用 PayPal 收款的流程如下。

① 当 PayPal 账户收到第一笔款时：收到第一笔款后，"余额"显示为零，说明未记到用户的 PayPal 账户上，必须先点击操作栏中的"接受"按钮。

② 点击"接受付款"按钮后，提示用户收款完成。

③ 点击我的 PayPal 后，可以看到余额已经记上第一笔款的数目，这时才算真正收到钱，第二笔以后就会自动直接累加到账户上。

注意，给接收人的消息应全部留空，不要留任何提示，以免被 PayPal 公司要求提供解释和凭证。直接点击"付款"按钮即可。

使用 PayPal 提现的流程如下。

PayPal 是专为中国用户推出的电汇方案，无须外币兑换，即可方便地将 PayPal 账户中的款项转入中国本地银行，最快 3 天资金便能转入用户的银行账户。

① 添加银行账户。

② 页面跳转，进入"添加中国电汇银行账户"，填写相关信息，完成后点击"继续"。

③ 审核中国电汇银行账户信息。无误，点击"添加银行账户"；否则点击"编辑"。

Wish 平台放款与结算

④ 填写电汇请求。最低提款金额：150 美元，完成后点击"继续"，确认后点击"提交"。

3. 亚马逊平台放款与结算

（1）亚马逊放款规则

亚马逊通常 14 天放一次款，因此默认是 14 天的转账周期，新账号或者有侵权或者绩效有问题等情况，会出现预留金额的情况，只要后期表现好了也会慢慢释放的。

亚马逊欧洲站的特别要求如下。

2018 年，一些卖家收到亚马逊官方邮件，称其个人收款账户将被停用，要求其变更收款信息；要求其欧洲站的开户公司和它的收款公司必须要对应得上，且最好收款的账号是公司的对公账号。

主要变更在于原先是个人公司注册的卖家，极有可能不能通过 KYC 审核（KYC 审核对象是卖家身份，欧洲特色，监管机构要求亚马逊完成此项要求政治任务。亚马逊支付欧洲公司作为亚马逊开店业务的提供商，收到卢森堡金融机构 CSSF 的监管，要求亚马逊要对在欧洲开店的卖家进行公司信息和公司所有人信息的审核，审核由英国风险控制团队执行。因此只有通过 KYC 审核，卖家才能在亚马逊欧洲站开店）。

因此，卖家如果要做亚马逊欧洲站跨境电商，则最好收款要在公司名下，法人和受益人都将不能作为收款方。

（2）亚马逊收款方式

在亚马逊开店的卖家需要在店铺后台绑定一个收款账户来接收资金，平台每隔 14 天便会将货款打到卖家的收款账户上面，卖家可以选择不同金融公司提供的收款方式来收款，比如众所周知的 Payoneer、World First、PingPong 卡及美国银行卡、中国香港银行卡等。

目前，市面比较重要的 5 种亚马逊收款方式是美国银行账户、中国香港银行账户、World First、Payoneer 和 PingPong 卡。

（3）用 Payoneer 万事达卡在亚马逊收款

① 首先，需要有 Payoneer 万事达卡，点击 Payoneer 官方网站，点击注册。

② 接着在亚马逊绑定收款。

进入卖家后台，在 Seller Information 和 Credit Card Information 处填写相对应的信息即可，最后还需要签订一个免税的表格。

亚马逊平台放款与结算

复习思考题

一、简答题

1. 简述跨境 B2B 电商的结算术语。
2. 简述跨境 B2B 电商的结算流程。
3. 简述跨境 B2C 电商支付时信用卡结算失败的原因。

二、实训题

1. 访问某个跨境 B2B 电商网站，了解网站的不同支付与结算方式。

2．访问某个跨境 B2C 电商网站，了解网站的不同支付与结算方式。

三、论述题

1．比较阿里国际站上不同支付方式的优缺点。

2．比较跨境 B2C 电商的各种第三方支付机构。

3．比较亚马逊、Wish、速卖通 3 个平台的结算方式。

第九章

B2B 跨境电商

【章节导论】B2B 跨境电商中有一些国际间通用的贸易规则和术语，跨境电商从业者需要了解和掌握。此外，本章对 B2B 环节中的洽谈磋商进行了重点介绍，以阿里巴巴为案例，介绍 B2B 跨境电商运营管理的方法和相关技巧。通过学习本章，我们可以对 B2B 跨境电商交易流程有初步了解，对跨境电商实践也具有指导作用。

B2B 跨境电商交易流程如图 9-1 所示，它不仅涉及一些国际间通用的贸易规则和术语，还涉及交易磋商环节，而基于电商平台的 B2B 跨境电商交易也逐渐实现了闭环运行。

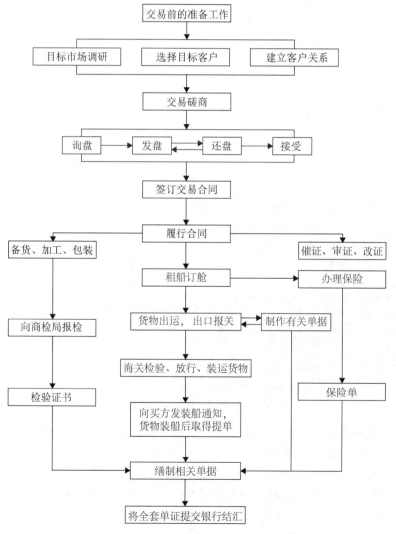

图 9-1 跨境电商 B2B 交易流程

第一节 B2B 跨境电商中的国际贸易术语

B2B 跨境电商从本质上来说，是国际贸易业务的电子化和网络化形式，因此在 B2B 跨境电商交易过程中，必然涉及传统国际贸易相关的国际规则、术语和单证等。了解基本的国际贸易术语，是 B2B 跨境电商企业从业者的必备知识。

1．国际贸易术语分类

无论是传统国际贸易还是 B2B 跨境电商，都需要不同国家的企业对某些贸易条款进行确定，签订合同。不同国家对贸易流程、权利和义务的理解并不相同，为避免纠纷，相关国际组织制定了一些贸易规则，比如 1928 年国际法协会在华沙制定了《1932 年华沙—牛津规则》解释了 CIF 术语，解释了 CIF 的统一规则，共 22 条，CIF 就是其中的贸易术语。销售合同中的国际贸易术语，如图 9-2 所示。

销售合同 SALES CONTRACT			
卖方SELLER:	明星化工进出口公司 **Super Star Chemical Industry Im. & Ex. Co.**	编号NO.:	SC07102
		日期DATE:	2007-3-10
		地点SIGNED IN:	中国大连开发区辽河西路10号 No.10 Liaohe Road West, Dalian E&T Development Zone, China
		通讯方式Tel.:	86-0411-87652300
买方 BUYER:	**Smith & Sons Co. , Ltd.**	地点SIGNED IN:	美国纽约30大街106号 No.106 30 Street New York USA
		通讯方式Tel.:	1-76328701
买卖双方同意以下条款达成交易: This contract Is made by and agreed between the BUYER and SELLER , in accordance with the terms and conditions stipulated below.			
1．品名及规格 **Commodity & Specification**	2．数量 **Quantity**	3．单价及价格条款 **Unit Price & Trade Terms**	4．金额 **Amount**
锌钡白（Lithophone） 硫化锌含量最低28%(ZnS content 28% min.)	500公吨 (500M/T)	CIF纽约每公吨110美元含佣3%(USD110 Per M/T CIFC3% N.Y.)	55000美元(US$55000)
Total:	500公吨 (500M/T)		55000美元(US$55000)
允许 With	溢短装: 卖方可多装或少装百分之五，价格按合同单价计算。 More or less of shipment: 5% More or less , each difference shall be settled at the contract price.		

图 9-2 销售合同中的国际贸易术语

贸易术语是界定买卖双方各自承担的义务、风险和责任的范围的术语。贸易术语所表示的贸易条件主要有两个方面：一方面，说明商品的价格构成是否包括成本以外的运费和保险；另一方面，确定交货条件，即说明买卖双方在交接货物方面彼此承担的责任、费用和风险。也就是说，在国际贸易术语中，最核心的是对货物交付过程中买卖双方的责任规定，以及对费用和风险的划分。责任是指该项手续应由谁办理；费用是指为办理该手续所产生的有关费用由谁承担。

以 FOB 为例，它是指卖方在指定装运港将货物装上船后，即完成了交货义务，随后的一切费用和风险均由买方承担。这意味着货物装船后，其风险从卖方转向了买方，买方从这一刻起承担货物灭失或损坏的一切风险。所以，FOB 规定了以下问题。

（1）通知问题

① 买方租船后，应将船名、装货时间、地点给予卖方，以充分通知对方。

② 卖方在货物装船时通知买方。

在①环节中，如买方未给予充分通知，指定的船舶未按时到达或未能按时收载货物，或比规定的时间提前停止装货，由此产生的货物灭失或损失应由买方承担。在②环节中，由于货物风险是在货物装上船时由卖方转移给买方的，因此卖方在货物装船时必须通知买方，以便买方投保，否则，由此造成买方受到的损失应当由卖方负责。

（2）运输合同问题

《2010 年国际贸易术语解释通则》规定，卖方没有义务为买方订立运输合同。如果是根据买方要求或交易习惯且买方没有及时提出相反要求，由买方承担风险和费用的情况下，卖方可以按一般条款为买方订立运输合同。在任何一种情况下，卖方有权拒绝为买方订立运输合同，如果卖方订立运输合同，应及时通知买方。

（3）装船费用负担问题

当按 FOB 条件成交时，卖方要负责支付货物装上船之前的一切费用。但各国对于"装船"的概念没有统一解释，有关装船的各项费用由谁负担，各国的惯例或习惯做法也不完全一致。如果采用班轮运输，船方负责装卸，装卸费计入班轮运费之中，自然由负责租船的买方承担；而采用租船运输，船方一般不负担装卸费用。这就必须明确装船的各项费用应由谁负担。为了说明装船费用的负担问题，双方往往在 FOB 术语后加列附加条件，就形成了 FOB 的变形，主要包括以下几种。

① FOB 班轮条件（FOB Liner Terms），是指卖方不负担装船费。

② FOB 吊钩下交货（FOB Under Tackle），是指卖方仅将货物交到船舶吊钩所及之处，不负担装船和理舱的费用。

③ FOB 包括理舱（FOB Stowed），是指卖方负担装船和理舱的费用。

④ FOB 包括平舱（FOB Trimmed），是指卖方负担装船的费用和平舱费。

⑤ FOB 包括理舱和平舱（FOB Stowed and Trimmed），是指卖方负担装船、理舱和平舱的费用。

（4）保险信息问题

卖方没有义务向买方提供保险合同。但是当买方有这一要求的时候，卖方必须向买方提供买方获得保险时需要的信息。

（5）船货衔接问题

在 FOB 术语中，载货船舶是由买方指定的，是卖方装船的先决条件，因此船货衔接是合同顺利执行的重要部分。根据有关法律和惯例，如果买方未能按时派船，包括未经对方同意提前将船派到或延迟派到装运港，卖方都有权拒绝交货。由此产生的各种损失，如空舱费、滞期费、仓储费等均由买方负担。反之，如果买方指派的船只按时到达装运港而卖方却未能备妥货物，那么由此产生的各种损失由卖方承担。

在《1932 年华沙—牛津规则》之后，又有不同的国家和组织规范了不同的贸易术语，而影响比较大且现在仍在广泛使用的贸易术语，主要来自《2010 年国际贸易术语解释通则》。它是国际商会根据国际贸易发展对《2000 年国际贸易术语解释通则》的修订，结合网络的发展，它还增加了电子交易程序的适用方式。2020 年，《国际贸易术语解释规则·2020》生效，其中国际贸易术语共 11 种，如表 9-1 所示。

表 9-1　《国际贸易术语解释规则》中的贸易术语

贸易术语	交货地点	风险转移界限	出口报关责任费用负担	进口报关责任费用负担	适用运输方式
EXW	出口方所在地	货交买方处置时起	买方	买方	任何方式
FCA	出口国内地港口	货交承运人处置时起	卖方	买方	任何方式
FAS	装运港口	货交船边后	卖方	买方	水上运输
FOB	装运港口	货物装上船时起	卖方	买方	水上运输
CPT	出口国内地港口	货交承运人处置时起	卖方	买方	任何方式
CIP	出口国内地港口	货交承运人处置时起	卖方	买方	任何方式
CFR	装运港口	货物装上船时起	卖方	买方	水上运输
CIF	装运港口	货物装上船时起	卖方	买方	水上运输
DAT/DPU	运输终端	货交买方处置时起	卖方	买方	任何方式
DAP	目的地	货交买方处置时起	卖方	买方	任何方式
DDP	进口国内	货交买方处置时起	卖方	卖方	任何方式

2．选择贸易术语

恰当选用有利于自己一方的贸易术语，不仅着眼于术语下买卖双方的责任和义务、费用的构成等，还要综合考虑涉及交易的其他多种因素，如买卖双方的商业信誉、支付方式的选用、商业风险和政治风险、货物本身的特质适用于哪种运输方式、交易方是沿海国家还是内陆国家、双方的基础设施条件适用于哪种运输方式等。

当卖方仅想使责任限于其所在地或另一指定地点，将货物置于买方之下而不承担任何其他义务，包括不承担出口清关手续时，可考虑使用 EXW。

当卖方愿意自己办理清关手续，且在承运人指定地点将货物交付于买方处置之下时，可考虑使用 FCA。

当卖方愿意承担除 FCA 所必须履行的义务以外，还愿意承担到目的地的运输费用时，可考虑选择 CPT。

当卖方愿意承担除 CPT 所必须履行的义务以外，还愿意承担到目的地的最低保险时，可考虑选择 CIP。

当卖方欲在目的地指定地点交货，且愿意承担货物运输到指定地点的费用（卸货费除外）和风险时，可考虑 DAP。

当卖方愿意承担除 DAP 所必须履行的义务以外，还愿意承担到指定地点后从运输工具上卸货产生的费用时，可考虑选用 DAT。

当卖方愿意承担除 DAT 所必须履行的义务以外，还愿意承担进口报关费用和进口关税时，可考虑选用 DDP。

当卖方愿意在装运港船边交货时，可考虑使用 FAS。

当卖方愿意在装运港船上交货时，可考虑使用 FOB。

当卖方愿意承担除FOB必须履行的义务以外，还愿意承担到目的地的运费时，可选择CFR。

当卖方愿意承担除 CFR 必须履行的义务以外，还愿承担到目的港的最低保险费时，可选择 CIF。

3．国际贸易单证

跨境贸易涉及的机构很多，因此相应的单证也比较多，跨境贸易相关单证如表 9-2 所示。

表 9-2　跨境贸易相关单证

单据名称	出单人	出单时间
买卖合同	出口商/进口商	合同签订时
信用证	出证行或制定付款行	根据合同规定
商业发票	出口商	报检或报关时
装箱单/重量单	出口商	与商业发票同时
订舱委托书	出口商	委托订舱时
托运单	出口商/货代	订舱时
出境货物报检单	出口商	报检时
出境货物通关单	检验检疫机构	完成报检时/报关前
客检证	进口商或其代表	货物出运前
出口收汇核销单	出口商	报关前
出口货物报关单	出口商/货代/报关行	报关前
货物运输投保单	出口商	订舱后集港前
保险单	保险公司	接受投保后
海运提单	承运人或其代表	货物上船后
装运通知	出口商	一般货物上船后 48 小时内
原产地证明书申请书	出口商	货物出运前 3 天
原产地证书	检验检疫机构/贸促会/出口商/生产厂商	货物出运前后
普惠制产地证明书申请书	出口商	货物出运前 3 天
商品检验证书	检验检疫机构	货物出运前后
汇票	出口商	交单前

下面是几种常用的单证。

（1）买卖合同

在交易磋商中，一方发盘经另一方接受以后，交易即告成立，买卖双方就形成合同关系。根据国际贸易的习惯做法，买卖双方还要签订买卖合同，以书面形式明确约定交易条件及双方当事人的责任与义务。双方在签字或盖章时，合同成立。合同具有法律效力，合同不仅是双方履约的依据，还是处理贸易争议的主要依据。

国际上，越来越多的跨境厂商采用 E-mail 的方式来签订买卖合同。

签订买卖合同主要有 3 种方式：一是直接使用邮件正文文本作为合同；二是把通过附件发送的 Word、Excel 等电子文档作为合同；三是先由一方发送 Word、Excel 等电子文档，另一方接收后用打印机打印出来，然后签字、盖章，再使用扫描仪把纸质文件扫描成 PDF 或图片的格式，最后通过 E-mail 回传第一方（或通过传真方式回传）。从规范化、安全性的角度出发，放多跨境电商企业使用第三种方法。

（2）信用证

在交易过程中，如果买方担心预付款后，卖方不按合同要求发货，而卖方也担心发货或提交货运单据后买方不付款，那么开具信用证可以避免这一担忧。

信用证是指由银行（开证行）依照申请人的要求，在符合信用证条款的条件下，凭规定单据向第三者（受益人）或其指定方进行付款的书面文件，即信用证是一种银行开立的有条件的承诺付款的书面文件。信用证开证申请人是买方，买方向开证行（买方所在地）申请开出信用证，由开证行用电子的方式通过通知行（卖方所在地）将信用证交至卖方。

（3）商业发票

商业发票是出口方向进口方开列发货价目清单，既是买卖双方记账的依据，也是进出口报关、纳税的总说明。商业发票的内容包括商品的名称、规格、价格、数量、金额、包装等，是进口商办理进口报关不可缺少的文件。商业发票的内容必须符合交易合同与信用证的规定。

（4）海运提单

海运提单是承运人收到货物后出具的货物收据，是承运人签署运输契约的证明。海运提单代表所载货物的所有权，是一种具有物权特性的凭证。

（5）保险单

保险单是保险人与被保险人订立保险合同的正式书面证明。保险单是在 CIF 条件下，卖方必须提交的结汇单据。

（6）原产地证书

原产地证书是出口商应进口商要求而提供的、由公证机构或政府或出口商出具的证明货物原产地的一种证明文件。它是出口国享受配额待遇、进口国对不同出口国实行不同贸易政策的凭证。

原产地证书一般分为普通产地证书、普惠制产地证书。有的国家限制从某个国家或地区进口货物，要求以原产地证书来确定货物来源国。原产地证书是进口国减免关税的依据。

（7）商品检验证书

商品检验证书是用来证明出口商品的品质、数量、重量、卫生等条件的证书，是卖方所交货物是否与合同规定相符的证据，是索赔和理赔必备的单据之一。商品检验证书一般由国家指定的检验机构出具，如中华人民共和国海关总署商品检验司。

（8）汇票

汇票是由出票人签发，要求付款人在见票时或在一定期限内，向收款人或持票人无条件地支付一定款项的票据。汇票是国际结算中使用最广泛的信用工具之一，是托收方式下付款必备的重要单据。

国际贸易术语

第二节　B2B 跨境电商洽谈磋商

B2B 跨境电商与 B2C 跨境电商都有在线业务，线上贸易的整体流程也差不多，但在细节上有些区别。主要有两大区别：一是支付环节，尽管目前已经有大量 B2B 交易采用线上支付，但是因为数额较大，大部分交易还是采用线下支付方式。二是流程中的洽谈环节，国外一些买家在进行 B2C 交易时，较少与卖家咨询或洽谈，大都是直接下单，在遇到产品问题时直接退货处理；因为 B2B 交易涉及的成交量大，所以大部分交易都有 MOQ（Minimum Order Quantity，最小订单量）要求，涉及金额高，买家必然希望得到价格上的优惠，还需要与卖家商量货物如何交付、海关通关等问题。因此在 B2B 交易中，洽谈磋商是不可或缺的环节。

1. 网上磋商流程

通过互联网进行交易磋商，与传统的贸易磋商在内容和过程上是一致的。

（1）磋商内容

从内容上来看，通常要磋商 11 个交易条件，每个交易条件构成交易合同中的一个贸易条款。这些交易条件分为一般贸易条件和基本贸易条件。

一般贸易条件：货名、规格、数量、包装、价格、装运期和支付条件。保险条款磋商与否，需要依据交易所使用的价格术语而定。

基本贸易条件：检验检疫、争议与索赔、不可抗力和仲裁。

（2）磋商流程

网上交易磋商的一般流程包括询盘、发盘、还盘、接受 4 个环节。

① 询盘。

询盘是指交易的一方为购买或出售某种商品，向对方口头或书面发出的探询交易条件的过程。法律上称之为"邀请要约"，不具有法律约束力，也不是交易磋商的必经程序，但往往是一笔交易的起点。询盘时一般使用 please advise/ quote/ offer… /interested in …等词汇。询盘通常由买家发出，如"拟购×××款式夏装 1000 件，请告知最低价格和最快交货期"。

② 发盘。

发盘是指交易一方向另一方提出购买或出售商品的各项交易条件，并表示愿意按照这些条件与对方达成协议、订立合同的行为。发盘通常是一方接到另一方的询盘后发出的，也可不经对方询盘直接发出。表示发盘的术语（发盘、报价、订购、递盘）有 offer、firm offer、quote、supply、book、order、bid、firm bid 等。

构成发盘的必要条件如下。

- 发盘应向一个或者一个以上的特定人提出，如卖家在跨境电商平台上提出"购买本品 100 件以上给予 7 折优惠"，这也是一种发盘；如果该发盘被受盘人所接受，那么交易合同即可达成。
- 发盘的内容必须十分确定，至少应包括 3 个基本要素：货物、数量、价格。
- 发盘应表明订约的意旨，即发盘应该表明发盘人在得到接受时，将按发盘条件承担与受盘人订立合同的法律责任，而不得反悔或者更改发盘条件。如在订约建议中加注"仅供参考""以……确定为准"等保留条件，都不是一项发盘，只是在邀请对方发盘。

发盘分为口头发盘和书面发盘，它们有不同的有效期和生效时间规定。

- 口头发盘，除双方另有规定以外，一般当场有效，发盘的效力于谈话结束时终止。
- 书面发盘，有效期可由发盘人在发盘中明确规定，也可不作明确规定。《联合国国际货物销售合同公约》规定，发盘在送达受盘人时生效。发盘的有效期从到达受盘人时开始生效，直至有效期届满为止。
- 关于在线交易环节的有效期问题，联合国发布的《关于电子通信的意见》中指出，在电子通信中，发盘的"到达"是指电子通信进入受约人的服务器的时刻。

因此，作为卖家，为避免纠纷，最好在发盘中规定一定的时限，对时限的规定如下。

- 规定最迟的接受期限。如发盘限 9 日复到，以我方时间为准（offer subject reply reaching here ninth our time）。
- 规定一段接受的期间。如发盘有效期为 3 天（offer valid three days）。

发盘的撤回和撤销问题：撤回的前提是发盘尚未生效，发盘人采取行动来阻止它生效。一项发盘，即使是不可撤销的，也可撤回，只要撤回的通知在发盘到达受盘人之前或同时到达受盘人。撤销是在发盘已生效后，发盘人以一定的方式解除发盘对自己的效力。发盘撤销的条件是：发盘人撤销的通知必须在受盘人发出接受通知之前传达给受盘人。

在下列情况下，发盘不能再撤销。

- 发盘中注明了有效期，或以其他方式表示发盘是不可撤销的。
- 受盘人有理由信赖该发盘是不可撤销的，并且已本着对该发盘的信赖行事。

【案例】某中国卖家向法国一买家发盘，规定有效期到3月10日止。该发盘是3月1日以特快专递方式寄出的，3月2日卖家发现发盘不妥，当天即用电子传真通知卖家，宣告撤回该项发盘。请问卖家是否可以撤回？假如该发盘是以电子邮件方式寄出的，请问是否可以撤回？

分析：该发盘以特快专递方式寄出，可以撤回；若以电子邮件方式寄出，则不可撤回；依据如下。

- 根据《联合国国际货物销售合同公约》规定，一项发盘，即使是不可撤销的发盘，也可以撤回，只要撤回通知在发盘到达受盘人之前或同时到达受盘人即可。
- 中国、法国都是公约缔约国，适用于公约。
- 上述发盘属于"不可撤销的发盘"，因为发盘中规定了有效期，但只要在它尚未被送达受盘人之前，是可以撤回的。
- 在案例中，3月1日的特快专递发盘，3月2日不可能送达巴黎公司，故3月2日发出的电子传真撤回通知能早于该发盘送达受盘人，所以该发盘是可以撤回的。但是在电子商务条件下，发出的发盘即刻到达受盘人，发盘到达即生效，撤回发盘几乎是不可能的，除非因系统服务器发生故障耽搁了收到发盘通知的时间，而使撤回发盘的通知先于或同时到达受盘人。

发盘的失效（终止）条件如下。

- 在发盘规定的有效期内未被接受。
- 发盘被发盘人依法撤销。
- 受盘人还盘或拒绝。
- 发盘人发盘后发生不可抗力事件，如政府发布禁令或限制措施而造成发盘失效。
- 发盘人或受盘人在发盘被接受前丧失行为能力。

③ 还盘。

还盘又称还价，是受盘人不同意或不完全同意发盘中的内容或条件而提出自己的修改意见或条件的表示。法律上称之为"反要约"，既是受盘人对发盘的拒绝，又是一项新的发盘。一项发盘被还盘即失效。

④ 接受。

接受是指受盘人在发盘有效期内无条件地同意发盘的全部内容，并愿意据此签订合同的一种口头或书面的表示。法律上称之为"承诺"，一方发盘被受盘人接受，交易即告达成，合同即告成立。接受是交易磋商的必经程序之一。表示接受的术语有 accept、agree、confirm 等。

构成接受的必要条件如下。

- 必须由特定的受盘人做出。
- 接受必须以声明或行为表示出来（用声明来表示接受，即受盘人用口头或者书面的形式向发盘人表示同意发盘的内容。用行动来表示接受，即由卖家发运货物或买家支付货款包括汇付货款或开立信用证来表示）。
- 接受的内容须与发盘的内容相符（只接受部分条件，或对发盘条件提出实质性修改，或提出有条件的接受，均不能构成有效接受，而只能视作还盘）。

- 接受通知须在发盘的有效期内送达发盘人。

接受的撤回：根据《联合国国际货物销售合同公约》的规定，只要撤回的通知能在该项接受到达发盘人之前或与该项接受同时到达发盘人，则对该接受的撤回有效。接受送达发盘人之后，接受生效，合同即告成立。若此时宣布撤销接受，就等同于撤销合同，是要负法律责任的，因此接受不能撤销。

《关于电子通信的意见》认为，在电子通信中，本条的"到达"是指电子通信进入受约人（发盘人）的服务器的时刻，前提是受约人已经明示或暗示地同意用指定的电子通信类型，于指定的地址接收指定的电子通信。与发盘相似，在电子商务方式下，接受（承诺）的撤回几乎是不可能的。

【案例】A 公司向国外的 B 公司发盘，限 6 月 10 日前复到有效，B 公司于 6 月 8 日来电要求降价，A 公司于 9 日与另一家 C 公司达成交易。同一天（9 日），B 公司又来电要求撤回 8 日还盘，全部接受原发盘的条件，A 公司以货已出售为由予以拒绝。B 公司声称其接受是在发盘的有效期内做出的，要求 A 公司履约。请问 B 公司的要求是否合理？

分析：B 公司于 6 月 8 日来电要求降价，这一行为已经构成新的发盘，A 公司原来的发盘已经失效了。因此 B 公司要求 A 公司履约的要求不合理。

2．询盘处理技巧

（1）询盘分类处理法

询盘是开启交易的第一步，只有询盘处理好了，才会有订单转化率。因此，B2B 卖家需要认真处理询盘。而处理的方法可以结合不同类型的询盘而定。

① 一类询盘。

如果买家在发送询盘时，对自己的公司背景和个人信息进行了简单介绍，并明确告诉他想要的产品名称、规格、质量、认证、包装、数量、期望的交货时间、运输方式等详细信息，这类采购需求比较明确，一般归为一类询盘。

发送这类询盘的买家一般比较专业，其采购需求明确。他们对供应商的要求也比较专业，卖家在回复询盘时，要体现卖家的专业性，但要注意以下两点。

一是直接报实价，因为买家通常会给多个供应商发送询盘，报实价更具有价格优势。

二是对询盘里询问的信息，一定要全部回复；对于一些基本信息，比如产品图片、货号、参数规格、认证信息、包装尺寸等，也要尽量回复。

② 二类询盘。

在这类询盘中，买家一般会告诉卖家自己感兴趣的产品是什么和需要的报价。可能买家的采购需求并不是很紧急，买家处于观望和比价阶段；也有可能买家不是很专业，就可以放在第二优先级处理，但也要尽可能快速地响应。

对于这类询盘，卖家可以给予专业的回复，也可以制作专业的报价单。首先，采用阶梯报价（不同采购量，价格不同），方便买家决策采购数量；其次，卖家可以推荐类似产品，告诉买家如果需要，可以做详细介绍，不管有任何需求，都可以随时联系，争取二次联系的机会。

③ 三类询盘。

在这类询盘中，通常买家会直接告诉卖家自己对产品感兴趣，需要报价，与二类询盘相比，三类询盘对产品的需求比较模糊。在询盘回复时，卖家可以详细介绍自己的公司，告知买家自己可以提供的产品和服务有哪些，并推荐自己比较有优势的产品，比如价格比较好的、质量比较好的、交货期比较快的、比较适合当地市场的等，整理成产品目录发给买家，告诉对方如果需要样品或更详细的信息，可以随时联系，争取二次联系的机会。

④ 四类询盘。

买家直接要样品，没有提及产品和公司；还有一些买家向卖家要邀请函、样品等；这类询盘可以放到最后处理，可以尝试回复一次，如果对方不回复或回复时不提及产品，只要样品或邀请函，就可以放弃跟进了，因为这类询盘有可能是骗取样品、邀请函之类的行为。

除了根据询盘分类做好询盘工作，卖家还要结合买家所在国家等信息对询盘进行分类，或者按照新顾客、老顾客再次分类，以方便卖家优先处理高质量询盘，避免贻误商机，并对客户进行后续跟踪管理。

（2）询盘电子邮件处理技巧

下面对 B2B 在线交易磋商环节的电子邮件处理技巧进行介绍。

首先，在磋商时采用企业邮箱容易获得客户的信任。如果公司建有网站，一般会同时拥有网站下的电子邮箱，如果购买了诸如阿里巴巴国际站或者其他平台的收费服务，就可以得到带公司信箱后缀的电子信箱，或者申请一个稳定的 Hotmail 或者 Gmail。切勿采用明显的垃圾邮件的电子邮箱。

其次，邮件的标题、开头部分、结尾部分尽量格式化，以凸显公司规范化的形象，这样可以给予客户信任感。比如每次回复邮件都会在标题处统一使用公司的首字母缩写；每次署名都一致，并清楚写明发信人、发信公司、发信人和公司联系方式、发信地址、公司 Logo 等，最好公司提前统一设计一下。

再次，尽量避免磋商信件被归为垃圾邮件。根据国际电子邮件协会的判定规则，垃圾邮件涉及 3 种情形：一是未经收件人允许的、在一定时间内发送频率过快、内容重复度过高；二是对方未订阅但发件人发送附件；三是邮件中含有垃圾邮件高频词。前两种情形容易规避，跨境电商中与销售相关的垃圾邮件高频词有 free、discount、opportunity、win winner、cheap、deal、debt、income、insurance、loan、money 等，不胜枚举。当邮件内容包含这些词语或者系统分析以后达到屏蔽标准时，则对方无法收到该邮件或者会被判定为垃圾邮件。

最后，内容要简洁明了，适应国外移动办公趋势。客户每天会收到海量的邮件和回复，要想获得客户对邮件的重视，必须坚持 KISS（Keep It Short and Simple）原则，用简单的语言和简洁的句子解答客户最为关心的内容。另外，移动办公正在逐渐成为趋势，买家在 BlackBerry 或 iPhone 上收发邮件，许多平台也适时开发软件，支持买家在手机端处理订单。因此，简明扼要的邮件更能顺应现代移动办公快节奏、小页面的主要特征。

（3）对某些询盘的回复技巧

① 对于买家要求寄样的回复。

如果买家询盘中先请卖家寄送一份样品，再来决定是否交易。那么如何选择呢？

② 对于客户要求直接报价的回复。

避开报价的问题，首先询问对方用途和使用环境等，以便向客户提出最好的方案。如果对方答复，就询问对方需要的数量及对产品质量的要求（规格、环保、安全标准等）。如果对方不回复，就可以预知对方对产品不感兴趣；判断对方对行业产品知识的认识是否专业，可以判断对方是真实客户还是骗子。真实客户与骗子的基本区别是：客户可能挑剔质量和价格；而骗子一般对行业和产品不熟悉，提出诱人大单，过于关注付款。

③　对于客户认为报价过高的应对。

作为供应商，对方压价是司空见惯的，应该给予合理的答复。市场上同类产品中，很少产品是因为价格太高而无法销售，大多数是因为产品定位和营销策略错位而无法销售。与客户的来往沟通中，通过推广、网站、电子邮件等方式传递出对公司、产品和服务的自信，与众不同的产品自然要有一个匹配的价格。

④　无法提供买家指定产品的回复技巧。

客户的需求千变万化，任何一家公司生产或者供应的产品总是有限的。卖家没有相近或不同型号、功能的产品的可能性普遍存在。为了与客户建立长期信任的伙伴关系，对于没有买家需求的产品，可以帮忙寻找或推荐卖家，从而建立信任关系，为今后的交易打下基础。只有详细了解客户需求，才能向客户推荐公司的其他类似的替代品。

⑤　邀请客户参展成为拜访公司的技巧。

跨境电商最大的瓶颈之一就是客户对卖家的了解局限于线上完成，如果能够把线上犹豫不决的客户引导到线下进行接触、增加双方的信任度，则达成交易的可能性明显增大。邀请客户参加本国的或者目标国的展会是最为有效的方法之一。

另外，当网络上结识的客户因为未知因素而成交意愿低、活跃度不高时，卖家可以发函邀请客户参展并顺便拜访公司，这样既可以尽地主之谊，也可以传递公司的真实性、供货能力、管理水平和服务理念。如果客户如约来参展、拜访公司展台，欣然前往公司，那么离客户签约就不远了。

对于外贸客户开发，首先要保证对方能够收到信件，能送到正确的人手中，然后根据对方的真实需求和需求程度、采购偏好、性格差异等，找到合适的切入点。

（4）提高询盘之转化关键

首先，当收到一个询盘时，卖家要对买家背景进行分析，可以采用一些方法，比如检查 IP 注册地和实际发送地是否对得上，是哪个国家的买家；用公司名称和邮箱地址在搜索引擎、社交网络中进行查找，或者通过电话查找相关企业信息，还可以通过询盘正文或通过后台询盘模块的信息对买家进行了解。知己知彼，百战不殆。通过了解对方的情况、经营范围、经营规模等，可以帮助卖家提出更有针对性的发盘。

其次，通过询盘内容和磋商过程，判断客户是否有订单、订单大小、紧急程度。主要从产品描述、订单数量、产品认证、交货时间等方面来看。

最后，需要了解买家的特点和禁忌。要了解买家背景，从买家角度出发很重要。比如有的买家英文不太好，如果卖家在回复询盘时，采用双语回复，买家会觉得卖家比较贴心，容易增加信任感。另外，每个国家商人的特点和禁忌也要了解清楚，比如有的比较注重隐私，有的比较注重身份等。这些可能都是询盘能否转化为订单的关键因素。

3．磋商中的客户管理

B2B 在线交易的业务员可以从联系方式、查询内容、买家资料 3 个方面对客户进行综合分析，有效甄别客户购买动机的强烈程度，进而采取有所取舍的客户跟进策略。

（1）从客户主动联系来判断客户的购买欲望

采用电话、视频等即时通信联系方式的客户，比较迫切，可以将他们列为 A 类重点关注客户。业务员应大胆利用各个平台提供的在线即时聊天工具或视频聊天工具，给予客户充分的便利，同时要抓住各种机会与客户直接沟通，提高订单转化率。

（2）从客户询盘内容来判断客户的真实意愿

客户查询内容不外乎公司情况和产品。公司情况一般包括公司名称、地址、联系人、品名、电话、传真、E-mail、创始年份、总资产和年销售额；产品情况主要包括规格、型号、原料、成分、最小订单量价格、包装、样本、样品和国际认证等。

（3）根据资料对客户分类管理

在收到客户询价后，业务员应借助网络等各种资源和手段，了解客户的实力、资信和交易历史记录，判别公司可能购买的产品和交易规模等。根据联系方式掌握生产部门、销售部门和营销部门中一个或多个部门的情况。询问内容、买家背景资料等要素的综合情况，判断客户的级别和询盘质量，如图9-3所示。在此基础上，将客户分为热门客户、有价值客户、有潜在价值客户、垃圾客户4类，并采取不同的推广策略。对于积极回复邮件的客户、回复收条的客户重点跟进，提高客户分类级别。

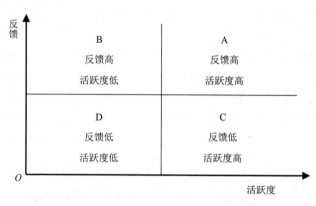

图9-3　客户的级别和询盘质量判断

4．磋商中的报价问题

在询盘回复中，报价是比较核心的环节。由于电子商务的发展，买卖双方都还没有充分沟通和了解就要进行报价，卖家常常担心这是不是同行来套价格的、应该报高点还是报低点、需要简单报价还是详细报价等，尤其是报价多了没有达成订单，报价会成为比较难跨越的障碍。因此，卖家需要充分准备，充分了解买家的情况、同行的情况、产品市场行情等，做到心中有数，给出合理报价，才能尽量影响买家，谈成生意。

（1）作价原则

我国进出口商品的作价原则是，在平等互利的原则下，以国际市场价格为依据，按照国别（地区）政策，并结合购销意图制定适当的价格。

- 以国际市场价格为作价依据。
- 要结合国别（地区）政策作价。
- 要结合购销意图作价。
- 要考虑成本因素，在加强成本核算的基础上作价。
- 考虑不同差价因素的影响。

此外，还要考虑交货期的远近、市场销售习惯、消费者的爱好、现货和期货、近期货和远期货、使用软货币和硬货币、佣金折扣的多少、支付条件的差别等因素。

（2）作价方法

在国际贸易中，作价方法有固定价格和非固定价格两类。

① 固定价格。即在订立合同时把价格确定下来，事后无论发生什么情况均按确定的价格结算应付货款。这种固定作价的方法有利于结算，如果市场行情出现波动，就会有一方受到损失；如果市场行情波动剧烈，就会影响合同的顺利履行。

② 非固定价格。某些产品由于其交货期较远，如采用固定价格，对双方来说要承担较大的价格风险，为了减少风险，防止毁约，非固定价格作价方法有以下几种。

- 不固定价格，但规定作价方法：对于价格变动频繁、涨跌幅度较大的产品，可在合同中不规定固定价格，而规定作价方法，如"以××交易所该产品 3 个月期的收盘价为基础，按装船月份月平均价加××英镑计算"。
- 暂定价格：为减少价格风险，买卖双方在洽谈某些市价变化较大的货物的远期交易时，可以先在合同中规定一个暂定价格，待日后交货期前的一段时间，再由双方按照当时市价商定最后价格。这种做法具有不确定性，仅以关系密切、信用可靠的客户为限。
- 滑动价格：在国际上，对于成套设备、大型机械、大型运输工具等货物的交易，从合同订立到合同履行完毕需要的时间较长，这期间原材料、工资等方面的变化可能较大，从而使货物的生产成本及价格变动较大。为公平起见，常采用滑动价格的方法，该方法是指先在合同中规定一个基础价格，同时在合同中规定对基础价格进行调整的方法。比如，"以上基础价格将按下列调整公式并根据×××（机构）公布的20××年×月的工资指数和物价指数予以调整"。

（3）调整价格

① 调整原则。在确定基本价格后，还应根据国别（地区）政策、企业的购销意图、市场行情的变化、竞争者的价格，以及合同中的其他交易条件对价格进行调整。许多交易条件如贸易术语、商品的品质、数量、包装、商标、运输方式、交货期、交货方式、支付方式等对商品的价格产生直接影响。一般来说，当产品优质优价、成交数量大时价格可以优惠，支付方式对卖家有利时价格可相应降低。在洽商价格时，如果价格本身不易调整，也可通过改变其他交易条件的方法来达到调整价格的目的。

② 佣金与折扣。通过佣金与折扣对价格进行调整是调整价格常用的方法。

佣金是中间商为买卖双方介绍或代办交易而取得的报酬。折扣是卖家按原价给予买家的一定百分比的价格减让。在国际贸易中，对价格的调整有时是通过折扣来实现的。佣金与折扣不同，佣金的受益者是中间商，而折扣的受益者是买家；佣金一般是在卖家收到货款后再另行付给中间商，而折扣通常是买家在付款时预先扣除。

（4）价格换算

① 同一货币的净价换算。

FOB 通常也被称为成本价，CFR 即成本加运费价，CIF 比 FOB 增加了运费和保险费内容。因此，FOB、CFR、CIF 之间的换算关系式如下。

$$CIF = FOB +运费+保险费 \qquad CIF = CFR +保险费$$
$$CIF = CFR/（1-投保加成×保险费率）$$
$$FOB = CFR-运费 \qquad FOB = CIF-运费-保险费$$
$$CFR = CIF -保险费$$

CPT 是在 FCA 的基础上加上运费，CIP 比 FCA 增加了运费和保险费，所以，FCA、CPT、CIP 之间的换算关系式如下。

$$CPT=FCA+运费$$
$$CIP=FCA+运费+保险费 \qquad CIP=CPT+保险费$$
$$CIP=CPT/（1-投保加成×保险费率）$$
$$FCA=CPT-运费 \qquad FCA=CIP-运费-保险费$$
$$CPT=CIP-保险费$$

② 不同货币之间的价格换算。

外币与人民币之间的换算。我方以人民币报价后，若进口商要求以人民币支付货款，则应按银行卖出牌价进行换算，折算公式如下。

$$人民币报价数=\frac{外币报价数×银行卖出牌价}{100}$$

不同外币之间的换算。把一种外国货币折算成另一种外国货币有两种方法：一种是直接折算法，即按此两种外币的直接兑换率折算；另一种是间接折算法，先将原本外币折算成本国货币，再将折算后的本国货币折算成另一种外币。我国习惯上采用间接折算法，因为银行主要公布外币与人民币之间的汇率。

（5）报价方式

对比式：可以使用对比的方式报出价格。如同一款式，列出不同材质或不同品牌的价格。

图文式：采用图文并茂的方式。

分析式：站在客户的角度，解析该价格的由来。

分解式：把产品的价格组成进行分解，比如按月支付报价。

总之，在报价环节，与客户保持畅通的交流非常重要，不要被买家的还价感到惊讶或者为此生气，冷静应对对方还价；同时要把握好客人的心理。

B2B 跨境电商洽谈磋商

第三节 阿里巴巴国际站功能

1. 阿里巴巴国际站介绍

阿里巴巴国际站通过向海外买家展示、推广供应商的企业和产品，进而获得贸易商机和订单，是出口企业拓展国际贸易的首选网络平台。全球的买家和进口商在此寻找来自中国和其他制造业国家的供应商。根据 Alexa.com 排名，阿里巴巴国际站在所属的 International Business 名列全球十大 B2B 网站之首。

阿里巴巴国际站的定位是搭建全球中小企业的网上贸易市场。它的服务对象是从事全球贸易的中小企业，中小企业可以依托阿里巴巴国际站结识更多贸易伙伴，达成更多交易意向，获得更多采购订单。

阿里巴巴国际站的核心价值体现如下。

① 海外买家可以寻找卖家并发布采购信息。

② 中国卖家可以搜索海外买家并发布公司信息和产品信息。

③ 作为交易平台，为双方提供沟通工具、账号管理等网络交易的便利条件。

2. 阿里巴巴国际站主页结构

（1）核心功能区域

阿里巴巴国际站主页有 4 个核心功能区域，如图 9-4 所示。

搜索栏：位于首页正上方比较醒目的位置，从中可以找到用户经常用到的信息过滤和查找工具。通过输入关键词可以查找与产品（Products）和供应商（Suppliers）相关的信息。

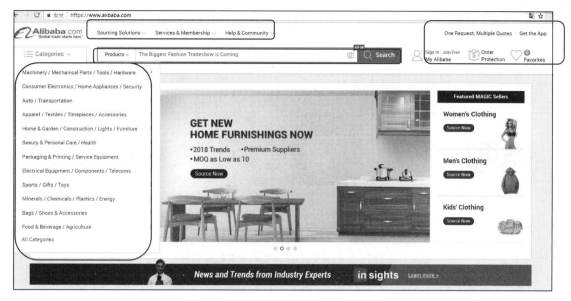

图 9-4　阿里巴巴国际站核心功能区域

导航栏：位于首页的右上角，由 My Alibaba、Order Protection（信保服务）、Favorites、One Request，Multiple Quotes、Get the App 5 部分组成。

类目栏：位于首页左侧，目前，阿里巴巴国际站的产品主要包含 12 个一级类目，如图 9-5 所示。

图 9-5　阿里巴巴国际站一级类目

会员快速通道：它包含 Sourcing Solutions（资源搜索），比如搜索某个类目下的最好的供应商或者某个地区的供应商；提交 RFQ（Request for Quotation，报价请求）；资源工具等；Services & Membership（会员服务功能），比如交易服务、会员服务和增值服务；Help & Community（帮助和社区功能），阿里商圈在全球具有较大的知名度。

（2）RFQ 定制服务

在首页的中部，最新版本的阿里巴巴国际站特别推出了由会员可以定制的报价请求功能，如图 9-6 所示。在此采购方可以给出自己想要采购的商品、数量和要求，系统会通过平台 App 发布给供应商，供应商通过手机 App 中的采购直达即可看到，并给出报价；采购商可以快速得到多个卖家的报价，从中作出选择，并联系供应商进行下一步磋商。因此，阿里巴巴国际站将这种模式称为"One Request，Multiple Quotes"，一个请求，多个报价。

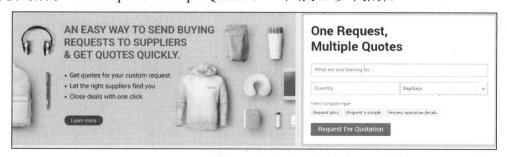

图 9-6　阿里巴巴国际站 RFQ 定制服务

（3）推荐产品

阿里巴巴国际站结合客户的一些搜索习惯等，会给出一些适合的推荐，如图9-7所示。

图9-7　阿里巴巴国际站的推荐产品功能

（4）增值服务

在首页下方，可以看到平台提供的增值交易服务功能，比如 Trade Assurance（贸易保证）、Pay Later（先买后付）、Inspection solution（第三方检验服务）、Ocean shipping（运输服务），如图9-8所示。

图9-8　阿里巴巴国际站的增值服务功能

贸易保证是一种免费的订单保护服务。它的目的是帮助买家和供应商之间建立信任，并在支付、运输和产品质量相关纠纷的情况下覆盖买家。

第三方检验服务，指的是在提交交易保证令后，买家可以在开始付款前选择一位检查员对订单进行检验。检查服务开始后，可以在线查看检查状态。阿里巴巴第三方检查员将参观中国的制造工厂，并准备包括图片在内的报告，以确认生产和运输的货物是否达到标准。阿里巴巴国际站的第三方检验功能，如图9-9所示。

阿里巴巴国际站还提供"LCL shipping to the U.S"的运输服务，也就是到美国的拼箱运输。随着人们的个性化消费和需求，买家每笔订单的采购量减少，甚至可能不足一个集装箱，因此造成运输困难或运输成本上升，阿里巴巴国际站对这些买家提供了拼箱运输服务。买家在网上通过两步操作即可申请此项服务，如图9-10所示。

客户可以通过多个端口访问阿里巴巴国际站，主要有以下8个流量端口。

- alibaba.com（主网站）。
- offer.alibaba.com（P4P）。
- selection.alibaba.com（优商优品专区）
- wholesaler.alibaba.com［在线批发专区（零售专区）］。

- sourcing.alibaba.com（采购直达专区 1）。
- rfq.alibaba.com（采购直达专区 2）。
- m.alibaba.com（无线手机端专区）。
- multi-language.alibaba.com（多语言市场专区）。

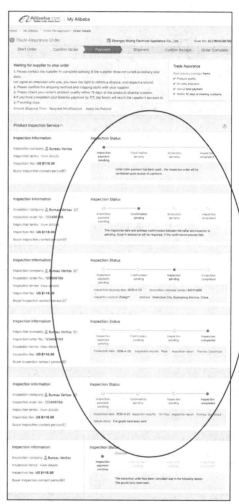

图 9-9　阿里巴巴国际站的第三方检验功能

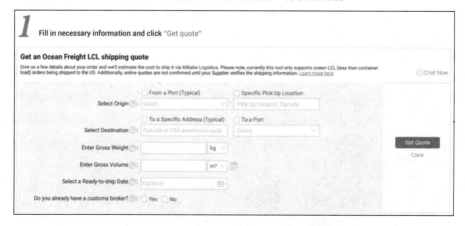

图 9-10　阿里巴巴国际站的拼箱服务

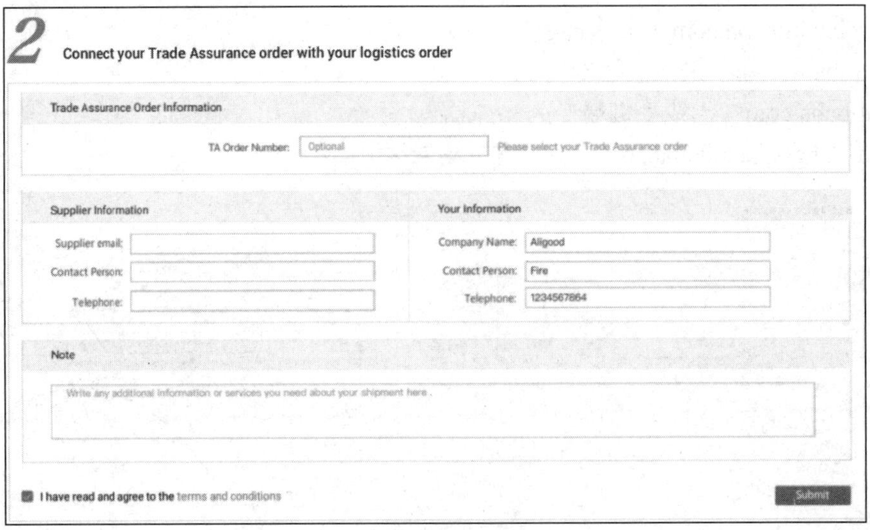

图 9-10　阿里巴巴国际站的拼箱服务（续）

3. 阿里巴巴国际站后台——My Alibaba

作为阿里巴巴国际站的买家，其操作相对而言比较容易，免费注册后，通过搜索并浏览产品和供应信息、贸易通等信息后，发送询盘，发布采购信息即可。买家还可以通过即时沟通与供应商取得联系。

作为供应商，也就是阿里巴巴国际站的卖家会员，可以免费注册，虽然免费会员可以发布产品，但功能有限，产品很难被采购商发现，因此，大部分企业需要注册成为阿里巴巴国际站出口通会员，费用包括基础服务费和增值服务费，同时由企业对会员进行实地认证，保障供应商身份的真实有效。出口通会员可以得到企业私人展厅、数据管家等全面的服务，如果希望得到更好的服务，还可以成为金品诚企会员，目前，其年费优惠后为 8 万元左右。

供应商在平台上不仅需要进行产品发布、店铺管理、客户管理，订单管理、订单履约等，还需要通过参加活动和外贸直通车等进行营销推广。主要操作界面就在 My Alibaba。

My Alibaba 后台管理系统的主要功能模块有 11 个，分别是店铺管理、产品管理、商机与客户中心、客户管理、信保交易管理、一达通出口服务、物流服务、资金&金融服务、数据管家、营销中心、我的外贸服务和客户服务。

与旧版平台相比，后台管理增加了较多的服务功能，比如一达通出口服务，让没有能力或精力做出口履约交货的中小外贸企业可以借助一达通实现服务外包，将出口报关、选择货代、船代、商检、结汇退税等系列工作全部交由一达通实现，从而真正实现平台电子商务交易的闭环。新版阿里巴巴国际站重点推动的一项功能是信用保障交易管理。

2015 年，Alibaba.com 致力于由信息平台向信用和交易平台全面转型。调研显示，64.1%的供应商在订单达成环节遇到买家对交易安全担忧的问题。信用保障服务的推出，将供应商在阿里巴巴国际站上的行为和真实贸易数据等信息不断沉淀，并将其作为在信用保障额度的累积依据，阿里巴巴国际站在额度范围内帮助供应商向买家提供贸易安全保障，帮助买家和卖家解决交易过程中的信任问题，快速达成订单。

阿里巴巴国际站为了推动信用保障服务，在流量和曝光上有政策倾斜，比如曾有过信用保障交易的产品，在关键词搜索排名中会有更大的权重，从而搜索结果可以排在更靠前的位置。推动这一项服务的目的是希望 B2B 交易与 B2C 交易一样，在资金流上实现在线支付，与一达通的物流在线服务一样，最终实现交易闭环。

2018 年 2 月，阿里巴巴国际站信用保障服务增加了 L/C 支付方式。L/C 是国际贸易中最常用的支付方式之一，由银行作为中间人对交易进行保障。阿里巴巴超级信用证服务，是阿里巴巴为卖家提供的专家审证、制单、交单等服务，帮助卖家把控风险；卖家还可以申请交单后融资服务。信用证服务融入阿里巴巴国际站信用保障服务，使信用证作为信用保障的支付方式之一，将信用保障服务从原本狭义的仅由阿里巴巴提供保障的范畴，扩大为广义的保障买卖双方（不管是由阿里巴巴提供，还是由银行提供）中立的第三方交易担保平台。

卖家是否参加平台信用保障服务，将会有独特专属标识在平台上展示，同时买家也可以看到，如图 9-11 所示。

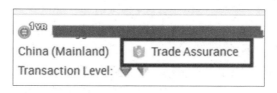

图 9-11　信用保障服务的前台显示

在新版阿里巴巴国际站后台管理中，还有一达通服务。一达通服务始于深圳市一达通企业服务公司（以下简称一达通），该公司成立于 2001 年，是国内第一家面向中小企业的进出口流程外包服务平台，通过互联网一站式为中小企业和个人提供通关、物流、外汇、退税、金融等所有进出口环节服务，并在 2003 年申请国家专利 031185 号。2014 年，阿里巴巴集团全资收购了一达通，并将一达通列为阿里巴巴打造外贸生态圈中的重要组成部分。被收购后，一达通与中国 7 家主要商业银行合作，根据中国供应商的出口数据提供纯信用贷款的金融服务。在物流方面，通过整合船公司和货代资源，一达通为客户提供安全及价格 100%透明的整柜拼箱服务。卖家只需要在线申请一达通服务，后续订单履约的所有事情都可以由一达通来实现。

第四节　阿里巴巴国际站运营

1. 阿里巴巴国际站运营规则

（1）电商操作能力

阿里巴巴国际站考核供应商服务能力高低的一项指标是电商操作能力分。电商操作能力分是阿里巴巴国际站对卖家会员服务海外买家的综合实力的一个统计分析，它既包括供应商的线下服务实力，也包括供应商在线服务能力。电商操作能力分是从买家视角评价卖家在阿里巴巴国际站的全链路行为。总分 100 分，4 项能力，13 个指项。

① 信息展示能力 30 分：卖家能否更精准、更专业地展示自己，提供高质量的商品信息和旺铺展示，提高卖家询盘匹配度，其衡量指标如下。

a. 总曝光词数 5 分：最近 30 天内，带来一个及一个以上曝光的关键词总数量。考核指标有总曝光量、P4P 曝光量、总曝光词数、P4P 曝光词数、有曝光的产品数。

b. 产品质量分：在报告生成日所有商品的信息质量平均得分。从上传图片质量、信息完整性、描述相关性 3 个维度来考察，满分各为 5 分。

c. 旺铺转化率 10 分：最近 30 天的旺铺转化率。考核指标有旺铺访客数、旺铺 TM 咨询客户数、旺铺反馈数、旺铺转化率。旺铺转化率计算公式如下。

$$旺铺转化率=\frac{旺铺反馈数+旺铺TM咨询访客数}{旺铺访客数}$$

提升攻略如下。

- 产品质量低：应重视图片质量（无水印、无边框、纯色背景、1000px×1000px）；杜绝产品价格区间过大或者过小；产品信息完整，无类目错放、重复铺货，无 90 天以上零效果产品。
- 旺铺访客少：对接第三方，对旺铺进行装修，提升旺铺访客数。
- 曝光量太低：考察产品关键词全覆盖、扩词；对于 P4P 流量产品的使用，通过直通车快速引流；对信用保障数据的沉淀要重视，这对自然排名很重要。

② 商机获取能力 25 分：商机获取能力是指店铺有曝光量和点击量之后，卖家将曝光量与点击量转化成询盘的能力，主要体现在 4 个方面。

a. 点击率（近 30 天）：点击率=总点击量/总曝光量，包含外贸直通车的曝光量与点击量。总曝光量指的是最近 30 天内产品信息或公司信息在搜索结果列表页或类目浏览列表等页面被买家看到的次数。总点击量指的是最近 30 天内产品信息或公司信息在搜索结果列表页或类目浏览列表等页面被买家点击的次数。

b. 总访客数（近 30 天）：最近 30 天内，访问了卖家的产品页面、公司页面的访客，或者通过其他页面给卖家发送询盘或 ATM 联系的买家数。

c. 总反馈数（近 30 天）：最近 30 天内，买家针对卖家的产品信息和公司信息发送的有效询盘数。买家点击进去之后，影响卖家反馈的要素主要有多图多维度展示产品的特点和优势、企业生产实力的展现、企业服务能力的体现。因此，核心操作点主要体现在商品详情、企业详情介绍上面。

d. 近 6 个月反馈增长比：最近 6 个自然月的反馈月环比平均值。

$$月环比=\frac{本月反馈数-上月反馈数}{上月反馈数}$$

曝光、点击、反馈、订单其实是一个漏斗形的数量关系。

提升攻略如下。

- 点击量低、询盘数低、访客数低：看比率（曝光量：点击量：反馈数）；曝光量低的原因是流量的引入不足，流量的核心是关键词覆盖和首页排名抢占流量。
- 关键词覆盖，提升首页排名，加大站外引流，提升产品质量，加快流量的进入和转化，进而拿到询盘，带来订单。

③ 商机处理能力 20 分：它是指卖家获取商机后，对商机的处理能力，其衡量指标如下。

a. 及时回复率：由询盘及时回复率和 TM 咨询回复率两部分构成，及时回复率结果根据"截止报告生成日，最近 30 天内询盘 24 小时内回复+TradeManager 在 1 小时内回复的整体比例"生成。

如果阿里巴巴国际站的供应商想提高及时回复率，有以下 3 个主要方法。

- 24 小时内处理或者回复买家 MC 询盘及 1 小时内回复 TM 买家咨询。

- 安装"阿里卖家 App"，利用商机提醒功能，打升手机系统通知，随时随地快速接收和回复买家商机。
- 对垃圾询盘或者非严肃买家询盘"添加垃圾询盘"，或者"退回询盘"。

b．平均回复时间：是指截至报告生成日，14 天前到 7 天前之间的 7 天内，买家发来的第一封有效询盘（不包含 TradeManager）平均回复时间，以小时为单位计算，四舍五入，平均回复时间越少代表回复买家询盘越快。一般展示在供应商面前的，除了自己的平均回复时间，还有同行 TOP10 平均回复时间，它主要是指平均回复时间用时最长的 10 家供应商的平均值，最大值为 168 小时。

减少平均回复时间，有以下 3 个主要方法。

- 保证询盘能及时处理，越及时回复，对数据表现越好。
- 如遇到垃圾询盘或不想回复的询盘，请及时将询盘移至垃圾箱。
- 如遇到出差，可以下载阿里卖家 App 进行移动回复询盘，避免错过任何商机。

c．RFQ 市场表现分：是指供应商在 RFQ 方面的市场表现评估。RFQ 市场表现分的衡量因子包含 RFQ 报价量、RFQ 登录天数、买家好评率、平均报价响应时长、24 小时报价响应率、RFQ 入口提交的通关完成的信用保障订单量及订单金额。

d．订单转化率：订单转化率=最近 180 天已付款客户数/最近 180 天活跃客户数。一般展示的，还有订单转化率 TOP10 数据，其中同行 TOP10 平均是指同行里订单转化率最高的排名前 10 的订单转化率平均值，不是指最近 180 天已付款客户数同行 TOP10 平均与最近 180 天活跃客户数同行 TOP10 平均的比值。

提升攻略如下。

- 回复率低：询盘 24 小时内+TradeManager 在 1 小时内完成回复。
- 订单转化率转化：提升在信用保障和在线批发市场的接单率。
- RFQ 买家需求报价太低：从 RFQ 报价量、RFQ 登录天数、买家好评率、平均报价响应时长、24 小时报价响应率、RFQ 入口提交的通关完成的信用保障订单及订单金额寻找原因。

④ 线上交易能力 25 分：它是指卖家按订单要约执行的能力，可以提高买家体验和满意度，其衡量指标如下。

a．交易等级分：交易等级是在阿里巴巴网站达成订单能力的评级，供应商在阿里巴巴国际站中每完成一笔订单，就可以获得相应的交易分，供应商的交易总分越高、等级越高，就越能得到更多买家青睐，同时将会得到更多的网站权益。交易等级分成 10 个等级，等级用钻石的标志表示（1～5 钻）。想快速提升自己的交易等级，可以提升信用保障走单金额或者提升一达通走单金额。

b．信用保障订单按时发货率：及时发货体现了公司的订单履约能力，为避免贸易纠纷，请务必关注。其中计算的数据为截至报告生成日，最近 180 天内公司买家已确认并付款，且已完成一达通挂账的信保订单数，不含已取消订单。

提升攻略如下。

- 以同行平均和同行 TOP10 为目标，成交更多的信用保障订单，按时发货，提高接单能力，沉淀更多的交易数据，获取更多的网站权益。
- 信用保障数据沉淀越多，平台的交易等级分数就越高，对整体电商分的提升速度也会加快。

（2）电商操作能力分值的权益

赋予卖家不同的特权奖励。电商操作能力分每日更新，权益每月发放一次，权益兑换地点：

建站管理——权益兑换。其中，国际站首焦、无线 App 首焦、搜索右侧资源位需要在每月 15 日前完成后台预约。

活动优先：主要指网站的大中型活动，如每年定期的采购节活动。

首页优商优品专区：当新买家浏览首页"selected products"和"top selected suppliers"两个专区时，优先推荐能力分大于或等于 60 分的卖家和产品。

海外市场免费推广：面向海外买家的邮件推广。

国际站首焦：国际站首页中间活动页面。

无线 App 首焦：Alibaba.com App 首页活动页面。

搜索右侧资源位：买家搜索关键词右侧位置，醒目的位置可抢占搜索超高流量。

A+客服专项服务：以每个自然月月末最后一天的数据为准，80 分以上的客户可以在次月一整月享受该项服务，包含主动预警服务、新动态早知道、需求优先反馈。

（3）搜索排序规则

阿里巴巴国际站搜索结果的排序，与许多因素有关，主要包括商业因素、供应商因素、产品信息质量、交易因素、买家偏好、相关性因素和问题产品不展示。每个因素的影响指标，如图 9-12 所示。

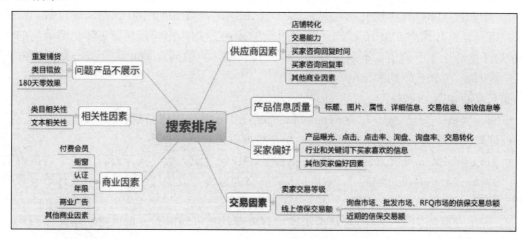

图 9-12　阿里巴巴国际站搜索排序影响因素

搜索排序算法规则一直在不断变化，从原先主要以相关性和文本信息为基础，到引入买家偏好度，成为以买家信任的交易为导向的排序。此外，交易因素是变化最大的因素之一，其中信保指标更是影响搜索排序的关键。未申请信用保障服务的产品几乎不能出现在搜索首页。搜索结果中的信用保障服务产品，如图 9-13 所示。

图 9-13　搜索结果中的信用保障服务产品

信用保障服务是阿里巴巴为广大卖家进行评估后计算出一个担保额度，一旦买卖双方交易过程中在资金、交期或质量等方面出现问题，阿里巴巴将会在额度范围内根据合同约定为卖家背书，给买家保障；同时通过对卖家交易等级、交易评价等数据及展示靠前等方式，为买家全方位、多维度地展示信用保障服务卖家的综合实力，促成订单的快速转化。

（4）产品发布规则

2017 年，阿里巴巴国际站对于产品发布出台了新规，其中有 4 个重要内容：重复铺货、类目放错、标题描述违规、虚假价格&MOQ。卖家要发布优化高质量产品，吸引买家并提高订单转化率。

对这些规则和详细的解读，可以参阅下列链接内容：

商品信息滥发违规处罚规则：https://rule.alibaba.com/rule/detail/5840.htm

商品信息滥发处罚规则解读：https://waimaoquan.alibaba.com/bbs/read-htm-tid-3081301-fid-361.html

重复铺货规则：https://waimaoquan.alibaba.com/bbs/read-htm-tid-3065320-fid-361.html

重复铺货商品拦截发布功能：https://waimaoquan.alibaba.com/bbs/read-htm-tid-3078593-1-fid-203.html

商品信息质量提升计划：https://activity.alibaba.com/helpcenter/xinxizhengzhi.html?spm=0.0.0.0.SB3FkR

图片质量模型行业化规则：https://activity.alibaba.com/pc/588125f6.html

（5）阿里巴巴国际站知识产权规则

① 知识产权侵权处罚规则，如表 9-3 所示。

表 9-3　知识产权侵权处罚规则

网规名称	行为类型	积分
知识产权侵权处罚规则	图片盗用投诉	6 分/次。 首次投诉 5 天内算一次（不扣分），第六天开始，每次投诉成立扣 6 分，一天内若有多次投诉扣一次分。时间以投诉结案时间为准
	知识产权所有人投诉	6 分/次。 首次投诉 5 天内被同一知识产权投诉算一次（不扣分），第六天开始，每次被同一知识产权投诉成立扣 6 分，一天内若被同一知识产权多次投诉成立算一次分。时间以投诉受理时间为准
	平台抽样检查	每退回或删除一次扣 0.2 分，一天内扣分不超过 6 分；有如下情形之一的，每退回或删除一次扣 2 分，一天内扣分不超过 12 分，情形如下。 ① 发布涉嫌侵权的品牌衍生词。 ② 发布涉嫌侵权信息且错放类目

② 处理知识产权投诉的步骤。

a. 查看投诉方知识产权详情：用主账号及密码登录到阿里巴巴知识产权保护系统，登录后在被投诉管理模块下可以看到待回应的投诉及历史被投诉记录。

b. 申诉反通知响应或投诉：在"待回应的投诉"对链接还未被移除的投诉发起反通知，对历史投诉记录发起反通知；也可以联系投诉方协商撤诉以解决问题。

c. 卖家需要先查询投诉方知识产权信息，再根据被投诉方实际情况说明被投诉信息并未侵权的理由并附上证明资料。若认为被投诉信息不侵权，根据实际情况说明并附上系列证明资料，证明资料包含相关授权许可证明（品牌授权证明或限制类销售证明，如烟花爆竹、音像制品等）。是否侵犯商标可以查询相关网站。

注意，链接查询到的专利信息系相关国家专利信息的英文翻译版本；专利编号前需要添加相关国家的国家代码，如德国的是 DE、美国的是 US、法国的是 FR、日本的是 JP 等。

d. 清理排查违规信息。管理员账号与密码登录知识产权保护系统，选择阿里巴巴国际站登录入口；登录后在"被投诉管理"模块的"待回应的投诉"或"历史被投诉记录"下查看投诉方知识产权信息和联系方式，点击"立即处理"或"立即查看"就能看到被投诉的产品链接，若对投诉没有异议，则可以点击"立即删除"，将产品删除。

③ 排查是否被侵权。

通过全文搜索功能排查其他产品。在 My Alibaba 后台上一产品管理一全文搜索工具，已审核通过产品的文本信息（不含图片），可通过一个完整的英文单词检索出该单词所涉及的产品，便于自行管理和排查侵权禁售的产品信息。

如输入的搜索词存在于商品的名称、关键词、自填属性、详细描述中，是可以被排查到的。当对搜索出来的商品进行编辑或者删除时，管理产品中的商品也会同步更新。

如发现网站有其他会员使用卖家的品牌信息或侵犯知识产权，可以提交知识产权投诉或图片盗用投诉。

2. 阿里巴巴国际站的有效产品发布

发布产品是供应商管理阿里巴巴国际站做生意的最重要的环节之一。这个环节决定了几个重要结果：自然排名是否能比较靠前，产品是否能够和买家需求匹配，产品的信息是否能解决买家的初步问题而愿意来询盘并做进一步交流。这就要求发布有效产品，有效产品，指的是有效果的产品，这样的产品可以带来更便捷的 P4P 操作，带来更多的曝光量和点击量，从而带来更好的搜索排名。

阿里巴巴国际站的运营规则

发布前资料准备。产品发布的前期需要准备好关键词、产品名称、产品图片（上传图片银行），以及产品的参数表和相应的描述性文字，如图 9-14 所示。

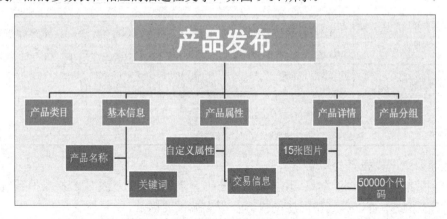

图 9-14 阿里巴巴国际站产品发布内容

在发布产品时，需要留意不能触犯的规则有重复铺货、类目放错、标题描述违规、虚假价格&MOQ。这些规则的目的是同质产品数量骤减、买家选择更为精准，因此卖家要发布优化高质量产品，吸引并提高买家转化率。对于初入门者，可以在上传前或者上传中浏览"产品信息发布指南""知识产权专题""产品品牌列表""常见知识产权产品"栏目，结合具体问题提升自己的综合素质，避免上传产品因违反信息发布原则被退回，或者产品上架后遭受国外品牌知识产权投诉，从而影响公司的经营。

（1）选择合适类目

类目是用于产品的归类，产品类目的选择标准是第一步。

首先，这里要注意不能错放类目。也就是要求发布产品的实际类目应该与选择的类目匹配。供应商要谨慎选择类目，原因有两个：一是类目放错会降低信息相关性，导致产品无法参与搜索排序，使买家找不到产品；二是如果有故意放错的嫌疑，还可能导致平台对店铺的产品降低曝光。

如果不知道产品适合哪个类目，有 3 个方法可以帮助卖家作出正确选择。

方法一：在类目栏中按一级类目、二级类目依次查找。

方法二：直接在类目搜索栏里搜索核心词。

方法三：在阿里巴巴国际站首页搜索。一些具有行业交叉特点的产品，可以在准确的基础上选择多个合适类目进行展示，以便获得更多的曝光机会。（同一产品信息，不同的类目放置不算重复产品）

如何检查产品的类目选择是否正确？可以借助产品诊断优化工具，如图 9-15 所示。

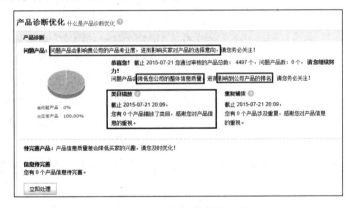

图 9-15　产品诊断优化工具

然后，进行产品信息发布。产品信息包含 4 部分：一是基本信息，包含标题和关键词；二是产品详细信息，包含自定义属性、主图和详情页；三是交易信息，包含价格、支付方式和国贸术语；四是物流信息。

（2）标题与关键词

产品名称即标题，它支持站内、站外关键词搜索。专业的产品名称能让优质产品脱颖而出。

产品名称的长度要适当，50 个字符以内；要慎用特殊符号，除了 with、for 等词，建议放在核心词后面。一般格式可以是：服务+销售方式+产品材质/特点+产品名称+促销方式。优质的标题应该包含买家比较关注的产品属性，能够突出卖家产品的亮点。

比如，标题"cheap wooden office desk"，该标题中含有的产品属性过少，难以让买家了解这是不是满足其需求的产品。标题中含有 3 个关键词：K1（office desk）、K2（wooden desk）、K3（cheap office desk），关键词太少会造成流量获取渠道过于单一。因此一个合适的标题，通过对标题进行关键词嵌入的方式使单个产品覆盖更多关键词。

可以把上述标题修改为"cheap modern white wooden semi circle executive office desk"，这

里面就有 6 个关键词了，关键词：K1（office desk）、K2（office desk modern）、K3（white office desk）、K4（executive office desk）、K5（semi circle office desk）、K6（cheap office desk），这个标题覆盖了尽可能多的关键词，因此获取流量的渠道就会变多，同时从产品属性和买家喜好角度都有覆盖，这样积累产品数据沉淀和买家喜好度的速度会更快。

标题也要注意是否违规。有几类情况可能造成违规：一是标题中未包含明确的产品名称；二是标题中带有联系方式；三是标题产品名或者标题描述堆砌；四是标题产品名与图片不符；五是标题描述与后面的详情描述不符。标题描述违规不仅会对产品的搜索排序进行处罚，还可能对店铺进行违规处理，严重者会被扣分。

新发布的产品要放到精确分组中，企业的产品一般要发布很多，主要是为了更好地进行运营和销售管理，需要事先进行产品的精确分组。

关键词填写时注意不要与产品名称冲突。

（3）属性、主图、详情页

① 属性填写。填写系统规定的属性，设置自定义属性。10 个自定义属性和标准属性会展示在同一区域，所以不要重复填写。

② 产品主图上传。与淘宝上的产品主图不同，阿里巴巴国际站的产品主图上一定不要有太多附加信息，建议只加 Logo，尺寸在 640px×640px 以上，800px×800px 最佳；图片的构图最好是公司 Logo +产品主体，占比 60%～80%。主图中切勿出现文字、水印、促销类文字、二维码、认证标、边框等，它们会干扰产品展示。6 张主图，可以进行组合。图片的组合一般是主体+多角度+细节，或者主体+操作+细节，或者主体+多角度+细节，或者主体+操作+细节。

③ 主图视频上传。这里的产品视频指的是产品详情页首屏左侧产品图片第一个位置的视频，因此叫作主图视频。视频时长不超过 45s，大小不超过 100MB，清晰度不低于 480P（即 640px×480px）。可以事先将视频上传到视频银行，视频银行总空间为 1024MB，单个视频最多可关联 20 个产品。主图视频比较重要，它可以对产品进行更全面的多角度展示，从而让买家觉得更加真实，可以增加移动端的流量，买家的体验也更好。

④ 视频银行。除了上传主图视频，还可以增加一些产品视频，存入视频银行，这些视频可以关联多个产品。

⑤ 产品详情页编辑。产品详情是让买家全方位了解产品并形成下单意向的重要工具。优秀的产品描述能够打消买家对于网上购物的不信任感，留给买家一个非常专业的印象。

产品详情页应放些什么内容呢？一般主要包含这些内容：一是产品质量相关信息；二是公司实力；三是交易方式，还有常用问题解答和售后服务介绍。产品信息可以用文字或者表格，最好有体现产品细节的图片，为了展示质量，还可以呈现生产流程；公司信息中可以展示公司介绍、展会秀、买家秀、样品间、认证等，布局上可以采用四宫格或者九宫格等。

产品详情页的内容都是自定义的，原则上我们需要站在用户的角度去思考展示什么内容。此外，展示内容要具有条理性，可以使用导航条，用图文穿插的方式，而不是单纯的文字或图片堆砌，产品详情页图片的尺寸宽为 750px、高为 15000px 左右，单张图片大小不超过 3MB。

表格可以采用手动插入表格，而不是一张表格的图片。

用图片展示产品细节、生产流程、公司的介绍、展会秀、买家秀、样品间、认证等，可以采用四宫格或者九宫格等方式展示，也可以用图片展示我的服务、快速问答（买家可能会有感兴趣的问题，做一个简单回答，降低沟通成本）。

系统自动提供了智能编辑和普通编辑两个选项，使用智能编辑时，可以针对产品的行业，选择喜欢或者合适的编辑模板，在模板中对文字和图片进行修改即可，非常便捷。

　　智能编辑先选择模板，选择行业模板之后，可以添加导航。右侧可以选择添加、删除、排序详情导航，设置导航样式颜色等，最少要有 3 个导航，最多不超过 8 个。

　　左侧可以选择自己需要的内容版式，进行拖曳添加，插入后的版式图片和文字都是示意内容，需替换成相应的图片和文案。目前，有展示图片、文字、图文、表格 4 种版式。智能编辑最多可以插入 30 张图片，普通编辑最多可以插入 15 张图片。最后进行文本内容添加。

　　模板还可以导出或导入，以便企业的多个产品共享一套模板，建立常用模板可以更方便、快捷地编辑其他产品的详情页。

　　（4）交易信息

　　交易信息的填写，主要就是交易价格。比如是否支持一口价、FOB 的价格、计价单位、最小起订量，以及支付方式（采用信用证、西联或者其他支付方式）等。交易信息是关系到买家认同产品以后对卖家贸易能力的评判，决定是否选择与卖家合作的重要影响因素，必须完整填写。在价格的填写中应考虑到产品价格是否有优势，以及相关报价技巧。

　　注意 FOB 价格和最小起订量 MOQ 要符合实际市场行业数据。否则可能被认为是虚假价格或起订量，被判定违规，平台会取消该产品的搜索排序，店铺也会受到扣分等影响。

　　交易信息中的每一项都要填满，最小起订量后的"添加"可以在方框中填入"for＋核心关键词"，供货能力也是一样填写。FOB 的价格填区间值即可，也可以选择"根据数量设置价格"，即在线批发的价格设置，根据不同销售数量设置不同的价格。

　　（5）物流信息

　　最后的内容是包装、物流信息填写。如果可以提供特殊服务，比如轻定制服务、样品服务、分销商专享价服务等，可以在特殊服务栏中填写。

　　以上信息填写完成之后，就可以点击提交。平台会对提交的产品及其信息进行审核，审核通过，产品即可发布在阿里巴巴国际站上。

　　企业要发布的产品信息往往较多，用"批量上传产品"功能，可以大大节省用户的时间和精力。初次使用或新建模板文件，需要点击"下载填写表单"链接，先选择产品类目，再下载模板文件；如果已经使用 Excel 模板文件编辑产品数据，则点击"上传已填写好的表单"链接，上传产品数据。

　　一般企业都会发布较多的产品，因为没有产品，就没有曝光。没有曝光，就没有点击。不过也需要注意不要重复铺货。也就是同一件商品作为多件商品进行发布。这种情况如果被平台发现，也会造成商品不能被搜索，甚至店铺被扣分的结果。

　　所以，要发布"高富美"的产品，需要高的产品匹配度、丰富的产品信息、精美的产品图片。

　　高级搜索选项可以设置要搜索信息的生成时间，有些买家可以只搜索当天的供应信息。如果当天没有发布供应信息，买家就不可能搜索到用户以往发布的供货信息。买家当然喜欢找最新的供应信息，所以供求信息的更新异常重要。供求信息会过期。重发供求信息可以提升搜索排名、增加被买家选择的机会。每条信息每天可重发一次，重发的信息不需要审核。

3．订单物流管理

　　（1）物流方案选择

　　① 如果商品将整柜运输，登录 logistics.alibaba.com，查询物流方案，如查询的方案满足卖家需求，则在线直接"订舱"—订舱联系人邮箱接收舱位确认信息—客户邮件提交提单信息，以及核对提单信息—船离港后发送费用账单至订舱联系人邮箱—客户付款后，传水单到阿里巴巴操作—确认费用到账后，寄送提单。

　　如查询的方案不能满足卖家需求，则点击"人工询价"—平台工作日 3 小时内更新运价—

3 小时后可在线"运价查询"—选择合适方案，直接在线"订舱"。

② 海运拼箱（仓到仓）。

若卖家订单小，不能整柜运输，则可以拼箱，在平台中申请拼箱服务。选择服务范围为"海运拼箱"，输入起运港、目的港、件数、毛重和体积之后，点击"查询"展示方案列表，如图 9-16 所示。

图 9-16　物流方案的海运拼箱设置

③ 上门提货方案。

平台支持上门提货、送货到门的方案，可直接通过勾选"上门提货""送货到门"选项。在勾选"上门提货"后的方框内点选提货地址后，平台将自动根据方案查询时录入的货物信息，显示相应的【起运港上门提货费用】。这里的"提"，表示该方案支持上门提货服务；"送"表示该方案支持送货到门服务。

也可通过点选"ETD""拼箱 CFS-CFS 费用""目的港费用""总计费用"，点击选项可以对查询的结果进行相应的升序、降序排列。物流方案的上门提货设置，如图 9-17 所示。

图 9-17　物流方案的上门提货设置

单击选中方案的"下单"按钮，可以展开该方案的费用明细；鼠标移动到仓库处，平台将显示该仓库的具体地址。选择方案后，点击"下单"，进入下单登录页面。物流方案的上门提货仓库设置，如图9-18所示。

图9-18　物流方案的上门提货仓库设置

（2）创建与提交物流订单

① 确认预订船期并填写订单信息：订单信息分两个页面，"填写商品信息""填写收/发货人信息"。

首先确认船期，如图9-19所示。

图9-19　物流下单中的船期确认

然后填写商品信息：中英文商品描述为必填项。点击"增加商品"可输入多种商品，一个订单最多20个。填写商品总包装信息后点击"继续下单"，总申报价值和商品总包装信息为必填项。

② 填写收/发货人、通知人、委托人及其他信息，并提交订单。

先填写订舱委托人信息。其中公司名称、联系人、电话、邮箱为必填项。平台同时支持保存订舱委托人信息，下次下单时可以直接勾选常用订舱委托人，不必重复录入，如图9-20所示。

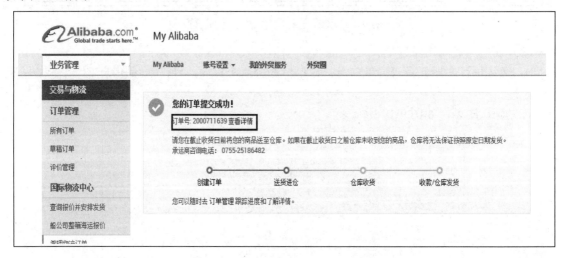

图 9-20　物流下单中的订舱委托人信息填写

再填写发票信息、勾选提单类型及增值服务等。系统会提供费用预估信息、勾选线上协议《海运拼箱服务协议》后，点击"提交订单"。这个物流订单即可查看。

系统提示订单提交成功并显示阿里物流"订单号"，点击"查看详细"，可查看订单详情，如图 9-21 所示。

图 9-21　物流下单中的订单进度查询

③ 等待订单审核结果。

承运商需要审核，一个工作之内反馈确认。可进入"管理物流订单"查询订单详情。

④ 订单审核通过，进仓通知会自动发送到下订单时填写的订舱委托人邮箱。会及时安排送货并寄送报关资料。

⑤ 仓库收货后安排报关出运并提供费用账单。服务商依据订单船期安排报关出运等事宜。货物出运后，可以根据阿里巴巴提供的费用清单，安排付款事宜。

⑥ 货物跟踪。有以下几个选项。

•【已出口通关】：出口报关成功，一个工作日同步。

•【上船离港】：船离港，一个工作日同步。

• 【订单完成】：物流费用支付完成，安排签发提单。

4．关键词整合与筛选

（1）关键词整合

下面重点介绍 B2B 跨境电商的关键词来源，具体如下。

• 后台数据工具来源：从阿里后台的数据管家处寻找。
• 前台专业搜索来源：卖家要了解产品所在的行业，运用常识，思考客户会用什么词搜索。
• 竞争对手网站来源：通过海外 B2B 和 B2C 网站、同行业竞争者的网站、搜索引擎前 20 名的网站都用了哪些关键词。
• 第三方工具来源：比如 Google Adwords。

① 阿里后台搜索"数据管家"。

a．可以在阿里后台的"数据管理—数据管家"中，找到"热门搜索词"搜索上升最快的词（最近曝光幅度较大）和零少词（买家使用较少的词），如图 9-22 所示。

关键词	卖家竞争度	橱窗数	搜索热度（10月）	过去12个月内搜索热度	操作
dining table	1600	330	10000		加入直通车词库
coffee table	1686	328	8000		加入直通车词库
table and chair	1101	84	8000		加入直通车词库
glass dining table	865	167	8000		加入直通车词库
table	1994	167	7000		加入直通车词库
table tennis table	200	24	7000		加入直通车词库
table lamp	1629	338	6000		加入直通车词库
office table	711	120	6000		加入直通车词库
table cloth	1131	239	4700		加入直通车词库
pool table	295	55	4700		加入直通车词库

图 9-22　阿里巴巴国际站后台的热门搜索词

将这些数据下载，通过 Excel 或者其他数据处理软件分析。如分析不同关键词 12 个月内的搜索热度等，如图 9-23 所示。

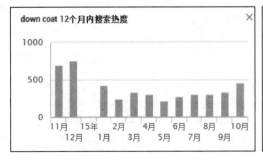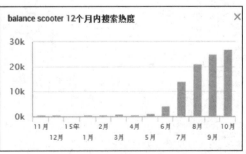

图 9-23　关键词 12 个月内的搜索热度

b．从行业视角寻找，这里行业一定要选对类目，而且这个类目选择以后是不能更换的，如果更换，需要达到一定积分，所以第一次添加行业时要慎重。阿里巴巴国际站的行业视角寻找搜索词，如图 9-24 所示。

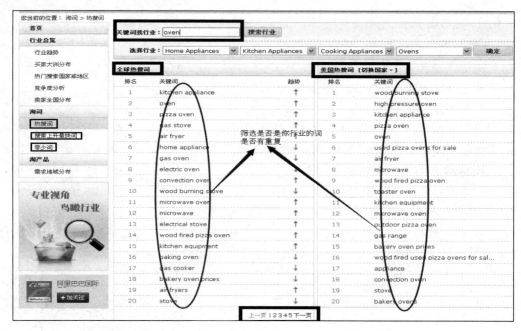

图 9-24　阿里巴巴国际站的行业视角寻找搜索词

c. 还可以在访客详情中找到客户的常用关键词，如图 9-25 所示。

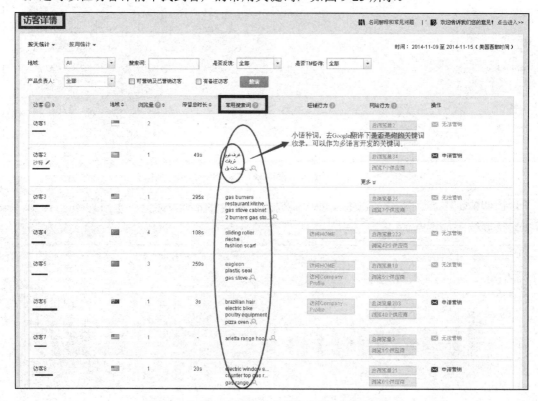

图 9-25　阿里巴巴国际站的访客详情中寻找搜索词

d. "我的词"工具中对已经使用的这些关键词都有指标评价，如曝光量、点击量、点击率等，如图 9-26 所示。

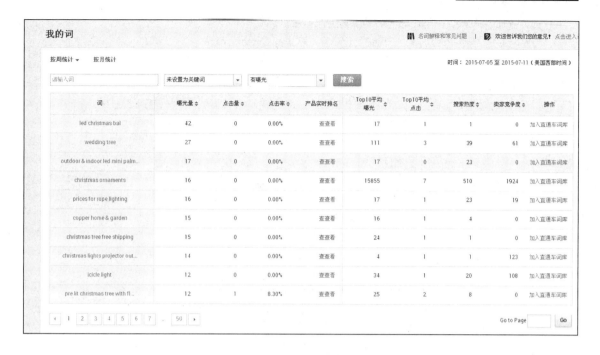

图 9-26　阿里巴巴国际站的我的词中寻找搜索词

e. 在 P4P 系统推荐词处可以找到同行会采用或者平台推荐的关键词：阿里后台—我的快捷入口—外贸直通车—进入外贸直通车—关键词工具，如图 9-27 所示。

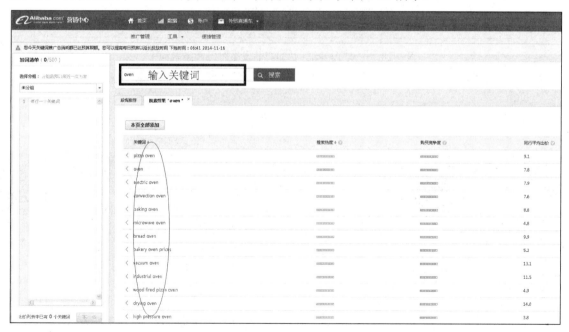

图 9-27　阿里巴巴国际站的 P4P 推荐词中寻找搜索词

f. 在产品发布时也可以收集到一些关键词：阿里后台—产品管理—发布产品—发布类似产品，如图 9-28 所示。

g. 买家询盘用的搜索词，如图 9-29 所示。

图 9-28　阿里巴巴国际站的产品发布时寻找搜索词

图 9-29　阿里巴巴国际站的买盘询盘中寻找搜索词

h. RFQ 时用的关键词，如图 9-30 所示。

② 阿里巴巴国际站首页搜索。在阿里前台，也可以找到许多关键词。

a. 阿里巴巴国际站首页，关键词窗口的下拉框，看同行是如何设置的，如图 9-31 所示。

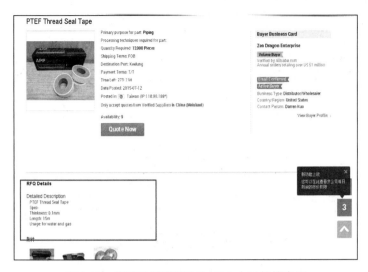

图 9-30　阿里巴巴国际站的 RFQ 中寻找搜索词

图 9-31　阿里巴巴国际站的首页寻找搜索词

b. 阿里巴巴国际站首页—产品项下搜索—阿里自动分类，如图 9-32 所示。

图 9-32　阿里巴巴国际站的分类中寻找搜索词

c. 阿里巴巴国际站首页—你的关键词—同行的标题，如图 9-33 所示。

图 9-33　阿里巴巴国际站的同行标题中寻找搜索词

d. 阿里巴巴国际站可以把关键词换成卖家行业的关键词相关词，查看这些产品标题中用了什么关键词，如图 9-34 所示。

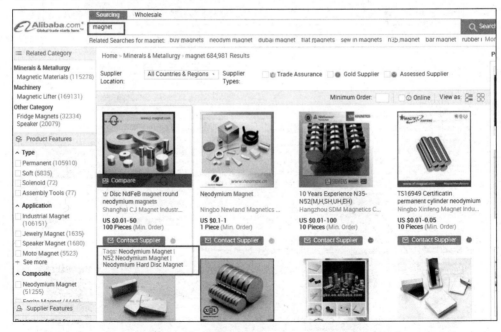

图 9-34　阿里巴巴国际站的 RFQ 中寻找搜索词

e. 阿里巴巴国际站首页，输入搜索关键词后，下方出现的 Related Searches，以及搜索结果页面最下方的与关键词相符合的产品 Related Products，如图 9-35 和图 9-36 所示。

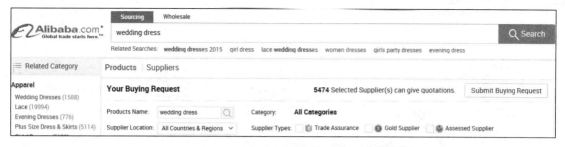

图 9-35　阿里巴巴国际站的相关搜索中寻找搜索词

图 9-36　阿里巴巴国际站的相关产品中寻找搜索词

③ 海外 B2B、B2C 平台。

比如亚马逊平台上，相同或者相似的产品采用的关键词。最好能再多找些目的地国家的电商网站，看当地网民习惯用什么关键词找卖家类似的产品，因为语法习惯等不同，一些当地人可能使用一些并不常见的词汇进行搜索，如图 9-37 所示。

图 9-37　其他网站上寻找搜索词

④ Google Adwords。

通过 Google 关键字规划师寻找各地网民常用的适合卖家产品的关键词，如图 9-38 所示。

图 9-38　Google Adwords 中寻找搜索词

（2）制作关键词表

在关键词整合的基础上，可以有一大串的备选关键词，几十个甚至上百个。接下来要做的是分析这些关键词的竞争程度，希望找到竞争比较小，同时搜索次数比较多的关键词。做这些工作的基础是构建关键词表。

关键词表最大的好处是一劳永逸地解决许多问题。可以避免发重复产品、方便业务员分配推广工作、提高发产品速度、方便橱窗选词、根据关键词表对产品进行排名搜索、科学评价关键词效果。

关键词表是在前面的工作基础上，先找齐一级关键词，删选（如去掉与本公司产品无关的词和品牌侵权词）后，再经过延伸（关键词表的横向与纵向扩展），形成二级关键词。

比如图 9-39 中，主关键词（一级关键词）是 bean pillow，可以与第一列中的各类形容词进行搭配延伸，形成二级关键词（长尾关键词）。这种延伸还可以用在上游词（如 down coat/coat）、同义词（如 child wear/baby wear/kids wear）、单复数（如 down coats）、换时态（如 lined ball valve/lining ball valve）的词的延伸中。

泛关键词	bean pillow	animal pillow	children garment design
盈利模式		你的关键词放在这里	
European	European bean pillow	European animal pillow	European children garment design
comfortable	comfortable bean pillow	comfortable animal pillow	comfortable children garment design
cheap	cheap bean pillow	cheap animal pillow	cheap children garment design
beautiful	beautiful bean pillow	beautiful animal pillow	beautiful children garment design
polyster	polyster bean pillow	polyster animal pillow	polyster children garment design
decorative	decorative bean pillow	decorative animal pillow	decorative children garment design
inflatable	inflatable bean pillow	inflatable animal pillow	inflatable children garment design
new design	new design bean pillow	new design animal pillow	new design children garment design
lovely	lovely bean pillow	lovely animal pillow	lovely children garment design
sleeping	sleeping bean pillow	sleeping animal pillow	sleeping children garment design
creative	creative bean pillow	creative animal pillow	creative children garment design
customized	customized bean pillow	customized animal pillow	customized children garment design
soft	soft bean pillow	soft animal pillow	soft children garment design
best	best bean pillow	best animal pillow	best children garment design
hot sale	hot sale bean pillow	hot sale animal pillow	hot sale children garment design
fashionable	fashionable bean pillow	fashionable animal pillow	#REF!
colorful	colorful bean pillow	colorful animal pillow	#REF!
new fashion	new fashion bean pillow	new fashion animal pillow	#REF!

形容词放在这里。

图 9-39　关键词表制作

此外还可以用九九词表法进行关键词延伸：产品词、近义词、总称词、特性词、用途词、边缘词、意图词、专业用于、国际通用型号。

用头脑风暴法进行关键词延伸，找到能延伸关键词的各种方向和可能。

长尾关键词的作用如下。

- 长尾词又被称为蓝海词或零少词。具体是指前台具备一定买家搜索热度，但供应商发布产品较少，通常该词下对应的精确匹配产品数量不超过 3 页（默认每页显示 38 条产品信息），因而是同行竞争度较低的关键词。

长尾词的优势如下。

- 快速曝光：买家使用长尾词搜索时，精确匹配的产品数量通常不超过 100 个。利用蓝海词发布优质产品，可快速提升排名，争取曝光。
- 较高的点击、询盘转化率：同理，竞争度越低，发布的产品能获得买家点击和发送询盘的概率越高。
- 专业供应商的展示：部分高搜索、低竞争的长尾词代表的是不为供应商所熟悉的买家搜索习惯。读懂了买家，才真正读懂了电子商务。
- 其实，有些长尾词具有较高的点击率。

阿里巴巴国际站我的词中点击率查看，如图 9-40 所示。

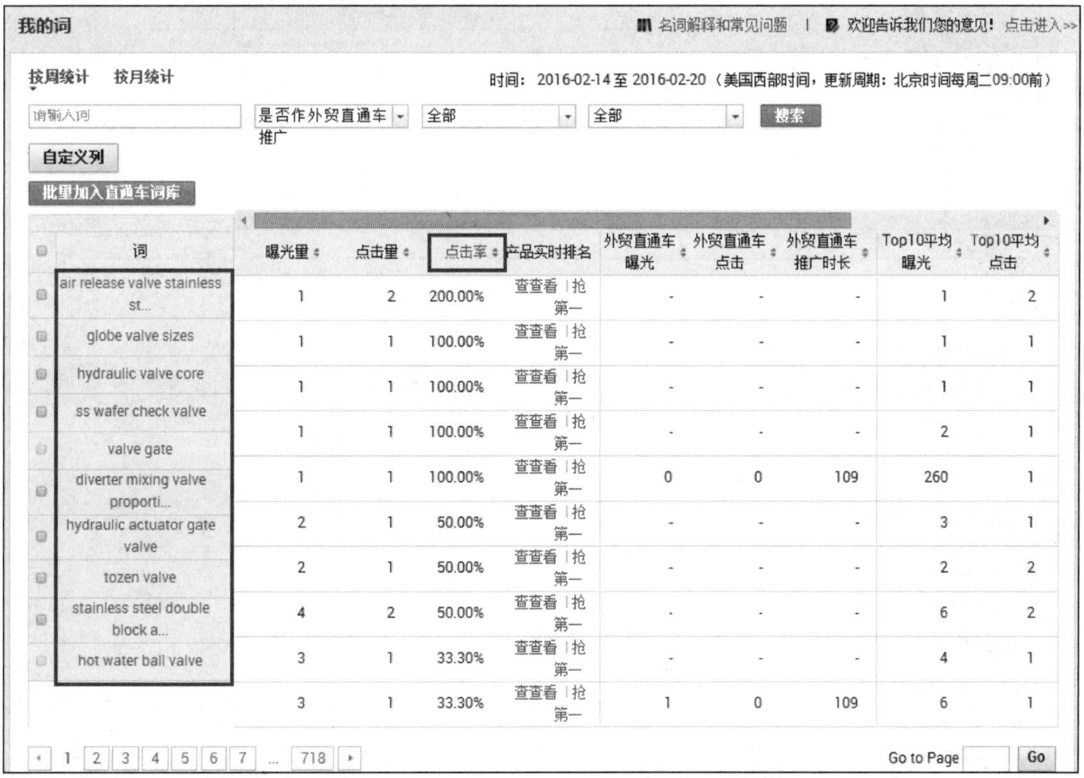

图 9-40　阿里巴巴国际站我的词中点击率查看

在关键词的筛选过程中，要注意品牌词侵权问题，可以在 WIPO 网站进行查询，或者到中国商标网查询，也可以在阿里巴巴服务后台，找到自己行业的品牌词表，如图 9-41 所示。

（3）用关键词表发产品

通过前面细致和认真的整合工作，再结合不同关键词的竞争度和表现，可以从中挑选出多个关键词，快速组合成一个产品标题，用于产品发布，如图 9-42 所示。

图 9-41　阿里巴巴国际站商标查询服务

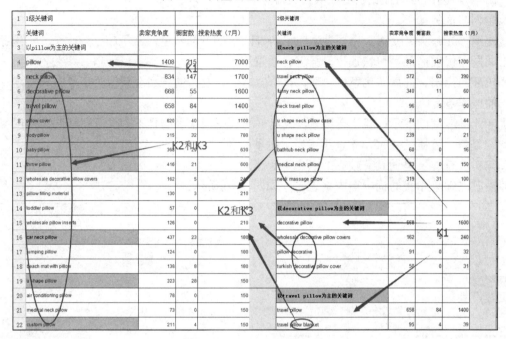

图 9-42　关键词表组合标题

主要可以从两个指标看关键词的竞争程度：

① 各个搜索引擎在搜索结果右上角或左边列出的某个关键词返回的网页数。

② 判断关键词竞争程度的是在竞价排名广告中需要付的价钱。

最后，要把握关键词选择的主要原则。

- 关键词不要太宽泛。
- 主打关键词也不适于太长、太特殊。
- 站在用户角度思考。
- 选择被搜索次数最多、竞争最小的关键词。

5．国际站营销

（1）RFQ

采购直达又称 RFQ（Request for Quotation）就是买家委托采购的意思，阿里巴巴国际站只限 10 个供应商报名，满额后就会关闭报价窗口。RFQ 和询盘的区别在于 RFQ 情况下，报名供应商要通过阿里人工审核后，达到要求的才会发给买家，同时发送给供应商买家的联系方式；人工审核不过，供应商是无法知道买家的信息的。人工在一段时间内报价通过率达到要求，会上升为报价直达，也就是不用审核。

阿里巴巴的 RFQ 已经成为国际站会员获取订单的重要途径之一。也是很多阿里巴巴国际站供应商非常容易忽视的。事实上其中不乏有许多真实的订单，业务员直接给客户报价，虽然竞争比较大，但只要产品有优势，价格合理，交货期稳定，还是能最后成交的。RFQ 节省了买家的时间和沟通成本；缩短了买家供应商的周期，更快地促成订单，同时可以更好地锻炼团队。

定制 RFQ 的步骤如下。

第一步：定制 RFQ。定制阿里买家采购需求 RFQ 的成单成功率非常高，所以要抓好关键词，RFQ 定制要领是设置 5 个热度最高的核心关键词，用最少的时间做最有效的事情。具体操作方法：登录阿里巴巴—采购直达—管理 RFQ—我的定制搜索—添加定制搜索。最多可以定制 20 组条件。

第二步：RFQ 查看及报价的 3 种方式。

① 收到 RFQ 通知邮件，点击邮件中"查看并报价"按钮，登录后可查看详细采购需求内容，同时在线填写产品价格、公司优势、需要跟买家进一步沟通的细节问题，提交在线报价。切勿直接回复系统邮件。

② 直接登录 My Alibaba（路径：采购直达—收到的 RFQ）查收采购直达的采购需求并报价。

③ 直接进入阿里巴巴页面搜索 RFQ 后点击 Quote Now 按钮报价。

第三步：具体报价。进入报价页面后，填写报价表单。

定制的 RFQ 信息可以从手机 App 中的采购直达读取，方便卖家及时获得商机。

不过，RFQ 不一定仅仅来自定制搜索，阿里巴巴平台有时也会进行系统推荐的 RFQ。这是阿里巴巴根据供应商在其网站上发布的产品信息的类目及关键词，推荐与其主营相符的 RFQ。可以关注本公司已发布产品所选择的行业类目，若类目选择范围比较大，则有可能会匹配到不是很相关的 RFQ，所以前面提到的类目选择也很关键。在"My Alibaba"后台，采购直达业务模块下，管理 RFQ 下找到推荐的 RFQ。系统推荐的 RFQ 报价不占用报价名额。

另一种渠道获取 RFQ 是推荐的商机和我的 24 小时独享商机，修改订阅商机，在商机订阅中添加类目，最多 5 个，添加我的订阅词，做到 24 个。推送方式可以设置为邮件和 App 的双重推送。

最后，还可以在"我的买家"中获取。如果看到买家又在发 RFQ，则可以利用已有的买家联系方式，直接联系，节省一个 RFQ 报价名额。为了及时掌握买家是否有发 RFQ，可以把我的买家加入动态里，方便提醒。

以上获取 RFQ 的渠道最好全部同时使用，不过做 RFQ 营销要注意以下几点。

- 重点关注需求详细的客户。是否是准客户，可以看其 IP 匹配情况，客户的要求和产品描述情况，以及客户的资料信息。
- 尽可能找到客户直接沟通。因为平台规定一天只有 5 个报价机会，这时如果遇到好的 RFQ，可以考虑用 Google 或者社交网络找到客户邮箱，直接发邮件给对方。
- 利用邮件报价。发布 RFQ 的客户可能同时收到十几个供应商的报价，竞争激烈，因此要想办法吸引客户的眼球。有一些技巧可以使用，比如，报价价格要稍低于正常价、标题有吸引力、发一些客户感兴趣的图片。另外，还可以利用时差发邮件，比如早上八九点钟发邮件，美国客户和加拿大客户可能会立刻看到，因为很多人有晚上睡觉前查看邮件的习惯。很多老道的业务员会在平台报价之后，找到客户的邮箱，以公司邮箱再给对方发一封正式的报价邮件。这种情况下，一旦对方有兴趣，就可以互动，还可以适当推荐相似的产品，可能更满足对方的需求。
- 将 RFQ 客户变成老客户。目前很多行业的单词需求数量都比较少，但是需求次数可能持续。因此要通过与客户保持定时的联系，持续跟进，发最新产品，邀请参加展会，节假日问候等各种方法，将这些 RFQ 客户变为老客户。

（2）访客推送邮件营销

访客营销也是阿里巴巴国际站平台上开发新客户的一个重要途径。访客营销可以看成是主动出击，让访客不再成为过客，而是变成真正的客户。访客营销让供应商有机会主动出击，服务买家，留住买家，供应商只需提供营销内容，平台就会准备好一切。

① 进入"数据管家"，点击"访客详情"，可以在此按时间段、区域、浏览量、停留总时长、常用搜索词、是否 TM 咨询等进行客户筛选，分析这些参数，结合访客的类型，判断出访客是否活跃，访客的真实需求等。

② 选择某客户，点击"申请营销"之后，填写产品及报价信息。

③ 推送的产品可以从产品库选择，也可以直接输入产品。

④ 或者直接找到产品详情页的链接，手动输入"产品 ID"或"产品 Detail 页面地址"。

⑤ 在邮件营销界面的其他信息框中，填写真实详细的产品信息即可。

注意以下几点。

- 产品 ID 或产品 Detail 这里的链接，填写旺铺展示的产品链接，或者链接中的数字 ID 即可。
- 如果可以，建议大家设置阶梯报价，产品也很清楚的话，价格最好是真实的，具体产品具体对待。
- 在公司信息框里，请大家千万不要写自己及公司的联系信息，这样很可能导致营销的失败。

（3）阿里巴巴多语言市场

根据用户调研，非英语国家买家更信任母语沟通。多语言市场自动接入翻译服务，打破语言障碍，不懂外文也能轻松拿订单。全球 60.4%贸易交易发生于非英语国家。阿里巴巴多语言市场月均新增买家 63244 家，每天访问买家数最高已经接近 3000 万。

阿里巴巴多语言市场，在 2013 年 7 月 17 日向供应商开放，它是为帮助供应商开拓非英语市场而建立的，且独立于阿里巴巴国际站（英文站）的语种网站体系。现包括西班牙语、葡萄牙语、法语、俄语等 13 个主流语种，除了覆盖传统欧美市场中的非英语买家群体，南美、俄罗斯等新兴市场也是多语言市场重点的拓展区域。

多语言市场平台简单易用。为了体验的一致性，沿用了国际站的整体风格和 My Alibaba 操作平台，供应商学习成本低。多语言站流量是整个网站流量的重要组成部分，在这些站点每日都能带来上百万的优质买家流量，是供应商优质的推广渠道。在这些多语言站点，买家群体因为使用语种，具有明显的地域特征，可帮助供应商针对目标人群加大推广力度。

目前，有 11 个市场已开放产品发布功能，它们是西班牙语、日语、葡萄牙语、法语、俄语、阿拉伯语、德语、意大利语、越南语、土耳其语、韩语。供应商可自主发布产品，搜索排名优先。泰语、荷兰语、希伯来语、印尼语 4 个市场暂未开放产品发布功能，网站产品仅基于英文站自动翻译产品。

要发布多语言产品，可以通过 My Alibaba—产品管理—发布产品—选择语言市场—选择产品类目—填写产品表单，提交并进入审核，审核通过后，展示在相应的站点上；也可以通过 My Alibaba—产品管理—多语言市场首页—选择对应市场—发布产品—选择产品类目—填写产品表单，提交并进入审核，审核通过后，展示在相应的站点上。

多语言市场营销应注意以下几点。

- 翻译问题。

如果想借助机器翻译，则可先通过 My Alibaba—多语言市场—选择所需的发布市场；然后点击"管理机器翻译产品"，编辑已有的英文产品并检查翻译是否正确，检查完成后提交并进入审核；审核通过后，展示在相应的站点上。

由于机器翻译只能翻译文本信息，而图片中的文字却无法翻译。因此为了更方便买家的阅读，不建议在图片中插入文本信息，如果有需要，最好还是把对应的文本信息摘录出来。

也可以人工手动翻译。比如要发布图中的 Mens Running Low Cut Boat White Sports Short Ankle/No Show Socks 这款产品。选择在哪一个市场上发产品就选中这个市场的站点。比如选择日语市场，那么就先点击日语市场的站点，然后将这一款产品的所有信息，复制粘贴，相当于是重新发布一款产品。由于是不同的推广市场，在多语言市场发布信息可以与英文站相同。但发布信息的时候，一定要确保产品的完整性和专业性，产品描述信息需符合对应语言的语法习惯。

- 多语言市场的产品关键词设置。

多语言市场的产品只能设置一个产品关键词，英文站的产品则可以设置 3 个关键词，相当于少了两次的展示机会。关键词查找方法可以参照英文站，将英文站的关键词对应翻译。

- 多语言市场的产品名称设置。

多语言产品的名称设置与英文站类似，采用"产品名称=修饰词+关键词"的形式。要注意书写的内容需符合对应语种的语法，这样能进一步提升产品的专业度。

- 多语言产品审核时间。

如果多语言市场的产品是由机器翻译直接编辑过来的，审核时间与英文产品的审核时间一致，如果是自主发布的，该产品会在提交之后的 48 小时内审核完毕。

- 侵权问题。

多语言市场的侵权问题与英文站是一致的，但由于多语言市场多了一个机器翻译功能，因此由机器翻译直接发布的产品，阿里巴巴平台将不给予扣分处罚，但也需要将其改过来。虽然阿里巴巴平台不扣分，但不代表不被品牌持有者投诉。

（4）P4P 直通车

直通车是通过自助设置多维度关键词，免费展示产品信息，通过大量曝光产品来吸引潜在买家，并按照点击付费的网络推广方式。

直通车操作方法：登录 My Alibaba，进入外贸直通车，这样就在 P4P 的操作管理页面了。

第一步：添加关键词。

点击"推广工具"中的"关键词工具"，添加分组，并把关键词填入，添加成功以后，可以对关键词进行出价。

第二步：关键词出价。进入外贸直通车，点击推广管理，可对已添加的关键词进行出价。

- 出价≥低价+0.1。
- 推广评分必须三星及以上才能推广。
- 推广产品数中可设置有限推广。
- P4P 产品扣费=（下一名客户出价×下一名客户推广评分）/自己的推广评分+0.1。
- 出价完毕后，勾选关键词前面的方框，点击启动，P4P 就开始出价了。

直通车的其他功能如下。

- 快捷推广：开启快捷推广模式，根据自己的需要，设置出价的上线（即最高出价）、每日消耗上限和需要屏蔽的关键词。

- 推广工具：含有关键词工具和优化工具，主要有重点词关注，预算工具，质量分优化，选品工具，账户清理，翻译优化助手。
- 直通车数据：查看 P4P 数据变化情况，分析数据，发现问题，采取有效 P4P 操作。
- 直通车账户：设有常用设置和综合设置，可根据需要进行设置。

6．运营效果分析

（1）我的店铺

国际站的营销推广

阿里巴巴国际站最近将后台"我的全球旺铺"更新为"我的店铺"。更新后的"我的店铺"更全面地展示了店铺访客访问的数据情况。

"我的店铺"分为 4 部分：店铺效果总览、访客行为分析、首次访问页面、店铺访问详情。

通过对这些数据的统计及分析，我们可以更好地了解到访客各方面的情况，推测出店铺问题出现在哪里，并针对性地找到方法解决。

店铺访问详情可清晰地看出各个板块的数据，其中涵盖了页面类型、访客数、人均访问时长（秒）、TM 咨询访客数、询盘数、点击次数、点击详情，首次访问页面来源类型包括以下 5 个板块。

① Detail——产品详情。

② Home——店铺首页。

③ Contacts——联系。

④ Company Profile——公司简介。

⑤ Product Categories——产品目录。

一般来说，店铺中超过二分之一的流量来自 Detail，也就是产品页面；对于卖家来说，这是访客主要来源的页面，因此，制作好产品详情页面对卖家来说是一件至关重要的事情。

Home 是店铺的首页。如果页面访客多、点击少、转化率低的话，那么店铺的首页可能存在问题。找到问题的根源后，卖家应考虑是否要重新规划、装修首页的布局。

（2）我的效果

可以查看询盘流量，快速呈现曝光量、点击数、点击率、访客数、反馈和及时回复率的数据曲线图。

"我的效果"完美对接 P4P 的点击率、曝光量、点击数等数据。

RFQ 概览展示行业可报价 RFQ 量、本月审核通过的报价量、RFQ 交易意向转化率等。

订单概览可展示公司信保数据，有累积提交订单数、累积付款订单数，以及信保额度 3 个模块，可以查看供应商自己、同行平均及同行 TOP10 平均的具体数据。

营销概览中可以看到邮件收发和反馈咨询的情况。

产品概览展示 5 款近 15 天有效果产品及零效果产品比例图。

（3）我的词

登录数据管家，进入"我的词"，可看到每个词带来的效果，"我的词"包括了两部分词：一是已设置的产品关键词或参加外贸直通车推广的词，对这部分词可以重点关注效果。二是还没有设置，但是买家通过这些词找到了产品，对这部分词可以关注一下是否有市场机会。

找到了需要关注的词，具体如何评估它们的效果，找到优化方向呢？

- 看曝光量。
- 看点击率。

- 看市场热度和竞争度。
- 看已设置的词和买家找到我们的词的一致性。

"我的产品"栏目基于卖家的产品数据，对卖家效果数据中的曝光量、点击数、点击率、反馈进行数据分层，每个指标均区分高、中、低 3 个数据区间，用柱状图进行展示。

当鼠标悬浮到指标区间的柱状图后，会弹出柱子所代表的区间名称和统计逻辑，同时，所代表的区间数字也会自动填充到前面相应的方框内。

优化时可能出现的情况如下。

- 高曝光低点击：表示曝光量分层为高，点击分层为低的产品，其中：高曝光指有曝光且曝光量 TOP 20%的产品，低点击指有点击且点击量最低的 20%或者点击等于 0 的产品。
- 高点击低曝光：表示点击分层为高，曝光量分层为低的产品，其中：高点击指有点击且点击量 TOP 20%的产品，低曝光指有曝光且曝光量最低的 20%或者曝光等于 0 的产品。
- 高点击低反馈：表示反馈量分层为低，点击量分层为高的产品，其中：高点击指有点击且点击量 TOP 20%的产品，低反馈指有反馈且反馈量最低的 20%或者反馈等于 0 的产品。
- 有反馈低曝光：表示反馈大于 0，曝光量分层为低的产品，其中：有反馈指反馈大于 0 的产品，低曝光指有曝光且曝光量最低的 20%或者曝光等于 0 的产品。

针对以上不同的情况进行关键词优化。曝光不足是排名出了问题，排名排不上，若产品按照步骤完整地填写产品信息，产品信息完整度是 100%，公司信息完整，线上数据未出现异常（未重复铺货，未侵权被扣分，有一定的 FAQ 数量），那就要对关键词进行优化；而点击率低，原因有 3 个：买家喜好度、图片、关键词不匹配，关键词有问题需优化。

国际站的运营效果分析

（4）产品优化

可以将以上各模块的数据，整理下载到 Excel 中，做更深入的对比分析和转化率分析，以便对所有精品产品进行系统的管理，整合数据分析，定期优化。

复习思考题

一、简答题

1. 简述贸易磋商的主要内容。
2. 简述询盘的分类处理方式。
3. 简述如何处理样品寄送问题。
4. 简述阿里巴巴国际站产品发布包含哪些内容和要素。
5. 简述阿里巴巴国际站的营销方法。

二、实训题

1. 访问阿里巴巴国际站，找到阿里巴巴国际站主页的 4 个核心功能区。

2．在阿里巴巴国际站实训网站上，发布一次有效产品。

3．选择某一产品，进行关键词整合与筛选，制作关键词表。

三、论述题

1．比较 FOB、CIF、CFR 的义务、风险和责任。

2．整理电商操作能力分的组成指标。

3．论述阿里巴巴国际站的搜索排序算法中的重要指标。

4．整理阿里巴巴国际站运营效果分析的组成指标。

第十章
跨境进口电商

【章节导论】本章内容以出口跨境电商为主，但由于进口跨境电商发展非常快，并已经形成产业链和生态体系，因此本章介绍了国内海淘市场的特点，以及跨境进口电商产业链和各种平台模式，最后还特别介绍了目前国内主要的跨境进口电商通关模式。通过本章的学习，跨境电商可以在进口电商方面进行尝试，或者通过对进口跨境电商市场和产业链的认识和了解，指导出口跨境电商的实战。

第一节
跨境进口电商市场

2016 年，中国海淘用户规模达到 0.41 亿人。据艾媒资讯预测，2018 年中国海淘用户将达到 0.74 亿位，2019 年用户数则达到 2.5 万亿位；国际大牌加大线上营销布局，开展数字化销售创新，如欧莱雅在 2019 年的线上销量占比较 2015 年增长 15.6%，线上营销预算占比较 2015 年增长 50%；Coach 则在 2020 年进行"中国新锐设计首发"的直播，观看人数累计约 30 万人，这些国际品牌在 2020 年新冠疫情发生后，更加速了线上消费，加速海外品牌的线上化率；而自 2019 年以来，中华人民共和国财政部、中华人民共和国国家发展和改革委员会、中华人民共和国商务部、海关总署、国家市场监督管理总局等多部门发布跨境进口零售政策，如《关于调整扩大跨境电商零售进口商品清单的公告》《关于扩大跨境电商零售进口试点的通知》等。在居民海淘需求、企业转型和国家政策驱动下，2019 年跨境进口电商规模达 24700 亿元。从 2010—2013 年开始，从买手代购模式的洋码头、社区分享模式的小红书等跨境进口电商平台相继成立，到天猫、亚马逊、网易等进入战局，出现了 55 海淘、Ebates、什么值得买等新型海淘返利或者导购平台，逐渐形成平台型、自营型和导购型多种模式的跨境电商平台。

1. 2015—2020 年中国海淘用户行为

近年来，中国海淘用户消费行为也在发生变化。本节通过洋码头、艾媒资讯、PayPal、艾瑞咨询和阿里研究中心的调研数据，发现海淘消费者的购物选择日趋多元化和差异化。

（1）海淘消费类目

截至 2015 年，中国消费者的海淘足迹超过 100 个国家，涵盖各国品牌 28 万个，海外商品种类超过 233 万款。从 2007 年开始，海淘消费的主要类目从 2007 年的奢侈品/化妆品，到 2008 年主要在海外购买奶粉/尿片、2009 年的零食坚果、2011 年的手机数码、2014 年的运动鞋和手表、2015 年主要海淘类目为日化家居，再到 2020 年海淘用户经常购买品类集中在美妆个护、食品、电子产品等品类。

2017 年，PayPal 的报告显示，配饰配件和服装"名列前茅"，分别有 79% 和 75% 的消费者表示在过去一年中曾经通过海外直购的方式购买过这些品类，其次是保健品（60%）、美妆护肤（52%）。海外直购品类分析，如图 10-1 所示。

图 10-1　海外直购品类分析

（2）海淘消费者来源地

洋码头的调研显示，以成交笔数占比和成交额占比为标准，2014 年 6 月至 2015 年 6 月期间海淘用户最多的地区是上海、北京、杭州、广州等城市。2016 年阿里研究报告显示，互联网高端消费人群增长迅速，年复合增长率约为 24.6%，其中 65% 来自我国东部地区。

调研数据还显示，2016 年消费人群已经开始从一线城市向二、三线城市延伸，这也是由于国内跨境电商的发展，让更多底线城市的消费者也有了接触到最新国际潮流和生活方式的机会。三、四线城市海外消费最强的首推贵阳，其次是南宁、昆明、乌鲁木齐等城市。

（3）海淘购物目的国

2015 年，中国海淘用户特别青睐奥地利的耳机、芬兰的户外功能手表、英国的低帮鞋、哥伦比亚的气球、马来西亚的速溶咖啡、美国的女士包装和德国的爱婴儿牛奶粉等。

2016 年，阿里研究报告显示，在跨境进口方面，中国消费者主要直购目的地为美国、日本、英国、法国、澳大利亚、韩国、意大利、德国和加拿大等。

2017 年，PayPal 的报告显示，美国是主要的海外直购目的地国家，其次英国、日本、澳大利亚和韩国是消费者心仪购物目的地国家。当他们在购买不同的产品时，倾向于选择不同的国家，例如在日本和韩国电商网站购买护肤彩妆类产品，在澳洲电商网站购买母婴产品等。

（4）海淘用户个人特征

2016 年艾媒资讯显示，中国海淘用户以女性消费者为主，84% 用户在 19～40 岁，30% 以上用户的收入在 5000～8000 元。2017 年 PayPal 调研报告显示，海外直购日渐成为中国消费者的新选择，尤以"已婚有孩群体"为海外直购主力军。49% 的受访者表示曾经于过去一年在国外网站进行过海淘消费，平均每年进行 6 次海淘（艾瑞咨询 2020 年调研则发现中国 875 名海淘用户每个月至少海淘一次），且在国外网站海淘的单次平均消费金额为 1197 元（普遍高于在国内海淘平台购物的 694 元）。

（5）海淘消费渠道

中国消费者首次接收到海外直购信息的主要渠道是海淘网站的户外广告（22%），其次是搜索引擎（21%）、网上促销信息（20%）、网上产品推荐（19%）。不过 86% 的人仍表示，他们普遍会根据需求进行海淘购物。例如，已婚女性多数在怀孕阶段产生海淘需求，且已婚有孩群体更倾向于在国外网站海淘。高达 66% 和 65% 的受访者表示，选择在国外网站进行海淘的主要原因是产品"质量更优"且具有"正品保证"。艾瑞咨询调研显示，2020 年中国网购用户购物最关注的要素分别是"正品保障""网站/App 知名度""品类丰富""价格优惠"。

2017 年 PayPal 调研显示，海淘族们会根据不同的消费类型来选择不同的网站。被受调者勾选次数较多的网站按照排名依次是亚马逊（36%）、乐天（30%）、Macys（29%）、6PM（27%）和 SHOPBOP（19%）。

根据 PayPal 调查发现，中国海淘族多为理性购物群体，多数会在明确购物需求时才会进行"下单"，而另外一部分喜爱在特定时期进行海淘的消费者，则往往选择季节性折扣、情人节、圣诞节等国外折扣力度较大的时期进行消费。

移动端消费渠道将占主流。海淘消费者通常会通过购物网站、海淘论坛或社交媒体账号等渠道，了解电商平台/官网信息、物流及海关政策、产品评价等内容，选定心仪的购物平台或产品，其中搜索引擎的使用人数相对较少。此后，更多的消费者选择通过移动端浏览并下单。相较之下，海淘族可通过 App 直接较便利地进入购物平台，并且能够获得更多优惠。

（6）海淘消费支付方式

2017 年 PayPal 的调研发现，消费者认为支付速度、被砍单概率、专业性及知名度是其选择海淘支付方式的主要考虑因素。因此，中国海淘比较常用的支付方式是 VISA（55%）、银联（47%）、PayPal（40%）、Mastercard（40%）。

2．海淘过程中的问题

（1）传统海淘问题

传统海淘流程如图 10-2 所示。

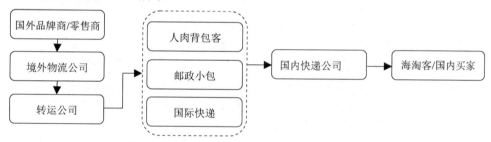

图 10-2 传统海淘流程

传统海淘有如下问题。

- 人肉背包客：物流体验差，可靠性差，速度慢；个人物品清关；漏税严重。
- 邮政小包：物流速度慢，物流体验较差；行邮监管，灰色清关。
- 国际快递：物流速度快，但物流费用高；货物清关，税率高，速度慢。

此外，传统海淘过程中，大都采用灰色清关，不利于政府税收、消费者体验和电商服务。

（2）跨境进口电商问题

传统海淘存在以上的问题，这些问题在借助电商进行海外直购的跨境进口电商过程中，可以被克服。但国内海淘客对于海外直购还是有些隐忧。2016 年 PayPal 调研报告显示，对于消费者而言，运输物流与支付仍旧是海外直购的主要痛点，消费者比较担心的问题包括运输等待时间较久、运输费用太高、运输物流方式不便利/操作麻烦、退换货不便等。2018 年电子商务研究中心对跨境网购的中国消费者进行了调查，发现订单被随意取消和物流慢或者丢包等问题最为明显。跨境网购反馈问题，如图 10-3 所示。

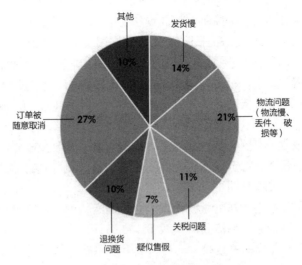

图 10-3　跨境网购反馈问题

①　疑似售假问题突出。在跨境电商领域，商品存在以下四大陷阱：一是假货，如商家进货渠道问题、商家自己造假，伪造报关凭证；二是虚假宣传；三是产品质量问题，以次充好；四是售后服务国内难以保证。3 种"假货"现象：假物流卖假货、真物流卖假货和假物流卖真货（水货）。

②　退换货难解决。海外产品进入中国以后售后服务如何在国内落地。一是不同国家、地区适用法律不同；二是退货制度不健全、不顺畅，这主要是因为运输成本问题、二次销售等，境外商家拒绝买家退货，且从制度上而言，据 2016 年《关于跨境电子商务零售进出口商品有关监管事宜的公告》规定，如果以快件方式退货的，由于快件接受方是商家，该货物的性质不再是"自用"，而属于贸易性质，不再适用"行邮税"相关规定，成本大幅提高。

③　霸王条款严重。电子商务研究中心曾受浙江省工商局合同处委托对国内知名的 38 家跨境网购平台进行用户格式条款审查，审查显示一些平台存在问题的条款甚至达到 20 条。

④　物流短板凸显。物流是制约跨境进口电商发展的重要问题，由于物流周期相对较长，期间出现商品破损的概率增加。电子商务研究中心对跨境进口电商 3 种物流方式海外直邮、保税进口、海外拼邮进行可物流体验对比。当前跨境物流的平均配送时间是 3～10 天，多数在一周左右，相比通过电商平台购买国内商品，跨境网购物流时间相对较长、运输过程不确定、物流造成的退换货难等。

⑤　信息安全问题。近年来，互联网/电商行业"泄密"事件频频出现，在跨境电商行业，以小红书大面积信息泄露事件为典型案例。

⑥　信用问题严重。一是卖方失信，特别是跨境进口商品平台上的第三方商家，存在描述不符、发货不符、虚假链接、刷单炒作、虚假承诺等失信问题。二是物流方失信。由于配送时间长，中间环节多，加上人员个人素质，以及落后的监管，极易发生不良事件，影响卖家和消费者对平台，乃至整个行业的信任度，表现为冒名接收、恶意索赔、责任推卸、开包窃取等。

⑦　假票据投诉多。国外商家仍然会提供正规消费凭证 Receipt 或 Invoice（收据，跟中国的发票效力一样，可以用于报销），但与国内的发票形式不同，而购物收据真假难辨。

⑧　消费者教育欠缺。消费者自身缺乏预警和消费认知。比如对产品的鉴别、对海关违禁物品的了解，以及不熟悉虚假票据陷阱、退换货规则、转运风险、支付风险等。知识产权意识也淡薄。

第二节 跨境进口电商产业链

1. 跨境进口电商产业链发展

根据这几年的调研数据，跨境进口电商在产品品类更丰富，物流模式更多样化。

国内海购消费者购买比较频繁，并从原先购买必需品转为购买奢侈品为多，消费者从喜欢囤货购买，因为跨境电商的介入，变为常规化，购买的产品也从标准化产品，变为购买长尾产品为主。

高附加值产品、体积小的奢侈品、名表、高端电子产品大都会采用国际快递直邮模式；中频需求、价位中等的名牌箱包、服饰、化妆品等主要选择邮政直邮或转运模式；针对奶粉、母婴、大众电子产品等产品，对于标准化、需求稳定可预测的产品，可以采用批量处理的保税模式。

海外品牌商、渠道商、个人卖家等借助 B2B 中间商平台、跨境进口零售商平台，在跨境进口综合支撑服务商（支付、物流、转运公司、清关、其他服务）的帮助下，将产品卖给中国消费者，产业链逐渐开始形成。

根据易观国际（2018）、艾瑞咨询（2020）的数据，国外品牌商在国内海购市场具有较大影响力，如图 10-4 所示。

图 10-4 海购产业链中有影响力的国外品牌商

一些 B2B 交易平台，如慧聪网等 B2B 信息平台、跨境集市等 B2B 交易平台、全球购等 B2B 供应服务商，借助原有国际贸易优势，组织货源，实现供应链管理，如图 10-5 所示。

图 10-5 海购产业链中的电商交易中间商

跨境电商零售商平台成为国内海购用户的主要购物渠道。海购产业链中的电商交易零售商，如图 10-6 所示。

图 10-6　海购产业链中的电商交易零售商

从属主站型跨境电商，指的是主营也为销售中国关境外商品，并且此业务没有单独 App 或者没有中国境内一级网站域名的电商企业与中国企业及中国境内用户达成商品协议的商业行为，如亚马逊海外购。独立型跨境电商，指的是主营业务为销售中国关境外商品，并且此业务有单独 App 或者有中国境内一级网站域名的电商企业与中国境内用户达成商品销售协议的商业行为。

平台型和自营型在运作流程上的差异主要在平台建设和物流配套服务上。平台型与自营型跨境进口零售商流程区别，如图 10-7 所示。

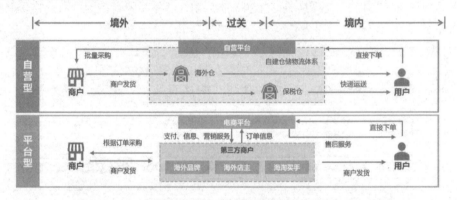

图 10-7　平台型与自营型跨境进口零售商流程区别

跨境进口电商与国内电商相比，会需要更多的服务支撑，比如在运输服务、金融服务、通关服务、园区仓储服务等。这几年在国内已经形成了服务支撑链，如图 10-8 所示。

图 10-8　海购产业链中的服务支撑链

除此之外，在产业链上，还有许多外围服务平台，比如导购返利平台、代运营平台和系统集成服务商等，如图 10-9 所示。

图 10-9　海购产业链中的外围服务平台

导购型跨境进口电商的流程，如图 10-10 所示。

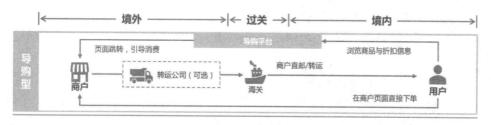

图 10-10　导购型跨境进口电商的流程

可见，跨境进口电商已经形成了较为成熟的产业链，如图 10-11 所示。

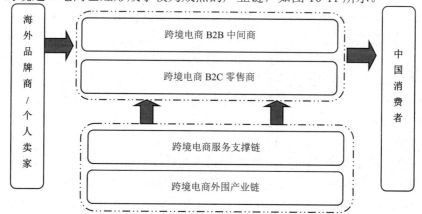

图 10-11　跨境进口电商完整产业链

2．跨境进口电商平台模式

跨境进口电商零售平台可以按照自营主导和平台主导，以及按照从属和独立两者来进行分类。除了这两项标准，还可以对它进行细分。

（1）买手（代购）模式

买手制模式分为买手制 B2C（以商家性质买手为主）、买手制 C2C（以个人买手为主），其中以洋码头、淘宝全球购、美国购物网等为典型代表，该模式由海外买手直采，并通过自营物流发货或第三方物流发货，对商品货源及质量的把控相比自营电商弱。

洋码头成立于 2010 年，是业内创新性创立买手商家制的电商平台，通过买手商家模式建立碎片化的弹性全球供应链，用视频直播的方式，为国内消费者提供全球值得买的好商品。截至 2017 年第三季度，洋码头用户数达 4800 万人，认证买手商家超过 6 万名，覆盖全球六大洲，分布于美国、英国、日本、韩国、澳大利亚、新西兰等 83 个国家，每日可供购买的商品数量超过 80 万件。通过海外买手商家实时直播的海外购物场景，平台提供跨境直邮快速、安全的运输，为消费者提供正品保障、假一赔十的服务，2016 年年初，在跨境"4•8"税改政策落地之际，洋码头借助旗下官方物流贝海国际，与海关全面对接入境包裹信息，成为行业内第一家与海关系统快速对接实现"三单对碰"的跨境电商平台，大大提高了清关效率。

淘宝全球购于 2007 年建立。它主要吸引中小海外商品代购商，是一个连接买卖双方的平台，并不直接参与海外商品买卖流程。淘宝全球购实行的是 C2C 模式，入驻平台的不是具有高知名度的大品牌的旗舰店，而是长居境外的小卖家。买手们热衷于根据自己的兴趣方向来挖掘具有当地特色的中小品牌，如独立设计师的小众服饰、当地冷门美食等。买手们还会运用各种营销工具来为店铺造势，包括直播、短视频、通过微淘发布种草文章等，进而将自己和店铺打造成 IP、增强顾客黏性，简言之就是"代购网红化"。截至 2018 年 7 月，在淘宝全球购拥有超过 16000 名海外买手，计划在今年内扩展到 50000 名海外买手。淘宝全球购设置了现场实拍、海外团、品牌馆三大子目录，现场实拍考虑了消费者对产品真实性的顾虑，海外团在一定程度上解决了代购单量小、运费高等问题，品牌馆对全球购相关品牌代购商进行分类和梳理，用品牌来提升草根化的全球购给人的质量感觉。除此以外，淘宝全球购推出"甄星计划"，目标为每天孵化一个品牌，全年度至少发掘 365 个境外优质的中小品牌经由淘宝全球购销往中国。

美国购物网专注代购美国本土品牌商品，涵盖服饰、箱包、运动鞋、保健品、化妆品、名表首饰、户外装备、家居母婴用品、家庭影院等。该网站以批发零售兼顾，主打直邮代购。可以代购美国品牌服饰、箱包、运动鞋、保健品、化妆品、名表首饰、户外装备、家居母婴用品、家庭影院等商品，相比国内专柜同品牌、同型号商品可节省高达 50%的费用，还能让客户在省钱的同时买到一些国内未上市的产品。代购的商品均由美国分公司采用统一的物流配送——纽约全一快递，由美国发货直接寄至客户手中，无须经过国内转运。使用人民币支付，化解众多跨境购物支付难题，并为客户提供完善的售后服务，24 小时中英文客户服务热线，实现无障碍跨国购物。代购的美国商品，7~14 个工作日直达客户手中，在家轻松购遍美国，足不出户，即可同享美国高品质生活。

（2）自营模式

自营模式在产品质量、服务标准、物流配送方面更有保障，如蜜芽、网易考拉。这类模式电商平台，大都通过保税仓发货的商品物流配送更有时效性，且有平台作为担保，服务、售后等更便捷、放心，且平台反馈率和反馈时效性表现较好，用户满意度较高。这类跨境的电商平台因其自营性，供应链管理能力相对比较强，从采购到用户手中的整个流程比较好自己把控。但是值得注意的是前期需要比较多的资金支持。

自营模式具体可以分为垂直型和水平型。垂直型指的是平台在选择自营品类时会集中于某个特定的领域，如美妆、服装、化妆品、母婴等，比如蜜芽。

蜜芽由全职妈妈刘楠于 2011 年创立，是中国一家进口母婴品牌限时特卖商城。每天在网站推荐平台选择的热门进口母婴品牌，以低于市场价的折扣力度，在 72 小时内限量出售。2013 年起得到真格基金、险峰华兴、红杉资本领投、HCapital 领投等持续的风险投资。蜜芽总部位于北京，除了技术研发团队，70%的员工是 0~3 岁宝宝的家长，已拥有逾 50 万名妈妈会员，销售渠道包括官方网站、WAP 页和手机客户端。蜜芽宝贝主仓库位于北京大兴，面积超过 6000 平方米。并拥有德国、荷兰、澳洲三大海外仓，以及宁波、广州、重庆 3 个保税仓，在母婴电商中率先步入"跨境购"领域，也是国内首个用铁路从欧洲运回商品的跨境电商。

蜜芽宝贝的供应链分为 4 种模式：从品牌方的国内总代采购体系采购；从国外订货直接采购，经过各口岸走一般贸易形式；从国外订货，宁波、广州和重庆的跨境电商试点模式；蜜芽的海外公司从国外订货，以直邮的模式报关入境。

网易考拉是网易旗下以跨境业务为主的综合型电商，于 2015 年 1 月 9 日公测，属于水平型的自营跨境进口电商平台。其销售品类覆盖了母婴、美容彩妆、家居生活、营养保健、环球美食、服饰箱包、数码家电等。网易考拉以 100%正品、天天低价、7 天无忧退货、快捷配送为核心价值。平台主打自营直采的理念，在美国、德国、意大利、日本、韩国、澳大利亚、中国香港、中国台湾地区设有分公司或办事处，深入产品原产地直采高品质、适合中国市场的商品，与全球数百个优质供应商和一线品牌达成战略合作，从源头杜绝假货，直接从原产地运抵国内，在海关和国检的监控下，储存在保税区仓库，网易考拉还与海关联合开发二维码溯源系统，严格把控产品质量。因为是自营模式，所以拥有自主定价权，可以通过整体协调供应链及仓储、物流、运营的各个环节，根据市场环境和竞争节点调整定价策略。

网易考拉在杭州、郑州、宁波、重庆 4 个保税区拥有超过 15 万平方米的保税仓储面积，在宁波将建设 25 万平方米的现代化、智能化保税仓。同时，在美国、中国香港建成两大国际物流仓储中心，并将开通韩国、日本、澳大利亚、欧洲等国家和地区的国际物流仓储中心。网易考拉主营品类是母婴、美容彩妆、家居个妆、进口美食、营养保健等，通过网易自营海外直采到国内通过清关，国内用户在网易媒体的推广下，在平台下单，商品从保税仓由国内快递发到消费者手中。

（3）平台模式

平台模式跨境进口电商平台，邀请国外品牌商、渠道商、职业买家和店主入驻电商平台。如天猫国际。因此货源广泛，商品品类多，支付便捷。同时有平台支持，用户信任度高，商家须有海外零售资质和授权，商品海外直邮，并且提供本地退换货服务。当然产品品质需要平台控制，比如天猫国际目前对商家都是采取邀约制。此外，平台入驻的商家大多为 TP 代运营，品牌端管控力弱。

天猫国际是阿里巴巴集团在 2014 年 02 月 19 日当天宣布正式上线的。与淘宝全球购不同，入驻天猫国际的商家均为中国以外的公司实体，具有海外零售资质，并且在国外有良好的信誉和经营状况。中国香港第二大化妆品集团卓悦网、中国台湾地区最大电视购物频道东森严选、日本第一大保健品 B2C 网站 kenko、海淘名表第一网站店 Ashford 等海淘平台陆续在天猫开设海外旗舰店。阿里巴巴集团旗下聚划算平台和天猫国际联合开启"地球村"模式。美国、英国、法国、西班牙、瑞士、澳大利亚、新西兰、新加坡、泰国、马来西亚、土耳其等 11 个国家馆在天猫国际亮相。入驻天猫国际的商家均为中国以外的公司实体，具有海外零售资质；销售的商品均原产于或销售于海外，通过国际物流经中国海关正规入关。所有天猫国际入驻商家将为其店铺配备旺旺中文咨询，并提供国内的售后服务，消费者可以像在淘宝购物一样使用支付宝买到海外进口商品。而在物流方面，天猫国际要求商家 120 小时内完成发货，14 个工作日内到达，并保证物流信息全程可跟踪。2018 年 2 月 27 日，菜鸟天猫用区块链技术溯源海淘商品打击物流信息造假。

（4）"自营+平台"模式

"自营+平台"模式，在自营基础上同时允许企业入驻。比如苏宁海外购和京东全球购。

苏宁海外购于 2014 年 12 月份上线，采用"自营直采+平台海外招商"模式，以母婴美妆、食品保健、电子电器、服装鞋帽等四大品类为主。依托在中国香港、日本、美国等的自采团队和供应链，苏宁易购相继上线了上述三地的品牌馆，并于 2015 年 7 月上线了韩国馆。借助自身在物流方面的优势，设立海外仓，在保税区建仓；打通支付（易付宝）、报关环节（成立"苏宁物流报关代理服务有限公司"）。以自营为主，分别有全球闪购、苏宁美国旗舰店、苏宁香港旗舰店；以平台为辅，入驻海外商城。

京东全球购是京东在 2015 年开启的跨境电商新业务，对海外优质商家进行直采，自定品质管控，并允许商家入驻完善品类。承诺出售均为 100%海外原装正品，并承诺提供"正品保障服务"，一旦全球购商家被发现出售假货及非原装正品商品，京东全球购有权立即与商家终止协议，并对买家进行赔偿。

比如 7000 万美元战略投资天天果园，丰富生鲜品类，完善生态体系。借助京东流量优势，完善的服务体系和品牌优势，在物流方面，采用保税集货、保税备货方式，京东全球购选购商品均从海外或保税仓发至买家手中，配送物流稳定可靠，比一般国际物流周期短。商品从中国以外的国家或地区发出，或从海关监管的中国保税区发出，进行 100%阳光清关，物流信息全程可以查看。

另外，在京东网站上还有京东海外购，商品是从国外采购并直接从国外直邮国内，需入关检测、国内物流送达客户等环节，到货周期相对较长。

除以上自营模式和平台模式外，导购模式的跨境进口电商正快速发展。导购模式一般基于 CPS 计算营销效果费用，在欧美市场主要通过广告联盟结算，2019 年通过广告联盟达成 GMV 总计 700 亿美元。2019 年联盟收入中亚马逊达到 22.8 亿美元、VigLink6.3 亿美元，还有 Offiliate、Rakuten、SKIMLINKS、Linkbux 等。导购广告联盟流程如图 10-12 所示。

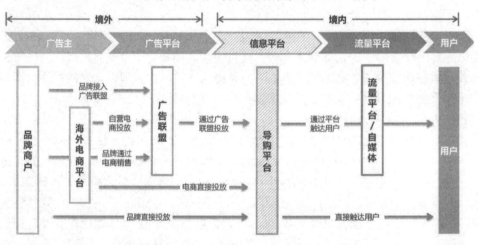

图 10-12　导购广告联盟流程

通过导购产生的营销效果包括增加销量、获取客户、提升品牌知名度、提升营销效果可衡量性、提升网站流量、提升用户体验。

导购型跨境进口电商分为两类：内容型和价格型，前者如礼物说、值得、小红书、识货、路口；后者如 55 海淘、折 800、一淘、省钱、易购、淘粉吧等。这些导购平台还分为垂直型和综合型，前者如蜜芽、贝贝、礼物说、柚子街等，多集中在母婴和美妆品类，后者如 55 海淘、北美省钱快报（dealmoon）、fanli、一淘、易购、淘粉吧、折 800 等。

什么值得买是电商导购的头部企业，成立于 2011 年，为电商、品牌商提供信息推广服务，以此延伸提供海淘代购平台服务和互联网效果营销平台服务。2012 年推出移动 App，2017 年上线千人千面推荐技术，2019 年 7 月登录 A 股，2019 年营收 6.6 亿元，截至 2020 年 9 月市值超过 89 亿元。通过联盟平台在天猫国际、京东国际、亚马逊等平台开展效果营销推广，2019 年电商导购佣金达到 3.4 亿元。

（5）社区分享模式（内容型导购）

小红书是生活方式分享社区，创始人为毛文超和瞿芳。与其他电商平台不同，小红书是从社区起家的。一开始，用户注重于在社区里分享海外购物经验，到后来，除了美妆、个护，小红书上出现了关于运动、旅游、家居、旅行、酒店、餐馆的信息分享，触及了消费经验和生活方式的方方面面。2016 年年初，小红书将人工运营内容改成了机器分发的形式。通过大数据和人工智能，将社区中的内容精准匹配给对它感兴趣的用户，从而提升用户体验。

小红书正式上线自由品牌有光 REDelig，主推卧室、厨房及出行场景的相关用品，直连工厂和消费者；并与澳大利亚保健品品牌 Blackmores、Swisse、日本化妆品排行榜@cosme 美容大赏、日本药妆店集团麒麟堂、松下电器、虎牌、卡西欧等多个品牌达成了战略合作，越来越多的品牌商家通过第三方平台在小红书销售。品牌授权和品牌直营模式并行，确保用户在小红书购买到的都是正品。在仓储方面，小红书在 29 个国家建立了专业的海外仓库，在郑州和深圳的保税仓面积超过 5 万平方米，并在仓库设立了产品检测实验室。用户如有任何疑问，小红书会直接将产品送往第三方科研机构进行光谱检测，从源头上将潜在风险降到最低。此外，2017 年小红书建成 REDelivery 国际物流系统，确保国际物流的每一步都可以被追溯：用户可以在物流信息里查找到商品是坐哪一列航班来到中国的。在小红书，用户下单后大概两三天就能收到，中国海关会对所有进口商品进行清点、检验、报关、缴税后才放行，大批量同时运货能节省跨境运费、摊薄成本，还会因为出口退税等低于当地价格。

小红书从诞生伊始，就根植于用户信任，不论是从正品、送货速度，还是外包装上，打造用户信任，创造良好的用户体验是一贯坚持的战略。截至 2018 年 4 月 15 日，全球有超过 9600 多万名年轻用户在小红书 App 上分享吃、穿、玩、乐、买的生活方式。在小红书社区，用户通过文字、图片、视频笔记的分享，记录了这个时代年轻人的正能量和美好生活，小红书通过机器学习对海量信息和人进行精准、高效匹配。2018 年易观千帆数据显示，2018 年 1 月至 6 月，小红书 App 的活跃人数由 1400 万人上升至 2600 万人。用户从早期的分享海外购物经验，再到目前通过图文、短视频等记录分享生活，小红书将大量以低成本获得的流量引导至交易并实现商业变现，从而完成"社交+电商"的闭环。当然，这种以内容为中心的电商模式也意味着 SKU 和 GMV 增长将慢于其用户增长。

（6）信息分享与专业技术模式（内容型导购）

导购电商平台主要为消费者提供产品信息推荐，为商家引流。分为两种：一种是技术型，典型的玩家有么么嗖、Hai360、海猫季等，技术导向型平台，通过自行开发系统自动抓取海外主要电商网站的 SKU，通过全自动翻译、语义解析等技术处理，提供海量中文 SKU 帮助用户下单；另一种是中文官网代运营，直接与海外电商签约合作，代运营其中文官网，以纯信息分享服务为主的网站有不乱买等。简单地说，是以用户需求为中心，提供跨品牌、跨电商的商品报价，并协助用户主动选择，亲自从国外购物网站上购买。

么么嗖（momoso）是爱美购科技旗下打造的一站式海外购物服务平台。目前，公司主要成员来自普林斯顿大学、卡内基梅隆大学、清华大学、中山大学等优秀院校；他们在各自领域内均具有丰富经验，曾供职于包括 Google、微信、雅虎、百度、腾讯、京东、Goldman Sachs 等公司。么么嗖集导购、分类、购买、物流查询等功能于一体，帮助消费者在手机上快速完成海外购物。么么嗖现主打时尚类的海外商品，商品来自美国逾 10 家知名的 B2C 电商网站，目前类别包括衣服鞋包配饰，商品 SKU 过 10 万件。么么嗖做的就是简化整个海淘的购物过程，通过技术给用户解决一键支付、国际物流等复杂环节，让用户在前端的感知和国内网购没有差异。

不乱买是一家全中文的时尚海淘导购网站，由资深 IT 工程师、时尚设计师、海淘痴迷症患者及投资人士共同创立。不乱买的平台上汇集了数十家海外知名电商、超过 2000 多个国际一线大牌和时尚潮牌、40 多万件潮流精品及全球电商的最新折扣，让追求品位的消费者随时随地在全球范围内跨电商、跨品牌地自由浏览和选购，获得轻松、愉悦的一站式海淘体验。不乱买已收录了 10 余家全球最知名的时尚购物网站，超过 500 个国际一线大牌和时尚潮牌、数十万件潮流精品。在不乱买平台用户可以发现全球最流行的奢侈品/潮品，无论它们是否在中国市场上出现过；一键搜索到哪些国际购物网站有自己喜爱的商品，以及促销情况；比较哪家网站折扣最高、价格最好、发货最快；还有全中文导购功能。

（7）返利模式

跨境进口电商的返利模式如图 10-13 所示，与国内电商的返利平台一样，在跨境进口电商各平台中，也有一些网站专门做返利购物。返利模式指的是在线上销售基础上叠加返利模式，通过佣金返还的方式，在不影响品牌利润的情况下让利消费者，提升整体营销效率。导购与返利模式是一种比较轻的电子商务模式，技术门槛也相对较低。这就要求企业在 B 端与境外电商建立合作，在 C 端从用户中获取流量。比如 55 海淘。

图 10-13　跨境进口电商的返利模式

55 海淘是针对中国消费者进行海外网购的返利网站，其返利商家主要是美国、英国、德国等 B2C、C2C 网站，如亚马逊、eBay 等，返利比例在 2%～10%不等，商品覆盖母婴、美妆、服饰、食品等综合品类。2015 年，55 海淘推出 LinkHaitao 效果营销联盟。2018 年，55 海淘推出 Shoplooks，为广告主提供 KOL 营销服务。55 海淘的业务模式，如图 10-14 所示。

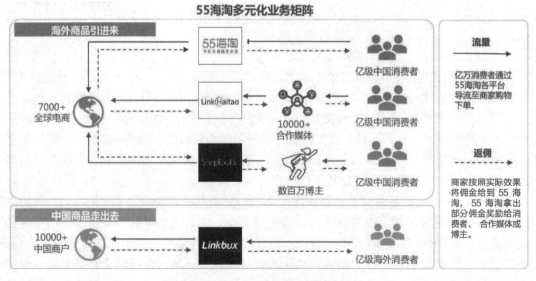

图 10-14　55 海淘的业务模式

经过多年的精耕细作，形成了一批高价值忠诚用户，用户黏性得到很大的提高。2019年，55海淘的用户数量达到1600万人，复购率为60%，客单价为100美元，日均订单量超过1.6万件，日均网页浏览量超过100万次。同时因为收购了Ebates中国业务等独家商务资源，具有高商家认可度。拥有这些商家的独家折扣，成为平台的核心竞争力之一，更增强了用户黏性。

（8）自贸区/保税区电商平台（BBC模式）

跨境供应链服务商，通过保税行邮模式，与跨境电商平台合作为其供货，平台提供用户订单后由这些服务商直接发货给用户。他们依托区位优势、政策优势提供综合服务，并自建跨境电商平台。比如跨境购、爱购保税、跨境通等。这些平台的优势主要是政策优势、资源获取优势、政府官方背书、正品保障，便捷且无库存压力；劣势是电商运营经验不足、平台流量不足、支付和物流支撑服务还不够完善。

"跨境购"是宁波国际物流发展股份有限公司旗下的项目之一，由国家发改委和海关总署授牌。宁波作为跨境贸易电子商务服务试点城市，搭建了一套与海关、国检等执法部门对接的跨境贸易电子商务服务信息系统。为进口电商企业缩短通关时间、降低物流成本、提升利润空间，并解决灰色通关问题，为海外中高端品牌进入中国市场提供一种全新的互联网模式，解决传统模式下海外品牌进入中国市场的诸多问题。

宁波国际物流发展股份有限公司由宁波市政府、宁波交通投资控股有限公司、宁波海关、宁波国检、宁波港集团、中国电子口岸数据中心宁波分中心等单位发起组建，公司旗下运营宁波电子口岸、四方物流市场两大公共信息平台。

爱购保税则是重庆保税港区进出口商品贸易有限公司，重庆两路寸滩保税港区出资建设的跨境电商网站——爱购保税，是重庆保税港区唯一的线上商贸品牌，也是重庆市政府认可的跨境电商试点单位。不仅是单一的购物网站，爱购保税依托保税港区现有仓储物流资源和保税政策，提供包含通关、仓储、分拣、包装等在内的全产业链服务。

跨境通则是由上海跨境通国际贸易有限公司于2013年9月10日成立的。作为中国（上海）自由贸易试验区首批25家入驻企业之一，跨境通是自由贸易试验区内一家从事跨境贸易电子商务配套服务的企业，专注于在互联网上为国内消费者提供一站式国外优质商品导购和交易服务，同时为跨境电商企业进口提供基于上海口岸的一体化通关服务。

www.kjt.com跨境通公司的合作商户来自全球各地，它们在跨境通网站平台上主要经营进口食品、母婴用品、保健食品、鞋靴箱包、护肤彩妆、时尚服饰配饰、3C电子产品，以及生活家居等八大类商品。目前，平台为入驻商户提供备案服务、商品交易、导购和推广服务、通关服务、跨境资金结算服务。

在以上跨境进口电商零售平台中，买手代购模式可以通过庞大买手数量扩充SKU，收入为佣金与服务费，但管理成本高，商品源不可控；自营模式的商品源可控，消费者有保障，但毛利水平低，品类选择少，SKU少；平台模式采取的是轻资产模式，收入仅靠佣金，品质难以保障；"自营+平台"模式则结合了以上两者的优势；返利或导购模式可以较快地了解到消费者的前端需求，引流速度快，技术门槛低，但竞争激烈，难以形成规模。

跨境进口电商产业发展

第三节 跨境进口电商通关模式

跨境电商进口物流模式则分为两大类：第一类是直邮模式，第二类是转运模式。转运模式包括灰色海淘和阳光海淘两种。灰色海淘即利用非法途径规避关税入关，给我国海关税收带来严重损失。随着进口跨境电商市场规模不断拓展，海关也不断进行改革，提出更合理的通关模式。

1. 通关模式

清关即结关，是指进出口或转运货物出入一国关境时，依照各项法律法规和规定应当履行的手续。只有在履行各项义务，办理海关申报、查验、征税、放行等手续后，货物才能放行，货主或申报人才能提货。整个过程就叫作清关。

（1）网购直邮模式

① 直邮进口流程。

如图 10-15 所示，消费者在购物网站上确定交易后，商品以邮件、快件方式运输入境情况下的跨境贸易电子商务商品通关模式。商品在国外就已经被分装打包，然后以个人物品的形式通关，被送到国内各个消费者手中；个人物品类快件的通关，一般参照邮政通关的做法，而货物类的通关，通常参照一般贸易的方式通关和征税。

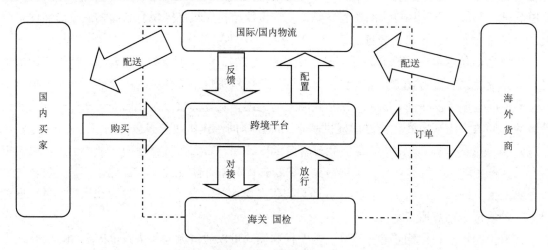

图 10-15　直邮进口流程

直邮进口分为直购进口和快件进口两种进口模式，都是使用行邮清关的模式。行邮清关是指对入境行李物品包裹征收行邮税的清关方式，因此直邮进口又叫行邮税清关。

② 行邮税清关政策。

行邮税是行李和邮递物品进口税的简称，是海关对入境旅客行李物品和个人邮递物品征收的进口税。由于其中包含了进口环节的增值税和消费税，因此也未对个人非贸易性入境物品征收的进口关税和进口工商税收的总称。课税对象包括入境旅客、运输工具，服务人员携带的应税行李物品、个人邮递物品、馈赠物品及以其他方式入境的个人物品等。直邮进口方面适用的法律法规主要是海关总署 2012 年第 43 号公告、2012 年第 15 号公告和 2014 年第 56 号公告。

根据《中华人民共和国海关法》及海关总署 2010 年第 43 号公告要求，海关监管进境个人邮递物品主要有两个判定的基本原则：一是自用合理原则；二是限定价值原则。个人寄自港澳台地区的物品，每次限值为 800 元；寄自其他国家和地区的物品，每次限值为 1000 元。超过上述限值，即需要交邮政企业退运或按照货物进行报关，不能按照个人物品验放。但邮包内仅有一件物品且不可分割的，虽超过限值，经海关审核确属个人自用的，可以按照个人物品规定征税进境。

征税原则：一是海关对进境个人邮递物品依法征收行邮税，但应征进口税税额在 50 元以下（含 50 元）的，海关予以免税。超过 50 元起征点的，全额征收税款。二是物品归类和完税价格由海关总署的《入境旅客行李物品和个人邮递物品进口税税则归类表》《入境旅客行李物品和个人邮递物品完税价格表》确定。三是完税价格表中未列明的物品，由海关按照当时的国际市场价格估价。四是物品实际购买价值是完税价格表列明两倍及以上，或者二分之一以下的，进境物品所有人应向海关提供销售方依法开具的真实交易的购物发票或收据，并承担相关责任。海关可以根据物品所有人提供的上述相关凭证，依法确定应税物品的完税价格。

③ 跨境电商直购进口模式。

随着跨境电商 B2C 进口量的不断增加，按照快件进口的模式，海关的工作量不仅大大增加，还拖延了清关时间。为了提高效率，2014 年海关总署提出海关可以试行直购进口模式，增列监管方式代码"9610"，全程"跨境贸易电子商务"，俗称"集货模式"。

如图 10-16 所示，跨境电商直购进口模式是指符合条件的电商平台与海关联网，境内消费者跨境网购后，电子订单、支付凭证、电子运单等由企业实时传输给海关，商品通过海关跨境电商专门监管场所入境，按照个人邮递物品征税。与传统的"海淘"模式相比，跨境电商直购进口模式货物符合国家海关监管政策，清关操作更为阳光，消费信息也更透明，同时，商品来源和服务都会比较有保障。国内消费者通过跨境电商平台下单交易，而后海淘商品以海运、空运、邮运等方式自海外直接运输进境，按海关要求，通过电商通关服务平台申报订单、电子支付、物流运单等物品清单信息，通过电商通关管理平台办理海关通关监管手续。采用"清单核放、汇总申报、自动审结、货到放行、汇总征税"的监管模式。电商企业可以先按清单通关，海关通关系统会定期汇总清单形成报关单进行申报。

跨境电商平台通过海运开展直购进口，消费者在网上购买的商品可以在船舶抵港前申报，海关也会提前进行审核；而电商货物将享受最后装船的特殊便利，到岸即可先卸船，整体通关物流速度大为缩短。比如，第一天晚上 5 点 30 分从韩国发船的跨境电商进口商品，第二天上午 10 点左右就能到达青岛，下午就可以进行国内配送，国内消费者最快两三天就可以收到网上订购的韩国商品。大大降低了企业运输成本，实现"空运的速度，海运的价格"。

跨境电商直购允许进口的商品范围为个人生活消费品，包括奶粉、纸尿裤、小家电、厨房用品、服装鞋帽等。2014 年，上海、广州、杭州、重庆等试点率先贯通了"直购进口"。其后西安、青岛（空运直购进口）、威海（中韩海运 EMS 速递邮路）、江苏、烟台、平潭、厦门等海关也开始试行直购进口通关。

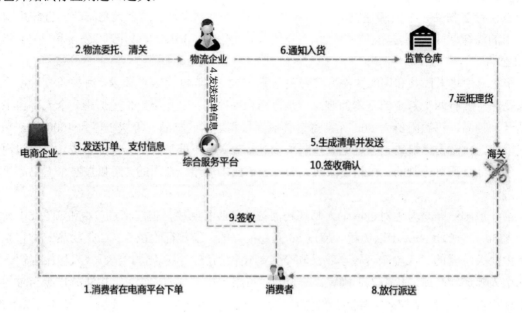

图 10-16　跨境电商直购进口报关流程

（2）保税进口模式

2016 年 12 月 6 日海关总署发布 2016 年第 75 号公告，增列海关监管方式代码"1239"，全称"保税跨境贸易电子商务 A"，简称"保税电商 A"。至此，跨境电商新政后，国内保税进口分化成两种：一是新政前批复的具备保税进口试点的 10 个城市，二是新政后开放保税进口业务的其他城市。对于免通关单的 10 个城市，继续使用 1210 代码；对于需要提供通关单的其他城市（非试点城市），采用新代码"1239"。

符合条件的电子商务企业或平台与海关联网，电子商务企业将整批商品运入海关特殊监管区域或保税物流中心内并向海关报关，海关实施账册管理。境内个人网购区内商品后，电子商务企业或平台将电子订单、支付凭证、电子运单等传输给海关，电子商务企业或其代理人向海关提交清单，海关按照跨境电商零售进口商品征收税款，验放后账册自动核销。

保税进口模式需要电子商务通关管理平台（海关的电子商务通关管理平台）、电子商务通关服务平台（电子口岸的电子商务通关服务平台，如江苏跨境综合服务平台，用于电子商务相关企业与海关的联网对接）、企业及商品目录备案（需要海关办理报关业务的电子商务相关企业，应向海关办理注册登记手续，电子商务企业应将电子商务进出境货物、物品信息提前向海关备案货物的 10 位海关商品编码或者是物品的 8 位税号）。跨境电商保税进口模式流程，如图 10-17 所示。

"直购进口"模式（或称直邮模式）中符合条件的电商平台与海关联网，境内消费者跨境网购后，电子订单、支付凭证、电子运单等由企业实时传输给海关，商品通过海关跨境电商专门监管场所入境，按照个人邮递物品征税。而"保税进口模式"则是指国外商品整批抵达国内海关监管场所——保税港区，消费者下单后，商品从保税区直接发出，在海关、国检等监管部门的监管下实现快速通关，能在几天内配送到消费者手中。跨境电商保税模式和直邮模式的区别，如图 10-18 所示。

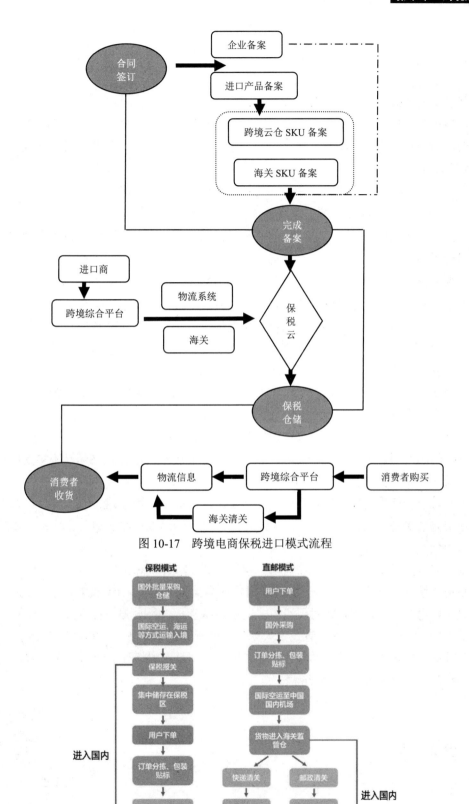

图 10-17 跨境电商保税进口模式流程

图 10-18 跨境电商保税模式和直邮模式的区别

（3）完税直销模式

完税直销模式中，跨境平台上的海外货商按照货物方式进行一般贸易规模化进口。在通关过程中，货物需要缴纳进口税和关税。进入中国境内后，国内买家在同一跨境平台上购买，完税商品通过国内物流配送到国内买家手中。

进出口税是指进出口环节由海关依法征收的关税、消费税、增值税、船舶吨税等。关税是指进出关境的货物和物品为课税对象的一种国家税收。计税方式按照货物进口计征。

计算公式如下：

从价计征：关税税额=关税完税价格×关税税率

从量计征：关税税额=货物数量×单位关税税额

复合计征：关税税额=货物数量×从量关税税率+关税完税价格×从价关税税率

2. 退货模式

（1）保税仓模式退货

消费者退到国内保税仓或购物平台，退货物流时间较短；一般由商家问题造成的退货或在无理由退货范围内的商品，消费者可获得全额退款，不需要额外支付商品税费；因消费者个人原因且不在无理由退货范围内的商品则不可退货。

（2）海外直邮模式退货

直邮模式退货可分成两种情况。在国内有保税仓和运营实体的，可以将货物在保证二次销售的情况下退还国内分支或者保税仓。在国内没有保税仓和运营实体的，需要回程寄送，涉及的运费、时效、清关等费用由平台决定如何分担。因海外直邮购物的特殊性，退换货需要从国内退回国外的品牌商，过程中会产生高额费用，因此非质量问题，直邮商品不接受退换货。

（3）转运模式退货

目前，对于转运模式的退货相对较难。转运公司一般无回程通路、国际运费居高不下、商品名义收货人其实是转运公司地址，如果退货仍然需要转运公司配合退货。时间与金钱成本非常高昂，衡量之下，大多数买家就会放弃。

目前，涉及关税的退货分为保税备货、保税直邮、海外直邮和拼邮几类。根据对保税区的调研，目前跨境进口电商支持 7 天无理由退货的品类越来越多，而宁波保税区方面明确保税进口模式跨境电商可以退货。针对保税模式的保税备货和保税直邮两种模式，目前海关与电商间的结算周期为 15～30 天，消费者在 7 天无理由退货期限内退货，一般均可在 15 天内完成退换货。此时海关与电商之间并未结算，消费者缴纳的商品关税还没有进入海关流程，因此退货不涉及退税问题，对跨境电商的影响不大。

复习思考题

跨境进口电商通关模式

一、简答题

1. 简述传统海淘的流程和问题。

2. 简述跨境进口电商导购模式的运作流程。

二、实训题

1．登录淘宝全球购、天猫国际、京东国际等平台，比较这些跨境进口电商网站的差异。

2．登录小红书、不乱买、55 海淘等，比较这些导购型跨境进口电商的差异。

三、论述题

1．梳理跨境进口电商产业链。

2．比较平台型和自营型跨境进口电商平台的运作流程。

3．比较跨境进口电商的各种通关模式。

参考文献

[1] 万融. 商品学概论[M]. 北京：中国人民大学出版社，2013.

[2] 阿里巴巴网络技术有限公司. 做跨境电商就是这么简单[M]. 北京：中国海关出版社，2015.

[3] 张式锋，陈珏. 跨境电商基础[M]. 上海：立信会计出版社，2017.

[4] 鄂立彬. 跨境电商供应链管理[M]. 北京：对外经贸大学出版社，2017.

[5] 易静，蒋晶晶，彭洋，何康民. 跨境电商实务操作教程[M]. 武汉：武汉大学出版社，2017.

[6] 柯丽敏，王怀周. 跨境电商基础、策略与实战[M]. 北京：电子工业出版社，2016.

[7] 丁晖. 跨境电商多平台运营[M]. 北京：电子工业出版社，2015.

[8] 欧阳澄. 新经济第三谈——互联网新经济和跨境电商.

[9] 天猫国际. 跨境电商零售进口社会价值研究报告.

[10] 易观国际. 中国跨境进口电商生态图. 2018.

[11] 阿里跨境电商研究中心.

[12] APEC 跨境电子商务创新发展研究中心. 跨境电商零售进口社会价值研究报告.

[13] 艾瑞咨询. 2016—2017 中国跨境电商市场研究报告.

[14] 艾瑞咨询. 2020 年中国跨境消费导购平台研究报告.

[15] ECRC 电子商务研究中心. 2017 年度中国跨境电商消费问题研究报告.

[16] 阿里研究院. 读懂 G20 四大主题：洞悉数据时代经济发展动向. 2016.

[17] PayPal, iDataway. 2017 中国海淘消费者购物习惯及支付偏好调研报告.

[18] 雨果网. 欧洲电子商务协会年度报告.